深圳经济特区建立 40 周年改革创新研究特辑

南岭 著

深圳产业政策 40 年

40 Years of Industrial Policy in Shenzhen

中国社会科学出版社

图书在版编目（CIP）数据

深圳产业政策40年/南岭著. —北京：中国社会科学出版社，2020.10
（深圳经济特区建立40周年改革创新研究特辑）
ISBN 978-7-5203-7221-3

Ⅰ.①深⋯　Ⅱ.①南⋯　Ⅲ.①产业政策—研究—深圳　Ⅳ.①F269.276.53

中国版本图书馆CIP数据核字（2020）第175330号

出 版 人	赵剑英
项目统筹	王　茵
责任编辑	马　明　李金涛
责任校对	任晓晓
责任印制	王　超

出　　版	中国社会科学出版社
社　　址	北京鼓楼西大街甲158号
邮　　编	100720
网　　址	http://www.csspw.cn
发 行 部	010-84083685
门 市 部	010-84029450
经　　销	新华书店及其他书店
印刷装订	北京君升印刷有限公司
版　　次	2020年10月第1版
印　　次	2020年10月第1次印刷
开　　本	710×1000　1/16
印　　张	22.5
字　　数	335千字
定　　价	149.00元

凡购买中国社会科学出版社图书，如有质量问题请与本社营销中心联系调换
电话：010-84083683
版权所有　侵权必究

南 岭

经济学博士。现任深圳市体制改革研究会会长。先在大学工作十年，任讲师、副教授、研究员；后转行政岗位，曾任中共深圳市委副秘书长，深圳市政府副秘书长，深圳市体制改革办公室主任，深圳市政府发展研究中心主任。

出版《现代公司成长、权利结构与制衡》《南岭论文集》等著作，主持或参与深圳市多项重大规划、政策和体制改革的研究与推进。

深圳经济特区建立 40 周年
改革创新研究特辑
编 委 会

顾　　　问：王京生　李小甘
主　　　任：王　强　吴以环
执 行 主 任：陈金海　吴定海
主　　　编：吴定海
编委会成员：（以姓氏笔画为序）

　　　　　　王为理　王世巍　刘婉华　李凤亮
　　　　　　杨　建　肖中舟　何国勇　张玉领
　　　　　　陈少兵　罗　思　赵剑英　南　岭
　　　　　　袁易明　袁晓江　莫大喜　黄发玉
　　　　　　黄　玲　曹天禄　谢志岿　谭　刚
　　　　　　魏达志

总　　序

先进的文化，来自对先进的生产方式和生活方式的能动反映；先进的生产力，来自对生产前沿审时度势的探索。40多年来，深圳一直站在生产力和生产关系新模式探索的最前沿，从生产实践，到制度建立，再到观念更新，取得了系统的、多层次的成果，为改革开放全面成功推广，提供一整套系统的观念与经验。当然，深圳的改革历程，是一个步步为营的过程。如果说，改革开放之初所取得的成功，主要在于以一系列惊心动魄的实践，按照市场经济发展规律，循序渐进地突破制度的坚冰，在摸索中逐步确立社会主义市场经济的新制度、新机制、新关系，形成新的发展模式；那么，在完成试验田式的探索之后，深圳取得的新突破，则是在国内经济转型和国际新经济背景之下，结合自身优势而完成的产业升级和观念升级。在升级换代过程中，深圳已经取得开阔的国际视野，在国际上也形成自身的影响力，在国内则拥有党中央强有力的支持和更成熟的制度后盾。

在这个过程中，深圳作为探索者、排头兵所探索出来的一系列成功经验，已经成为社会主义市场经济体制的基本构成部分；在这个过程中，深圳人为社会主义市场经济模式的建立与繁荣，做出系列有利于国、有益于民的大胆探索，其间所形成的开拓进取精神，已经凝聚成为一种可以叫作"深圳精神"的东西。正如习近平总书记在深圳考察时说的："如果说，深圳是中国改革开放的一本样板书，那这本书上，给人留下印象最深刻的两个字，就是'敢闯'！"同时，深圳的系列探索实践，也是对党的老一辈革命家改革开放、发展生产力理想的具体实践。从全国来看，改革开放40余年，在我国沿海、沿江、沿线甚至内陆地区建立起国家级或省市级高新区、开发区、自贸区、保税区等，形成了类型众多、层次多样的多元化改革发展新格局。

党的十八大以来，中央对深圳提出的新要求，正体现着这种一贯思路的延续和战略高度的提升。深圳的拓荒意义不但没有过时，而且产生了新的内涵。深圳被赋予了中国特色社会主义先行示范区的新角色，从改革开放试验田，到社会主义先行示范区，这种身份的转变，是新时代进一步深化改革开放的新成果，也是深圳作为中国这个世界第二大经济体经济发展的重要驱动力在国际经济新格局中扮演的新角色。在习近平新时代中国特色社会主义思想指导下继续解放思想、真抓实干，改革开放再出发，在新时代走在前列，在新征程勇当尖兵，是新时代赋予深圳的新任务。在深化改革的过程中，不论是国家，还是以北京、上海、广州、深圳为代表的大城市所面对的国际政治形势和经济形势，比以往都要复杂很多，需要我们做出更睿智和更高瞻远瞩的决策，以应对更复杂的产业形势和政治形势。从这个角度看，新时代深圳改革开放、开拓进取的任务不是轻了，而是更重了；需要的勇气和毅力不是少了，而是更多了。

习近平新时代中国特色社会主义思想，是我们继续深化改革的指导思想和行动指南。在以习近平同志为核心的党中央的坚强领导下，因世界大势，应国内态势，以满足人民不断增长的物质文化生活需求为动力，在经济特区已有的经验基础上，围绕新时代经济特区发展进行深入理论思考和实践探索，完成城市发展与国家发展的统一，完成继承与创新的统一，为习近平新时代中国特色社会主义思想增添新的生动范例，为践行中国特色社会主义理论提供新的经验，推进新时代经济特区在经济、政治、文化、社会和城市生态等方面实现更高层次的发展，是新时代赋予深圳的新使命。

新时代推动新实践，新实践催生新思想，新思想呼唤新理论。讲好深圳故事既是时代所需，也是中国学者的责任。为了总结深圳经济特区建立40年来改革探索的经验，为深圳改革探索提供学者的观察和视角，深圳市社科院组织市内外的专家学者对深圳经济特区40年经济社会发展的路径进行了深入研究，形成了十部著作，作为《深圳改革创新丛书》的特辑出版。《深圳改革创新丛书》作为深圳推进哲学社会科学发展的重要成果,此前已经出版了六个专辑,在国内引起了一定的关注。这套《深圳经济特区建立40周年改革创新研究特辑》,既有对改革开放40多年来深圳发展历程的回顾,也有结合新使命而做的新探索。希望这些成果,为未来更深入和更高层面的研究,提供新的理论资源。这套丛书也是学界和中国社会科学出版社对深圳经济特区建立40周年的一份献礼。

编写组
2020年6月

自　　序

深圳产业政策研究，原本是现代创新发展研究院确定的一个课题。2014年前后，我国理论界掀起一轮产业政策讨论热潮，虽然观点各不相同，但对于中国经济向高质量发展转型的政策安排意义重大。虽然我们无意加入其中的理论之争，但我们认识到，将深圳产业政策实践做一个系统性的总结，或许有利于将产业政策的讨论引向深入。

当我着手这项工作的时候，其难度完全超出了自己最初的想象。理论准备不足、史实了解不充分、资料收集不完全一起浮出水面，原计划几个月内写出一份研究报告的想法落空。于是索性放弃最初的打算，沉下来看书、收集资料和不倦地思考，写一份研究报告的想法也被写本书的安排所替代。适逢深圳市社会科学院，深圳市社会科学联合会组织编撰纪念深圳改革开放40周年的丛书，这本书十分荣幸入选。

我所面对的产业发展是发生在一个"真实的世界"的，这个"真实的过程"波澜壮阔且日新月异。那么，在这一过程中，产业政策发挥了什么样的作用呢？又是如何发展演进的呢？带着这些问题，我去档案馆和市方志馆，查找源头性的资料，阅读各种版本的深圳史书（包括口述史），深圳产业成长轨迹在我的脑海中渐渐变得清晰起来。

党的十一届三中全会以来，国家实行改革开放政策。1980年，深圳经济特区建立，作为国家改革的"试验场"和对外开放的窗口，深圳历史掀开了新的一页。深圳的前身是广东省惠阳地区宝安县，40年前，它的产业形态是传统农业。经济特区的使命，国家给予的"特殊政策和灵活措施"，启动了深圳的工业化。一方面，引进境外客商投资；另一方面，吸引内地企业来深，现代产业由此起步。在这一过程中，地方的公有经济（包括国有和集体经济）和个体工商经济得以生长。1987年，第一家私营企业合法注册。于是五路产业大军通过市场竞争，演出了一幕幕产业发展的大戏。它们是产业发展的主角。

然而，"五路大军"何以能同台竞技？通过进一步的追问我们可以看到，是市场经济提供了舞台。而打造这个舞台的重要力量是政府，因为只有政府才天然拥有公权力，并用以制定市场规则和保证规则的实施，市场规则是企业生长发育最基础的政策。这些观察使我豁然开朗，不是吗？深圳市政府助推产业发展最成功的政策，莫过于构建和支持市场，或者说坚持社会主义市场经济取向的改革。这一结论使得全部产业政策有了灵魂，它犹如一条主线，贯穿于其他政策之中。

本书虽然讲述深圳产业政策40年，但它不是一部浓缩的编年史。因为产业政策并不是一个按岁月流淌的迭代安排。本书按照构建和支持市场的逻辑，选取了若干重要政策，结合深圳产业发展40年的实际，展示和分析政策的背景、影响和价值。我所遇到的困难是，难以将政策效果予以量化。因为影响产业发展的因素是综合性的，政策只是诸因素的一员。全书分为九章。第一章是导论。由于对产业政策的界定存在着事实上的分歧，为了划定范围，我给自己设置了一个话语场景。我特别强调"构建和支持市场"的政策含义和重要意义。第二章至第八章，讲述和分析了具体的产业政策安排及其影响。首先是"特殊政策和灵活措施"与现代产业的兴起。"特殊政策和灵活措施"的内容十分丰富，最关键的是给了深圳先行先试的权力。在中央、广东省的正确领导下，深圳以"杀出一条血路"的勇气，构建社会主义市场经济体制机制，催生了现代产业。第三章聚焦电子信息产业。这个产业是深圳的主导产业。电子信息产业在深圳落地生根，枝繁叶茂，最初是特殊政策的影响和多种偶然因素共同促成的。深圳后来的产业创新，与电子信息产业不断快速迭代是相关的。第四章对"两个关键性文件"进行了分析。"两个关键性文件"的概括，是深圳原市委书记李灏同志在深圳经济特区30周年时的一次访谈中作出的。我十分认同这个说法。两个文件：一个是1986年出台的"关于国有企业股份制改造"的政策；另一个是1987年出台的"关于鼓励民间高科技企业发展"的政策。这两大政策的重要作用是，重塑了深圳微观经济主体。对国有企业股份改造催生了万科公司（世界500强之一），鼓励民间科技企业发展催生了华为。华为公司已成为全球有影响的高科技企业（世界500强之一）。第五章集中于深圳高科技发展的"22条"政策。这是国内首次出台的系统的扶持高科技政策，后来被各地大范围复制并推陈出新。但一些政策引进者的注意力更多地被那些以利益（减税、补贴等）为杠杆的政策所吸引。其实，最重要的政策点是打通科技与生产、科技与金融、科技与人才的制度性阻隔。第六章讲的是金融政策、金融产业和产业金融。从以银行为主的金融，到资本市场，包括中小板、创业板市场推出，再到新金融，深圳一直是政策的弄潮儿。金融政策创新领先不仅成就了金融业本身，而且有力地推动了深圳其他产业尤其是高新技术产业的发展。第七章的内容也被一些研究产业政策的人所忽视，我却以为直接影响产业的生死存亡，这就是对产业的行政管制。深圳率先对审批制度进行改革，对商事登记制度进行改革，降低了交易成本，为产业发展"松了绑"，才有了产业兴盛。第八章内容涉及时间跨度比较长，这个时期最鲜明的特征是将自主创新作为深圳的主导战略，围绕这个主导战略布局了若干政策。政策的基本点是：推动深圳从要素驱动向创新驱动转型。目前，这个转型还在继续。第九章集聚于未来产业政策的前瞻。对于当下的深圳而言，产业政策仍然是重要的政策工具，但有必要进行升级和完善。建设中国特色社会主义先行示范区，首先应该是改革开放创新的先行示范。本章沿着在更高层面上"构建和支持市场"的主线，提供了八个方面的思考。

在深圳所出台的经济政策中，产业政策是最密集的，也是最丰富的。由于作者的水平所限，未能生动完整地向读者呈现其精彩过程，对政策背后的经济学原理开掘也不够深入，这是需要向读者交代并请谅解的。作者希望抛砖引玉，有更多更好的研究深圳产业政策的作品问世。作者欢迎一切善意的批评并为之感谢。

需要特别指出的是，本书未对深圳产业政策的不足予以介绍和分析，这并非是因为所有的政策尽善尽美，而是与本书的主旨不太统一，留在另外的场合再评说吧。瑕不掩瑜，深圳40年产业之路是不平凡的。

目　　录

第一章　导论 ……………………………………………………（1）
　第一节　研究深圳产业政策的意义 ……………………………（1）
　第二节　什么是产业政策 ………………………………………（4）
　第三节　分析的场景 ……………………………………………（13）

第二章　特殊政策与灵活措施：深圳现代产业兴起 …………（21）
　第一节　历史的起点 ……………………………………………（21）
　第二节　对外开放倒逼市场体制创新 …………………………（32）
　第三节　深圳现代产业的兴起 …………………………………（41）

第三章　顺势而为：电子信息产业的初步布局 ………………（54）
　第一节　深圳嵌入全球电子信息产业价值链 …………………（54）
　第二节　市属国有企业进入信息产业 …………………………（65）
　第三节　一个电子市场和电子一条街 …………………………（72）

第四章　"两个关键性文件"：微观经济主体的重建 …………（79）
　第一节　微观经济主体是产业发展的基础 ……………………（79）
　第二节　深圳早期的国有企业股份制改造 ……………………（86）
　第三节　鼓励兴办民间科技企业与华为公司诞生 ……………（96）

第五章　"22条"及其他：促进高新技术产业大发展 ………（105）
　第一节　政策向高新技术产业聚焦 ……………………………（105）
　第二节　深圳最"牛"的街道 …………………………………（115）
　第三节　腾讯公司与高科技服务业 ……………………………（125）

第六章　金融创新：金融产业与产业金融 …………… (135)
　　第一节　成长的金融产业 ……………………………… (135)
　　第二节　金融开放和金融深化 ………………………… (153)
　　第三节　科技金融 ……………………………………… (167)

第七章　规制变革：放松对产业成长的行政管制 …… (176)
　　第一节　过度管制对产业的危害 ……………………… (176)
　　第二节　减少以行政审批为主的直接管制 …………… (183)
　　第三节　放松管制的深层讨论 ………………………… (194)

第八章　产业进步：迈向创新驱动的政策安排 ……… (202)
　　第一节　转型的基础、动力和主导战略 ……………… (202)
　　第二节　转型中的十大产业政策 ……………………… (217)
　　第三节　向创新驱动转型的初步验证 ………………… (232)

第九章　大趋势：深圳产业政策前瞻 ………………… (240)
　　第一节　新产业革命的来临 …………………………… (240)
　　第二节　深圳产业高级化的机遇与挑战 ……………… (251)
　　第三节　深圳产业政策取向前瞻 ……………………… (261)

附　录 …………………………………………………… (281)

参考文献 ………………………………………………… (346)

后　记 …………………………………………………… (348)

第一章 导论

第一节 研究深圳产业政策的意义

迄今为止,深圳产业发展是成功的,从某种意义上看,深圳创造了奇迹。

20世纪80年代前后,深圳经济总体上还是农业形态。1979年地区生产总值只有1.96亿元,农业产值占工农业总产值的67%,所谓的工业,基本业态是服务于本地生产生活的小型加工厂。主要有农机厂、石灰厂、砖瓦厂、小化肥厂,设备陈旧,技术落后。

今天的深圳,经济总量超2万亿,增长万倍以上,居中国大城市第3位,进入全球城市T20。经济结构呈工业时代后期形态,极小的农业经济转型为都市农业业态,工业产值占GDP的比重在超过60%的峰值后,逐步降为40%左右,服务业特别是生产性服务业成为经济增长的新主力,深圳有6家本土企业入选世界500强。在波士顿咨询公司(BCG)评选的年度全球最创新的50家公司中,深圳华为、腾讯连续出现。有多个权威机构对城市竞争力进行排名,深圳都名列前茅。

一个传统的落后的农村产业形态,何以在不长的时间内转换为有竞争力的现代产业形态呢?这个"深圳之谜"被广泛地关注和各种解读。有代表性的观点之一是"优惠政策论"。这一观点在深圳经济特区建设前15年特别流行,其中比较集中的反映是,中国国情研究中心的胡鞍钢博士对优惠税收政策的批评以及社会影响。

1994年,胡鞍钢博士写了一个内部报告,提出特区不能再

"特"了，不能再无限制享受优惠政策，必须对中国经济特区的政策进行彻底调整，坚决取消各种减免税和优惠政策，取消不利于缩小地区差距、优惠某些地区政策。其后，胡博士在不同场合渲染他的观点。一次在中共中央党校为一些省市官员讲地区差别时，直言经济特区的优惠政策造成了区域发展不平衡。另一次在上海，胡博士将上海为何由第一变为老九（当时全国各省市 GDP 排名），归结为上海未享受优惠税收政策。这一观点，在当时也颇有市场。胡博士以维护市场公平竞争理论为基础，站在道德高地，抨击经济特区税收优惠政策。抽象地看，似乎不无道理。具体分析，理论和实践上都是站不住脚的。世界各国在启动不同地区的发展中，都制定实施过不同的优惠政策。远的如美国在开发西部时，土地优惠出售，奖励铁路修建，投资基础设施，发展教育，优惠工业投资等；近的如日本安倍政府设立经济特区，给予政策优惠和法规突破安排等。在特定的条件下，实施区域优惠政策与市场经济公平竞争不是对立的。以不同的政策，启动区域发展，是区域发展理论的逻辑。胡鞍钢博士的观点和论证，不仅使当时很多人对经济特区产生片面认识，还不适当地神化了优惠政策的作用。这一点，从优惠政策崇拜中依然可见。优惠税收政策对特区发展十分重要，但神化优惠政策则是十分有害的。因此，将深圳产业成长讲清楚，特别是将深圳产业政策的内容、功能和实施过程讲清楚，有助于解开过去流行现今依然存在的深圳经济特区产业发展靠什么的"世纪之谜"，有助于对优惠政策有正确而全面的认识。当然，研究深圳的产业政策并不只是为了回答昨天提出的问题，更是着眼于当下和有利于未来的产业发展。

研究深圳产业政策现实意义至少有四个方面：

一是为国家经济转型提供先行示范和经验。2018 年，我国人均 GDP 接近 1 万美元。按国际经验，这个阶段也是翻越"高收入之墙"的阶段。经济由高速增长转入中高速增长。国家提出高质量发展，推进发展的质量变革、动力变革、效率变革，从要素驱动向创新驱动转型，反映了发展一般规律的要求。经济由高速发展转向高质量发展不只是要素组合转变的过程，发展模式的转型其实是体制、战略和政策的系统转变。经济模式转型中,产业结构转型是主要力量,产业政策推动了结构转型。深圳较早地遇到了产业转型的难题,较早推动由深圳速度转向深圳效益和深圳质量,产业政策为转型注入了活力。讲清楚深圳产业政策的实践,可以为国家由高速发展转向高质量发展提供先行示范和经验。

二是为形成开放新格局提供借鉴。由制造业开放扩大到服务业开放,由正面清单管理到负面清单管理,国家开放的大门越开越大。开放意味着规则上与国际接轨。中美贸易战中,涉及的政府补贴、保护知识产权等问题,都是产业政策问题。新开放格局形成一个绕不开的问题也是产业政策的衔接。深圳产业的国际化程度相对比较高,早在加入世界贸易组织之初,政府主导组建 WTO 研究中心,功能之一就是为政府相关政策出台提供是否符合国际惯例的咨询,使深圳产业政策与世贸规则相衔接。在新开放格局和世界贸易摩擦中,总结过去的经验,显然有助于政策创新,适应并促进新的开放发展。

三是为深化供给侧结构改革提供政策资源。供给侧结构改革,直接指向是产能问题,根基是产业结构的合理化和高级化,更本质的是产业政策的调整。如果产业布局还靠政府部门计划,产业资源分配还依赖行政审批,肯定走不出"一管就死"和"一放就乱"的循环。因此,供给侧结构改革的关键,是改革产业政策的形成和实施机制,真正使市场在资源配置中起决定性作用。在这方面,深圳产业政策选择可以提供一些借鉴。近 40 年来,深圳经历若干次的转型和两次全球性经济危机的冲击,产业竞争力不断提升,得益于良好的产业成长生态环境。营商环境说到底是养商、容商、促商,用经济学规范的表达,就是具有综合成本低的比较优势。在这个意义上,深圳的产业政策也是值得提炼的。

四是深圳样本具有学术价值。产业政策是我国经济运行中最重要的政策之一。地区之间的经济竞争主要手段是产业政策的竞争。但是,我国理论界对产业政策的现实关注和提炼不够,理论界对产业政策的争论,更多的是由理论逻辑起点不同引发的。其实,发展是现实的,发展的路径受制于历史的遗产和当时的利益结构、权利结构。我国从计划经济向市场经济体制转型，在渐进的改革中，选择产业政策作为重要的经济工具，这是现实的逻辑。在体制转型中，深圳经济特区是"试验场"，在这个"试验场"的产业发展中，有诸多的政策创新，但系统地进行理论总结不够，深耕深圳样本，有助于丰富产业政策理论。

第二节 什么是产业政策

如同许多经济学概念一样，学者们经常会给出不同的理解。产业政策一词在不同的语境下所包含的内容并非一致。由于对产业政策具体内容的理解和阐述不同，当人们对产业政策表示赞同或提出异议时，并不能确切地知道他们赞同和反对的是什么样的产业政策。因此在产业政策的研究中，必须对什么是产业政策作出说明。

据权威的《日本的产业政策》一书叙述，直到最近为止（1984），在英语中还几乎找不到"产业政策"这个词汇。在日本也是1970年前后才开始使用这个词汇。在这之前，人们一直用产业合理化，企业合理化，产业结构论，或产业结构的高级化，新产业体制论和产业改组等词汇，来讨论产业政策中的各种问题。[①] 在我国官方文献中，"产业政策"一词最早出现在1986年制定的《我国国民经济和社会发展的第七个五年计划》中，学术界对这个问题的关注和探讨还要早一些。[②]

这些较早的说法是如何定义产业政策的呢？小宫隆太郎是《日本的产业政策》一书的主编，也是将"产业政策"概念介绍到我国的重要人物。他说："我本人曾对产业政策这一概念作了如下说明：政府为改变产业间的资源分配和多种产业中私营企业的某种经营活动而采取的政策。换句话说，它是促进某种产业的生产投资，研究

---

① ［日］小宫隆太郎：《日本的产业政策》，黄晓勇等译，国际文化出版公司1988年版，第2、3页。

② 江小涓：《经济转轨时期的产业政策》，上海三联书店2014年版，第5页。

开发，现代化和产业改组而抑制其他产业的同类活动的政策。"① 周叔莲是较早研究中国工业经济的学者，曾任中国社会科学院工业经济研究所所长。他给出的定义是：产业政策是对一定时期内产业结构变化趋势和目标的设想，同时规定各个产业部门在社会经济发展中的地位和作用，并提出实现这些设想的政策措施。② 江小涓出版了第一本系统研究中国产业政策的专著，她的定义是：产业政策是政府为了实现某种经济和社会目标而制定的有特定产业指向的政策的总和。③ 稍作分析，我们不难发现，小宫、周、江关于产业政策是什么的界定是有差别的。小宫在总结日本经验的基础上，将产业政策看作是政府通过利益杠杆影响私营经济主体行为，从而调控资源在产业间的分配。周讨论的背景是20世纪80年代后期的中国经济，当时城市经济体制改革起步不久，产业政策的概念也刚刚引进，产业政策作为宏观经济目标的执行工具，引导生产要素在不同部门分配，进而影响产业结构。江比较系统地研究了我国的产业政策，她将产业政策看作是实行特定目标的工具。这个工具箱包括，产业结构政策，产业组织政策，产业技术政策，产业区域政策，产业国际竞争力政策，等等。

2012年以来，产业政策问题的讨论"热"了起来。这场讨论的发源地是北京大学。林毅夫教授携"新结构经济学"从世界银行归来。在"新结构经济学"中，产业政策是一个核心概念，是区别于过去发展经济学的主要论点。因此牵引出一场不小的讨论。最针锋相对的是林毅夫教授和张维迎教授的争辩。这场争辩从关于产业政策的内涵上就开始了。林的观点："新结构经济学根据学界普遍接受的定义，认为凡是中央和地方政府为促进某种产业在该国或该地发展而有意识地采取的政策措施就是产业政策，包括关税和贸易保护政策，税收优惠，土地，信贷等补贴，工业园，出口加工区，R&D中的科研补助，经营特许权，政府采购，强制规定等。""从

---

① [日]小宫隆太郎：《日本的产业政策》，黄晓勇等译，国际文化出版公司1988年版，第3页。
② 周叔莲等编：《产业政策问题探索》，经济管理出版社1987年版，第9页。
③ 江小涓：《经济转轨时期的产业政策》，上海三联书店2014年版，第8页。

新结构经济学的角度看，产业政策若想取得成功，就是要帮助企业进入到一个要素成本比较低的产业，也就是从要素禀赋结构来看，是具有比较优势的产业。但国际上的竞争是总成本的竞争，总成本，还包括交易成本，交易成本，取决于交通基础设施，法治环境，金融服务等是不是合适。""产业政策的目的是什么？产业政策的目的就是要把那些具有潜在比较优势，但因为交易成本太高，在国内外市场上还不具有竞争优势的产业，经由政府帮助，改善基础设施和金融法制环境，把交易成本降低。如果能把交易成本降低，这个产业就能马上从具有潜在比较优势变成具有竞争优势，这是产业政策的目的。"[①] 张维迎教授的观点："我理解的产业政策，是指政府出于经济发展和其他目的，对私人产品生产领域进行的选择性干预和歧视性对待，其手段包括市场准入限制，投资规模控制，信贷资金配给，税收优惠和财政补贴，进出口关税和非关税壁垒，土地价格优惠等，这里的关键是'私人产品'和'选择性干预'。""政府在公共产品上的投资，不属于产业政策，普遍性的政策，也不属于产业政策。如统一的公司所得税不是产业政策，但扶持性的所得税减免属于产业政策，专利保护是知识产权问题，不属于产业政策，地区政策也不属于产业政策，尽管经常与产业政策伴随。"张认为，产业政策是穿着马甲的计划经济，注定会失败。[②]

从以上叙述中，同样不难看出，林、张对什么是产业政策，产业政策的作用、范围、政策工具，政策的出发点都存在着分歧。所以，简单地说林是产业政策的积极论者或肯定论者，张是产业政策的消极论者或否定论者，并不是全面准确的概括，简单地评价二者的对或错也容易失之武断。

林、张两位教授发起产业政策之争后，清华大学公共管理学院产业发展与环境治理研究中心，召开了产业政策研讨会。吴敬琏教授、日本学者八田达夫教授在发言中对什么是产业政策做了扩展性的讨论。吴敬琏教授指出：产业政策的讨论不能徘徊于简单的"全称肯定判断"或"全称否定判断"中，即不能停留在要不要产业政

---

① 张维迎、林毅夫：《政府的边界》，民主与建设出版社2017年版，第77、82页。
② 同上书，第14、57页。

策中，应该在既有的理论上深化。吴敬琏认为：日本在战后的不同时期，执行了不同类型的产业政策，大致上以20世纪70年代初为分界线，在50年代和60年代，实施的是"纵向的""选择性的"，或称"硬性的"产业政策；70年代以后实施的是"横向的""功能性的"或称"软性的"产业政策。前一类型的产业政策运用财政、金融、外贸等政策工具和制度、干预、执行指导等手段，"有选择地促进某些产业的生产投资、研发和产业改组，同时抑制其他产业的同类活动"（东京大学小宫隆太郎教授），而后一类型的产业政策的特点，则是"最大限度地发挥市场机制作用"，用政策手段保护、扶持和加强重点产业的作用遭到削弱，而通过向社会提供信息实现的诱导作用得到加强。①

八田达夫教授认为：与经济增长关系密切的有两类政策，竞争政策和产业政策。什么是产业政策？就是首先制定一个目标，然后按照这个目标，推动特定产业的增长，具体方式有贸易保护或者关税保护，政府的转移支付，税收减免，以及政府提供的优惠贷款，还有行政指导等方面的政府支持。也就是政府对他们想要推进的产业提供帮扶。另一类就是竞争政策，其核心是充分发挥市场的作用，首先要为公平竞争创造一个完善的环境，比如通过反垄断政策、贸易自由化，取消政府管制以及国有企业的私有化，这些措施都可以促进公平竞争。促进日本经济增长的最主要因素其实是竞争政策。

值得关注的是，吴敬琏在那场研讨中引入了一个新概念，即"横向的、功能性的、软的"产业政策。这一概念的具体内容，日本学者有更丰富的叙述和讨论（见《日本的产业政策》中文版，1988，第一、二章）。概而言之，即政策工具从资金的扶持转向竞争性制度供给，如加大反垄断的力度；减少贸易许可管制等造成的壁垒；扩大信息收集、研究和传播，以引导和影响企业等。从政策指向看，减少对特定产业的支持，面向全部或所有的企业。20世纪70年代以后日本产业政策发生的这种转型在吴敬琏那里，被概括为

---

① 吴敬琏、[日]八田达夫、陈清泰：《反思产业政策》，《比较》2016年第6期。

"竞争性的产业政策"。八田达夫对竞争政策十分推崇，他分析指出，日本经济增长主要是竞争政策的作用。中曾根时期的铁路、电话电报改革（私有化），小泉时期推行邮政改革（私有化），安倍时期的电力改革等都在他的竞争政策案例分析中。从概念看，八田教授似乎未将竞争政策当作产业政策。①

在国际上，就如何认识产业政策及其地位作用，围绕着东亚奇迹，曾有一场更早更深入的讨论。世界银行经济学家对日本、中国香港、韩国、新加坡、中国台湾、印度尼西亚、马来西亚和泰国等八个东亚国家和地区进行了系统的研究后，作出了这样的结论：所有东亚经济的高速增长，都主要在于实施了一系列共同的有利于市场经济发展的政策，从而促进高积累和更加合理地配置资源。东亚经济中特别是位于东北亚的国家或地区，实行一些有选择的干预手段，并促进了经济增长。有选择的干预之所以取得成功，主要是因为三个前提条件：第一，对待市场作用出现的问题采取的措施；第二，在关键性政策领域具有良好的基础；第三，政府有能力建立和监督有关的经济实绩标准。世界银行所指的基于市场的问题，主要是主流经济学的"市场失灵"问题，包括规模经济、外部性、不完全信息、公共产品等，所谓关键性政策领域，主要包括宏观经济、资金和人力资源积累，主要政策工具包括财政补贴，导向性信贷和其他倾斜性政策，政策工具在不同时期因目标不同形成不同组合。在所有的干预中，世界银行推荐促进出口的战略。而政策工具的有效性，除一般的市场条件外，则取决于政府的负责和有效的管理。②

《东亚奇迹：经济增长与公共政策》发表几年后的1997年，发生了亚洲金融危机，这场危机的震中恰恰是造就东亚奇迹的国家和地区，幸运的是，经过短时间的衰退后，这些国家经济大都出现了复苏。东亚经济的起起落落激发了反思。有对东亚奇迹及政府干预给予肯定的。如获诺贝尔经济学奖的美国经济学家斯蒂格利茨认为："东亚各国政府（地区）干预了资源的配置，例如通过让成功的出口商更

---

① 吴敬琏、[日]八田达夫、陈清泰：《反思产业政策》，《比较》2016年第6期。
② 世界银行报告：《东亚奇迹：经济增长与公共政策》，中国财政经济出版社1995年版。

容易获得贷款，或者通过选择性地向某些部门提供直接信贷，一些政府促进了出口。在那些用严格的规章制度，来执行产业政策的国家（地区），那些因为有特定政策而出现腐败和扭曲行为的情况就能够避免，或者至少得以限制。在许多情况下，那些原来得到政府支持的产业，构成了这些国家（地区）经济在进入新千年时的基础。"[1] 同样是获诺奖的美国经济学家则对东亚奇迹及政府干预持否定意见。他指出"如果亚洲体系真的存在值得提倡者们夸奖的东西，那就是亚洲政府提升特定产业和技术的方法；这应该可以解释亚洲经济效率何以急速提升。但是，如果你认为效率主要来自于汗水——效率并非急速提升，那么，亚洲产业政策的成果就要大打折扣了，汗水理论的另外一个不受欢迎的含义是，亚洲经济增长的步伐可能放缓，通过提高劳动参与度，向每个劳动者提供基础教育，将投资占的比重提升三倍，你可以获得很大的经济增长，但这只是一次性的，不可重复的增长而已。亚洲的危机的最大启示不在于经济方面，而在于政府方面，当亚洲经济进展顺利时，你可以认为这些经济体的规划者知道他们自己在做什么，现在真相大白了，他们其实不知道自己在做什么"[2]。

也是在对东亚奇迹的讨论中，已故美国斯坦福大学教授青木昌彦提出了市场增进论。主要观点是：政府与市场在配置资源方面并非"非此即彼"的相互替代关系，作为市场参与者的政府，并非凌驾于市场经济运行之外、解决市场失灵的中立机构，也并非市场经济运行中的经营主体。其职能是培育民间部门，即民间发起的商会、协会、质量认证等中介机构，并帮助民间部门解决协调问题及克服其他市场缺陷。政府在改善和促进民间部门协调方面，其协调机制是不同的，依赖于不同经济体的经济制度性特征和经济发展的水平。发展中国家的市场往往并不是完全的，用于保证市场有效运作的制度常常是弱的，甚至是缺失的，而民间部门对经济的协调能力有限，因而政府以政策为手段来增进民间部门在经济发展中的协调功能，实现政府民间部门的协调共同参与，是必要而

---

[1] ［美］约瑟夫·E. 斯蒂格利茨等编：《东亚奇迹的反思》，王玉清等译，中国人民大学出版社 2013 年版，第 414 页。

[2] 同上书，第 4—5 页。

有效的。青木昌彦进一步指出，政府还可以运用多种政策工具，如相机性租金、金融约束、协商委员会以及延缓市场准入策略，引导民间部门的协调和合作。青木昌彦产业政策的核心点是培育民间机构，改善市场运行。在发展中国家，辅之以政策工具适度干预市场。①

关于产业政策的讨论，也陆续有青年学者的加入。比较突出的是提出了"增进与扩展市场型政府理论"。他们指出：既有的产业政策理论，是建立在市场失灵的基础上的，政府是作为解决市场无效或低效而采取行动的角色出现的。而事实是，根本不存在所谓的市场失灵。真实的市场经济从来就不存在新古典经济学中的完全竞争状态，而是在信息不对称条件下企业竞合的争胜过程，在这个过程中，一部分优胜者留下了，失败者退出了。正是竞争的压力和参与者获利的动机，残酷地迫使参与者创新，形成了优胜劣汰的机制，客观上推动产业结构的升级换代。因此，他们认为，应重构产业政策理论，即从基于市场失灵的政府干预性产业政策转向基于增进与扩展市场的强化市场型政府的产业政策。在发展中国家，政府最为重要的职能，就是建立市场经济运行的合适制度基础和制度框架，并促进市场体系的发育。政府提供的制度框架，包括界定并保护财产权利，保证公共契约得以执行，维护法律与秩序，提供标准货币，提供负有限责任的公司制度安排，规定破产程序，保障资本市场稳定及有效运转，等等。政府提供的制度框架还包括保证和维护市场的开放性、公平性、竞争性和自由，使企业家平等自由地利用市场，以发现机会作出选择。政府还应约束自身，保证公权力不被滥用，确保政府不会侵犯公民的财产和权利。这样，政府不断地增进与扩展市场，创造企业在争胜过程中的环境，企业行为的集合将导致经济持续增长和产业优化。②

增进与扩展市场型政府理论与市场增进论观点的差别在于，前者强调市场的有效性，在发展中国家，市场协调出现的问题不是市

---

① 李晓萍、江飞涛：《中国需要什么样的产业政策（Ⅰ）——产业政策及产业政策的争论怎么看》，《中国经济学人》（微信公众号），2017年9月17日。
② 同上。王廷惠：《微观规制理论研究》，博士学位论文，华南师范大学，2003年。

场失灵，而是制度失灵。产业政策的实质就在于建构完善的市场制度，以制度保障产业发展。而市场增进论则强调经济运行中市场失灵是存在的，政府以产业政策进行一定程度的干预是必要的，政府干预要更多地借助民间机构实施。政府干预的有效性还取决于政府的明智和效率。后一点也是世界银行的主张。

"县际竞争"是地方的大产业政策，也是著名经济学家张五常教授用以解释中国经济何以快速增长的关键词。"人与人之间竞争，户与户之间竞争，机构与机构之间竞争，传统的经济分析，这是所有的竞争了。中国的情况，是在同层的地区互相竞争，而因为县的经济权力最大，这层的竞争最激烈。是经济奇迹在中国出现的主要原因。"① 为什么县际竞争具有如此功效，张五常教授引进了产权经济理论特别是合约的分析。张教授的逻辑是：中国的国民经济组织如同一家大公司，国家是最高层，各层级之间的经济权利结构，是一个类似合约的权利结构，在这个结构体中，各层级的产权（经济权限和经济收益）经由合约界定。在这样的合约构成中，县有特别重要的位置。这是因为"经济权力愈大，地区竞争愈激烈。今天的中国，主要的经济权力不在村，不在镇，不在市，不在省，也不在北京，而是在县的手上。理由是决定使用土地的权利落在县之手"②。张教授进一步将县比喻为一个庞大的购物商场，由一家企业管理。租用商场的客户可以比喻为县的投资者，商场租客交一个固定最低租金（等于投资者付一个固定的地价），加一个分成租金（等于政府收的增值税），而我们知道因为有分成，商场大业主会小心地选择租客，多方面给租客提供服务。也正如商场给予有号召力的租客不少优惠条件，县对有号召力的投资者也提供不少优惠条件。如果整个国家满是这样的购物商场，做类同的生意，但每个商场是独立经营的，它们竞争的激烈可以断言。③

张教授进一步推论，土地收入权利界定，主要是投资者、县政府与上头市政府这三者之间。全部是以分成合约处理。在这三者

---

① 张五常：《中国的经济制度》，中信出版社2017年版，第145页。
② 同上书，第144页。
③ 同上书，第162页。

间，土地的所有权虽然归国家所有，国家也参与部分收益分配，但县政府类似业主，因为土地的使用权与转让权清晰地落在县政府手上，县政府有明确的土地收益权。这样的权利分配，使得县政府可以以业主的身份招商引资，越来越多的投资者落户，土地收益快速增长，县的经济越发强大。2000多个县遍及中国大地，县政府都深谙此道，都凭借土地产权展开激烈竞争，正是县之间的竞争，激发中国经济快速增长。

张五常教授的观点一经提出，立即引起学界的广泛关注。不管是否同意他的分析，至少使人耳目一新。张五常教授突破了主流经济学惯用的增长模型，运用制度经济学理论，特别是由他开创的佃农理论，结合他对中国经济增长动能的长期的跟踪观察，以及建立在观察、理论、验证基础之上的判断，对中国经济增长做了一种全新的解释。

如果一定要找出不足的话，我以为，张教授的分析是以中国社会主义市场经济基本框架形成为前提的。因为只有在国家调控市场，市场引导企业的框架下，在土地资源作为有价值的市场资源，土地使用权可以有偿转让（1988年）的条件下，县级政府（包括城市政府）才对国有土地行使类业主权。对此，张五常教授自己做过界定。他写道：重要的发现是1997年。这一年，他到昆山去为家族的一间在香港亏蚀的小厂找地盘，遇到不同地区的干部"争客"，只要投资者考虑下注，什么条件皆可商量。而投资者有什么独特要求，不出几天一定有答复，干部仿佛是"地主"。到2004年初才知道，地区干部果然是"地主"。张教授并没有关心更没有追问，他所观察的权利结构源自何处？中国是怎样形成这种市场架构的。而这个未有的追问可能是我们揭示中国经济增长秘密的历史起点。

尽管如此，张五常教授的分析对于我们理解地方政府和地方竞争在中国经济增长中的作用大有裨益。更大的意义是，为我们分析地方产业政策提供了一个新的理论框架。张五常教授告诉我们，不能将土地简单地作为一种生产要素对待，应该将土地权利结构对产业构成的影响纳入到政策分析中，大大地开阔了我们的视野。此外，张五常教授的产权—合约分析模型，将产业政策分析中的"规模经济"、赶超战略、公共产品等因素放在一种制度经济学的理论下透视。例如，政府提供公共产品，并不是所谓市场失灵使然，而是由政府提供公共产品，可以更多地减少成本，从而吸引更多的投资者落户。这样的分析，有助于增进市场理论的穿透力和完整性，从新古典的"市场失灵"论是政策存在必要的基础学理中解放出来。

以上所列，远未穷尽关于产业政策的定义。但由此可知，产业政策是一弹性很大可容纳不同行为的政策工具。人们在谈论产业政策的时候，说的并不是一回事，甚至产生对立性的争论。本研究重点不在讨论哪一个定义更正确，罗列以上定义的意义在于，除了便于读者对"产业政策"的全面理解外，为自己讨论产业政策提供理论支撑。

第三节 分析的场景

人们之所以对同一话语做不同的理解，很大程度上是与讨论问题时的场景或理论基点有关联。如张维迎教授反对任何形式的产业政策，其立论的场景是市场经济理论的"米塞斯—哈耶克范式"。张维迎认为：米塞斯和哈耶克市场理论，是一个很好的理论范式。根据这一范式，市场是人类自愿合作的制度，是一个认知工具，市场竞争是人们发现和创造新的交易机会、新的合作机会的过程，市场最重要的特征是变化，而不是均衡。市场的优越性正是来自不完全信息，企业家是市场的主角，发现和创造交易机会是企业家的基本功能，一些企业家在信息不对称中发现市场不均衡和套利机会，推送产品和服务，市场才趋向均衡。正是企业家的创新，使得市场不断创造出新的产品，新的技术，并由此推动消费结构和产业结构的不断升级。因此，在米塞斯—哈耶克场景中，产业政策是一个多余的东西。不仅多余，而且有害，因为它扭曲了市场信息。

林毅夫教授关于产业政策立论场景的理论工具是新古典经济学。

他认为：新古典经济学，针对这一切（包括产业政策）来说，是一个有用的工具，而不是一个制约因素。它很灵活，足以用模型分析外部性，动态性和协调失灵这些让政府扮演着重要角色的要素，同时还提供了一个标准，来判断政府是否过于偏离比较优势产业，没有前者，发展中国家可能会缺乏应有的智慧去抓住发展优势产业机遇，并为可能的产业升级和发展奠定基础，但是如果没有后者，如历史记录所强调的，政府可能会犯下许多代价高昂的错误。[①] 可见，讨论场景和立论基础的分歧，不仅导致了对产业政策的不同的定义，而且导致了一个更大的分歧。因此，我们在进入正式讨论产业政策之前，有必要就分析的场景作出说明。

（一）双重转轨场景下的产业政策

所谓双重转轨，一方面是计划经济体制向市场经济体制转轨，另一方面是传统经济向现代经济转轨。政府在这个过程中，是转轨的领导者推动者，换句话说，政府是以规则演变"增进和拓展市场"的主导力量。而深圳产业发展的历史，其实也是市场进化的历史，是一个市场渐进与成长，从简单到复杂的过程。在这个过程中，企业家阶层崛起，企业家敏锐地捕捉市场信息，为了在竞争中赢得市场，抓住机遇推动技术管理产品服务，进而客观上推动了产业升级。没有"增进和拓展市场"，就生长不出平安、华为、腾讯、万科以及数以百万计的市场主体。市场不是一个简单的交易场所，除硬件外，起决定性作用的是制度、规则和工具。市场是一个复杂的构成，是不断生长和发育的肌体。市场是深圳产业成长的沃土和基础，离开市场讨论深圳产业，就不可能理解深圳的奥秘。20世纪70年代末80年代初，国家批准了四个经济特区，同样的优惠政策，一些经济特区经济未起飞，产业形态也较落后。其中很重要的一条，就是未"扩展和增进市场"，社会主义市场经济未能在资源配置中发挥决定性作用。深圳的产业发展则得益于在倒逼机制的条件下，不断地培育扩展市场。在研究深圳产业发展中，如果离开构建与支持市场经济，则不能真实地反映其关键和动力。对于所有未发

[①] 林毅夫：《新结构经济学》，北京大学出版社2018年版，130页。

展地区或不发达国家而言,政府的着力点如果偏离了市场构建,则不可能取得经济上的成功。发展经济学的1.0,首推政府在发展中的作用,主张政府采取进口替代战略和大推进的投资战略推动发展而基本失败。其2.0版,反其道而行之,致力于推行所谓"华盛顿共识",用的是发达国家市场经济的灵丹妙药,但由于现代市场经济制度的缺失,少了现代市场的基本构件,结果是南橘北枳,导致了"华盛顿共识"的破产。林毅夫教授的新结构经济学可以看作是发展理论的3.0,试图既发挥市场的作用,也发挥政府的作用,以比较优势为起点推动发展,但也缺少如何在发展中国家有序地"增进和扩展市场"的关键要素,其理论意义大打折扣。市场经济体制的形成,是一场深刻的社会变革,是必须触动利益的社会重建,是艰难而曲折的重大调整,也是我们习惯言说的改革创新。市场经济制度演进了几百年才达到今天的状态,被实践证明是比较有效率的经济体制。对于经济不发达的国家和地区而言,"增进和扩展市场"是第一位的,是发展的制度基础,是绕不开的路口。从市场制度对产业的影响和作用看,称为关键性的政策是适当的。

(二) 地方产业政策平台

由于中国实行的是集中统一领导为主、地方分权为辅的层级管理经济体制,经济政策的最高决策权限在中央政府,地方不同层级管理权限从高级别到低级别递减。因此,一级地方政府的政策权限,决定于中央政府或上级政府的批准或授予。中央政府的政策安排通常采取先试点后总结推广。中央政府对地方政府政策的批准和授权中,有时让渡一定的规则或制度创新权和利益,即通俗讲的"放权让利"。深圳等四个经济特区的设立,是中央的重大战略和政策安排。邓小平在1984年视察深圳后题词:"深圳发展的经验表明,我们建立经济特区的政策是正确的。"这就是说,建立经济特区,是国家的重大政策。中央政府的批准和授权,给地方政府以政策空间。发挥好利用好这样的政策安排,也是对地方政府能力的检验。实践证明,有的地方在政策框架下,善于创新,有大作为;有的地方因循守旧,毫无价值。

市场经济体制创新是基础性框架性政策,也是地方政府第一个政策平台。一个地区的产业构成，是一个个微观企业个体产品的集合。每一个企业对产品品种、生产数量的选择行为，最终决定着一个地区的产业水平。企业选择首先必须有选择权，也就是说它首先必须是一个独立的商品生产经营者。其次必须根据一个信号传输的信息来决定选择，价格信号是一个灵敏的真实的即时的信号。最后要素必须是自由流动的，这样企业才能够根据价格信号进行要素配置。这个极简化的模式要求的就是市场经济。它是企业生存发展最基础的条件。在一个尚不具备这样的制度的地区，政府要推进制度创新，构建市场经济制度。这是第一位的基础性的政策。

地方政府产业政策的第二个大平台是以经济利益配置为杠杆的政策工具，通俗讲的经济手段。这类政策主要有三大类型：一是财政杠杆，补贴或收费。在财力不足的地方，直接的财政补贴较少，更多的是用免征、缓征地方税费或通过地方所得税费先征后返的方式间接补贴给企业，以招商或吸引企业在当地长期经营，打下产业基础。而财力充足的地方，则直接给企业各种优惠，以致如何"分钱"、如何"管钱"、如何监督花这部分钱成为经济管理部门的重要工作。二是土地资源。由于土地资源和土地收益主要由地方政府支配，土地已成为最宽泛最常用的吸引产业的杠杆了。一些地方以零地价招商引资，一些地方更是祭出零地价+其他优惠的招商政策，一些地方则以划拨或优惠出让"旺地"作为补贴招商引资。经济愈是发展，土地资源愈凸显价值，土地作为产业政策的功效就愈突出。三是金融工具。地方政府尽管不掌握货币政策权，但通过各种方式，如财政贴息，担保与再担保，行政性干预影响金融资源的配置。尤其是通过行政影响资本市场和多种金融工具运用，已取代财政工具成为影响产业发展的杠杆。在现实中，通过以上三大工具，以利益为杠杆推动产业发展，是最经常最通用的手段。这类政策经常被看成是产业政策的主要内容甚至全部，这也是企业看得见、摸得着、算得清的实惠。由于这类政策优惠的对象往往只是部分企业，而这部分企业是由某些政府部门挑选出来的，这类政策被理论界冠以"挑选赢家"的选择性产业政策。实践中，选择性产业政策成功与不成功的案例既多又广，理论上这类政策涉及"政府理性"

"政策公平性""寻租"等基础性理论论争,选择性产业政策的诟病增多。尽管如此,对于地方政府产业政策而言,则是最常用的工具或产业政策平台。或许,其合理性需要借助政治、利益集团博弈等工具来解释。

地方政府产业政策的第三大工具是监管平台。监管对产业的影响,为不少经济学家所忽视。从历史经验和现实考量,监管与产业是息息相关的。从大的方面,中国历史上长期的重农抑商,可以看作是最彻底的监管,这样的监管导致了商品经济没有生长的土壤。西方的资产阶级革命,首先是商人阶级对中世纪封建统治压制商业的抗争。历史事实表明,什么时候政府放松对经济的监管,经济一般处于活跃期,什么时候苛捐杂税沉重,监管烦琐冗余,经济就一潭死水。监管主要有两个层面,一是规制,即规则的设置,不同的游戏规则,带来不同的交易成本,有的规则窒息了经济;二是规制的执行,执行的弹性和力度不同,带来的交易成本亦有差别。计划经济体制时,企业总体上是一个"执行单位",对企业的监管实际上是对执行行为和执行结果的监管,监管的规制重点是围绕着任务、目标、行为展开。对地方而言,除了服从国家和上一级规制的监管外,还是落实国家和上级规则的监管主体,也是本层级监管规制的制定者、执行者。

改革开放以来,中国政府对产业的监管总体上走的是从直接监管为主向间接监管为主转变,所谓的"政府调控市场,市场引导企业",从事前监管为主向事中事后监管为主转变。监管产业方式的转变,为产业发展提供了巨大的空间。地方政府在实施监管中,有的侧重于传统,有的侧重于创新,有许许多多的中间状态组合。如果拿地方政府监管产业政策做一比较分析,不难发现,凡产业枯萎停滞的地方,恰恰是行政性监管最紧的地方。禁止性条款多,若干部门经常性地到企业去"查询和指导",烦琐冗长的审批等,使得企业疲于应付,贿赂官员,阳奉阴违。结果永远是产业凋落。

区域产业政策或空间产业政策既是国家也是地方的第四个政策平台。区域产业政策主要是通过一揽子或一系列的特殊政策安排,或促进特定区域的产业增长,或从事某种产业发展的政策性试点,或降低政策实施的风险。各种类别的出口加工区、保税区、自由贸易区、自由贸易港区、工业区、高科技园区、物流园区等，都是区域政策的载体。甚至经济特区、各种新区在某种意义上也是空间政策的形式。地方制定和实施空间政策，也是经济诸因素紧约束条件下的一种选择。如受基础设施承载能力的约束，资本短缺的约束，甚至制度供给不足的约束等等，优先发展条件较成熟的地域。特殊的空间政策安排，普遍地分布在世界各国，充分表明了它作为产业政策的意义。

提供公共产品或准公共产品是第五个平台。将公共产品的提供作为产业政策，似乎宽泛了些。但现代产业的发展，对公共产品的需求不断增加。除了安全以外，良好而便利的教育、公共技术的提供都是聚集人才、吸引投资和提高企业技术进步的重要条件。公共技术在新经济时代也是企业需要的。一些中小企业往往建不起独立的研发队伍，或者行为不经济。克服技术难题需要外部资源，这既是成本的考虑，也是产品升级和市场竞争的支撑。产业政策在这种条件下是有所作为的。当然，不一定是政府建立研发机构，政策鼓励社会力量可以办。德国的弗劳恩霍夫和中国台湾的工研院都较好地发挥了功能。越是高科技企业，越需要高素质的劳动力。一个以公立教育为主的地区，政府提供的教育资源通过劳动力供给而影响产业。为什么类似教育这些有公共产品性质的产品也可以作为产业政策呢？是因为教育的产品是人，是劳动力，是重要的生产要素，是影响产业成本也影响产业效率的资源。教育甚至对人的职业操守产生影响。

（三）*产业政策的时间轴*

如果以日本通产省制定和实施系统性的战后经济复兴政策为起点，产业政策的概念出现也不过几十年的历史，尽管作为影响产业的实际政策可以追溯到很远，如重商主义、重农主义等。即使从日本战后产业政策历程观察，也至少经历了几个阶段。即支持经济复兴时期，出口导向战略时期，产业和经济的高级化时期。在不同时期，分别采取了"挑选赢家"的倾斜性政策为主和"增进和拓展市场"的竞争性政策为主。深圳的产业政策也呈现阶段性，由早期的招商引资，外引内联向扶持本土企业，特别是发展高科技产业拓展，其历程也是相当精彩的。产业政策随着时间而调整，根植于产业成长环境的变化和产业发展本身的变化。产业成长的环境是一个包括多因素的集合，甚至政策本身也是环境的重要组成部分，由于环境诸因素是变化的，政策也不可能一成不变。此外，近代以来，工业革命和信息产业的革命，拓展和加快了产业发展的空间，产品和服务裂变性的丰富，产业成长出现了不同于传统产业的特点。新产业、新业态、新技术、新模式对产业政策有新的需求。这些，在时间轴上，呈现出阶段性的特征。

总之，与众多经济学概念相似，人们对什么是产业政策存在着不同的认知，由此导出若干政策分歧。理论观点总是在讨论中深化并向反映真实世界接近的。因为诸如产业政策这类问题，不是一个完全抽象的问题，是一门经验的科学。如果从经济运行的现实过程看，国家行动总是会对产业发展产生影响的。早期的现代市场经济形成过程，经历了漫长的"增进和扩展"市场期，才出现了比较稳定的国家与市场，国家战略与产业发展的联系。而后起的国家，复苏经济的国家，无论成功与否，政府无一例外地介入了产业发展。中国计划经济时期，政府既是规则的制定者，又是裁判者，也是运动员，产业发展中政府起主导作用。尽管改革开放40多年，还处在双重转型期。无论是计划经济体制向市场经济体制转型，还是传统经济形态向现代经济转型，国家行动与产业发展的关系比发达市场经济国家更直接更紧密。在政府掌控大量资源格局下，理论界讨论的或许不是"该不该推行产业政策"的问题，而是"产业政策的方向、功能、机制"等问题，即在产业发展中，如何构建市场在资源配置中发挥决定性作用的条件和政府发挥好作用的机制。

美国哈佛大学商学院教授迈克尔·波特（Michael F. Porter）是研究竞争优势的最有影响力的专家之一。他曾经指出："繁荣是一国自己的选择，竞争力的大小也不再由先天继承的自然条件所决定，如果一国选择了有利于生产力增长的政策、法律和制度，比如升级本国所有国民的能力，对各种专业化的基础设施进行投资，使商业运行更有效率等等，则他就选择了繁荣。""一个公司的许多竞争优势不是由公司内部决定的,而是来源于公司之外,以及来源于公司所在的地域和产业集群。"[1] 波特教授实际上指出了在产业竞争中,企业是主体,但政府作用亦十分突出。基于理论和对国情现实的认识,笔者概括了深圳产业政策五大平台,即以"增进和扩展市场"为基础,以利益调节为杠杆,以管制强弱为手段,以空间选择为布局的产业政策以及教育、人才等公共政策安排。第一项制度安排,用产权—合约理论来看,它提供了一个架构,后几项制度安排,则如同政府与投资者合约权利组合。这些政策在不同的时序上,呈现出不同的权利结构,由于所有政策或影响企业的产权和自由,或影响企业的成本和收益,进而影响企业行为,并通过企业影响产业构成。所以贯穿深圳的产业政策的基本线索是:政府规制—企业和企业行为—产业和产业发展。下面,让我们展开讨论。

---

[1] [美]迈克尔·波特:《国家竞争优势》,李明轩、邱如美译,华夏出版社2002年版,第2、4页。

第二章　特殊政策与灵活措施：深圳现代产业兴起

第一节　历史的起点

创办经济特区是中国共产党的英明决策，是中国改革开放的历史性起航。深圳作为四个特区（深圳、珠海、汕头、厦门）中最大的经济特区，在中国改革开放中发挥了排头兵和试验场的作用。特殊政策和灵活措施对深圳经济特区的起步和发展至关重要，也是深圳从落后的农业到现代产业体系的转型的巨大推手。为了更好更全面地理解深圳，我们有必要回溯历史的起点。

一　特殊政策和灵活措施的由来

深圳市的前身是原广东省惠阳地区宝安县，与香港毗邻。这个边境农业县直到"文化大革命"结束前还十分贫穷。在计划经济的统制下，农民靠种粮食为生，据有关资料，农民种粮的年收入300元左右。当时，如果发展水产业，一亩田的收入是种水稻收入的7—8倍。但除种粮外，其他产业被禁止。农民被束缚在集体经济中，每日的收入是0.7—1.2元，而香港农民一个劳动日的收入是60—70港元。巨大的反差，使得逃港的事经常发生，以至宝安一些村庄已无壮年劳动力。那时候，人们将逃港事件看作是阶级斗争的反映，阶级敌人的造谣破坏。为防止逃港事件蔓延，边防管制更加严控。经济越发停滞不前。

这种状况随着"文化大革命"结束开始改变。国家在抓革命的同时，开始促生产。例如，1977年前后，中央政府提出在全国建

120个大项目，包括建设10个大庆、争取年产6000万吨钢铁等。1978年前后，为了促生产，引进国外先进技术和大项目也是一个选项。为此，国家派出若干代表团去国外学习考察，包括到港澳考察。冰河解冻时节，毗邻香港的深圳，因特殊的区位和逃港不绝的现象引起了高层的关注。1977年，邓小平同志复出，视察全国的第一站便是广东。当了解到深圳等地经济发展水平同毗邻的香港比差距很大，边境地区农民逃港问题突出时，指出"这是我们的政策有问题"。这是一个与过去迥然不同的判断（此前将逃港视作阶级斗争）。这一判断为解决逃港问题打开了新思路。时任国家财政部部长的张劲夫也在1977年到宝安调查研究，他走访了沙头角、莲塘、罗芳村等与香港邻近的地方，看到了农民外流后大片丢荒的土地，深有感触地说，过境耕作和边境小额贸易可以搞活经济，提高人民生活。他表示回去后要向国务院反映宝安的情况和宝安干部对"放活"的迫切要求。1978年，先后有多位国家有关部门的负责同志、省领导到宝安调研，推动在宝安建设鲜活农副产品出口基地。为了解决经费问题，国家计委把每年宝安卖港海沙收入的1/3（400万港元）留给宝安使用。宝安用这笔钱，开展了养猪、养虾、种果树等多种经营活动。建立了第一个大型养鸡场，在公明镇楼村开垦了5000亩荒地，种植1万棵荔枝树，后来又陆续建了18个果园，每园种1万棵荔枝树。

1978年4月，中央派出的考察组对香港、澳门地区进行实地考察。考察完港澳后，考察组专程到广州，与广东省党政领导交流，在吸收广东方面的意见后，考察组写出一份《港澳经济考察报告》上报中央。提出借鉴港澳经验，把宝安、珠海两县改为省辖市，作为出口产品生产和加工基地，"实行某些特殊管理办法"，力争经过三五年的努力，把两地建成具有相当水平的对外生产基地、加工基地和吸引港澳客人的游览区。

1978年7月，时任广东省委书记的习仲勋到宝安调研。他深入基层，访问农户，倾听百姓心声。强烈地意识到，宝安如果不发展经济，不改善人民生活，非法外流的现象就不能从根本上杜绝。他要求宝安县领导要组织砂石出口，要发展社队企业。提出农村可以引进香港同胞和外商的投资，也可以搞加工业。他强调建设外贸出口基地要抓好计划落实，资金落实，要调整粮食种植面积。习仲勋很快派省计委副主任张勋甫（后任地级市深圳市委书记）牵头组织省外贸局、商业局、省经委等部门到宝安、珠海专题调研，提出促进宝安、珠海发展对策。省调研小组经过认真细致的调查研究，向省委提交了《关于宝安和珠海两县的规划和设想的报告》。在报告中提出要在3—5年内把宝安、珠海两县建设成为具有相当水平的工农业结合的出口商品生产基地，作为吸引港澳游客的旅游区，成为新型的边防城市（简称"三个建成"）。省委在认真研究后，将决策意见及以上报告上报国务院，国务院批复原则同意广东省的报告（指"三个建成"的报告）。在批复中，国务院明确表示扩大政策支持：为了实现"三个建成"，可按实际情况调减两县粮食征购基数；可以使用银行外汇贷款；对亏损的出口商品在一定时期内实行按收购价给予价外补贴；两县的税收和利润除了归还贷款外，1979年至1982年暂不上缴，留给当地用于经济建设和各项事业开支。为了加快宝安、珠海的发展，广东省决定成立深圳市和珠海市。①

1978年，是我国历史上具有里程碑意义的转折之年。这一年，中国进行了一场轰轰烈烈的关于真理标准的大讨论，确立了实事求是，从实际出发的思想路线。人们开始用实践而不是本本来检验真理，用理性而不是迷信去审视生活。邓小平后来对这场思想解放运动做了精辟的论述。他说："一个党，一个国家，一个民族，如果一切从本本出发，思想僵化，迷信盛行，那就不能前进，它的生机就停止了，就要亡党亡国。"② 这场思想解放运动为新时期的到来提供思想准备，理论准备。1978年12月，中国共产党召开了具有划时代意义的十一届三中全会，会议决定将党的工作重心转移到社会主义现代化建设上来。

这次会议为广东在更高的起点更宽的视野下谋划发展提供了契机。结合会议精神传达学习和调研，广东省委创造性地提出了"先

---

① 深圳博物馆编：《深圳特区史》，人民出版社1999年版，第1—20页。樊纲等：《中国经济特区研究》，中国经济出版社2009年版，第42—45页。
② 《邓小平文选》第2卷，人民出版社1994年版，第143页。

走一步"的构想,1979年1月,广东省委常委会决定:"要利用广东毗邻港澳的有利条件,利用外资引进先进技术设备,搞补偿贸易,搞加工配套,搞合作经营。"① 1979年4月,在中央工作会议上,"习仲勋代表广东省向中央提出建议,希望中央给点权,让广东能够利用自己的有利条件'先走一步'。中央和邓小平充分肯定了广东,当听说广东提出建设贸易合作区的名称还定不下来时,邓小平说还是叫特区好,陕甘宁开始叫特区嘛。当谈到配套资金时,邓小平说中央没有钱,可以给些政策,你们自己搞,杀出一条血路来。"②

中央工作会议后,时任中央书记处书记、国务院副总理谷牧同志带领中央有关部委组成的工作组到广东、福建,与两省共同研究建设特区问题,形成专题报告。1979年7月,中共中央、国务院以文件(〔1979〕50号)的形式批转了广东、福建两省的报告,同意这两个省在对外经济活动中,"实行特殊政策和灵活措施",并在深圳、珠海、汕头、厦门试办"出口特区"。至此,"特殊政策和灵活措施"的概念正式提出并确认,这是一个极富意义和包容性的概念。1980年4月,谷牧在广州主持召开第一次特区工作会议,具体研究特区如何实行"特殊政策和灵活措施"。会议将"出口特区"提法改为"经济特区"。1980年5月16日,中共中央、国务院转发了会议纪要,批准了在深圳、珠海、汕头、厦门试办经济特区。1980年8月26日,第五届全国人民代表大会常务委员会第15次会议通过了《广东省经济特区条例》,经济特区设立完成了法定程序,这一天,被确定为深圳经济特区的生日。这个条例,集中了当时的"特殊政策和灵活措施"。

以上是对"特殊政策和灵活措施"由来的简单梳理。从这个梳理中,我们可以观察到很多的信息。其一,一个大的政策的推出,一般要经历观念的调整,以及随之出现的若干小的政策积累,契机的出现和主导力量的推动。"文化大革命"的结束,人们的注意力开始转移到经济发展上来,开始向外寻找发展经验和对自身政策进

---

① 陶一桃主编:《深圳经济特区年谱》,中国经济出版社2008年版,第2页。
② 大潮起珠江——广东改革开放40周年展览解说词。

行反思。在这些思想资源中,看宝安的贫穷和逃港,方向上由阶级斗争的观点调整到改变相关政策。中央、省、市各级领导形成共识,一步一步地调整政策,不断扩大和积累政策资源。从缩小粮食种植范围,扩大多种经营,增加农民收入,适当允许边境小额贸易,搞活宝安经济起步,逐步谋划划出一块地方,以"特殊政策和灵活措施"搞出口加工区或贸易合作区。党的十一届三中全会提供了重大契机,决策者抓住机会,推出一个石破天惊的大政策,设立经济特区。其二,提出搞出口加工区、贸易合作区到构想经济特区经历了两次思想上的飞跃。特殊监管区虽然已为一些国家用来发展经济并被证明是有效的。但20世纪70年代末,中国刚刚结束"文化大革命","一大二公"铁律一般地禁锢着人们的思维。在这样的背景下,决策"先行一步,划一块地方,吸引外资搞加工贸易"是需要极大勇气、超前眼光和非凡智慧的。这个决策要经历一次思想上的飞跃。从出口加工、贸易合作区到经济特区,又是再次的思想飞跃,因为它大大超过了当时世界既有的各种园区的模式,是一种全新的构思。经济特区的模式提供了广阔的想象空间、探索空间和实践空间。除"杀开一条血路"外别无选择。其三,产业政策的元素和作用。从"文化大革命"结束到经济特区成立前,调整的主要是经济政策。(1)给了农民一些自由,包括小额边贸和种植自由。集体经济可以发展副业。理论上可以看作是放松管制。(2)产业许可做了调整。由单一的种粮食调整到种果树、养牲畜、养鱼等。(3)从政策允许和支持宝安建外贸出口基地开始,扩大到香港招商引资。1979年底,全市办起了200个"三来一补"企业。这些政策,扩大了开放,增加了农民自由度,调整了产品构成和劳动的比较收益,农民收益增加,稳定了逃港风带来的动荡。这些调整为后来更多的"特殊政策和灵活措施"提供了基础。一方面,实实在在地增加了经济收入,改善了百姓生活,使得政策的调整更具有正当性。另一方面,递增的政策和措施,为更多更丰富的政策实施打下了基础。当然,也要看到,这个阶段的产业政策很多带有计划经济的色彩,具有自身的局限性。其四,大众行动中的"边缘革命"。宝安的变化当然与中央及有关部门、省、市及各级政府的正确决策和领导,新政策的实施密不可分。这些已有很多文献记载和肯定。但大众行动的意义则受关注不够。其实,大众行动本身,包含着许多不可预见的信息,包含着各种利益的比较、选择、妥协和解决方式。宝安在"文革"及以前,长时间农民逃港,农民不断地违规经营副业,农民在领导调研时提出的诉求,本身就是对过去不正确政策的抗争,显示了政策调整应该的走向。"文化大革命"后,政策做了实事求是的调整,马上就稳定了逃港风负面影响。这充分表明,重视大众行动并正确地解读出信息,是有助于正确地制定和实施政策的。

诺贝尔经济学奖获得者、新制度经济学的创始人科斯和他的助手王宁对"民间行为"进行了研究,集中地反映在他们合作出版的《变革中国》一书中,在这本书中他们提出了"边缘革命"的概念。[①] 认为如果将中国的改革比作一场革命,那么发自民间的中国改革就是一场"边缘革命"。如饥荒中的农民发明了承包制,乡镇企业引发了农业工业化,个体户打开了城市私营经济之门,经济特区吸引外商投资开启了对外开放。这种自下而上的改革逐步成为中国改革的主导。边缘现象也被技术创新研究者所关注。哈佛商学院教授克莱顿·克里斯坦森在《创新者的窘境》中,提出了"破坏性技术"创新理论。[②] 该理论认为,"破坏性技术"起步时往往不起眼,甚至是出现在不经意的边缘。但它带来了新的价值主张。虽然产品性能一开始低于主流市场的成熟产品,但通常更便宜更简单更便捷,并在生长中逐步瓦解主流市场,直至取代主流产品。如互联网刚刚开始的时候是为了解决用户某些连接问题,久之则形成对社会生产方式和人类生活方式连接的颠覆,从实验室走向社会舞台的中心,是互联网生态的日复一日的生长。它告诉了人们一个结论是,自发的分散的创新是社会创新不可小视的增长点,社会要提供催生、保护,助推进步的边缘创新。"特殊政策和灵活措施"的进化,也发端于边缘创新。在其后的制度变革和政策选择中,我们也

---

① [美] 罗纳德·科斯、王宁:《变革中国》,徐尧等译,中信出版社2013年版。
② [美] 克莱顿·克里斯坦森:《创新者的窘境》,胡建桥译,中信出版社2014年版。

会常常看作边缘创新的价值。良好的政策本身就是要反映来自边缘的进步诉求。

二 特殊政策和灵活措施之"特"

从"文化大革命"的结束,到中央批准设立经济特区,国家、省支持深圳的政策朝着对外开放对内搞活的方向扩展。《广东省经济特区条例》由全国人民代表大会常务委员会审议通过,成为一部法律。这部法律反映当时人们对经济特区的基本认识,是经济特区的基本法律,此后的发展都是以这部法为基础的,是这部法的精神的成长。这部法律也集成了过往"特殊政策和灵活措施"的做法与经验,并更系统更全面地升级,是那个年代对外开放的标志性规则。

《广东省经济特区条例》至少包括以下"特殊政策和灵活措施":

(1) 特殊区域。规定:在广东省深圳、珠海、汕头三市分别划出一定区域,设置经济特区(以下简称特区)。珠海经济特区(第一次划6.81平方公里,1983年6月扩大到15.16平方公里,1988年4月扩大到121平方公里)。汕头经济特区(初期1.6平方公里,1984年11月扩至52.6平方公里)。深圳经济特区总面积为327.5平方公里。这是当时世界上最大的经济特区。当时,这个地区尚未工业化城市化,对传统体制所构成的利益格局进行重构的成本不高,当地对"特殊政策和灵活措施"的安排是积极的。327.5平方公里的空间以及其他条件,为后来的工业化城市化提供了"后发优势"。也为改革开放和新体制的形成,提供了动力,提供了体制创新的"最小成本"条件。

(2) 向谁开放和开放什么。特区鼓励外国公民、华侨、港澳同胞及其公司、企业(以下简称客商),投资设厂或者与我方合资设厂,兴办企业和其他事业。简单地说,鼓励所有境外投资者到特区投资兴业,不局限于华侨和港澳台投资,为西方发达国家投资特区打开了大门,这在当时的条件下是很大的突破。这个突破为特区招商并进入全球先进的产业链创造了条件。此外,规定开放的领域相当广阔。一切在国际经济合作和技术交流中具有积极意义的工业、农业、畜牧业、养殖业、旅游业、住宅和建筑业、高级技术研究制造业，以及客商与我方共同感兴趣的其他行业，都可以投资兴办或者与我方合资兴办。即通常意义上的第一产业和第二产业都对外开放。

（3）产权保护与便利化。产权是一束经济权利，也可以是其中的一项。产权的确认和保护，是产权主体最基本的权益和保障。条例规定：依法保护投资者的资产、应得利润和其他合法权益。其他权益包括依照规定注册企业、在银行开设账户、外汇汇出、参加保险、雇用和解雇员工、决定员工报酬、决定公司停业、对客商业务所需提供出入境便利等。总之，保障客商的资本和利得，保障客商正常经营和变更，保障客商按西方惯例管理企业，保障客商要素流动。这些权益是对传统观念和计划经济体制的突破。如保障资本利得，雇用和解雇员工，突破了传统的观念和做法。对资本权益的确认和保障，突破了传统的所有制认知等。而便利化则是营商环境和生活环境低成本的要素。

（4）优惠办法。内容涉及土地、进出口税收、企业所得税等。规定：特区的土地为中华人民共和国所有，客商用地，按实际需要提供。其使用年限，使用费数额和缴纳办法，根据不同行业和用途，给予优惠。特区企业进口生产所必需的机器设备、零配件、原材料、运输工具和其他生产资料，免征进口税；对必需的生活用品，可以根据具体情况，分别征税或者减免进口税。特区企业所得税税率为15%，对待条例公布后两年内投资新办的企业，或者投资额达500万美元以上的企业，或者技术性高资金周转较长的企业给予特别优惠待遇。客商所得利润用于在特区内进行再投资为期5年以上的，可申请减免用于再投资部分的所得税。鼓励特区企业采用我国生产的机器设备，原材料和其他物资，其价格可按我国当时同类商品的出口价格予以优惠，以外汇结算。在特殊区域给予投资者优惠，是国际惯例。这些政策共同点是以利益杠杆来吸引资本，弥补其他方面的成本高企（如运输费用高、劳动生产率较低、基础设施不足等），对境外投资是有吸引力的。

（5）其他条件。特区为客商提供广阔的经营范围，创造良好的经营条件，保障稳定的经营场所。特区的土地和供水、排水、供电、道路、码头、通信、仓储等各项公共设施，由政府负责兴建，必要时也可以吸收外资参与兴建。这些基础设施，多为公共产品，是产业发展依托的基础设施，影响企业的经营成本和盈利。

此外，《广东省经济特区条例》还赋予特区政府制定和实施发展规划，审批客商投资项目、办理工商登记和土地核配，协调设在特区内的银行、保险、税务、海关、边检、邮电等机构的工作关系，维护公共安全，发展社会事业等各项权能。

《广东省经济特区条例》，总体上看，是一部发展外向型经济的法律。这部法律开宗明义就直达目的，即发展对外经济合作和技术交流，促进社会主义现代化建设。法律的主要内容概括而言，可进一步概括为三大板块。一是客商权益的合法化及其保护。二是给予客商投资特区经济上的各种优惠和营商的便利。三是给客商经营提供与国际接轨的规则。如雇用工人和工资决定、用地费用收取和使用费计量、其他生产资料通过市场购买，其中在内地采购，以外汇结算等。这些国际惯例，就是发达经济体的部分市场经济制度。以《广东省经济特区条例》为基础，深圳经济特区的"特殊政策和灵活措施"不断充实、丰富和细化。1984年6月，在深圳经济特区研讨会上，市委主要负责人在讲话中对扩展了的"特殊政策和灵活措施"做了概括。他向研讨会的嘉宾介绍说：特区之"特"，主要指它实行特殊的经济政策，灵活的经济措施和特殊的经济管理体制。它在经济上的基本特征主要有四点：一是特区的经济发展主要靠吸收和利用外资，产品主要是出口。特区的经济是在社会主义国家领导下，以中外合资、合资合作经营企业和外商投资企业为主，多种经济并存的综合体。二是特区的经济活动，要充分发挥市场调节的作用。三是对前来特区投资的外商，在税收、出入境等方面给予特殊的优惠和方便。四是经济特区实行不同于内地的管理体制，有更大的自主权。①

在深圳市委政策研究室编著的《深圳经济特区十年》一书中，对当时的特区"优惠政策和灵活措施"中，中央政府赋予深圳经济

---

① 深圳经济特区年鉴编辑委员会编：《深圳经济特区年鉴1985》，广东人民出版社1985年版，第53页。

特区的自主权做了五个方面的概括。一是项目审批权。凡投资规模在 1 亿元以下的项目，轻工业 300 万元以下，重工业 5000 万元以下的项目，不需国家计划综合平衡的，可由深圳经济特区自行安排。二是出港出国人员审批权。凡特区内，需要出港出国公干的人员，由特区政府直接审批，需要经常往来香港、澳门的，发给往来"港澳通行证"，注明多次往返有效。三是企业管理自主权。外商投资企业按国际惯例经营管理。国有企业实行承包制和经济责任制。但在劳动力和其他资源配置上，产品销售上通过市场调节。四是计划单列、省级经济管理权以及立法权。1988 年 10 月 3 日，国务院批准，深圳市在国家计划中实行单列（包括财政计划），并赋予相当省一级的经济管理权限。1989 年 3 月 17 日，国务院建议授权深圳市人民代表大会及其常务委员会根据具体情况和实际需要，遵循宪法法律和行政法规的基本原则，制定深圳经济特区法规，发布实施并报全国人民代表大会常务委员会，国务院以及广东省人民代表大会常务委员会备案。授权深圳市人民政府行使相应的行政权及制定深圳经济特区规章并组织实施。五是"改革试验权"。为了充分发挥深圳改革开放时间长的作用，中央一再指出"经济特区可以有更大的灵活性"，经济特区可以跳出内地现行的体制，进行大胆的探索和改革。[①]

　　80 年代，特区之"特"的内容拓展是极富意义的。其中最重要的是经济特区有更大的自主权，而且是实行不同于内地管理体制的自主权。为什么"更大的体制创新自主权"是极其重要的"特殊政策和灵活措施"呢？还得追溯到体制的源头。在计划经济体制下，指令性计划覆盖国民经济，地方和企业是执行指令性计划的基层单位。没有自主权也缺乏经济活力。我国曾几次对计划经济体制进行过改革，改革的着力点是给基层单位（地方政府和企业）分权。1958 年，我国进行了计划经济体制下的第一次分权。当时分权的主要内容是：下放计划管理权。一些国家管的计划指标、项目下放给地方；下放企业管理权。部分国营企业下放地方管理；下放物资分

---

①　深圳市委政策研究室编著：《深圳经济特区十年》，海天出版社 1990 年版，第 27 页。

配权，以与计划和企业下放相配套。下放基本建设项目的审批权、投资管理权和信贷管理权。下放财政权和税收权。下放劳动管理权等。分权增加了地方和企业的权能，释放了基层单位的活力，出现了前所未有的"大跃进"。在软预算约束的体制下，也带来了前所未有的经济混乱和危局。随后，又一次权力集中。如此反复，经济增长大起大落，经济运行陷入"一管就死，一放就乱"的循环。这种分权后来被经济学界称为"行政性分权"。

中央政府对深圳经济特区的自主权，并没有停留在"行政性分权"上，而是扩展到允许深圳经济特区"实行与内地不同的管理体制"，即《广东省经济特区条例》所设计的发展外向经济管理体制。深圳市主要领导将其概括为"市场调节为主的管理体制"，我们今天将其称为"制度性分权"。对这种"制度性分权"的激励作用，邓小平1984年视察深圳回到北京后，讲了一段意味深长的话："这次我到深圳一看，给我的印象是一片兴旺发达，深圳的建设速度相当快，盖房子几天就是一层，一幢大楼没有多少天就盖起来了，那里的施工队伍还是内地去的，效率高的一个原因，就是搞的承包制，赏罚分明。深圳的蛇口工业区发展很快，原因是给了他们一点权力，500万美元以下的开支可以自己做主。他们的口号是时间就是金钱，效率就是生命。""特区是个窗口，是技术的窗口，管理的窗口，知识的窗口，也是对外政策的窗口。"[①]

总之，各种各样的优惠政策是深圳吸引投资的经济杠杆，对客商产权的确认与保护，建立与国际惯例相一致的规则是深圳吸引投资的制度环境和基本政策，而国家对深圳经济特区的分权，特别是允许深圳在"杀开一条血路"中不断突破传统体制，将市场调节扩大到非外资经济领域的先行先试，则是国家给予深圳经济特区最独特的"特殊政策和灵活措施"。由此，开辟了深圳经济特区通往市场经济更宽广的大道。

[①] 陶一桃主编：《深圳经济特区年谱1978—2007》，中国经济出版社2008年版，第52—53页。

第二节 对外开放倒逼市场体制创新

市场经济作为一种制度形态，包括商品市场，土地市场，劳动力市场，生产资料市场，资本市场，等等，随着社会分工的加深，市场也越来越细分，价格在市场经济中，如同看不见的手调节市场资源的配置。发达的市场经济体制是几百年历史自然演化的产物。经济特区的对外开放，首先是对发达经济体的开放，是吸引发达国家和地区的投资，因而，首先遇到的是如何与市场经济体制接轨，如何通过学习而不是摸索快速地进入市场。深圳的市场培育，起步于对外开放。或者说，是引进外资倒逼的。

一　从收取土地使用费开始的土地有偿让渡

威廉·配第说"劳动是财富之父，土地是财富之母"，说出了财富的源泉。但由于土地是自然物，不具有商品属性，自完成社会主义改造以后，我国城市土地资源以行政划拨无偿使用的方式配置到不同使用单位。引进外资，首先要解决经营用地问题。由于刚开始引进的主要是香港的中小企业，土地往往以作价入股的方式与外商进行经济合作。

真正具有土地市场表征的土地使用权转让是罗湖片区的开发。该片区是深圳经济特区城市化的起步区，投资巨大。市政府没有足够的资金建设楼宇和住宅。与港商合作开发在当时也是"逼上梁山"的不二选择。1980年12月5日，深圳市房地产公司与香港中央建业有限公司签订第一个客商投资营建商住大厦协议书，由市房地产公司提供罗湖小区4000平方米的土地，并提供直达地盘的供水供电排水道路等。土地使用期限30年，客商一次性缴纳土地使用费，这是深圳经济特区收取土地使用费的首次尝试，也开创了新中国国有土地有偿使用有期转让的先河。[①] 1981年，《深圳经济特区

---

① 深圳市地方志编纂委员会编：《深圳市志　改革开放卷》，方志出版社2014年版，第52页。

土地管理暂行规定》（以下简称《土地暂行规定》）出台。《土地暂行规定》以"特区条例"为依据，借鉴了香港土地有偿使用的经验，总结了本地实践的案例，对土地流转和有偿使用与管理进行了创新性、制度性规范。如"客商使用土地的年限，根据经营项目投资额和实际需要协商确定"。"客商的独资企业或与我方合资企业用地，不论新征土地或利用原有企业场地，都应计收土地使用费，土地使用费的标准，根据不同地区条件，不同行业和使用年限分类确定。"至此，土地作为生产要素的价值，土地的产权关系，以规章来体现和确认，土地流转开始从计划划拨向市场决定过渡。1987年9月9日，市政府推出一块面积为5321平方米，使用年限为50年，严格规定了用途或建筑物高度密度的土地，有偿出让给中国航空进出口公司深圳工贸中心，采取的方式是协商议价，最后以总价106万元即每平方米200元底价成交，这在中国是第一次以公开协议的方式有偿出让土地使用权。1987年12月1日，深圳首开土地使用权的公开拍卖，一块底价200万元的房地产用地，经过数轮竞价，最后以525万元成交。这一拍，是中国土地市场开启的标志，是土地通过市场价格体现要素稀缺性的具有里程碑意义的跨越。这一拍，还促成了《中华人民共和国宪法》的修改。1988年4月12日七届全国人大一次会议修改了《中华人民共和国宪法》有关条款，将原来宪法中"禁止出租土地"的条款删去，并规定："土地的使用权可以依照法律的规定转让。"中国经营土地使用权开始引入市场机制。①

二 以劳动合同制定义人力资本市场

在传统体制下，政府在设立企业时，对企业运行所需要的人财物统一安排，对劳动力采取"统包统配"。员工进了企业以后，就端起"铁饭碗"，生老病死都由单位（企业）一管到底。经济特区吸引外商投资，产生了对劳动力的需求。外商引进了，要求实行合同制，按照发达国家和地区的通行惯例，劳动力作为一类生产要

---

① 深圳博物馆编：《深圳特区史》，人民出版社1999年版，第151页。

素，要通过市场来配置。即如同其他生产要素，劳动力的价格在供求中形成。劳动力作为独立的要素，是自由的契约主体，在市场上与自由的作为资本的主体相遇，如同卖者与买者的相遇，供求双方以契约的方式形成关系。法律形式中的劳动合同，明确了双方的权利义务，明确了起讫时间、关系存续与解散的安排等。这是一种与计划经济体制对立的制度。

引进外商投资并实行合同制并非一帆风顺。流传于深圳的一个故事是这样的。1981年，深圳与香港商人合资建了一酒店——竹园宾馆。外方经理要求按劳动合同确定劳资双方的权利、义务，按香港的方式经营宾馆。而派到酒店的中方经理要求员工不准抹口红，不准微笑服务，强调资方不能解雇员工。其间有一某地区级领导的亲戚未遵守劳动纪律，超假数月未归，香港老板要炒掉她，她四处"告状"。双方冲突惊动了省长市长，深圳市政府派出工作组，经调查研究，撤了中方经理的职，支持了外商的做法。不仅如此，还对其做法转化成制度安排进行了推广。从1982年起，国有企业新招的工人一律实行合同制。蛇口工业区从1982年起，无论是工人还是干部，均实行合同化管理，1983年深圳市政府颁布了《深圳市劳动合同制暂行规定》，将合同制的范围进一步扩大到调入特区所有的工人，技校毕业生，复员退伍军人以及1982年后参加工作的固定工和特殊类的临时工，1989年，深圳经济特区的合同制工人，已发展到6.75万人，在已有的9万多名固定工中，实行合同化管理的有4.5万人。分布在"三来一补"企业，建筑行业，服务性行业，种养业的职工（临时工和劳务工）也实行合同管理，多达50万人。

与劳动合同制相关联，是建立新的养老制度。蛇口工业区开了先河。企业付给员工的收入中，部分收入作为保险金计入个人账户，并由蛇口工业区社会保险公司管理和运作。1988年5月27日，由蛇口工业区社会保险公司和中国工商银行深圳信托投资公司分别投资49%和51%合资成立"平安保险公司"。平安保险成为我国第一家股份制保险公司。在日后的发展中，成为世界500强企业，对中国保险业的影响举足轻重。

市政府制定了《深圳市实行社会劳动保险暂行规定》，按照

"劳动社保暂行规定"，劳动保险由劳动局所属的劳动保险公司办理。其实质性内容有：（1）负责劳动保险基金的统筹和管理；（2）办理职工被解雇辞退期间生活困难补贴的发放和职工退休费等发放工作；（3）对离退休及被解雇和辞退职工的管理和教育；（4）办理退休职工去世后的丧葬费。（5）办理劳动合同制工人退休期间的医疗费。社会劳动保险基金的来源是，侨资外资企业，中外合资和合作企业，从支付的劳动服务费中提取25%作为社会劳动保险基金，按月上缴劳动保险公司。国营企事业单位以及县以上集体所有制单位招收的劳动合同制工人，按实行社会劳动保险范围的职工，以当月工资总额的20%的比例上交劳动保险公司。企业劳动保险的支出摊入成本，机关事业单位保险由地方财政拨付。劳动保险基金实行专款专用。深圳率先建立的保险制度，改变了员工生老病死都由企业包下来的制度，与先进市场经济国家接轨，编织了社会安全网，是劳动力市场的重要构件。

收入分配制度也是劳动合同制度的一部分。与"统包统配"的用工计划相一致，职工的收入全部体现为工资，工资高低由计划规定的等级制确定，甚至调资（调整工资水平）也是全国所有企业一致行动。传统的工资制度被称为"吃大锅饭"，既无定价功能，也没有激励机制。

萌芽于蛇口工业区的奖金制度曾轰动一时。1979年8月，蛇口工业区在平整土地的过程中，工人每天运泥土20—30车。从这一年10月起，实行定额超产奖励制度，每人每天定额为55车，完成的每车按两分钱奖金发放，超额的每车奖金四分钱，实行这一制度后，工人积极性大大提高，一般每人每天拉到80—90车，最多的一天达到106车。蛇口工业区的这一做法，在当时引起轩然大波，奖金被部分人批判为资本主义的物质刺激。直至中央高层肯定方罢。奖金制度客观上加快了工期，更重要的是这一从人性出发的激励机制，以及这一机制政府确认的合法，开辟了新的分配通道。新的工资制度是外商投资企业开始的。外资或合资企业实行结构工资制，岗位工资和浮动工资相结合，岗位工资与从事的具体工作相挂钩，在什么岗位就拿相应的收入，岗位与能力配匹，能上能下。浮动工资与工作业绩挂钩，为企业带来的经济效益越多，浮动所得就越大，甚至超过岗位工资。反之，无业绩者，则无浮动收入。长期业绩不佳者，调低岗位直至解雇。结构性的工资制度，显示出的激励约束效应，逐步扩散到全部企业。工资体现了三大功能。一是定价功能。越是短缺或越是熟练，雇主所出的工资越高。二是激励功能。在经济过程中，聪明的雇主往往将雇员的工资与其实际贡献相挂钩，贡献越大回报越多。三是黏性功能。稳定而与雇员预期相一致的工资水平，成为吸引雇员行为的长期化的重要条件。工资的常态是一个弹性值而不是一个固定值，是一个带有社会规定性而不单单是雇主与雇员的个体行为。与其他要素一样，工资也是市场的产物，同时，也构成市场的一部分。工资也是一种合约，是彼此独立的买者和卖者签订的合约。工资体现了一种既不同于封建亦不同于计划体制下的经济关系。此后，收入分配形式有诸多创新，诸如奖金、分成的多种多类等，特别是华为公司的职工股份制度的建立与推广，万科新合伙人制度的实施，大大丰富了收入分配制度，丰富了激励机制，都是市场经济焕发的激励约束机制，是企业吸引员工，调动员工创新力和积极性的法宝。

三 试水资本市场

这里所谓的资本市场，是指市场融资。在计划经济时代，无论是城市基础建设还是成立企业，先要立项，可行性报告，预算报告等。计划部门审批后，资金也无偿划拨，资金不够时，政府预算再增加。匈牙利经济学家科尔奈称之为"软预算约束"和"父爱主义"。20世纪80年代初开始，深圳大规模拉开城市基础设施建设，来自国家财政拨款只占3%，其余由深圳经济特区自筹，倒逼深圳在资金筹措上走市场化的路子。如上步工业区开发，就是采取"滚雪球"的方式解决资本金，并不断放大。当时向银行贷款1800万元动工建标准厂房，同时与客商谈判预售，合同签订后客商即交付款的40%，厂房盖到三层时再交款50%，余下的10%，在厂房交付使用时结清，一期一期地滚动发展，用1800万贷款启动，盖出的厂房卖了7500万元,不仅还了贷款,还有一定的资金积累。[1] 此举既激活了深圳城市的造血功能,又启动了土地市场的资本化。这种办法后来被称为"土地财政"。深圳基础设施建设主要靠银行贷款和土地市场的资本化运作,80年代后期,基本形成了基础设施与城市开发资本运行的良性循环。而工商业的投资则主要依赖"外引内联"。以外商投资为例,从1979年至1983年,深圳经济特区外商直接投资的协议投资总额达132亿港元,其中实际投资29.7亿港元[2]。内联的投资主要来源于国家部委所属企业和一些省、市属企业。工商业的投资主要来源于市场化融资。

四 价格的市场决定

价格是最重要的市场工具,价格是否由竞争性市场决定,是市场经济是否建立的最基本的标识。在土地、劳动力、资本市场萌发的同时,深圳的商品市场破茧而出。深圳市场价格的形成中发生过不少令人反思的小故事。

(一)放开蔬菜价格解决"菜荒"

1983年,深圳从原来的2万多人增加到30多万人,特区市场上的蔬菜供给空前紧张。一开始,按照计划从汕头找了5000人到深圳种菜。不料没到三个月,菜农跑光了。原来,当时,蔬菜价格由国家统一规定,一斤青菜5分钱,而种菜的成本高达3—4角钱。菜农卖得越多亏损越大,入不敷出,四散而去。汕头人走了,又在广州郊县招了5000菜农,由于没有解决管制价格中的市场价格与成本倒挂,新招来的菜农也留不住。不得已适当提高价格,由政府对消费者进行补贴,但当时微薄的财力无法支撑而陷入困境。后索性放开价格,菜价一路狂奔,很快突破了8角钱,社会压力空前,眼看就要走回管制的老路。奇迹发生了,高菜价吸引了菜农种菜的积极性和周边蔬菜的大量涌入,菜价在飙升到每斤1.2元后,迅速回落,稳定在每斤0.4元左右,差不多是成本+合理利润。市民欣

---

[1] 谷书堂主编:《深圳经济特区调查和经济开发区研究》,南开大学出版社1984年版,第39页。

[2] 同上书,第37页。

然接受，菜农有钱可赚，市场供求大致平衡。一个无法用计划手段解决的问题，市场给出了正确回答。

（二）初始的生产资料市场

深圳市渔民村老村长讲的故事是我们观察初始生产资料市场的一个窗口。他说：20世纪80年代的深圳，整个都是大工地，到处一片热火朝天的基础建设场景，需要大量的基建物资，比如水泥、红砖等，人们抓住这个机会，购置了一些运输设备，大力开展海上和陆上的运输业务，陆上运输主要是用汽车从东莞太平，即现在的虎门镇拉来红砖水泥等，直接卖到工地上。此外还从深圳河挖淡水沙，拉沙子到工地，再从工地把挖地基挖出来的泥巴运走等，海上运输主要是用船到中山等地把红砖拉回深圳，卖到工地上。当时，基建程序比较简单，运输价格和材料价格双方协商成交。①

（三）高价饭的故事

80年代初期，粮食凭票供应，实行定人定额管理。在外用餐不仅要付款，还要粮票。涌入深圳的人部分是不享有粮票配额的（如农业户籍人口），或者身上未带粮票。如何解决吃饭问题？深圳的一家饮食公司就推出了"高价饭"。有粮票的5分一碗，没有粮票的5角一碗。饮食公司以高价去采购计划外的"高价粮"，"高价粮"需求量大了，打开了粮食进口之门，粮食供应量大了，粮价便宜了，竞争充分了，饭价也降了，直至市场均衡。1984年11月，深圳在全国率先取消粮油食品凭票供应制度，价格放开，市场调节。

以上三个故事，是深圳价格市场形成的生动诠释。实际上价格变动是最敏感的信号，关系到千家万户的利益，是市场经济的"关隘"，深圳价格改革经历了一个艰苦的博弈过程。1979年开始尝试管大放小。1982年，市政府提出以调为主，调放结合，分步理顺价格体系和价格体制的改革方针，以供求矛盾最突出的蔬菜、水产品、食品三大类商品为突破口，通过调高收购价格，扩大差价，下放定价权和实行一定幅度的浮动价格等措施，使价格逐步市场化。

---

① 王穗明主编：《深圳口述史》，海天出版社2015年版，第15、43页。

到 1984 年 10 月，深圳市已放开价格的商品比重，占社会零售商品额的 80% 左右。生产资料价格的市场则是这样形成的。基本路径是，保持生产资料价格水平高于内地低于境外，以刺激内地和境外生产资料流入特区；将计划内和计划外的生产价格，按市场价格结算投入市场；对重点生产建设所需生产资料，实行必要的价格控制。具体操作是，组建物资供应公司和放开物资供应主体（如渔民村的个体居民），开放若干生产资料专业市场和保税生产资料市场，对基本建设和生态影响较大的钢材、水泥、木材等生产资料，实行部分指令性计划管理外，其余生产资料的价格全部放开，计划管理的几种物资其比重逐年降低，从 1979 年到 1984 年，钢材由 29.6% 下降到 3.59%；水泥由 24.8% 下降到 9.3%；木材由 54.9% 下降到 4.38%。至 1987 年底，除十几种商品外，大部分商品价格都已放开，由市场调节。①

行文至此，我想起了最近多次提及的莫干山会议，会议上讨论了中国价格改革，提出了放调结合的"双轨制"，被认为是重要贡献和发现。如果当时信息不那么闭塞，如果深圳的做法引起足够的关注，那么，莫干山会议关于价格改革之争就有例可循。实践出真知。"理论是灰色的，而生命之树常青。"

至 80 年代中期，深圳经济特区呈现五个为主。投资以自筹资金和利用外资为主；经济成分中"三资"企业为主；钢铁、水泥、木材等主要物资以计划外和市场采购为主；产品生产和销售以外销为主；市民生活需要的消费品以计划外购销和议价为主②。土地、劳动、资本等各类生产要素主要通过市场配置，市场调节为主的经济制度初步形成。这样的体制，构成了深圳体制有机组织的基因。

五 路径依赖

诺贝尔经济学奖获得者，美国新经济史奠基人道格拉斯·诺斯

---

① 深圳市地方志编纂委员会编：《深圳市志 改革开放卷》，方志出版社 2014 年版，第 18—19 页。
② 谷书堂主编：《深圳经济特区调查和经济开发区研究》，南开大学出版社 1984 年版，第 37—42 页。

在研究经济史中的结构与变迁时，提出了著名的"路径依赖"的观点。这种观点认为：人们一旦选择了某个体制，由于规模经济、学习效应，协调效应以及适应性预期和既得利益约束等因素的存在，会导致该体制沿着既定的方向不断地得以进行，一旦人们做了某种选择，惯性的力量会使这一选择不断自我强化形成依赖。深圳经济特区市场化的改革，激活了生产要素，吸引了生产资源的集聚，提高了生产效率，一个有效率的经济组织逐步替代效率低的经济组织。同样是原来那块地，同样是原来那片天，新的经济组织仿佛以魔术师的手法，将沉睡的生产力呼唤出来。创造了"深圳速度"，改变了深圳的产业结构，经济特区走上了工业化现代化之路。"六五"时期（1981—1985 年），深圳生产总值年均增长 50.3%，其中第一产业增长 13.8%，第二产业增长 86.9%，第三产业增长 49.2%。第二产业的规模由小于第一产业反转为 5 倍以上。

　　在路径依赖趋势的作用下，深圳经济特区市场经济中各决定要素力量朝着同一方向行进。以《广东省经济特区条例》为基础，市场法治化规则不断推出。基础性的新规则投入运行。这些新规则涉及涉外经济合同、企业登记、土地使用和管理、工资和劳动合同、出入境管理等。新规则是对旧规则的变革，如《企业登记条例》建立了一套企业从出生到解散的不同于公有制企业的权利界定和运行的程序。新规则弱化了行政力量对企业和其他主体的管控，保障了企业和其他主体的财产和权利，扩大了经济的自主和自由，稳定了企业和其他主体的预期，为新进入者提供了通道和法定承诺。适应制度而产生的组织抓住了制度框架提供的获利机会而拓展，与其他互利性的组织对接实现协调效应。如：个体经济和其他经济组织增长。企业总数由 1981 年的 1125 家发展到 1985 年的 6853 家。中介组织开始生长，市场日益扩大，建设工程实现招投标，住宅进入商品市场等。随着以特定制度为基础的契约盛行，减少了市场经济制度持久下去的不确定性，形成适应性预期。产生大量的递增报酬，形成了新的利益结构。"1983 年，与办特区前的 1978 年相比，财政收入增长近 11 倍，地方外汇收入增长 2 倍，办特区四年累计国民经济主要指标均超过前 30 年的总和。"群众收入大大增加，1983 年国营企业职工年平均工资比1978年增长1.7倍，农民人均年收入增长近2倍①。不同利益主体在市场经济体制都获得了利益，进入一种"帕累托改进"，形成合力推动社会主义市场经济体制深化。

以上叙述和讨论表明，深圳市场经济形成，并不来源于某种先验的设计。事实上，也不来源于所谓的目标导向。中国将社会主义市场经济体制作为改革目标，是90年代中期的事。80年代，市场的观念才刚刚冲出冰封大地。深圳经济特区发展的市场经济，更多的是由利用外资为主，导向市场调节为主的逻辑过程以及自组织的路径依赖。在引进境外资本的过程中，也引进了市场经济运行的制度，并使之本土化、内生化。从计划经济向市场经济转型，带来了高于旧体制的经济增长和发展，新体制的活力就落地生根并无可阻挡地生长了。这样的体制的力量和优惠的政策，吸引了投资客，为现代产业生长提供了一片沃土。

第三节 深圳现代产业的兴起

所谓现代产业，一般指相对于传统农业而言的工业。现代产业的兴起狭义是工业的兴起。工业化是指工业发展过程，工业在国民经济中比重的提高以至主导。广义的现代产业包括工业对其他产业的渗透、武装和主导。如农业的现代化，服务业的现代化。只有所有产业都经过工业洗礼，才算实现产业现代化。产业现代化同时也是一个动态概念，如早期的现代化主要是指制造工业化，而当下的现代化还要加上信息化等。

一 现代产业兴起的两条道路

从一国或一个地区来看，现代产业的兴起有两条道路。一条是由内生的或本源力量为主成长的道路。英国、美国等发达国家主要依靠自身的力量完成了工业化。另一条是引进的或外源的现代产

---

① 深圳经济特区年鉴编辑委员会编：《深圳经济特区年鉴1985》，广东人民出版社1985年版，第58页。

业。如新加坡、马来西亚等。

发达国家的现代产业的发展主要有以下特点。一是以现代技术及其应用为支撑。英国的现代化是以蒸汽机技术的应用，带动机械制造，冶金、钢铁、交通运输等产业成长而兴起的。美国、德国是第二次产业革命的领导者，蒸汽革命＋电气革命＋内燃机的应用，使重工业迅速扩张。日本在明治维新后发展工业。战后运用世界工业革命的成果，学习、引进、研发、应用先进技术，成为工业强国。二是工业化的速度加快。英国工业革命始于18世纪60年代，到19世纪70年代基本完成，用了100多年的时间。美国的工业化兴起于19世纪初，到19世纪60年代基本完成，历经60年左右。日本的工业化分为"二战"前后两个阶段，战后从恢复到1973年成为世界第二大经济体，成为工业强国，用了30年左右的时间。工业化加快，一方面是科学发展加速，科学技术的应用加快。另一方面是"后发优势"起作用。后起的国家和地区，可以学习先进国家的科学技术和管理，先进国家的制度安排，而少去了摸索、试验、失败、进化等环节，省去了发达国家在上述环节所花费的成本和时间。"后发优势"使得新兴国家和地区能在较短的时间里，完成发达国家较长时间才能完成的发展阶段，后发经济体因此具有了赶超发达经济体的可能。三是后发国家在赶超中几乎都借助于产业政策工具，有的以理论支撑。相对于英国的工业化而言，美国、德国、日本都曾经是后发国家，也都不同程度地采用保护或支持本国幼稚工业的措施。美国开国元勋之一的亚历山大·汉密尔顿在美国建国不久，就向国会提交《关于制造业的报告》，提出国家扶持制造业的措施。在美国工业发展过程中，美国多次以提高关税保护本国幼稚产业。德国在工业早期竞争力弱的阶段，不仅采用关税措施保护，而且以国有经济参与工业化进程。德国经济学家弗里德里希·李斯特发表的《政治经济学的国民经济体系》著作中，系统地论证了后发国家保护幼稚工业的观点，是后发国家干预经济重要的理论基础。日本在工业化过程中，曾经对进口进行严格管制，大力实行进口替代战略，以促进本国工业的发展。发展中国家在促进本国工业化的过程中，特别是在以赶超为战略的工业化中，政府普遍实行经济干预。尽管不少经济学家对干预提出过很多批评，历史事实是政府对工业化的干预不断上演。所不同的是干预的体制基础、政策工具、着力点和强度等有所差别。四是国家在工业化过程中几乎都打开了国际市场和国际资源。马克思在《共产党宣言》中，对世界市场曾做了比较全面的阐述。他指出："在大工业建立了由美洲的发现所准备好的世界市场。世界市场使商业、航海业和陆路交通得到了巨大的发展。这种发展又反过来促进了工业的扩展"，"资产阶级，由于开拓的世界市场，使一切国家的生产和消费都成为世界性的了……它的产品不仅供本国消费，而且同时供世界各地消费，旧的、靠本土的产品来满足的需求，被新的、要靠极其遥远的国家和地带的产品来满足的需要代替了。过去那种地方和民族的自给自足和闭关自守的状态，被各民族的各方面的相互往来和各方面的相互依赖所代替了"。① 从19世纪到20世纪上中叶，西方发达国家用炮舰打开了世界市场，开辟了殖民地，摄取了各种各样的资源。进入20世纪后半期，随着经济全球化的发展，跨国公司代之而取，开辟世界市场和配置全球资源。五是发达国家在工业化的过程中建立和完善了市场经济制度。现代产业的兴起，从来不只是单纯的技术革命和生产方法变化的过程，它同时也伴随着新制度变迁的过程。

不仅如此，制度发展在一定条件下决定着技术发展及其应用，决定着产业革命，决定着经济增长。发达国家的工业化中，市场由小而大，由近及远，由有形到无形，由熟人社会到契约社会，由依赖个人资本到社会资本，离不开货币、支票、汇票等工具，离不开合同、仲裁、法院等文本和机构，离不开债权债务、股票、银行、交易所等金融工具和金融组织，离不开个人独资企业、合伙制企业、股份公司、股份有限公司等企业组织，离不开法律、信用、会计等支撑。

马克思对簿记（指会计）的作用有过一段精彩论述。"过程（指生产过程——引者）越是按社会的规模进行，越是失去纯粹个

---

① 《马克思恩格斯选集》第1卷，人民出版社1995年版，第273页。

人的性质，簿记——当做生产过程的控制和观念总结——就越会变得必要。所以，簿记对资本主义生产比对手工业经营，农民经营的分散生产更为必要。"① 市场经济的大厦是由包括以上制度和若干未列举的制度和工具所构建的。诺斯讨论欧洲的所有权与产业革命、经济增长的关系时写下这样的结论。到18世纪"所有权结构在尼德兰和英格兰业已发展，从而为持续的经济增长提供了必需的刺激。它们包括鼓励创新和随后工业化所需要的种种诱因，产业革命不是现代经济增长的原因，它是提高发展新技术和将它应用于生产过程的私人收益率的结果。此外国际竞争还带来了强大的动力，促使其他国家改变他们各自的制度结构，以便为经济增长和产业革命的推广提供同样的动力，那些国家的成功是所有权重建的结果，而失败……则是经济组织无效率的结果"。② 从以上内生的或本源的工业化中，我们观察到，工业化的过程是由多种元素结合的产物。技术及应用，资本及要素，市场及制度。工业化在发达国家产生，也是那里具备工业革命发生的条件。

工业化的另一条道路是外源性的生长。战后的全球化方式发生了根本性改变，殖民体系虽然土崩瓦解，但全球化的趋势并没有改变。改变的是由殖民地方式转变为国家力量和跨国公司相结合所推动的全球化。战后，国际资本的全球化带动了三次大的产业流向。第一次是20世纪50年代左右，美国将纺织业、钢铁等传统产业向日本、德国等战败国转移。第二次是在60年代至70年代，日本、德国向亚洲"四小龙"和部分拉美国家转移轻工纺织等劳动密集型加工产业。第三次在80年代，欧美日等发达国家和亚洲"四小龙"的新型工业化国家，把劳动密集型产业和低技术高耗能产业向一些发展中国家转移。这几次大的资本流向的目的国或地区的相同点是，工业发展条件比较充分，特别是基本具备市场经济环境。在资本流动和转移中，加速了一些国家和地区的工业化。有的国家和地区借助这个过程，开启并逐步实现了工业化。如亚洲"四小龙"。

---

① 《马克思恩格斯选集》第24卷，人民出版社1975年版，第152页。
② [美]道格拉斯·诺斯、罗伯斯·托马斯：《西方世界的兴起》，厉以平、蔡磊译，华夏出版社2009年版，第223页。

肇始于20世纪的全球制造业的三次大转移，出现了一个新的全球制造业分工新格局。即基于产业链价值链的分工。中国台湾宏基创始人施振荣先生，基于这样的分工提出了"微笑曲线"的观点。他将全产业链形象地比作人微笑时面部形成的曲线，并将曲线划分为三个大段。第一段是创意和设计，由于这一段需要投入大量的研发，以知识密集和资本密集为基础，充满了不确定性和风险，因而，处在产业链价值链的高处。而加工制造主要是模块化生产，劳动密集，耗能耗地，主要由制造成本较低的企业实施，制造者市场风险小，加工这一段较容易完成，处在产业链价值链的低端及延伸。另一段是销售物流和服务，包括客户挖掘、市场拓展、物流体系，有一定的风险，处在产业链价值链相对简单加工制造而言更高一些的位置。"微笑曲线"的分工使发达市场经济国家产业布局在两端。中间的加工制造部分由发展中国家和地区完成。20世纪80年代深圳经济特区的开放，恰好赶上了产业分工这趟尚在前行的列车。

二 深圳具备现代产业兴起的条件

从现代产业的来源看，深圳是引进型的。20世纪80年代，深圳具有吸引投资的良好条件。

（一）"特殊政策和灵活措施"吸引

随着《广东省经济特区条例》的实施和深圳市场化的改革，深圳开始形成与国际惯例接轨且领先于内地的计划经济体制和政策的小气候，从合约经济学的视角看，地方政府似乎给客商提供了一份合同，权利、义务、利润分成、优惠条件、违约责任清楚完整。关键是合约给客商提供了市场环境下的激励机制，客商的产权、经营利润受法律保护。客商投资利润越多，分享越大，如同张五常教授讲的合约。在当时中国内地，是独一无二最具投资价值的环境。

（二）以利益为杠杆的优惠政策

深圳学者陈宏在其著作中，对当时经济特区与内地政策做了一个对比。要点如下：（1）所得税方面的优惠，经济特区合资或者独资企业所得税为15%，内地的合资企业所得税为33%，14个城市（1984年，我国对沿海的大连、秦皇岛、天津、烟台、青岛、连云港、南通、上海、宁波、温州、福州、广州、湛江、北海和海南岛扩大开放）按内地税率的80%计征。投资在3000万美元以上的技术密集型、知识密集型企业等回收投资时间长的项目，经财政部批准可按15%税率计征。（2）经济特区的"三资企业"分得的利润汇出国外时，免征所得税，内地和14个城市按照汇出额征收10%的所得税。（3）经济特区对经营期在10年以上的企业投资新办的生产型企业，从获利年算起，头两年免征所得税，后三年减半征收。在内地投资于农林和不发达边远地区的企业，除获利头两年免征所得税外，在以后10年内继续减征15%—30%的所得税，14个城市则无此方面的优惠。（4）特区对产品出口77%的企业、技术先进企业按10%征收所得税。内地同类企业按33%税率减半征收。14个城市同类企业所得税，按12%税率计征。由此可见，当时经济特区的所得税率是最低的。这是国家对经济特区的支持，也是国际上特殊区域政策的惯例。

（三）"内联"及优惠措施

所谓"内联"，是指内地企业在深圳经济特区投资设立企业，或者与深圳合资、合作办企业。经济特区前十年，吸引了大量内地地方国营企业和央企在深圳投资。外引内联，是深圳经济特区发展的战略上转变的一个开端。经济特区之初，外资还在观察、酝酿、等待，特别是大公司在观望。依靠外商很难迅速实现深圳经济的全覆盖和爆发式增长。"内联"则可以填补深圳经济的空白，为深圳快速积累资本、经验、技术和经营管理人员，从而为外引提供更好的基础。更为有意义的是，深圳经济特区如果只局限在引进外资上，它可能会成为更大的出口加工区，或者贸易特区，很难完成向社会主义市场经济体制的试验场的转变，也很难后来转型为创新型的本土经济发达的经济体。"内联"对内地发展而言，等于在深圳经济特区设立了一个"窗口"。通过这个"窗口"，可以观察香港乃至外部世界。那时候，深圳经济特区经济运行以市场调节为主，实行一套与内地不同的体制机制，通过"内联"企业，可以向内地输送深圳经济特区各方面改革的信息，为内地改革提供借鉴。同时，可以迅速地把特区引进的先进技术、设备和科学管理经验加以消化、吸收，并及时转移到内地去。从产业发展来看，"外引内联"不仅加快深圳经济特区现代产业的起步，也为客商（包括内地到深圳的投资者）提供了发展机会。

深圳经济特区在"外引"中实行的优惠政策，部分地推广到"内联"企业。1983年，深圳出台了《深圳经济特区近期内联企业若干政策规定》，主要内容有：（1）土地使用费。为了扶植内联企业，每平方米收费标准比外资企业降低30%。荒坡、丘陵、沼泽等未开发的土地，1—3年内免收土地使用费。文化、科技为特区提供先进技术的企业，可减免土地使用费。（2）利润分成。内地企业所得利润有人民币和外汇两种成分，在内联政策中，提高了内地外汇分成数，比应得外汇多分20%的额度。（3）户籍政策。在严格管制的条件下，凡内联企业合作年限在三年以上，且投入生产和经营后，经济效益良好的企业，内地选派来的非轮换的领导干部、技术骨干、熟练工人，以及他们有城镇户口的家属，可把户口迁入深圳经济特区。轮换人口可办理深圳暂住户口并享受户籍人口同等待遇。（4）税收。内联企业的税收与本市国有企业相同。内地企业所需要的原材料、先进设备、零配件，经申请批准，可从国外或香港免税进口。其产品在特区销售，不征进口税。各省市的产品到特区销售不征收关税。（5）产品内销。凡用国内原材料占70%以上的产品；原材料是进口的；其产品是国内短缺和需要的；属国内空白，国外提供先进设备和技术的产品，经一定批准程序，可按一定比例销往内地。（6）以省、市为单位与特区联合新办的工贸联合企业，可以通过特区的归口专业公司或经批准由联合企业自己经营进出口业务，购进自用机器设备，原材料，出售自己的产品。（7）内联企业的经营结构。各省、市到特区办企业，可内地深圳两方面联合办，也可在联合基础上和外商三方合办，可搞联合总公司，以工为主，工贸结合，产、供、销一条龙，可搞前店后厂，把具有地方特色的品牌产品拿到特区来，把特区作为全国名牌产品的展销柜窗。这些深圳特有的综合性的政策，借助市场框架，吸引着内地企业投资深圳。内地到深圳办企业的另一个机制是，全国各地、各行各业发扬协作精神支持深圳，这是中国特有的发展机制，那时国有经济比重大，协作精神比较容易汇成社会实践。①

深圳的内联，起步于基本建设。深圳的现代化建设是从城市基础设施开始的。而80年代的深圳没有力量和资源进行城市道路、建筑物、水、电、汽、邮等城市基础设施的设计施工。于是，放开建筑市场，到80年代中期，全国各地来了40多家设计公司，100多家施工单位，在深圳开业。企业有生意有业绩，深圳城市基本建设日新月异。双赢的格局诱致内联向其他领域渗透，向产业合作扩张。

（四）区位优势的便利政策

所谓区位优势，一般指中心经济体或大城市周边，更便于享受到辐射或外溢。即中心经济体的发展，如同一个原子弹爆炸所引起的裂变，不断向周边扩散。越靠近中心经济体，越容易成为中心经济体的一部分。这是由经济规模、交通成本、外部性等因素所决定的。20世纪80年代，香港就是中心经济体（大城市），香港经济面临着转型的压力。如当时香港中区地价仅次于日本东京的银座，1平方英尺要1.5万港元，郊区工业用地每平方英尺也要500港元以上。低附加值的产业很难生存，迫切需要新的空间。而深圳毗邻香港，是唯一与香港陆地相连的地方，农业形态，土地便宜。深圳具有区位优势。但是，区位好是必要条件，还不是充分必要条件。自鸦片战争后，香港成了英国的殖民地，深港之间渐渐地人为隔离，要素不能自由流动，区位优势得不到发挥和利用。改革开放打破了两地隔离，以《广东省经济特区条例》为基本法的系列配套政策，为香港资本进入内地打开了通道。香港资本首选深圳，几十年来，香港一直是深圳最大的外资来源地。随着资本进入深圳，市场经济制度、管理经验、技术、其他国际惯例也外溢到深圳。外引的现代产业中，最初最多落户深圳的是香港企业。

（五）劳动力政策

劳动力是生产要素最活跃最具能动性的要素。劳动力的丰裕程

---

① 中共深圳市委编：《深圳经济特区发展的道路》，光明日报出版社1984年版，第58—61页。

度和成本是影响产业的重要因素。诺贝尔经济学奖得主,著名经济学家威廉·阿瑟·刘易斯（W. A. Lewis）曾论证过发展中国家劳动力和工资状态。他假定发展中国家,存在着两类经济部门,即现代经济部门和传统经济部门,发展中国家的传统部门存在着大量的剩余劳动力,即劳动的边际投入收益为零,或者说劳动力的无限供给。在这样的条件下,现代部门的扩张就能够以"生计工资"即仅能够维持生存水平的劳动成本雇用工人。20世纪80年代中期,我国80%以上的劳动力困在农村,收入低下,劳动生产率极低,存在着"劳动力无限供给"的状态,为产业现代化准备了劳动力资源。但是,没有政策启动资源,资源就变得一文不值。在那个年代,国家改变了政策,在农村实行了家庭承包制,剩余的劳动力一下子释放出来,同时,允许劳动力的自由流动,使得劳动力成为支配自己的主人,劳动力得以在更广阔的空间配置。而深圳在引进外资中,产生对廉价劳动力的需求,深圳对劳动力实行市场调节,雇主和受雇者很方便达成协议,从而为资本与劳动的结合创造了法律的社会的条件。劳动力资源的无限供给,突破了制约深圳产业现代化的又一瓶颈。

（六）土地和空间政策

80年代初,深圳一派田园风光,不具备现代产业落地的空间形态。为了实现"七通一平"（道路通、给水通、排水通、电通、电信通、热力通、燃气通、地块平）,在无国家财政投资的条件下,深圳采取贷款建设、分片开发、租售并举,收回投资,滚动发展、招标投标等市场方式启动城市化。到1984年中,共完成24平方公里"七通一平"。新建和扩建55条道路,共长84公里,蛇口客货运码头和赤湾港万吨级泊位,南头直升机场等投入使用,初步形成了一个海陆空运联成一体的交通网。蛇口、上步、沙河三个工业区初具规模,八卦岭、水贝两个工业区和南头进入大规模的开发和建设。已建成了一大批工业厂房,职工住宅,商业楼宇和拥有现代化设施的酒楼、宾馆和商场等。优越的城市"小气候、小环境",加上很优惠的土地政策（工业用地每年每平方米收费5—15元）,吸引客商特别是港商将制造业向深圳转移。①

不断扩大和完善的城市基础设施，坚定的市场化改革，政策的综合效应，土地、劳动力和资本等要素的聚集，深圳现代产业兴起的各种条件充分，现代化的大幕已经拉开。

三 引进的现代产业

由于地缘、人缘的因素，最先进入深圳的是香港资本，进入的形式是"三来一补"，即来料加工、来样加工、来图加工和补偿贸易。资金由外商提供，设备、原料和元器件由外商购买，工厂管理由外商负责，产品由外商销售，工厂盈亏由外商支付。深方提供劳力、土地、厂房，收取一定的加工费、管理费、服务费、房租或土地使用费，这种模式既与当时深圳的要素能力相适应，也为当时成本上涨、技术水平不高的港商提供了新空间。到1981年底，深圳引进的各种项目1800个，外商总投资18亿港元，产出工业产值2亿多元人民币，年加工费收入2600多万港元。在有利可图和深圳经济特区投资的软硬环境日益完善的吸引下，外资涌入深圳加快，项目从"三来一补"向"三资"（外商独资、中外合作、中外合资）转变。据有关数据，到1987年，外商实际投资18亿多美元，其中合资项目3亿多美元，合作项目8亿多美元，独资项目1亿多美元，"三来一补"项目1亿多美元，对外借款3亿多美元。"三来一补"项目投资占利用外资的比例8.12%。引进技术层次随之提高。"据不完全统计，建立经济特区以来，深圳共引进的各种技术设备4万多台（套）。到1987年止，引进价值5万美元以上的单机和设备11688台（套），10万美元以上的生产线、装配线94条。引进的技术、设备水平，达到70年代末和80年代国际先进水平的约占20%，适用先进水平的约占60%，一般水平的约占20%。比较先进的主要有：美国的印刷线路板生产线；荷兰的激光视唱系统；日本索尼彩电生产线；美国百事可乐汽水生产线；日本的二极管、三极管和集成电路后工序封装设备；日本的精密模具制造设备和技

---

① 深圳经济特区年鉴编辑委员会编：《深圳经济特区年鉴1985》，广东人民出版社1985年版，第55—56页。

术，卫星电视地面接收设备生产技术，美国的微型电脑生产设备；美国的电镀添加剂先进配方；英国的'鲜草机'；日本的注塑设备；美国的PVC塑料硬片及加工生产线；多终端电脑系统及激光加工生产线；瑞典、西德等国的四色印刷、装订设备；日本的磁头生产设备、技术及碳膜电位器全套生产线；奥地利的中空玻璃生产线及其工艺技术；美国的硅光电池成套生产设备（生产太阳能电池、风力发电机，及其他电子产品用）；美国的色母料生产设备及技术等。"①

"到1987年底止，在工商行政部门注册登记的外商企业达1109家，其中独立核算1096家，非独立核算13家，工业493家，占44.45%；建筑业38家，占3.4%；运输邮电业33家，占2.98%；金融保险13家，占1.2%；房地产公用事业69家，占6.2%；商业和饮食服务业338家，占30.48%；农林水14家，占1.3%；教育文化21家，占1.89%；其他行业21家，占1.89%。"② 投资来源于主要发达国家和地区，"其中以香港企业界为主，占全市实际利用外资的71.4%，其次是日本占15%；美国占4.7%；澳大利亚占2.1%等"③。"外引"是构成深圳产业现代化的主要来源。

"内联"是深圳现代产业的另一个来源。从某种意义上看，之于深圳本土经济而言，"内联"也是一种"外引"。1983年，深圳在有了初步原始积累和城市基础设施，具备引进工业企业的"小气候"后，将发展工业作为重点。从"内联"企业建城市基础设施中得益，深圳出台专项政策吸引内地工商业投资。深圳经济特区对内对外两个扇面辐射的枢纽作用，得到了国家的认可和支持，全国各省、直辖市、自治区以及国家有关部委、中央企业与深圳展开了经济合作和联系。到1987年底，在深圳已注册登记的内联企业2658家，约占全市企业总数的1/3，其中农、林、牧、渔业81家，工业674家，地质勘探1家，建筑业104家，运输、邮电业10家，商业、服务业1408家，房地产318家，卫生、体育9家，金融3家、

---

① 刘志庚编著：《深圳经济发展探秘》，海天出版社1988年版，第195—197页。
② 同上书，第196—197页。
③ 同上书，第195页。

文、教、科、广播45家，其他5家。按所有制性质分，全民所有制2155家，集体所有制358家，合作合营及其他145家。①

内联企业对深圳的工业贡献大。"在1987年全市工业总产值67.6亿元中，纯内联企业产值，10.3亿元，占全市工业总产值的17.8%。如果加上三方联合，即包括与外商合资，合作的产值，约占全市工业总产值的70%左右。""有力地促进了深圳的城市建设。到1987年底止，全市基本建设投资额达104.3亿元，其中内联投资（包括中央各部、各省市投资170138万元，占全市累计总投资的16.3%。"深圳基建所需的原材料70%以上也是内地提供的。②

在"内联"的各种形式中，有一种"中中外"模式（又称三点一线），即将内地（中）、深圳（中）和外资（外）结合起来，发挥各自的资金、技术、设备、原材料和销售渠道优势，生产新产品，提高产品档次，打入国际市场。如1985年创办的深圳华丝企业股份有限公司，引进意大利、德国、日本等国家的先进设备，以素称"丝绸之府"的浙江优质丝绸为原料，生产各种真丝印花绸、染色绸等高档服装，销往欧美日等发达国家和地区。到1988年，深圳已有中中外企业1500多家，其产品70%以上出口，这种方式不仅搭建了内地通往国际的平台，在计划经济之外打开了一个通向境外的窗口，同时造就了大批深圳企业。"如中冠、南方、华桂、龙滨、穗光等企业，1987年完成工业产值2.4亿，出口产值达22.9亿元，实现工业利润6000万元。其他内联企业的产品如电子、自行车、腊肠、牛奶、电缆、磁带、砂轮、标准件、搪瓷、微电机、家具等都大量出口。由于内联企业出口产值的不断增长，促进了全市出口贸易总值的大幅增加，由1979年的2000多万美元增加到1987年的14.14亿美元，增长69.7%。"③

引进（"外引内联"）的工业化带来了深圳现代产业的兴起。据有关数据，"从1979年至1986年，第一产业由7273万元增加到32907万元，达4.5倍；第二产业由4017万元增加到154756万元，

---

① 刘志庚编著：《深圳经济发展探秘》，海天出版社1988年版，第231—232页。
② 同上书，第236页。
③ 同上书，第238页。

达38.5倍；第三产业由8348万元增加到167308万元，达20倍。农业占国民生产总值的比重由37%下降到9.2%；第二产业由20.5%上升到43.6%；第三产业由42.5%上升到47.2%。从投资结构来看，1979—1986年，第一产业投资由546万元增加到3548万元；第二产业由2493万元增加到82377万元；第三产业由1949万元增加到105571万元。从产业的组织结构看，第二产业中的工业企业由1979年的224家增加到1986年的1176家；第三产业中商业、服务业由原来的几家百货商店和集体小店增加到3269家。从产品结构来看，1979年只有罐头、饮料、红砖、化肥等10多个品种，到1988年，发展到彩色电视机、收录机、自行车、电脑、复印机等1000多个传统工业产品和高科技产品。从产业的行业构成看，工业由原来的农机、食品、文教用品等简单的传统部门，发展到电子、纺织、轻工机械、建材等现代工业。第三产业中，交通运输、商业、银行等在原有的基础上得到高速发展，而且新增加保险、信息、咨询、科技等新兴产业"①。

应该澄清一个流行的对深圳早期工业化误读的说法，笔者过往在不同场合也介绍过这样的说法，即早期的工业发展以"三来一补"为主。实际情形是，"三来一补"在深圳的工业化起步中，起过重要作用。特别是当时特区外的宝安、龙岗两区，镇、村都积极招商，招来了几万家"三来一补"企业。但正如我们看到的数据，到80年代中，特区经济的主体是"外引内联"的"三资"企业和国有企业，一些企业的技术设备处于当时世界比较领先的产业层次。深圳的领导层在不同场合的报告、讲话中，都强调优先引进先进技术或适用先进技术，引进技术密集、知识密集、资本密集型企业。1985年，深圳市政府与中国科学院合作，创办深圳科技工业园，是双方推动科技与经济紧密结合的探索，反映了深圳发展高新技术产业的超前意识和务实精神。由此可见，厘清深圳产业现代化的历程，有助于我们更好地理解当时的产业政策，也有助于我们更全面理解当下深圳产业的发展。

---

① 刘志庚编著：《深圳经济发展探秘》，海天出版社1988年版，第50—51页。

第三章　顺势而为：电子信息产业的初步布局

第一节　深圳嵌入全球电子信息产业价值链

深圳产业能在全国乃至全球有一定影响力的，当推电子信息产业。在深圳工业历程中，电子信息产业是主导。2003年，深圳电子信息产品产值占全年高新技术产品产值约90%。2008年，电子信息产业增加值占规模以上工业增加值约46%。电子信息产业成长包含了深圳产业转型升级的全部秘密。我们有必要重点介绍和讨论。

一　全球价值链下的电子信息产业分工的特点

全球价值链的形成是国际分工演变的产物。自工业革命和全球化以来，国际分工首先表现为优势产业的分工。对国际分工经典的概括有亚当·斯密的"绝对优势论"。亚当·斯密反对当时流行的重商主义，主张自由贸易。他论证不同的国家有不同的资源禀赋，甲国在谷物生产上有绝对优势，乙国可能在生产小麦上有绝对优势。各自生产自己的优势产品，通过自由贸易，可提高劳动生产率和增加国民财富。另一位英国古典经济学家大卫·李嘉图提出了著名的"比较优势理论"。他的观点是：在两个国家两种产品的贸易模式里，贸易的一方两种产品都处于劣势，而另一方两种产品都处于优势，两国相比较处于劣势的一方总有一种产品劣势相对较小，处于优势的一方总有一种产品优势相对更大，这种劣势相对更小，优势相对更大的产品就是比较优势产品。例如，英国生产毛呢需要100人一年的劳动，生产葡萄酒需要120人一年的劳动。而葡萄牙生产葡萄酒耗费80人一年的劳动,生产毛呢耗费90人一年的劳动。从绝对优势看,都在葡萄牙一边。按"绝对优势论",两国不发生贸易,也就是说不产生国际分工。但英国将资源分配到毛呢生产,葡萄牙将资源分配到葡萄酒生产,两国进行贸易,也能够提高劳动生产率。"比较优势论"的提出,从理论上拓宽了国际贸易和国际分工的范围。另一有影响的理论是"要素禀赋论"。该理论的代表人物是瑞典经济学家赫克歇尔和他的学生俄林。该理论认为,各国生产要素的资源禀赋是不同的,有的资源相对丰裕,有的相对贫乏。正是资源禀赋的差异,导致了不同的比较优势。如果各国生产资源相对丰裕的产品,与他国进行贸易,无异于要素从丰裕的一方流向不那么丰裕的一方。通过自由贸易,可平衡不同国家要素资源分配,均衡要素价格,从而提高要素的配置效率。根据资源禀赋说,劳动资源富裕的国家应生产劳动密集型产品,资本丰裕的国家应生产资本密集型产品,然后,进行国际贸易。1951年,诺贝尔经济学奖获得者、美籍经济学家,投入—产出分析的创始人里昂惕夫利用美国1947年200个产品的数据对赫—俄模型进行验证,结论并不支持。这一结果被称为"里昂惕夫之谜",也引发了对产业间国际贸易和国际分工的讨论。

国际分工与产业发展互相推动。新产业新业态的发展促进了国际分工,而国际分工的深化又促进了产业进步。在国际贸易中反映出来的就是产业间的贸易向产业内的贸易拓展。即国际贸易发生在同类产品之间。如同是汽车,日本既是出口商也是进口商。又如同运动鞋,中国向发达国家出口的可能是中低档次的,而从发达国家进口的是名牌鞋类。产品间的贸易发生有多种解释,规模经济和比较优势仍然具有解释力。在规模经济下,一种产品要达到最佳的产能,仅靠一国市场容量是不够的,必须依赖世界市场的购买力。在比较优势下,虽然是同类产品,但产品型号、品质不同,所要求的要素组合不同,一国资源禀赋的差异,可以产出同种类的差异性产品,经过交易,仍然可以得到分工和贸易利益。

随着交通、通信的发展,全球联系越来越容易,新技术及其应用催生出新的产业,国际分工进一步深化,出现了所谓产品内的国际分工。即产品生产过程中不同工序、不同区段、不同零部件，在空间上分布到不同国家，每个国家专业化运营于产品价值链的特定环节。

如何解释国际贸易中的产品内分工现象？哈佛商学院教授迈克尔·波特独辟蹊径，从企业竞争优势的角度提出了全球价值链理论。他指出，"分析竞争的基本单位是产业，因为产业（包括工业，服务业）是由一群企业以产品生产和劳务服务直接进行竞争"。企业竞争可以归纳成价值链竞争。这种竞争"大致分为基本活动（含生产、营销、运输和售后服务等）。以及支持活动（包括：物料供应、技术、人力资源或支持其他生产管理活动的基础功能）"。"企业的价值链附属于一个更庞大的体系之下，这个庞大的体系即是所谓的价值体系。""这套体系能否有效运用，关系到企业能不能建立竞争优势。"[①] 波特的理论不仅阐明了单一企业的价值过程和价值流，而且从社会的角度阐明了价值链谱系，从而揭示了企业与企业之间的竞争，既有企业内部价值链或企业外部价值链包括环节的竞争，也有整个价值链的竞争，价值链系统的综合实力影响企业的竞争力。波特教授的分析，当然不如"微笑曲线"形象，但是一个更细密的考量。从波特的全球价值链理论出发，我们不难观察，跨国公司之所以将同一产品的生产过程在全球范围内进行配置，一个决定性的因素，是着眼于企业的竞争优势。跨国公司的投资除了短期利润的牵引外，战略利益也为跨国公司所关注。一个国家一个地区对跨国公司的引力中，企业外部价值链因子是重要条件。

全球价值链理论揭示了跨国公司投资选择的机理。20世纪中叶以来，包括家电的电子信息产业开始兴起，跨国公司开始在竞争优势的原则下全球布局，80年代的深圳经济特区赶上了进入全球化的历史性机遇。但是，电子信息产业能够在深圳落地生根，从产业本身特点看，有两个重要客观性条件：一是电子信息产业的可模块化发展。"产业模块化，指的是产业链中各个工序的分块分割和集成。广义的产业模块化包括三个层次的内涵，即产品系统和产品设计的

---

① ［美］迈克尔·波特：《国家竞争优势》，李明轩、邱如美译，华夏出版社2002年版，第32、39、41页。

模块化、产品生产制造的模块化，企业内部系统和组织形式的模块化。产业模块化的实质是一个基于某种产品体系的流程再造。在模块化的产品体系中，一个产品的整体功能是通过各个相对独立的不同零部件的组合来实现的，其中的部件具有可替代性，而这些部件之间怎样组合，则是由一套接口标准进行设计的。"①

产业的模块化是基于技术的可模块化。模块化可以分成两类，模块化的分解和模块化的集中。模块化分解是指将一个复杂系统或过程按照一定联系规则分解为可进行独立设计的半自律的子系统的行为。模块化集中是按照某种联系规则将可进行独立设计的子系统统一起来，构成更加复杂的系统或过程的行为。模块化系统要处理系统信息和私有信息两种信息，每个模块都必须在遵守系统信息的基础上，凭借模块内部隐藏的私有信息与其他模块展开竞争，促使模块不断进行独立改进和创新。②

产业模块化的特征，是电子信息产业更新迭代快的重要条件。"首先，模块化系统内各模块之间存在着激烈的竞争，这种竞争激烈促使企业不断地进行创新。其次，模块化系统内的各子系统进行创新时互不影响，即使有影响也很小，所以，他们可以同时进行创新，无时间先后之分。最后因为有许多企业设计并生产同一模块产品，为了能在竞争中胜出，模块制造企业会不断地对模块进行创新，从而导致系统自下而上地创新。"此外，"模块化的产品设计和生产能够满足不同客户的差异化需求，同时也能够使产业更快速地适应市场需求，快速占领市场份额。这种模块化的合作，能够使模块供应商和模块集成商之间的合作更为紧密有效，创新的成功率和创新的效率也会变得更高"。③模块化开发和创新的特点，为深圳信息产业在引进的基础上进步提供了物理条件。深圳信息产业的升级过程中，有许多是通过模块改进实现的。从这个意义上看，深圳创新得益于电子信息产业技术迭代的特性。

---

① 王海龙：《制造业不连续创新：模块化结构驱动机理及应用》，科学出版社2017年版，第75页。

② 同上书，第68—69页。

③ 同上书，第69、73页。

电子信息产业的可模块化的另一个客观条件是，跨国公司能够通过机械化、自动化将复杂的生产工艺分解为非熟练工人也能操作的流水线。工人只要经过一般性的培训，就能够在模块上进行重复性的操作，并逐步成为熟练工。模块化一方面包含高科技的创新，一方面包含了简单的流水操作。模块化的这种技术上的性质，使得跨国公司能够将技术密集的一端自己保留，而将劳动密集的一端放到最低成本最大市场的国家和地区。20 世纪 80 年代中，深圳刚好集中了信息产业的劳动密集端的所有要素，成为电子信息产业分工和转移的理想目的地。

二　规划、政策与电子工业初步布局

在传统的体制中，计划、规划是发展的蓝图，也是社会经济布局及实现的工具。深圳建市伊始，就开始制定发展规划。在 1980 年的《深圳市城市建设总体规划》初步方案中，工业布局规划将上步区和八卦岭作为工业区，提出深圳工业以电子工业为主。这是深圳市第一次以权威的文本对发展电子产业的确定。1981 年，《广东省经济特区条例》发布后，批准深圳经济特区的面积 327.5 平方公里，深圳市升格为副省级，经济特区的定位、功能、发展路径需要有新的境界，原有的规划随之调整。1981 年，着手制定《深圳经济特区社会经济发展大纲》。这个文本在指导思想部分，再次确认深圳的工业以电子工业为主，产品主要面向国际市场。在工业规划中，提出经济特区要建设现代化工业，要求技术是先进的，设备是现代化的，管理应是科学的，经济效益是好的。将电子工业列为产业布局之首。1985 年，全国第二次特区工作会议在深圳召开。会议强调：经过几年的打基础工作，特区应努力建设以工业为主工贸结合的外向型经济，进一步发挥"四个窗口"的辐射带动作用。特区产业结构，以具有先进技术水平的工业为主。工业投资以吸引外资为主，引进以先进技术为主，产品以出口为主。1986 年，深圳经济特区贯彻全国第二次特区工作会议精神，制定了深圳经济特区发展外向型经济的工作纲要，提出了阶段性的目标和六个方面的政策措施，一是积极利用外资。1986 年深圳市政府先后在中国香港、澳大利亚、新加坡等地举行经贸洽谈会，介绍深圳的经济建设，投资环境，优惠政策，争取外商来深圳投资办厂。二是开始对引进项目进行筛选，在审批投资项目时，首先引进外商投资、中外合资为主的企业。三是对外商投资额有规定，1988年要求年产值100万元以上。四是在以引进外资为主的同时，注重与内地大型国有企业合作。五是注重把国际上有影响的大企业大财团引进来。六是在产业结构方面，注重引进现代化程度较高的工业。[①] 深圳经济特区"七五"规划（1986—1990年），继续将电子工业列为优先发展产业。政府十年一贯地推动，促进了深圳电子产业规模扩大，结构升级。

产业发展能不能规划？产业规划是否有效，理论界有不同认识。一种观点认为产业发展本质上是技术创新及其应用。而技术创新是面向未来的，人的认知能力制约，决定了创新不可预测。技术创新的高度不确定性，决定了对未来产业进行规划不可能。克服这种不确定性的路径不是对产业进行规划，而是形成一套分散化决策下的试错机制，在海量试错和竞争中，若干技术脱颖而出，投入应用，产业因之成长。另一种观点认为，产业选择是基于比较优势展开的，是人在经济活动中自然形成的。因此，在认识上是可知的，规划规定的产业可以由一个比较优势导入另一个比较优势，从而推动产业进步。[②] 从经验上看，有案例支持也有案例不支持张、林两位教授的观点。深圳电子产业的规划和成长，提供了另一种路径。一方面，在引进电子信息产业中，是客商在比较成本收益后作出的投资选择。另一方面，政府在作产业规划时，经验而不是理论预测起了主要作用。原深圳市委书记李灏在回忆中讲述一个故事。他说：1985年，国务院特区办在深圳召开了一个产业研讨会，机械工业部一位副部长提出深圳应当发展"轻小精新"型工业，即轻型的、小型的、精密的、新技术的工业。这个建议对他很有启发。也是在这个期间，广东省筹划办大型钢铁工业企业，当时选址考虑过三个地

[①] 深圳博物馆编：《深圳特区史》，人民出版社1999年版，第45、46、142、143页。

[②] 张维迎、林毅夫：《政府的边界》，民主与建设出版社2017年版，第63、64、84、85页。

方，一个是番禺，一个是深圳，一个是湛江。省里在征求他的意见时，他考虑到搞炼钢炼铁炼焦，深圳一无地盘，二无资源。一个钢铁工业基地，占地面积大，又是高耗能高污染的产业，深圳不能干。① 一个国家部委领导和一个深圳市委的主要领导，基于经验对产业布局作出取舍。现在看来，二位领导建立在经验上的观点都是正确的，未建钢铁企业使深圳避免了传统重化工业的道路。可见，基于经验的判断对产业选择也是有意义的。对于后起的国家而言，引进先进国家的技术设备，可以节省科研费用和时间，快速培养人才，在一个较高的起点上推进工业现代化进程，同时引进发达国家的管理经验，提高管理的水平和能力，后起的地区，可以参考发达地区产业发展的经验，学习产业发展积累的知识，较好地推进工业化。所以，后起的国家和地区选择产业，一开始是参考发达国家和地区已经走过的路，带有模仿和学习的特点，并非进入技术创新的前沿。正是这样，基于丰富的经验和智慧，在分析的基础上对产业作出选择，有一定的可靠性。如果是引进，则产业选择其实是对企业选择的确定，决策经验的可靠性来源于政府选择与市场选择的统一。

　　政府的产业规划，对于投资者而言，除了引导功能，往往配套政策措施产生激励。20世纪80年代特别是中期以后，政府在贯彻既有的"特殊政策和灵活措施"的基础上，又作出不少新的政策安排。如在人力资源上，为了满足经济特区发展电子工业（当时是先进技术）技术骨干的需要，深圳推出了人才档案管理新规定。1984年，深圳成立人才交流中心，将辞职来深圳或"下海"的人才档案存放起来，人才需要利用时可随时起用，十分灵活。这虽然看似不起眼，但在当时，档案如同干部和科技人员的身份证，关系到科技人员的身份认定、工资待遇等，个人档案随工作单位走，无单位接收，人才就无以流动。档案存放和流动的自由，解决了人才实际上的"单位所有制"，使得人才可以通过市场机制配置，企业和科技人才关系契约的适度分离，体现了科技人员价值的市场化选择，吸

---

① 深圳市政协文史和学习委员会编：《深圳四大支柱产业的崛起　高新技术》，中国文史出版社2010年版，第38页。

引了"孔雀东南飞"。此外,税费优惠向先进技术项目倾斜。在技术上具有世界先进水平的项目,免交土地使用费五年,五年后再减半交纳三年。技术特别先进的项目,可免缴土地使用费,扩大产品的内销比例,加速折旧,对进口先进设备给予补贴,提供更多的投资和贸易便利化等。

更大的"特殊政策和灵活措施"是市场化的加深和法治进步。1985年前后,传统体制的指令性计划在深圳经济特区基本取消;价格基本由市场决定;流通领域打破了传统的多层次批发,地区封锁和行业界限,多家经营,多渠道、少环节、产供销结合、批零结合的多元化流通体制形成;银行业形成竞争,外资银行进入特区经营;成立深圳经济特区外汇调剂中心,作为经济特区统一调剂外汇机构,形成一个有控制的逐步放开的外汇市场;实行内外贸结合,工贸结合,农贸结合,技贸结合和工农技贸结合。部分企业具有直接进出口业务权,可以同外商直接洽谈进出口业务。没有直接进出口业务权的企业,可以委托办理进出口业务;扩大国有企业的经营自主权,允许企业按照市场需要安排生产,自主经营,确定产品价格,组织产品销售,实行以销定产。允许企业按政府批准的劳动计划自行公开招工,在政府控制的工资总额范围内,企业制定工资形式及计薪、计酬办法。企业普遍实行厂长(经理)负责制和承包经营责任制,形成普遍的激励;此外,深圳经济特区政府按照政企职责分开、简政放权,搞活企业的原则进行了机构改革,撤销了企业的行政主管部门。政府制定和实施了包括土地管理、企业登记管理、出入境人员管理、涉外企业贷款管理等20多个特区单行法规,建立了相关机构。经济特区的市场深化和法治进步,优惠政策的叠加,空间政策和城市基础设施的完善,使得发达国家的客商由观望向主动转变,为电子信息产业吸引跨国公司提供了条件。

三 深圳电子信息产业的来源

深圳电子信息产业也是起步于"外引内联"。最初几年,业态以消费电子和普通的电子元器件加工为主,发展到引进生产线,搞整机装配以提高国产化。深圳建市之初的电子信息产业投资,有的至今仍留下路标性的印记。(1) 1979年3月,由广东省华侨农场管理局与香港港华电子企业有限公司签约,在深圳成立一家由归侨人员组成的企业——光明华侨电子厂。同年12月,经国务院外国投资委员会批准,将从事来料加工的光明华侨电子厂,更改成广东省光明华侨电子工业有限公司,由双方合资兴办。协议规定前期投资总额4300万港元,广东省公司占51%港方占49%,产品70%外销,30%内销。到90年代,发展成深圳康佳集团股份有限公司。这是深圳工业的首家,也是我国电子工业第一家中外合资企业。(2) 1979年9月广东省政府决定,由广东电子工业局负责,将地处粤北山区,从事电子工业的三个省属小厂(8500厂、8532厂、8571厂)同时迁入深圳,组建深圳华强电子工业公司(现华强集团公司)。该公司迁入深圳,是广东省对深圳工业发展的支持。公司成立不久,就从日本SANYO引进生产线,在两幢简陋的钢架厂房里,以来料加工形式生产收音机和单卡收录音机。1984年,与SANYO公司在来料加工基础上成立合资的华强三洋电子有限公司,以年产120万台收录机,成为全市最大的一个收录机生产厂商。华强集团后来改制为民营企业,现为中国电子百强企业,旗下有4家高新技术企业,业务涵盖科技文化产业、电子制造和贸易等领域。(3) 原国家电子工业部(前身为第四机械工业部)在深圳设立电子企业。主要有:1979年,从广州750厂抽调人员组建"深圳电子装配厂"(现深圳爱华电子有限公司)。1980年,中国电子技术进出口公司深圳分部(现深圳中电投资股份公司)。1981年,第四机械工业部的083基地(现中国振华集团有限公司),自筹资金在深圳成立华匀电子有限公司,并成立合资的华发电子有限公司。国字号的电子公司,资源配置上具有地方企业无法比拟的优势。提高了深圳的产业层次,引进了新技术,开始了进口替代。1983年,深圳爱华电子公司和中航电脑设备有限公司开始生产组装Z80,DJS050单机版、APPLE Ⅱ微型计算机及开发相关的软件。爱华公司还同时组装14英寸黑白的显示器。华发电子有限公司与香港陆氏实业有限公司签订合同,引进第一条年产10万台,14英寸至22英寸的彩色电视机生产线(1983年投产)。而由中国电子技术进出口总公司深圳公司投资新建的电子大厦，在 1982 年落成并投入使用。它是深圳第一幢 20 层的高层建筑，是深圳的第一个市标。展示深圳电子工业和对外开放的现代形象。也是中国电子技术进出口和引进先进技术的重要窗口。1984 年，由电子工业部、广东省电子局和深圳市政府联合国家有关部委驻深企业的主管部门，成立深圳市电子工业规划发展协调委员会。在协调委员会的指导下，从 1984 年起，为加快实现整机装配国产化，一些关键件项目包括晶体管、发光二极管、收音机和彩电应用的集成块封装、电位器、电容器、音频磁头、机芯、电源变压器、扬声器、印刷电路板、注塑机等项目陆续上马。1985 年，由电子工业部、国家商检局和深圳市政府共同出资创办电子检测技术公共服务平台及相关机构，为引进外资和先进电子技术，为国产化电子产品开发提供技术支撑。

深圳经济特区成立后，国家其他部委和各省市在深圳设立电子企业，支持了深圳，实现了双赢。在"外引内联"中，深圳市的电子企业也得到了发展。到 1985 年底，深圳电子工业从 1979 年仅有一家县办企业发展到 170 余家各类企业，职工人数从 108 人发展到 17000 多人，厂房面积也从 100 多平方米，发展到拥有几十栋总面积超过 50 万平方米的标准工业厂房，产业能力和水平从简单的元器件加工和收音机组装发展到拥有能生产彩色电视机、收录音机、微型计算机、电子按键电话的生产线及软件开发技术和生产元器件的生产线。全年产值为 13.57 亿元（按 1980 年不变价计算），约占全市工业总产值的 49.7%，比 1979 年增长 113.5 倍（按当时全国各省市电子工业的指标排名，深圳位列全国第 7 名），产品品种从 1979 年不足 10 种，发展到 400 多种，电子信息产业成为工业的主体，深圳产业发展也因此初步嵌入全球信息产业链。

80 年代中期以后，"外引内联"开始向上档次上规模进化。1986 年，长城集团（深圳）公司成立，该公司是中国最早的微型计算机制造商。从全球看，也是先驱级的公司。如著名的苹果电脑公司，亦是 1977 年正式注册，80 年代初研制个人电脑，1984 年苹果推出麦金塔计算机。长城电脑是中国第一台高级中文微型计算机长城 0520 CH 的研发制造商，公司业务涵盖计算机整机及关键零部件，信息安全自主可控产品，云计算及数据储存系统，新型电源等。目前是全球最大的显示器研发制造商，国内最大的计算机电源研发制造商，国内领先的云计算解决方案提供商和服务商。联想电子公司也在深圳建立起国内第一个专业生产电脑卡版的出口基地。深圳光通发展有限公司引进了一条光纤光缆生产线。此外，深圳还引进了生产厚膜电路的生产线，软磁盘的生产线，液晶显示器的生产线，开关电源的生产线，功率晶体管的生产线，电子调节器的生产线，铝电解电容和陶瓷电容的生产线，微特电机的生产线，收录机机芯的生产线及高压包的生产线等。①

软件业的发展是电子信息产业双翼之一，也是产业的基础性技术。20世纪80年代初，得益于开放政策，深圳软件业起步。1983年，中航电脑公司从香港承接了一个软件开发任务，创汇1000美元。1984年邓小平考察深圳，到中航电脑公司参观，讲了那句后来家喻户晓的"电脑要从娃娃抓起"的名言，打开了信息产业对外开放的大门。从80年代开始的10年，深圳在中文应用软件创造了若干第一。深圳华达电脑公司自主开发出中文电脑系统，是国内第一个基于PC的操作系统。1984年首次销售100套到台湾地区，创汇3万美元，随后推广到中国香港、新加坡等地。为了支持软件的进一步开发，时任电子工业部部长的江泽民还亲自批给华达电脑200台PC机的进口批文。1984年，深圳大学开发出一套基于微机的《红楼梦》《全唐诗》等古典文学的检测系统，这是国内首个全中文分专题电脑检测系统。1988年，深圳大学开发出"深圳大学管理信息系统SZU-MIS"。它包括自行汉化的全套网络软件和14个非系统的应用软件，覆盖了行政、教务、财务、科研、图书馆等几乎所有的部门和机构，并实现了局域网、程控交换机及远程终端的校内外联网。全校的行政办公全部通过电子邮件来完成，全部实现无纸化，特别是通过拨号远程连接的方式，可以连接intel网。该系统是全国高校中第一个全面使用计算机的校园网络系统。深圳大学通信技术研究所同时期开发的两个以软件为核心成果：大容量多功能无

---

① 魏达志等：《制度变迁中的解构与创新》，人民出版社2010年版，第9页。

线寻呼中文电脑系统 SF—30000 和取得邮电部电信总局 0001 号入网证的 LAKE2—10 数字程控交换机，虽然创造了国内第一的奇迹，可惜都未产业化。深圳新欣软件产业有限公司，首创开发了"证券电话委托系统"，在此基础上逐步发展起来一整套覆盖全国的交易系统，通过卫星和多种通信网络实现全国大联网，是我国证券现代化的重大技术创新。经济特区 10 年软件业在全国赢得领先优势。

深圳软件业并无优势，但事在人为。原深圳市委书记李灏回忆，80 年代中期，软件业是市政府抓的重点产业。长期担任深圳软件业协会负责人的邓爱国撰文记述：1986 年，时任深圳市委书记兼市长李灏亲自主持召开软件业发展座谈会。提出软件产业应成为深圳一个很大的产业，政府要全面支持并朝国际化方向努力。李灏还倡议和推动成立深圳软件行业协会。这个协会后来成为政府与企业互通互联的纽带，促使深圳成为国内最早的具有双软（软件企业和软件产品）认证资格的城市，成为最早的软件出口基地。在无直接主管部门的架构下，行业协会发挥了服务企业促进行业发展的功能。[①]

第二节 市属国有企业进入信息产业

直到 20 世纪 80 年代中期，深圳经济成分中，属于本土的十分弱小。先科和赛格集团横空出世，开启了本土的现代"深圳制造"。

一 中国有先科

先科公司成立于 1984 年。据叶华明（时任深圳市科委主任，先科公司成立后任董事长）回忆，当时，不少客商到深圳洽谈投资，作为行政部门的首长，限于向客商介绍政策，不能直接签协议。为了抓住机会，建立本土的科技企业，科委动议成立一家公司，很快得到了市主要领导的支持。5 月 7 日，市政府批准筹建先科公司，科委拨出 5000 元作为公司的注册资本，一家名叫"先科

---

① 深圳市政协文史和学习委员会编：《深圳四大支柱产业的崛起 金融》，中国文史出版社 2010 年版，第 234—240 页。

技术开发公司"的企业问世。

在先科与客商的广泛接触中，因缘际会于一位飞利浦香港公司的经理。1981年叶华明荷兰留学期间，对飞利浦公司生产激光唱片有深刻印象。结识了飞利浦公司的经理后，叶华明产生将当时国内还是空白的激光唱片技术和生产线引进深圳的想法。市决策层十分支持叶华明的意见，飞利浦也积极回应了先科的意向。经过多轮的艰苦谈判，1985年4月，先科公司与飞利浦公司就LD视盘的生产和技术转让，视盘放送机的组装及技术转让达成协议。这是先科公司也是深圳市首个高科技产品的引进合同。当然，以一家成立不久注册资本5000元的公司是不足以与飞利浦谈合作的。在"特殊政策和灵活措施"的基础上，市政府推动了与飞利浦的合作。（1）市领导与飞利浦公司领导层举行会谈，并出席协议签字仪式。表明项目合作方不只是先科，是深圳市与飞利浦的合作，坚定了飞利浦的信心。（2）借力市政府解决融资问题。引进飞利浦的技术和设备需要外汇，当时，外汇管制十分严格。在市政府的协调下，先科公司以设备抵押，从中国银行深圳分行贷款500万美元支付第一笔定金。由市财政担保，向工商银行深圳分行贷款1500万元，解决其他资金之需。（3）人力资源。在出国管理十分严格的条件下，市政府协调，组织上百名员工赴在英国设立的飞利浦公司和在德国设立的飞利浦公司接受技术培训，为引进设备和技术培养骨干。（4）市政府组织资源，解决公司投产所需要的厂房和其他设施。（5）在市政府的支持下，先科公司再与飞利浦公司签订协议，各出资50%，成立深飞激光光学系统有限公司。

1990年8月，第一张CD音盘面世，刻录北京亚运会会歌——《亚洲雄风》。第一张LD视盘《红楼梦》也于1991年3月诞生。中国从此有了自己的光盘产业，成为继荷兰、日本、法国之后的第四个既能生产LD视盘又能生产CD音盘的国家。1992年，先科已拥有近十家生产不同产品的企业，获国家工商总局批准成立先科企业集团。到1999年，先科企业集团成立15周年时，已从创业初期的5个人，5000元资本，发展成为拥有厂房505万平方米，24家全资和控股公司，4000多名员工，总资产为25亿元的大型企业集团，形成了开发经营各种激光光盘及软件系统,视听产品整体配套,大规模集成电路设计,液晶显示器,导电玻璃,鲜花园林工程(温室控制)的高科技产品,集科工贸于一体的大型综合高科技产业群体。1992年至1998年,上缴国家利税3.188亿元。先后引进和研发VCD、DVD视盘和放送机。2003年,先科品牌被评为"中国驰名商标"和"中国名牌产品"。2005年,先科企业集团因各方面的原因改制。虽然作为辉煌的国有企业不复存在,但仅就公司对深圳电子信息产业的形成而言,是一个历史的贡献和存在。公司留下的电子信息技术的元素,特别是公司积累的人力资本至今仍在电子信息产业中发挥作用。

二 第一家电子工业集团

深圳发展电子产业,与国家电子工业部的支持息息相关。除了企业布局电子产业外,电子工业部在产业规划、项目落地上支持深圳。1980年,电子工业部与深圳商定,将深圳作为电子信息产业基地。深圳在当时并不多的已完成"七通一平"的土地拿出一平方公里,供电子工业部安排电子信息产业项目。1983年,电子工业部由时任部党组成员、办公厅主任的马福元率43人联合规划组到深圳指导编制电子工业规划。1984年,时任电子工业部部长江泽民主持特区电子工业会议,推动深圳电子信息产业发展。据李灏回忆,他上任深圳市长前夕,时任电子工业部部长的李铁映用一个下午时间与他谈电子工业部与深圳电子信息产业的发展。电子工业部的支持不只是规划、项目,更为有影响的是一个企业家式的人才和市场化的制度。这个企业家就是马福元,市场化的制度就是由企业家主导的产业组织和管理、市场、技术引进开发创新体制。

(一)组建企业集团

在发达的市场经济国家中,跨国公司普遍以集团的形式出现。作为公司配置资源的一种形式,是企业做强做大的一种组织。1985年,国家电子工业部、广东省电子工业局和深圳市政府决定,以深圳的百余家电子企业为基础,组建深圳电子工业集团,1988年,更名为赛格集团。这是中国第一家电子工业集团公司,也开了我国企业集团之先河。

（二）探索现代企业制度

集团成立后，马福元被任命为董事长。政府支持政企职责分开。集团之上不设行政主管部门，实行董事会领导下的总经理负责制，给董事会和经营班子充分授权。1986 年，政府试点国营企业的股份制改造，当时的电子工业集团是试点企业之一。马福元主导改制方案，企业积极探索法人治理结构，是中国最早探索现代企业制度的企业。

（三）企业管理创新

赛格集团是一个特殊的组合，既不同于跨国公司的 U 型结构或者 M 型结构，也区别于国有企业集团的"婆媳"关系。组成集团成员的，有属于国家部委的企业，有省属国有企业，甚至"三资"企业，集团更类似于紧密型的经济联合体。集团以服务子公司产生凝聚力和向心力，形成规模效应，为成员提供机会和收益。一是商誉、担保融资。集团聘请人民银行和四大商业银行为金融顾问。借用国有经济占主导的集团平台，仅 1986 年和 1987 年，为成员融资达 2.5 亿元。二是研发和人才。集团联合了国内 15 所高等院校、28 家研究所和多家实力雄厚的企业，大力开发新技术新产品，集团成立第一年就开发出新产品 78 项，新增产值 2.5 亿元。第二年又开发出新产品 215 项，新增产值 4.3 亿元。集团成立的人才培训中心，聘请国内外专家到中心授课，与国内多所大学合作举办有关国际金融、企业管理、外资利用、国内外经济法、电子技术，计算机应用及强化外语的训练班，使成员企业的经理、财会管理人员及技术工人得到良好的专业知识和技能提升。集团还在深圳大学、电子科技大学杭州电子工程学院设立奖学金，激励大学生毕业学习并优先到集团就业。三是促进分工和交易。集团组建的电子产品交易市场，降低成员的交易成本。深化成员专业性分工，在集团内部形成交易市场。集团模式促进了产业发展。到 1987 年成员企业由开始的 117 家发展到 158 家，工业总产值达 20 亿元，销售收入达 15 亿元，外销收入达 1.5 亿美元。分别比 1985 年增长 105%、106%、292%。集团的规模效应迸发出聚变能量，加入赛格集团，在当时成为一些电子企业的奢求。赛格集团的规模优势和发展态势令国内外同行刮目相看,慕名而来寻求合作的大企业客商日渐增多。

(四) 主导四大电子工程项目落地建成

第一大项目是中外合资彩色显像管项目,这是彩色电视机的重要部件。当时市场十分短缺。1989年5月,赛格与日本老牌电子企业日立公司合资,设立赛格日立公司。1991年初至2004年7月,赛格日立累计生产出54厘米彩管3000多万只,到2004年1月9日,赛格日立提前归还贷款1.75亿美元。

第二大项目为赛格日立彩色显像管配套的玻壳项目。该项目总投资达23亿元,是20世纪80年代一次性投资最多,规模最大的电子项目。由中国电子信息集团占股40%,深圳赛格集团占股30%,香港商贸发展有限公司占股30%,合资成立深圳中电康力玻璃有限公司。1995年实现利润1.19亿元,是当时的盈利大户。

第三大项目是大功率晶体管项目。1987年,成立深爱半导体有限公司。投资总额为1349.6万美元,赛格集团持股74.82%,赛格(香港)有限公司持股25.18%。1992年12月,公司后封装生产线正式投产。1997年12月,深爱公司第一片功率晶体管芯片走下生产线,结束了中国半导体芯片完全依靠进口的历史。经过20多年的发展,深圳深爱公司已成为拥有四英寸、五英寸三条生产线的大型晶体管芯片生产企业,年销售收入达6亿元。

第四大项目为超大规模集成电路,当时为解决"巴统"限制,将前工序芯片生产线建在香港,并签订购买香港大浦工业区土地协议。后因超大项目前工序投资大、风险大、见效慢、技术水平高,决定先引进超大项目的后工序。即芯片封装生产线。1994年1月,组建赛格高技术公司,与赛意法半导体公司合资兴办赛意法微电子有限公司,1997年1月开始投产,当年产量为1.28亿只,到2007年实际产出芯片封装产品62亿,是中国最大的集成电路封装测试工厂,也是全世界最大的封装厂之一。[①] 四大项目的建成,使赛格集团一举成为国内电子行业举足轻重的企业,也确立了深圳彩电业的

---

① 深圳市政协文史和学习委员会编:《深圳四大支柱产业的崛起 金融》,中国文史出版社2010年版,第83—98页。

领先优势。

三　市属国企的得与失

20世纪80年代中，深圳市属国有企业进入电子信息产业，对本土经济特别是深圳电子信息产业的发展功不可没。先科集团、赛格集团在细分领域都曾是佼佼者、领先者，不仅功在当时，所积累的经验、技术、管理、人才、产业基础还在影响着深圳的电子行业。先科、赛格在发展过程中，都受到来自政府的支持。赛格在合资中所需的大额资本和外汇，与政府协调银团贷款分不开。特别是先科，政府给予了更多的"父爱主义"的关怀，如担保贷款、投资、土地配套和厂房等。不过深圳的市属国有企业与传统计划体制下的国有企业仍然有很多的不同。此时的国有企业是在业已形成的市场调节为主的政策环境中出生和成长。两家企业的资本来源于银行贷款而不是财政划拨，两家企业的经营管理与合资方的市场规则相一致，两家企业的资源配置和产品销售由市场决定。赛格集团在企业制度、经营管理、技术研发、人力资源方面推出诸多方面的创新。尽管如此，两家国有企业后来的境况还是值得反思的。先科、赛格在电子信息领域起步比较早。但后来先科被迫走改制之路，赛格发展稳定，但还算不上卓越企业。这当然也有企业的技术路线选择、产品生命周期等多方面的原因。即使是发达国家的高科技企业，如摩托罗拉、爱立信、朗讯等企业巨头也会因经营不善或路径偏差而起起落落，不足为怪。问题是，在深圳几十年的电子信息产业中，国有企业起步于前，进步于后，鲜有建树。可能与体制机制不适应有关。客观地看，电子信息产业竞争激烈，技术更新换代快，需要持续地在研发领域进行风险性投资，与国有企业追求稳和业绩上的"棘轮效应"是格格不入的。又如国有企业领导人实行任期制，往往专注企业短期利益，不可能像任正非那样，近30年"对着一个方向发起冲锋"。此外，国有企业的等级和大体平均的收入分配模式也适应不了对人才的激烈竞争等。先科创始人叶华明在回忆中讲了一段耐人寻味的话："我在先科的20载岁月，亲历了它辉煌的过去。在20世纪80年代，深圳高新技术产业尚处在起步阶段时，它成为高科技领头羊，它在中国光盘产业发展创下的诸多第一，不会因为岁月的流逝而消失。但国有企业的许多弊端已严重阻碍先科的发展，先科没有像许多高新技术企业那样做大做强，就是体制机制的束缚。"①

尽管如此，受深圳经济特区的"特殊政策和灵活措施"的吸引以及一系列因素的相互作用，全球电子信息产业的加速向深圳布局，使深圳成为电子信息产业新秀。首先，提高了深圳的产业能力和产业水平。深圳开始了向中国和世界加工和制造。到1990年，全市电子工业产值72.36亿元，其中，出口产值49.2亿元，占电子工业产值的67.9%，占全市出口产值的47.89%。长城集团的微机领先中国，在全球也只有少数发达国家和地区能够生产，是名副其实的高科技产品。赛格合作的几项工程，是当时技术先进的工程，是当时电子行业的重大投资，彩电行业在20世纪80年代是中国处于突破和成长业态，是处于前沿的产业。其次，奠定了深圳在全国电子信息行业的地位。1988年，第1届全国电子百强企业评比中，深圳的华发电子有限公司、光明华侨电子工业有限公司和深圳华强电子工业有限公司，分别为第17、25、35位，并占全国电子百强销售总额的4%。在此期间，深圳的彩电年产量达300万台，收录音机及音响年产量达200万台，电话单机达2500万台，计算机开关电源年产量达60万台，软磁盘片年产量20000万片。深圳从这里出发，成为全国最大彩色电视生产基地和最具竞争力的城市，中国最重要的微机及元器件生产交易中心。再次，为深圳的电子信息产业播下了发展的种子。世界产业成长的轨迹表明，产业的发展也存在着某种路径依赖和机缘巧合，长城计算机在深圳的成功，吸引了中国电子信息集团更多的投资，深圳成为中国电子集团最重要的产业群落。赛格集团的四大工程使深圳在新产业中脱颖而出，大公司大项目的溢出效应提供了大量机遇，促进了更多的企业进入。到1990年，深圳电子工业从一家县办企业，发展成为一个初具规模，产品门类齐全，技术较内地先进的拥有600多家（其中"三资"企

---

① 深圳市政协文史和学习委员会编：《深圳四大支柱产业的崛起 金融》，中国文史出版社2010年版，第116页。

业 400 多家）企业的电子工业体系。最后，深圳在"外引内联"中，企业管理的现代化和水平在学习中提升。企业开始推行全面质量管理，扩大国际标准的采标率和实施计量定级，实施生产许可证制度，出口产品质量许可证制度，严格的检验检测制度以及现代会计制度，等等。在这一过程中，深圳电子信息产业实现了四个转变。即"从来料加工为主向自主开发为主转变；从生产低档消费类电子产品为主，向既发展应用的电子产品又相应发展高档电子消费类电子产品转变；从进口元器件为主向逐步提高国产化比例转变；从内销为主向既发展出口产品又相应生产国内急需的产品转变"[①]。到 80 年代末，深圳提高了自己在全球信息产业的价值链产业链创新链的分工位置，为深圳产业的高级化打下了基础。

第三节 一个电子市场和电子一条街

2018 年 10 月，英国《经济学人》刊文，中国在电子制造业的主导地位很难被打破。文章生动地描写道：在华强北卖场一楼已经找到所有种类的开关、电线和螺丝，二楼摆满摄像头、耳机、集成电路等等配件，越往上走，越是高级的电子产品，智能手机、无人机、电动滑板一应俱全，在最高的十楼，形形色色的 LED 令人目眩。深圳华强北市场商业区，是中国南方一个快速发展的地方，把这里理解为一个大型销售展示区，更为恰当，因为它是深圳和中国其他地区的数千家加工厂的窗口。华强北市场是中国在全球电子行业主要地位的完美体现，这里是全球供应链的核心。

一 从赛格电子市场"华强北指数"

在 80 年代初期，电子工业也是计划经济的一部分，企业是国营的，企业生产什么产品，生产多少，需要什么样的电子元器件和物资，都由电子工业部门计划调配。而深圳快速增长的电子工业中，

[①] 魏达志等：《制度变迁中的解构与创新》，人民出版社 2010 年版，第 8—9 页。

主要为"三资企业"和个体户,他们并未纳入计划调配,生产资料需要通过计划外的市场调节。赛格电子市场应运而生。1988年3月28日,在深圳电子工业行业协会和赛格集团的推动下,位于深南中路华强北路口赛格集团大厦1楼,占地1400平方米的全国第一家专门销售国内外电子元器件与组织生产资料配套供应的电子配套市场(即赛格电子市场)开业。电子配套市场设元器件交易市场和配套市场两个部分:设有保税仓、普通仓、洽谈室、会议室等,并设有170个展厅。来自深圳本地和内地的160多家厂商以及10家港商,以自营自销、联营代销方式经营。此后,随着深圳电子信息产业的规模扩大和转型升级,随着市场化的程度日益加深,随着开放的大门越开越大,随着信息技术带来的波澜起伏,这里完成了一次次的蜕变和潮起潮落。

一是市场规模的扩大。营业面积由1400平方米扩大到50万平方米;进驻商户由170多家增加到3万家左右;营业额由400万元增加到600亿元左右;市场由一家增加到20多家专业市场;经营品种由消费电子和一般元器件到数万品种,微型电脑、手机所需要的元器件应有尽有。

二是由综合市场向综合和专业配套市场发展。1992年9月,专营电脑产品配套的深圳爱华电脑城在深南中路爱华大厦1楼开业。1994年4月专营通信产品配套的深圳通信器材配套市场,在华强北路赛格工业大厦1楼开业。专营电子产品的深圳国际电子城和专营电器产品的深圳国际电器城,在华强北路先后开业,以及经营电子配套产品的深圳科技电子市场、金龙通信市场、现代电子配套市场、顺电家电广场分别营业。1998年,华强电子世界横空出世,与赛格电子配套市场成为华强北的"双星"。电子市场不断繁衍,逐步形成五大市场。即以赛格电子市场,华强电子世界为代表的综合性电子市场;以赛博数码城为代表的IT和数码市场;以都会100、新亚洲为代表的元器件市场;以远旺、龙胜、通天地等为代表的手机通信市场以及国美、苏宁、顺电等家电连锁店。华强北"电子一条街"形成。

三是由线下交易向线上线下交易结合扩展。2002年,华强电子网建成，最初网络会员主要是实体市场的小商户，日均访问量达50万人次，注册会员40万家左右，相当于再造一个"网上华强北"。

四是由电子产品展示向增值服务扩展。华强北引进了设计公司，供应链管理公司与金融机构合作，提供增值服务。2010年，深圳LED国际采购交易中心开业，打造国内功能最强的产品交易中心以及技术转化、产品品牌、行业数据发布的高端服务市场。为适应新的变革，华强北也在逐步转型，在做强优势的电子市场外，向体验式的街区发展，成为未来新的电子信息产品的体验区。结合创新创业，成为创客聚集地。向更多的增值服务的提供商转变，以增值服务赢得更多商户，促进一个更加繁荣的华强北。

以电子专业市场为主题的华强北商业圈，在1.45平方公里的范围内，日均流量有50万人次，创造了国内同类市场的四个全国第一。销售额第一，电子专业市场经营面积第一，经营电子产品种类第一，商品覆盖率第一。2007年10月，"华强北·中国电子市场价格指数"发布，该指数由一个综合指数、四个板块指数和50项分类产品指数组成，主要包括电子元器件，手机、数码产品和IT产品等。该指数成为反映华强北电子元器件和电子产品交易综合变动情况的重要经济指标，也是国际跨国公司采购的风向标和晴雨表。

二 超越市场的华强北

华强北既是全球最大的专业性的电子市场，又超出电子市场本身。它深刻地影响着深圳电子信息产业的发展。深圳市电子商会执行会长程一木对华强北电子世界有过一段精彩的解读：华强北除了产品交易外，还有产品展示、信息交流、技术引进、研发创意、新产品新技术发布、资金融通、物流配送、企业孵化等多种功能。看华强北，不仅要看到交易市场，还要看到写字楼里的公司，它们中的大多数都是与电子信息产业相关的设计公司、贸易公司、供应链服务公司等。华强北是电子信息产业多种要素高度集中的地方，是一个电子信息产业的服务基地，是深圳电子信息产业配套环节的重要组成部分,是深圳电子信息产业自主创新体系的重要环节。①

(一) 华强北成就创业

华强北的商户,以个体经营者居多,有些是受聘站柜台的,有些是采购送货的,有些是与商户或者工厂联络的。在经营业务的过程中,一些有商业头脑的熟悉了生意,积累了经验,摸清了网络,攒下了人脉,有了一点小资本,试着自己创业。也有的受华强北电子元器件配套吸引,买配件组装整机。有的因为空间租金低又有电子信息业群效应,租办公室创业。在华强北充满了电子信息产业的气息。全球最先面世的产品,市场供求的状况,都以最快的速度被传播和感知。每天都有成功或失败的创业故事在这片土地传说。华强北因此走出不少企业。大名鼎鼎的腾讯、金蝶、大族激光、海能达、神舟电脑都与华强北结缘。腾讯公司至今还在华强北留有最初的创业空间。

(二) 华强北降低电子信息产业的成本

产业群落中的企业,往往互为市场,互相信任,少了寻找成本、运输成本和道德风险带来的成本。比如,比亚迪是华为手机壳和电池的供应商,显然比更遥远的距离更能节省采购、运输成本和附之的交易成本。有一种成本不太为人们所注意,就是产业集群中知识外溢,使得企业之间减少学习的成本。包括管理资讯、技术资讯甚至人的流动,加速知识的外溢。华强北在手机快速增长的时期,每天都有各种各样的翻新,或外观,或功能,或式样翻新,都是若干设计公司相互学习的产物。知识的外溢减少了新进入者的壁垒,更多地进入形成了更激烈的竞争,从而产生更多的创新。

(三) 华强北见证和助力电子信息产业转型升级

如果说20世纪80年代中期,赛格市场打破了计划统配电子产品的一统天下,满足了深圳电子工业的需求。那么,90年代以后繁荣的电子市场,催生和促进了计划经济外的电子企业升级。一批电子企业脱颖而出,深圳不是国家定点生产电视机的基地,却出现了康佳、创维、TCL等电视品牌,占有中国市场半壁江山并出口境外。

---

① 程一木:《在华强北草根逆袭不是传说》,《深圳晚报》2014年7月24日第B06版。

赛格市场和华强北电子一条街，既供给元器件，又是展示和销售中心。深圳也不是国家定点的通信设备制造商，华为、中兴通过市场竞争胜出。2000年以后，手机渐渐成为最大的电子消费品，华强北又成为新电子产品及服务最大基地。深圳是全球手机制造最大的城市，也是全球手机销售最多的城市。据有关资料，2005年以后，深圳作为全国最大的手机制造基地的地位已经基本确立，2008年以后，深圳的手机制造产业集群已经相当成熟，产业集群本身的积极效应也成为进一步强化集群的重要力量。2013年在全球手机出货量18.22亿部中，出自深圳的就有7.58亿部，占比达到42%，其中智能手机的出货量为2亿部，占全球10.04亿部的20%。当下，华强北将迎来5G、机器人、VR、AR。一个与信息产业共振的华强北，正赢得更加辉煌的未来。

三 政策支持

华强北不是设计出来的，谁也不能预料到当初的赛格电子市场可以成为当今的电子世界。如果说市场的逻辑是推动赛格电子演变为华强电子世界的力量，那么产业政策在启动和维护着市场。除特区前10年"特殊政策和灵活措施"外，政府在华强北的发展中一些特定的政策安排助推了它的成长。

（一）平等的市场准入

赛格电子市场创立伊始，就摒弃了"所有制歧视"，这在80年代仍然是超前的。时任主管工业的副市长朱悦宁回忆说：当初开业时，我就非常明确地告诉他们（指赛格集团），市场就是谁都能进能出的地方，瞎子拐子都能来，买卖自由，不违法不追究，你们只提供房子，负责收租金和协助税务管理。买卖双方的交易自由不能干涉，通俗点说，就是一个自由市场，这是赛格电子元器件市场得以存在和发展的根本所在。[①] 因此，赛格市场一开始就是多种经济成分准入，此制度延续至今并扩大到整个华强北。电子市场的主体大公司与小业主并存，国内公司和外国经营者并存，自营和分销商

---

① 深圳市政协文史和学习委员会编：《深圳四大支柱产业的崛起 金融》，中国文史出版社2010年版，第61页。

并存，专业化和综合性经营并存，多元主体平等竞争，优势互补，繁荣兴旺。

（二）低门槛低成本优势

赛格电子市场诞生于上步工业区的厂房，而20世纪80年代的标准厂房建设成本较低，加上税费还有优惠，摊位租金不高，进入门槛低，成本也低，吸引了包括个体户的积极参与，成就了一批批年轻人创业梦想。90年代以后，上步工业区尤其是华强片区渐渐转型，由工业转为商业，主要销售电子工业的生产资料，发生了一场静悄悄的业态革命。但其间建筑形态和街区格局未发生根本性的变迁，政府总体保持原土地和厂房的价格，从而在该地区保持了较低的成本。华强北化蛹成蝶，电子市场一而再再而三地扩容，保持着旺盛活力。如果政策上不允许该片区功能由工改商，或者在工改商中大幅提高土地和厂房租金，很难保证一个繁荣且影响至深的华强北。

（三）相对宽松的行业监管

电子市场，产品种类繁多，既有高技术的芯片，又有普通的线路板，既有电视、手机等终端产品又有摄像头等小的元器件，多元经济成分，多种经营方式，多条渠道进货出货，即使是同一品种，也不乏多种品牌，市场是全新的，市场品种繁杂，一些产品，尤其是简单的电子元器件，有的来源于未取得生产许可证的企业。政府采取比较宽松的监管方式，一般未投诉不打击，其所谓"民不告官不究"。对待山寨手机，只要不是假冒已注册过的商标，不假冒以驰名的品牌，已获政府入网许可的，就容忍在市场销售或者出口。充分的市场竞争和优胜劣汰，使得质量好、可靠性强、性价比高的产品占领市场。久而久之，市场会选择进化，产业会走向进步。这已被深圳电子信息产业发展所证明。需要强调的是，在发展的初级阶段，出现一些模仿产品，这些产品的安全性、可靠性、实用性都不错，因行政管制特别是许可证制，致使很多好的产品不能入市，实际上降低了消费者福利，也不利于竞争。这样的行政管制是值得反思的。

（四）基础设施的完善和政府服务

2000年成立专门的政府机构，华强北管委会及其办公室，为电子一条街提供公共服务。2009年，管委会及其办公室升格，正式成立华强北街道办事处，政府的重要职能是维护和发展电子市场。华强北的基础设施不断完善。1998年，为适应华强北由工业区向商圈转型，政府投资4500万元，立12项目改造华强北的人行步道，跨街灯饰，电子显示屏，高低电缆，休闲设施，带动商家投资1.2亿元，进行物业美化和室内环境改造，实现了华强北第一次的华丽转身。2007年，以深圳主办世界大学生运动会为契机，政府再投资美化华强北街区环境，华强北以其美丽舒适、时尚繁荣成为深圳聚人气的商圈。从赛格电子配套市场发展起来的华强北，被中国电子商会誉为"中国电子第一街"而更加熠熠生辉。2017年1月，在经历了近4年地铁围挡施工后，华强北重新开业。1号、2号、3号、7号地铁42个出入口无缝接驳，形成立体密集的交通网络。地下空间、地面商铺，浑然一体。600万平方米的立体商圈焕然一新。一个蜕变多轮的华强北，一个有着赛格电子市场基因的华强北焕发出新的青春。

第四章 "两个关键性文件"：
微观经济主体的重建

第一节 微观经济主体是产业发展的基础

在关于"深圳发展高新技术产业的若干回忆与思考"的一次访谈中，原市委书记李灏多次提及"两个关键性文件"。他说：科学技术的发展有自己的规律性，要不断解决本身发展中的许多技术问题，但是科技创新的动力来源于体制机制，尤其是20世纪八九十年代转轨时期，如果没有这一点，就不可能有科技的突破和发展，所以制度、体制机制创新，是实现技术创新最重要的基础。1986年和1987年，我们出台两个文件，就是关于企业股份制改革试点和鼓励科技人员兴办民间科技企业的文件是重要的制度创新。①

今天来看这两个文件，似乎没有什么新奇，但在那个年代，具有变革性意义。最集中的贡献，就是重塑了市场经济的微观主体。所谓产业，不过是企业技术、产品、服务形态的呈现和集合。企业是产业的载体，产业的竞争力蕴含在企业的竞争力之中。

一 企业和企业家精神

所谓企业，通常是指市场经济中商业组织的基本单位。在西方经济学中，不同的经济学派对企业有不同的认识。西方主流微观经济学中，因假定经济人是完全理性的，市场是完全竞争的，价格作为"看不见的手"调节市场配置资源，企业在这样的场景中，被动

---

① 深圳市政协文史和学习委员会编：《深圳四大支柱产业的崛起 高新技术》，中国文史出版社2010年版，第33页。

地接受价格，并在其信号的引导下，按"利润最大化"原则组织生产和流通。在这样的假定中，企业如同一个未打开的"黑匣子"。尽管这一理论与现实场景有很大的不同，它提出的"边际"概念及其分析，关于企业追求"利润最大化"的假定，对后人理解和分析企业仍然是有价值的。

同属自由主义的新奥地利学派对市场、企业和企业家有完全不同的看法。其代表人物是米塞斯、哈耶克等。他们的理论阐明，市场是资源所有者、生产者和消费者的决策相互作用的场所，是人类自愿合作的制度。市场过程就是市场参与者相互作用的各种决策修正、完善和实现的过程。由于信息的不完全并分散在个体之中，市场的常态不是均衡而是非均衡，在市场中，价格不是均衡的产物，而是提供一种信号，以吸引市场参与者去发现利益点。市场过程也是争胜竞争的过程。在这一过程中，企业家以其机敏、勇敢和想象力而发挥关键作用。企业家在参与市场中，运用已有的和争胜竞争中获得的知识，发现利润机会，千方百计地通过不同方式，或以新技术，或以新管理，或以新方法，以更低的成本去获取更大的利润。正是企业家的创新，使得市场不断推陈出新，循环往复，推动消费结构和产业结构的转型升级。

美国哈佛大学教授、经济学家约瑟夫·熊彼特的企业与企业家精神理论十分著名。他的基本观点是创新是资本主义发展的动力，创新使生产要素实现新组合，从而扩大了生产可能性曲线的范围，由于创新是一种"创造性破坏"，在经济增长中表现为周期性波动。企业是创新的基本经济单元，企业家精神最集中的体现为创新精神，企业家的创新包括研发新技术，推出新产品，开辟新市场，寻找新资源，实现新商业模式和实行新管理，在创新中实现企业新发展。在熊彼特的理论中，企业家是经济舞台的中心人物，企业创新是资本主义经济增长和升级的动力。一旦企业家精神衰竭了，创新中断了，资本主义制度就终结了。

1937年，罗纳德·科斯发表了题为《企业的性质》的论文，这篇论文被认为是打开了新古典经济学中的"黑匣子"。科斯讨论了企业为什么存在和企业规模的边界。科斯认为，市场是通过契约来协调和组织经济的一种方式,那为什么还要其他组织(企业)呢?原来,市场协调是有成本的,当市场协调成本过大时,另一种选择即组织协调就出现了。与市场通过合同形式完成交易不同,企业依靠权威在其内部完成交易,企业形成的原因是由于市场交易费用大到某种程度,以至把交易转移到企业内部更合算。科斯由此得出结论,企业会扩大到如此程度,使得在企业内部再进行一次交易的费用,等于同样的交易在市场上完成的费用。科斯的理论,被称为交易费用经济学。"黑匣子"被进一步打开,企业理论在 20 世纪 70 年代后得到了长足的发展,信息经济学、激励理论、委托—代理理论从不同的角度对企业内部的经济关系进行了深层次的分析,企业和企业运行的解释得到了更多的理论说明。管理学更是将企业的研究作为中心问题。

综观理论经济学对企业和企业家的研究,是一个不断丰富和深入的过程,这也反映了企业在社会经济中的作用、影响力的不断扩大和加强。企业不仅通过组织创造社会财富,而且通过产品和服务改变人类的生产方式和生活方式,企业是经济主体也是创新主体,当今世界上许许多多的创新都是由企业贡献和推动的,经济的新业态新技术是企业在利润牵引下不断进取的结果,产业的转型升级说到底反映的是企业的进步。在企业发展中,企业家和企业家精神至关重要,他们是争胜竞争中的智者、勇者和创新者。当然,企业理论也揭示了企业是一个复杂的有机体,企业协调同样有不完全信息,利益主体冲突和合作诸问题,企业协调成本也有一个如何认识和控制问题。

二 股份制是人类伟大的发明

股份制可以从狭义和广义不同层面去理解。狭义上的股份制是指股份制企业或者股份有限公司,广义上的股份制是一个系统,包括公司、股票、证券市场等。这里所讲的股份制重点指的是股份经济系统中的股份公司。股份制作为一种经济组织,也是经济社会演化选择的结果。经过漫长的历程,在 19 世纪末才渐渐定型,并成为一种主流的企业组织,在发展中不断进化。

股份制作为一种经济组织曾经并且仍然对社会经济产生巨大的影响。

其一，股份制突破了单个资本积累的限制，构成了联合资本，以社会资本满足人类需求。正如马克思所指出的那样，假如必须等待积累去使某些单个资本增长能够修建铁路的程度，那么恐怕直到今天世界上还没有铁路，但是通过股份公司转瞬之间就把这件事完成了。[①] 股份制不只是突破了单一资本不能完成大项目投资的能力，还指出股份制助力单一资本的扩张。马克思指出："不能否认，在工业上利用股份公司的形式，标志着现代各国经济生活中的新时代，一方面它显示出过去料想不到的联合的生产能力，并且使工业企业具有单个资本压力所不及的规模。"[②]

其二，股份制不断创新治理机制。人类的经济过程大都是合作实现的，在经济活动的最初阶段，就面临着不同个体的"机会主义倾向"和如何协调问题。企业的出现特别是股份制企业的出现，资本的终极所有人和法人以及更多层次的管理与分工，委托—代理，机会主义与有效监管，变得异常庞大和复杂。在这一过程中，形成了以契约、合同、文化为主的正式制度和非正式制度，发展出从U型到M型以及各种模式的公司组织结构，实施着工资、奖金、股份、期权等不同的丰富的激励约束机制。公司治理复杂性一点也不亚于社会治理，公司治理的有效性适应了大公司的跨国跨界经营，公司治理实际上已深刻地影响经济社会运行的效率、公正和稳定。股份制的治理机制，具有巨大的容量，特别是兼容不同产权主体的利益，以信托关系，委托—代理关系，合约关系界定各自的权利和义务，产权清晰，管理规范，提供了公司既有秩序又有张力的适应市场的机制。

其三，股份制分散了投资和经营风险，激励了长周期投资尤其是创业和风险投资。投资是产业形成的基础，投资的特征是博未来，而未来充满了不确定性，周期越长的投资，所面临的不确实性越大。尤其是那些高科技项目，更是高风险。当然，一旦投资成

[①] 《马克思恩格斯全集》第23卷，人民出版社1972年版，第688页。
[②] 《马克思恩格斯全集》第12卷，人民出版社1972年版，第37页。

功，带来的是高收益或者长期收益。此类投资单纯依赖单一主体，巨大的风险往往使人望而却步。而有限责任的设计，解除了投资者的后顾之忧，鼓励社会资本积极进入。特别是资本市场又提供了退出机制，使得风险与收益对称的新技术产业化备受资本青睐，金融资本的积极介入，推动实体经济的繁荣。

其四，股份制企业扩大了社会分工和专业化。一是分化出职业经理阶层，促进了管理的社会化。在单一资本企业阶段，资本所有者与企业经营者往往集于一身，而股份制特别是公众公司，出资人和法人普遍分离，出资人是股东，行使股东权益和履行义务，法人则多是职业经理人，他们以专业能力从事经营管理。企业管理由个人家族化转向社会化，能人经营管理公司的社会机制形成。二是股份制分化出新的职业和新的业态。证券业与职业投资经理出现，资本运作衍生出庞大的行业，金融业成为服务业的主要产业。三是股份制促进了企业的国际化，合资、参股作为国际资本流动的重要途径。

当然，股份制并不是企业组织的全部和终结，自身的治理结构还有许多问题需要解决。无论是股票交易还是市场尚存在着巨大的金融风险和其他问题。但作为一种现代企业制度，被普遍采用。

三　中国股份制改革的提出

深圳的股份制改革，是在中国国有企业改革的大背景下展开的，对中国股份制改革提出的了解，有助于理解深圳股份制改革的意义和特点。

党的十一届三中全会公报明确指出，我国经济管理体制的一个严重缺陷就是权力过于集中，应该大胆下放，让地方和企业有更多的经营管理自主权。国有企业改革大幕徐徐拉开。当时的国有企业改革，始于计划体制下的主体利益的调整，其基本路径是"放权让利"。在经历了企业试点"生产销售部分计划外产品并分配由此带来的收益"，经济责任制，两次"利改税"后，在农业联产承包责任制和乡镇企业承包制的成功效应下，1986年12月，国务院发布《关于深化企业改革，增强企业活力的若干规定》，国有企业改革全面进入了承包制阶段。由政府与企业签订合同,以向保证交国家利润或利润递增包干为中心,政府通过合同界定与企业的关系,企业在合同框架内自主经营,所得利润"上缴国家的,余下的归自己"。承包经营责任制,对搞活国有企业,调动企业的积极性,起到了积极作用。但是,承包制很快就"失灵"了。到1990年,不仅没有把企业利润包上去,反而在全面承包下,国企由80%的盈利,20%的亏损,变成了1/3盈利,1/3亏损,1/3虚盈实亏。即2/3企业没利润可继续包了。①

  承包制的失败,其主要原因有:一是政府与企业"一对一"谈判签订承包合同,形不成政府与企业规范的关系,因而,也不能形成企业之间公平的竞争环境。二是承包合同建立在过往的经营数据基础上,是一组经验性指标的博弈,承包人往往利用信息不对称,隐瞒或编造有利于自己的条件。而发包人往往以"鞭打快牛"的形式管控自身的"风险"。从理论上讲,也存在着"设租、寻租"和"串谋"的可能。三是由于合同是未来的预期,而市场是千变万化的,合同无法克服信息不完全的困难。比如,政策调整带来的变化等,因而,合同是一份不完全的约束。还有,在合同期内,一些承包人以掠夺式的方式经营,甚至不提折旧,不维护设备,更谈不上进行技术进步的长期投资。总之,无论是经营责任制还是承包经营责任制,由于无法克服合同不完全的制度安排,发包者和承包者之间的权利边界难以界定,相互侵权行为时常发生。一方面由于企业经理人比政府官员,更有经营企业的技巧和信息,难免出现"内部人控制"。另一方面因经理人员对企业财产不具有所有权,或因缺乏有效激励机制造成对经营状况不承担责任。根本原因在于,企业还不是一个独立的商品生产经营者。

  在普遍实行承包经营时,20世纪80年代,股票和股份制企业在缝隙中生长。1980年8月,人民银行抚顺支行代理企业发行211万元股票;1982年深圳宝安公司向社会发行股票;1984年9月北京天桥百货股份有限公司成立,发行定期三年的股票。②

---

① 马国川编著:《中国在历史的转折点》,中信出版社2013年版,第30页。
② 同上书,第43页。

1987年，党的十三大报告中肯定了股份制是企业财产的一种组织形式，股份制试点继续实行，到1988年底，全国国有企业有800家进行股份制改造。深圳在1986年正式推出股份制改革试点。试点不断深化，股票市场萌芽，争论还在激烈地交锋。1992年初，邓小平再次视察深圳，目睹了特区蓬勃发展，了解了股份制和新兴的股票市场，针对理论和实践中的迟疑和犹豫，深刻地指出：股份制"允许看，但要坚决地试"。1992年10月，党的十四大报告正式确立了社会主义市场经济体制改革的目标。邓小平的南方谈话和党的十四大报告，极大地推进了股份制的发展。1993年，党的十四届三中全会《关于建立社会主义市场经济体制的若干决定中》提出了"深化国企改革，必须解决深层次的问题，着力进行制度创新，建立现代企业制度"。并且把现代企业制度特征概括为"产权清晰，权责明确，政企分开，管理科学"。到1997年，党的十五大报告中明确提出建立现代企业制度是国有企业改革方向。"股份制是现代企业的一种资本组织形式，有利于所有权和经营权的分离，有利于提高企业和资本运作效率，资本主义可以用，社会主义也可以用，不能笼统地说股份制是公有制还是私有制，关键看控股权掌握在谁手中。"

在实践探索国有企业改革的同时，中国理论界不断深化对市场经济和企业的认识。受传统理论的束缚以及对现代企业理论了解不够的影响，国有企业改革长期在所有制不变，经营方式可探索的理论框架内展开。但是，也有部分学者较早对认识到中国发展可以借鉴股份制。据有"厉股份"之称的北京大学厉以宁教授回忆，早在1980年，他在参加中央书记处研究室和国家劳动总局联合召开的劳动就业座谈会上，建议企业可以通过发行股票扩大经营，以此来解决就业问题。三个月后，在中共中央召开的全国劳动就业工作会议上，他再次提出股份制。在这个会议上，于光远、童大林、冯兰瑞、蒋一苇、董辅礽、王珏、赵履宽、鲍恩荣、胡志仁等学者都表示股份制是好办法。不过，在当时，许多人并没有认识到，股份制将重新构造微观经济的基础。厉以宁教授说："1984年我在安徽马鞍山市所作《关于城市经济学的几个问题》的报告中，直接论述了中国所有制改革问题，包括企业发行股票，职工入股，组建公司集团，居民成为投资者和创业者等设想。从那时候起，我一直坚持认为所有制改革是中国经济体制改革的关键。"① 另一位著名经济学家吴敬琏教授在为清华大学钱颖一教授著作序言中，谈到了他对股份制的认识。他写道："我在 1987 年接受四通集团的委托，研究企业制度改革问题，在开始的时期，许多研究者包括我自己在内，对企业理论和公司实践缺乏必要的准备，因此，只能就事论事地提出一些不那么具有根本性质的改进建议。后来，在颖一加盟国务院发展研究中心企业改革小组以后，这个小组的工作便以《企业理论》②一文和阅读颖一推荐的哈佛大学法学院院长克拉克（Robert Charles Clark）的新著《公司法》（Corporate Law）教科书为起点重新开始，由于小组从高起点出发展开工作，整个课题进行得分外顺利，改革小组在 1988 年得出的成果，《四通公司股份化改制方案》，《四通公司章程以及招股说明书》等，都达到了比较高的水平。"③

理论和实践表明，企业形态是适应不同技术水平的经济组织，是微观经济主体，是产业主体。理解企业理论，对于认识企业，对于理解产业，对于理解经济增长是多么的重要。而站在理论基础上，再回望深圳"两个关键性文件"，我们更情不自禁地为当初富有远见的基础性工作"点赞"。

第二节　深圳早期的国有企业股份制改造

在全国普遍推行以承包制为基本模式的国有企业改革时，深圳开始走股份制之路。

---

① 马国川编著：《中国在历史的转折点》，中信出版社 2013 年版，第 27—28、30 页。
② 钱颖一：《现代经济学与中国经济改革》，中信出版社 2018 年版。
③ 同上。

一 深圳股份制的进化

在开放之初,深圳"外引内联",企业就开始以股份形式合资。如光明华侨电子厂(后发展为康佳电子有限公司)就是以港方占49%,我方占51%,在1979年底成立的合资企业。1982年,深圳宝安县恢复建制,新县城建设需要资金,宝安县联合投资公司,以县财政担保首次发行股票1300万股,其中国家股200万股,法人股160万股,个人股940万股。1983年,由深圳6家国有企业(深圳经济特区发展公司、中国航空技术进出口公司深圳工贸中心、中国农垦深圳公司、深圳市粮油食品进出口公司、深圳市食品饮料工业公司、深圳市副食品总公司)联合发起设立"深圳经济特区三和有限公司",拟发行股票2亿股,并制定了公司章程。这个阶段的股份制,具有"自发"性,更多的是筹措资金的功能。作为政策供给,特别是作为国有企业制度,始于1986年10月市政府颁布的《深圳经济特区国营企业股份化试点暂行规定》。1992年1月,《深圳市股份有限公司暂行规定》(以下简称《暂行规定》)发布施行,它是我国第一部规范股份公司改造和向社会发行股票的文件。该文件的形成程序非常特殊,当时深圳没有立法权,《暂行规定》的起草不仅得到了国务院的特别授权,而且还经过国家体改委、财政部、中国人民银行、国家国有资产管理局的批准。因此,《暂行规定》实际上起到了国务院部门规章的作用。以《暂行规定》为依据,深圳股份制改造基本制度趋于定型。

从1986年启动到1992年逐步完善,深圳在重塑微观经济上主要有几个方面的制度创新。

(一)解决"所有者缺位"问题

在计划经济体制下,国有企业从设立到运行到存续,遵循的是一套以行政程序配置资源的规则。企业运行和经营班子(也可称作经理阶层)由组织部门决定。国有企业名义上属全民所有,但这种所有并不体现在一系列的相关经济权利上,如国有企业资产管理,经营管理,收益分配,经理阶层的选聘等,形成实际上的"所有者缺位"和类似于"部门所有"。在计划经济体制下,资源主要通过行政手段配置，企业隶属行政部门，执行行政机构的指令，治理结构的逻辑是统一的。但在向市场经济转轨中，这种治理结构矛盾凸显出来。首先，企业必须有明确的具体的出资人，出资方经过注册登记成为企业法人，有法定的权利和义务。出资方与企业法人的关系有明晰的界定。这与计划场景中企业作为行政指令的执行者是不兼容的。其次，企业作为市场主体，出资人不能同时具有行政机构的身份，否则，就是兼裁判员和运动员于一身，与公平竞争的游戏规则相冲突。深圳国有企业有自己的特点。如企业成立时，其固定资产投资和流动资金主要是通过银行贷款获得的。企业在运行中面临市场化的环境，价格的形成，职工的薪资和福利待遇，大量的外资企业，构成市场生态。外资企业的治理结构也提供了借鉴。尽管如此，由于存在着"所有者缺位"以及"政资不分""政企不分"的体制性矛盾，国有企业问题丛生。至股份制改造前，国有企业分散在主管部门管理，总资产家底不清。实行承包制的企业，道德风险带来的损害，包括软预算约束，内部人控制，短期行为普遍存在。一些企业甚至造假欺诈。据记载，1980年初至1990年底，市属国有企业负责人携款潜逃，承担担保责任，经营决策失误等造成的经济损失共有7.03亿元，比1990年市属国有企业实现利润6.37亿元还要多。[①]

如果说传统体制和各种经营责任制种种弊端形成一种倒逼机制，那么，外资引入带来了企业制度的示范。20世纪80年代中后期，深圳的资产结构多元，为股份经济提供了可能。理论和实践表明，资产结构对融资格局产生重要影响，多元的资产结构特别是个体的资产增加，是股份制发展的重要变量。1987年，深圳有大量的外资企业，外国资本充裕。另外，个人存款余额达7亿元，个体工商户5000余家，社会资本有一定积累。"内联"企业不断发展，内地资金成为又一资本源。在以上条件共同作用下，特别是深圳领导层的锐意进取，领导和推动了国有企业的制度变革。时任深圳市副市长兼体制改革委员会主任的朱悦宁先生回忆道：当时搞股份制改革，

---

① 深圳博物馆编：《深圳特区史》，人民出版社1999年版，第155页。

就如同打仗时先挖一个掩体，把自己掩护起来再开枪，因为碰所有制改革太敏感，就很巧妙地提"所有制结构改革"。①

1987年，深圳成立了全国第一家国有资产投资管理公司。明确了公司的四大职能和五项任务。四大职能分别是：（1）管理职能。对市属国有企业派出国有资产所有权代表，管理国有企业。对股份公司派出国有股份代表以股东身份参加企业的经营管理。（2）投资职能。以国有资产所有的身份选择投资方向，确定投资额。（3）监督职能。对企业实行财务监督，保证国有资产安全，加速国有资产增值。（4）服务职能。五项任务分别是：（1）管理市属国有企业，向参股企业派出国家股东代表。(2）对资产进行投资。(3）对企业的经营资格、财务状况和资产评估实行监督。(4）评价企业的经营情况和经济效益，审定企业的类别和级别。(5）指导企业改革。以上职能和任务，概括起来，就是"所有者确权"。与此同步，深圳其他行政部门不再直接管理和支配企业，面向企业行使行业管理职能。这一制度创新是极富意义的。其一，唤醒了作为所有者的意识并进行了"所有者确权"，构建了治理结构的底层要件。其二，实现了政与资的分离、运动和裁判的分离，为构建平等竞争的环境铺路。当然，也存在着不少需要完善的地方。如股东代表虽由投资管理公司委派，但人选的决定还是组织部门。最大的问题是投资管理公司兼投资者（所有者代表）和行政主管部门（行使政府职能）于一身。1992年，深圳市国有资产管理委员会诞生（常设办公室处理日常工作），构建了三个层次的国有资产经营管理体系。国资委主要行使出资人职能，投资管理公司为专司投资企业，第三个层面的企业作为独立法人行使法人财产权。至此，财产关系的底层构建基本完成。换句话说，在一定程度上，解决了国有企业的"所有者缺位"。

（二）构建法人治理结构

法人治理是股份制的最基本的特征。1986年出台的《暂行规定》中，明确规定：市属国有企业股份制改造，要将国有企业的净

---

① 深圳市政协文史和学习委员会编：《深圳四大支柱产业的崛起　高新技术》，中国文史出版社2010年版，第57页。

资产折股作为国有股权，股份可以部分向其他企业或个人转让，也可以发新股吸收其他企业和个人购买，形成多元股东参股的股份有限公司。企业经市政府批准，可以向国外及港、澳、台地区招股，但份额不能超过总股份的25%。《暂行规定》还明确：国有企业一旦改为股份有限公司即逐步脱离原有的行政隶属关系，成为独立的企业法人。股票可以上市买卖，但股东参股后一律不能退，不搞保本保息，股东和企业共担责任和风险。这些规定，使得国有企业股份制改造，一开始就形成多元化的股东，社会化的股权，甚至是外资参与的股份结构，为规范的法人治理结构提供了条件。反观之前的股份制改造中，一股独大，股票保本保息，有效规范的法人治理结构未形成。

（三）激励和约束机制

如同一辆车，没有动力就无法启动，而没有刹车就会失去控制。股份制企业中，由于股东并不直接经营管理企业，财产终极所有权，法人财产权，企业的经营管理相分离，委托—代理结构十分复杂。利益主体的多元化和信息生成与传递的非对称，激励与约束的设计既是解决复杂问题的机制，也是世界性的难题。人类实践中设计出工资制度，奖励制度，分红制度，期权制度，考核和监督指标；产品市场竞争，经理市场竞争，资本市场竞争，等等，用以达成激励相容。深圳在国有企业股份制改造中，设置了投资管理公司、公司，以所有人的身份设计了"5个体系"，即产权体系，评价体系，监督体系，动力体系和产业结构优化体系。这五个体系，是委托—代理关系中的激励与约束。1989年，深圳市政府发布了《深圳市国营企业产权转让暂行规定》，这个规定引入市场机制，国有企业改造和"关、停、并、转"中的股份通过市场竞争定价，也有一种市场提供的激励约束功能。到1990年底，全市有100多家股份制企业。国有控股或参股企业22家，通过国有企业改造而成的股份制企业12家，主要是市属大中型国有企业。

起于1987年的国有企业股份制改造，构建了包括出资人到位（所有者确权）、法人治理和激励约束机制各要素俱有的公司治理结构。尽管这种结构有许多缺失，如董事会与出资人的关系未理顺，内部人控制产生的道德风险危及国有资产保值增值，激励约束机制不完善等，但由计划经济转轨到现代企业制度架构，是一个历史性的进步，对国有企业当时和此后的改革发展提供了制度性条件。国有企业如何定位（功能和作用），能否成为市场主体，也是一个见仁见智的问题，在各国的经济构成中也有很大的差别。从这个意义上讲，国有企业改制为现代企业制度，是一项未完成的课题。

二 中兴通讯与万科

在深圳国有企业改革中，有两家上市公司脱颖而出。它们是中兴通讯和万科。

（一）中兴通讯与国有民营

中兴通讯1997年在深交所上市，是国内最大的通信设备上市公司。公司治理独具特色的是"国有民营"。这要追溯到20世纪80年代。1984年，航天系统设在西安的691厂出于引进技术的考虑，在深圳开设"窗口"，时任技术科长的侯为贵（后来长期担任中兴通讯公司董事长）及几个技术人员派驻。1985年，691厂与香港运兴电子贸易公司和航天系统的长城工业公司深圳分公司（广宇集团工业公司的前身），达成了共同投资建立合资企业协议，合资成立深圳中兴半导体有限公司，由691厂控股。因为控股公司不出资，中兴半导体原进军IC的目标落空。不过，控股公司对中兴半导体公司提供了担保，中兴半导体公司利用较小的贷款额做起了贸易和加工，电话机是公司的产品之一。公司盈利还完贷款后，剩下部分转作母公司的股权。也许是控股母公司没有直接投入，无投资风险，放松了对中兴半导体公司的管制，为日后国有民营铺了路。

公司成立后的几年间，中兴半导体的股东之间在生产经营上经常发生分歧，矛盾逐步激化，加上香港股东遭遇破产，合资公司中香港股东退出。于是，公司一批骨干注册了一家民营企业——中兴维先通设备有限公司（简称维先通），主营通信设备。其时，在深圳成立民营科技企业被鼓励并享有优惠，股份制经济如火如荼，技术也可以作价入股，新的政策为"维先通"打开新天地。

1993年，"维先通"与国有企业611厂、深圳广宇工业（集团）公司进行重组，共同投资创建了深圳市中兴通信设备有限公司，两家国有企业控股占51%，"维先通"占股49%。协议约定，国有企业不参与公司经济决策和一线经营管理，只按一定比例分享红利和资产保值增值。而民营企业维先通则对企业享有很大的经营管理权及剩余索取权。公司收益分配按协议优先保证国有股东，如果经营不善，经营者须以所持股本和分配权益抵押补偿国有股东。反之，如果超额完成指标，则可获得奖励。

中兴通讯的公司治理模式被称为"授权经营"或"国有民营"。这一模式保证了公司较长时期成长。侯为贵认为，这种模式发挥了国有企业注重技术和企业的长远发展，民营企业注重市场，风险意识强，运作高效等优势，规避了短期行为和对市场反应迟钝的短处。[①] 其实，在当时的环境下，国营企业具有容易获得金融资源，客户的认可度，企业商誉比较容易建立，而民营企业在自主性和捕捉并把握市场有体制上的优势，国有民营为两者优势互补创造了可能。

从公司治理结构观察，国有民营具有若干方面的优长。一是清晰的产权结构，不仅财产权清晰，而且其他权利也界定得十分分明。清晰的权利结构，划定了各自的行为边界，减少了不同股东的摩擦和由此带来的交易成本。二是激励约束相容。能否将激励和约束相统一，是体制设计和存续的根本，也是体制效率原则的体现。国有民营既保证了国有的长期和当期利益的实现，又充分调动经营者的积极性和企业家精神，使得二者在利益结构上形成双赢，形成了公司可持续发展的动力。三是国有民营在制度设计上，如同创业投资中的项目经理跟投，所投项目既是公司的也是个人的，两者一损俱损一荣俱荣，避免了道德风险的发生和无法考量的监督成本。四是终极所有权和法人财产权虽然高度分离，委托—代理关系中的难题以合约经济中的分成方式破解，民营经营者按现代企业制度运作，公司的治理优势得以发挥。1997年中兴通讯进入资本市场，公司在国内外市场上深度拓展，成为世界性的跨国公司。国有民营的

[①] 深圳市政协文史和学习委员会编：《深圳四大支柱产业的崛起 高新技术》，中国文史出版社2010年版，第220页。

体制张力，助推了中兴通讯的发展。

中兴通讯的成功是国有民营治理模式的胜利，其中，一个优秀的企业家是关键，他就是中兴通讯的创始人侯为贵，从前文的叙述中，我们不难发现，侯为贵甚至是国有民营治理模式创设和实践的灵魂人物。他的实践证明了治理模式的意义，也证明了企业家的意义，二者是相得益彰的。

（二）万科与职业经理人

万科在改制之前，是深圳特区发展公司的一个"孙公司"，称之为"深圳现代科仪中心"。主营影视器材、电子器材贸易。王石是该公司的经理。因不同意总公司从自己主营的企业划拨一笔外汇而面临着职位调整的困局。恰在此期，《深圳经济特区国营企业股份化试点暂行规定》（以下简称"暂行规定"）颁布。"暂行规定"发布后，时任市委书记、市长李灏先生亲自主持座谈会，推动国有大中企业进行股份制改革。那时股票尚未被认识，股票发行无人问津，市领导带头在公开公平公正的条件下购买股票。时任国家体改委体制改革研究所副所长，中国最早主张并操作股份者改革者之一徐景安先生南下深圳，任深圳市体制改革委员主任负责股改。据王石先生回忆："一个偶然的机会，我看到了'暂行规定'的影印件，如获至宝。"[①]"我预感：'暂行规定'鼓励的股份制改造，分离企业所有权和经营权，是防范企业人事风险的最佳选择。公司（指科仪中心）的决策层很快统一思想，要把科仪中心改造为一家符合现代企业规范的股份公司。"[②]

万科的股改一波三折。先是公司部分员工担心失去国有企业的身份和福利待遇。后是特发公司的领导层反对，甚至在万科已完成股改方案，市体改委已同意，正报领导签批程序时，特区发展公司负责人到市政府予以阻挡。另有一细节是，招股说明书无媒体刊发。深圳市领导及其相关部门多方协调推动，市委负责人亲自去特发公司说服支持股改。《深圳特区报》经市领导批准，免费刊登万科招股说明书。在克服了多重阻碍后，万科得以搭上股份制改革的

---

① 王石：《道路与梦想 我与万科1983—1999》，中信出版社2014年版，第69页。
② 同上书，第81页。

车。1988年11月12日，深圳市政府批准万科股份制改造方案，中国人民银行深圳分行批准发行万科股票，原企业净资产1324万元，折合成1324万股入股新公司，国家占60%，职工占40%，公开募集社会资金2800万元，其中1000万元为特别人民币股，由境外投资者购买。王石从银行取个人储蓄买了2万股。职工股10%可量化个人，王石和管理层放弃。职工股的其他部分由职代会选出的代表代持。深圳特区发展公司则从上级主管公司变为持股30%的第一大股东。股票销售十分困难，万科组织若干小组推销，据王石先生回忆："华为对万科的推广小组热情招待，老总任正非详细地询问了股份制的内容，不仅认购了20万股，还解释说公司流动资金有限，本应该多购一些。当时的华为还是一家名不见经传的公司，处在艰难的创业初期，但任总对新生事物的敏感和态度显示出其不同常人的判断和行为。"[1]

股份制改造完成后，王石当选为董事长，法人代表，同时也是总经理。股权十分分散，深圳经济发展公司是第一大股东而不是绝对控股股东。万科企业股份有限公司进入"职业经理人"治理时代。

万科的治理结构与其历史是相关的。公司前身"科仪中心"或"现代企业公司"虽然是深圳特区发展公司的下属企业，但公司资产并非政府财政资金投入，而是公司负责人和员工做生意并完成各种税费利润分红后积累下来的。公司在股份制改造中按当时的政策做了"四六开"的分割，国家占六成，职工占四成。经扩股稀释，大股东占30%股份，管理层自掏腰包购买公布发行的股票。分散的社会资本，看不清前景的股市，形成了分散的投资。王石和他的团队过往的业绩赢得股东的信任，经理人治理就成为一种自然的选择。

经过30多年的发展，万科成为中国房地产业中最优秀的企业。万科的成功证明了职业经理人治理结构的有效性。一是职业经理人治理更反映了公司治理的专业化现代化。传统企业是集资本所有者

---

[1] 王石：《道路与梦想 我与万科1983—1999》，中信出版社2014年版，第82页。

和企业治理者于一身的。而随着公司专业经营，治理企业逐渐变成一种需要丰厚的知识和天赋支持的职业，公司治理人才稀缺，职业经理阶层应运而生，股东自行治理公司渐渐让位于职业经理人。以万科为例，公司的哪一个或几个股东优于以王石为代表的治理团队？二是职业经理阶层治理往往要兼顾全体股东的利益。大股东绝对控股的公司，也是大股东治理的公司，往往将自身的利益置于小股东之上。经常性地出现大股东与小股东之间的矛盾冲突。而股权分散下的经理人治理受全体股东的制约和监督，往往关注全体股东的权益。三是职业经理作为一种稀缺资源起着独特作用。长期以来，资本家是老板，职业经理再有才干也只是"打工皇帝"，资本与职业经理人是雇主和雇员的关系。但近几十年来，特别是新经济出现以来，一大批风险投资基金实际上是由职业经理阶层支配。一大批高科技企业的创始人也是公司的董事长或总经理或经营管理团队，资本围绕着创业者转。一个优秀的职业经理选择资本而不是在劳动力市场被选择。这当然不是一种反常现象，恰恰相反，大致可以归结到人力资源价值的新评估，由人力资本定义物质资本而不是相反，由经理人阶层治理企业，可能是一种新趋势。四是外部对职业经理阶层的监督。职业经理治理模式，最大的缺陷是"内部人控制"问题。从理论上讲，由于信息的不对称和道德风险，靠雇主亲自或雇人监督是无济于事的。市场竞争（经理市场，产品市场）是一种监督机制，独立外部董事是一种监督机制，而控制权竞争也是一种机制。在股权分散的情景下，比较容易发生所谓"野蛮人"在股票市场收购股份，导致大股东易主进而改变公司治理结构的可能。万科经历过20世纪90年代的"君万之争"和近年来的"宝万之争"就是生动的案例。经理人治理之所以还存续，如万科经理层兢兢业业和平衡股东与公司利益相关，而经理层的敬业是不是也与来自各方的监督息息相关呢？回答应该是肯定的。

自1986年国有企业股份制改造以来，股份公司作为企业制度很快扩大，到1990年，深圳3862家工业企业中，股份公司形式近2000家。作为一种现代企业制度，是微观经济主体的有效形式，对经济发展和产业结构升级的积极意义是毋庸置疑的。现代经济中普遍采取了公司制，充分证明了其生命力。可以肯定，正是率先进行国有企业股份制改造，深圳造就了一批优秀企业，从而为产业竞争打下了基础。当然，企业制度毕竟只是为经济和产业发展提供了一种载体一种组织形式，企业的成功还取决于很多条件，特别是企业家。万科和中兴通讯的成功，既是企业制度的成功，如万科在特发是不会有如今的辉煌的，万科已远远地将母公司抛在后面。中兴通讯的早期，侯为贵先生饱受"产权不明确"，公司得不到伸展的困扰。是股份制改造发展了万科和中兴通讯，同时，也是王石和侯为贵两位企业家成就了万科和中兴通讯。好的企业制度加上优秀企业家构成了企业发展的基础。

中兴通讯和万科公司都是优秀公司。这两家公司长达20多年持续进步，股东利益和公司经营管理层及员工利益都得以兼顾。这两家公司是在既无成熟的资本市场、产品市场、经理人市场竞争，又无成熟的监管和制衡的条件下成长的。它们完全有条件发生"道德风险"，但非但如此，两家公司还是少有的治理有效的企业。这是对职业经理人理论的一个挑战。因为在理论上，职业经理是被当作一个无差异的阶层来分析的，是作为"经济人"和"逆向选择"者来分析的。另一个挑战是，大股东的权益与实现机制问题。在国有企业的股份制改造中，国有绝对控股的公司或相对控股的公司，是否一定要担任董事长和法人代表呢？中兴通讯的侯为贵和万科的王石已经作出了解答。相反，派了董事长和法人代表的股份公司，出现过多少腐败分子？至于碌碌无为而将公司整垮拖垮的受委派的法人代表并不少见。这一结论告诉我们，国有企业股份制改造中，建立规范的治理结构，聘请优秀的职业经理阶层管理企业，可能比派一个庸俗的股东代表，对公司的发展更为紧要。而这，也是需要从理论上得以解释的。

第三节　鼓励兴办民间科技企业与华为公司诞生

1987年2月，深圳市颁发了《深圳市人民政府关于鼓励科技人员兴办民间科技企业的暂行规定》（以下简称《鼓励兴办民间科技企业暂行规定》），因为有了政府鼓励，民间科技企业纷纷成立，微观经济主体中一支生力军产生，日后发展为深圳创新的主体。

一 具有里程碑标志的重新定义

笔者之所以将《鼓励兴办民间科技企业的暂行规定》看作是具有里程碑意义的，主要是基于以下判断：其一，它使"兴办民间科技企业"光明正大地走向前台。其二，它重新定义了"创新主体"。这两个重新定义不仅对当时产业发展影响至深，而且对创新发展具有转折性意义。

民办企业（民营企业或私营企业）一段时间以来，是比较敏感的。改革开放，政府放松了创业管制，个体经济合法化。1982年12月通过的《中华人民共和国宪法》规定："在法律规定范围内的城乡劳动者个体经济，是社会主义公有制经济的补充。"个体经济阵营扩大，雇工人数增加，走到了私营企业路口。作为经济特区，深圳一开始就采取特殊政策和灵活措施引进外资，但发展民营企业也比较谨慎。1987年，深圳工商局才开始设私营企业登记处，同年，有一家私营企业登记注册。出台鼓励民营科技企业发展的文件，是向非公有制经济迈出了实质性的一步。时任市委书记的李灏后来回忆这件事时说：在当时的政策环境下，民营企业还没有像现在这样有合法的地位，所有制改革也是一个比较敏感的问题，所以采取了一些变通的做法。如当时私营企业还不能合法登记注册，而不解决这一问题企业就不能合法经营，政府文件回避了"公有""私有"之争，创新了一个模糊的称谓，即民间科技企业。又如为了解决民间科技企业合法纳税问题，文件第七条规定，民间科技企业按集体企业纳税等。

个体经济的发展，对当时国民经济的增长和社会就业产生了积极影响，特别是活跃了商品生产和商品交换。实践对新制度需求越来越迫切。1988年4月，七届人大一次会议，通过《宪法修正案》第11条规定："国家允许私营经济在法律规定的范围内存在和发展，私营经济是社会主义公有制经济的补充，国家保护私营经济的合法权利和利益，对私营经济实行引导、监督和管理。"私营经济的合法化，促进其步入快速发展阶段。在 2019 年召开的十三届全国人大二次会议上，国家发改委主任何立峰表示，根据不太严格的统计，民营经济贡献了中国 60% 的 GDP，70% 的技术成果，80% 的就业，90% 的企业数量。经济学家在总结中国改革和发展中，提出民营经济的发展，是中国改革成果，也是中国改革成功的经验。民营经济在增量改革中发展。不仅保证了渐进改革的稳定，兼容了改革和发展，而且为存量改革提供了示范和倒逼机制。

从理论上看，民营企业与市场经济是密不可分的。民营企业是社会分工和专业化而出现的经济组织，是独立的法人和权利义务相统一的主体，它通过市场，通过价格机制与社会发生联系，并且在社会关系中发展。民营企业是分散的，又是社会的，民营企业是独立的，又必然是不独立的（离开了社会就无法生存）。正是千千万万个独立的民营企业，通过市场，形成了巨大的经济体。民营企业与市场经济是有机体。从这个角度观察，民营经济发展，其实是一种新的资源配置方式的发展，是一种经济关系或生产方式的发展，是一种效率比较高的经济的发展。这也就可以解释，我国经济发展活跃的地区往往是民营经济发展比较充分的地区。深圳率先鼓励民间科技企业的发展具有转折性意义。一是为私营经济的起步大开方便之门。二是为深圳高科技产业发展找到了新的路径。1987 年之前，深圳通过"内引外联"为高科技产业的发展打下了一些基础，但如果止步于这两种经济成分，就不可能形成真正的本土的高科技企业，就不可能有当下的深圳产业结构。

谁是创新主体？传统的认知是公办研究机构或大学是创新主体。经济特区成立伊始，引进高技术制造是国家给经济特区的一个任务。深圳经济特区为此作出了努力，除在利用外资时引进先进适用技术外（见前两章的相关叙述），在自身财力还很弱的条件下，创办深圳大学（1983 年），成立新技术研究所（1982 年 5 月）、电子研究所（1982 年 7 月）、科技情报研究所（1982 年 7 月）等事业单位。这几家研究所未出重大成果，2006 年撤销。在沿着传统的创新体制发力时，深圳将目光投向了体制外。时任深圳市副市长兼体改委主任的朱悦宁先生回忆道，特区要当"技术的窗口"，发展高新技术产业，缺少懂经营管理、懂市场又懂技术的综合性人才。这样的人才传统体制下的国有企业无法提供。而以深圳当时的条件，很难吸引综合性的人才。必须依靠多元化的灵活的所有制模式，群起而攻之，才能呈现百家争鸣百花齐放的科技发展局面。所以，政府创造一种环境和体制，鼓励科技人才办企业，让科技人才在市场中脱颖而出，是解决深圳发展高新科技产业难题的唯一途径。相关文件就是基于这样的判断形成的。①

通过鼓励科技人员在市场经济的大海中经风雨见世面，进而成为既懂市场又懂技术既懂管理又懂经营的企业家，推动科技成果转化和高新技术产业的发展，在当时的背景下，是十分高明的一招。这一招，重新定义了创新主体。

创新的路径大致有两条，一条是从理论—技术—产品，即由上向下行。另一条是从改进产品产生需求—寻找新技术改进产品—上溯到理论突破，即由下向上行。由上向下行的创新很多，特别是人类进入近代，以培根为代表的实验科学出现以后，科学发现经由技术发明再到产业发展的案例不胜枚举。而由下向上的创新亦非常普遍，基于解决问题的技术创新每时每刻都在发生。从上往下的创新，常常表现为突破性或颠覆性创新。而自下而上的创新，则常常表现为连续性或渐进性的创新。无论何种形式的创新，只要是产业化的，都要落脚到企业，都要通过企业去执行去实现。甚至诸多创新，都是企业本身贯通全过程的。如举世闻名的贝尔实验室，既有理论创新的成果，也有将理论转化为技术和产品的实践。民间科技企业是天然的创新者，因为这类企业创业者本身大都是知识或技术的拥有者，创办企业的动因和自信来源于创新，市场的压力也驱使着企业创新。动力、压力、能力都指向创新，使得民间科技企业成为重要的创新者。

深圳经济特区近40年来，走的是一条由下向上的创新路径，即由模仿创新起步，由技术进步入手，逐渐向上攀登，不断推出新的

---

① 深圳市政协文史和学习委员会编：《深圳四大支柱产业的崛起 高新技术》，中国文史出版社2010年版，第59页。

或更优质的产品，更便利更高品质的服务。以深圳的服装产业为例，由典型的加工制造，转变为设计、品牌、展示到引领潮流。这条路径理论表达就是逆向创新。深圳在创新方式中积累了"四个百分之九十"。90%的研发机构建立在企业，90%的研发经费来源于企业，90%的专利出自企业，90%的研发人才出自企业。

深圳高等教育起步不久，比不上北京、上海、广州，甚至其他一些省会城市。也缺少大科学装置和国家设立的研究院所，深圳沿着传统的路子设立事业单位性质的研发机构，这条路成效不大。在20世纪80年代后期，重新定义的创新主体，形成了以企业为主体的综合配套的创新体系，以企业的创业创新支撑产品创新产业创新，使自己走出了一条新路。

二 鼓励民间科技企业的措施

如果放在当时场景去看待《鼓励兴办民间科技企业暂行规定》，不难发现它的突破性支持。

（一）旗帜鲜明地保护私权

文件第5条规定："民间科技企业经审查、核准登记取得营业执照后，即具有法人资格。民间科技企业可独立行使经营管理权，享有其他类型企业的同等权利，其经济活动受深圳市人民政府颁发的有关规定和本暂行规定的管辖和保护。"这一条文至少包括三层含义。第一，承认并保护民间科技企业的财产权。第二，承认并保护民间科技企业的正当经营权。第三，承认并保护民间科技企业与其他企业的同等权利。这是地方政府对民营经济最早、最系统、公开承认其合法性，并积极鼓励和支持发展。其中关于"同等权利"的表述，则体现了平等保护的思维。权利的确认、保护和平等竞争，是民间科技企业诞生的助产婆，也是民间科技企业成长的根基。

（二）确认无形资产的价值

文件第3条规定："科技人员可以以现金、实物及个人所拥有的专利、专有技术、商标权等工业产权作为投资入股，并分取应得的股息和红利。"知识产权也可以入股分红，在当时是一个很超前的认知，将其转化为事实上的法律条文，在实践上，是对知识产权的确认和尊重，对知识的投入提供了一种激励机制。此外，无形资产可以入股，为科技人员创业提供了条件，即寻找与有形资本的组合提供了可能。如果没有这条政策，以当时科技人员的经济实力恐怕一些企业无法出生。

（三）很低的进入门槛

文件第16条规定：民间科技企业注册资本须在壹万人民币以上。

科技人员创业，往往受资金稀缺之困，过高的注册资本要求常常是一不可逾越的障碍，扼杀了创业乃至创新。允许壹万元注册，并允许无形资产可折成资本，为科技人员创业大开方便之门。有资料显示，任正非注册华为公司的资本金是2.1万元。正是低注册资本要求，华为公司及其他类似的企业才会应运而生。

（四）鼓励其他行业的科技人员创办企业

文件第22条规定：深圳经济特区内的干部职工，愿意到民间科技企业中工作的，原单位应予支持，不要加以阻拦，准予停薪留职二至三年，停薪留职期满后的科技人员，可以辞去原单位工作或回原单位安排工作。这一规定，为在体制内的科技人员提供了创业机会，降低了创业成本，解决了创业者的后顾之忧，激励了科技人员创业。中兴通讯的侯为贵与团队就是在这一背景下成立"维先通"的。

（五）最大可能地拓展融资渠道

文件第4条规定：民间科技企业自愿的原则下，可吸纳其他国有企业和集体企业的股份，亦可吸纳海外投资者和涉外企业的股份。第14条规定：民间科技企业可以从国家银行取得抵押贷款、担保贷款或信用贷款；民间科技企业向外国银行申请贷款，须经市政府有关部门批准。第15条规定：市政府鼓励民间科技企业扩大生产和设立新的企业，经营好的民间科技企业可以收购其他企业。在民间经济还是星星之火的那个年代，银行是唯一的融资渠道，除极少的外资金融机构，其他金融机构属国有，民间融资渠道严重短缺。文件从规章上疏通了渠道。

（六）在企业组织上设计了现代企业制度

文件第16、17条规定：民间科技企业建立有限公司，股东须在两名以上,各股东以其出资的注册资金额对公司承担责任,公司对外以全部资产承担有限经济责任。民间科技企业建立股份有限公司按《深圳经济特区国营企业股份化试点暂行规定》办理。这项规定分散了民间科技人员办企业的风险,提供了可选择的多种组织形式。华为公司在此设计下建立起新股份架构,对公司治理的积极作用惠及长远(下文专门讨论)。

(七)在税收等方面提供优惠

文件第7、15、25条规定:民间科技企业按集体企业纳税,在发展初期,可以根据经营情况向税务部门申请减免1—3年企业所得税。将企业盈利用于再投资或再生产,可向税务部门申请减免所得税。企业生产的替代产品,按政策规定可以内销。

(八)为民间科技企业提供政府服务方便

文件第24条规定:民间科技企业在生产外销产品时,经市政府有关部门批准后可以享有报关权,市政府为民间科技企业的经营人员提供往来港澳及出国的方便。经批准,民间科技企业亦可在海外设立销售网点,民间科技企业经营过程中的外汇事宜依照国家及特区有关管理规定管理。

以上八个方面,是民营经济尚不合法的时点推出的政策,该政策在制度设计,产权保护,融资环境,优惠措施,政务便利上全面地鼓励和促进民间科技企业的发展。民间科技企业如雨后春笋般地生长。

三 华为公司与政策助力

华为技术有限公司成立于1987年,从1992年开始,华为就坚持将每年销售额的10%投入研发。在全球范围内有56个研究所,36个联合创新中心,8万多名人员开展研发,专利数量74307件(2017年)。华为电信运营商,企业,终端三大业务持续增长,2018年实现全球销售收入6872亿元,净利润664亿元。《财富》500强华为排名第72位。

2019年,在中美贸易战中,华为因其在5G领域的全球领先而遭到美国动用国家力量打压。华为公司是中国民间科技企业的优秀代表。华为的优秀主要得益于公司坚持多方面地学习创新。政府政策助推了华为技术有限公司的成长。

据原深圳市委书记李灏回忆，20世纪90年代中，他陪同时任国家体改委党组书记的安志文同志考察华为，当安志文同志得知华为年销售超40亿时，问任正非总裁，国家、省、市给华为多少投资？任正非总裁回答，没有来自国家省市的投资。发展到这样的规模，得益于两个文件。一份是关于《鼓励兴办民间科技企业暂行规定》。没有这份文件的颁布和实施，华为公司就领不了出生证，做不了最初的进出口贸易，积累不了做制造的本金，也就没有日后的发展。而另一份文件是支持高新技术产业发展的"22条"（内容见下章）。①

如果说《鼓励兴办民间科技企业暂行规定》解决了华为公司的出生证，那么"员工持股制度"则关系到华为公司长期激励机制。华为公司成立最初几年，形成了公司员工持股结构，1994年7月国家开始实施的《公司法》规定，有限责任公司股东人数最高不超过50人，股份有限公司发起人不超过200人，当时华为公司的"全员持股"人数近千人，远远超出《公司法》规定。按照当时的要求，已设立的公司要按《公司法》进行规范，不按《公司法》规范的视为不合法。规范程序须经政府批准。

如果将华为的股东限制在规定的人数内，就会破坏华为公司员工持股结构。如果维持现状，就与《公司法》不符。市政府体改部门没有简单化地处理问题，而是与公司一道，智慧地创新性地设计了一个兼容制度。公司工会作为代表持有员工股份。股权结构是公司创始人任正非持股1.01%，工会（员工）持股98.9%。这就是至今还在运行，并形成强大激励作用的法宝。华为总裁任正非曾说：我创建公司时设计了员工持股制度，通过利益分享团结员工，当时我还不懂期权制度，更不知道西方在这方面很发达，有多种形式的激励机制。仅凭自己过去的人生挫折，感悟到员工分担责任，共享利益，这种无意中插的花，今天竟然开得如此鲜艳，成就了华

---

① 深圳市政协文史和学习委员会编：《深圳四大支柱产业的崛起 高新技术》，中国文史出版社2010年版，第42页。

为的大事业。①

在20世纪90年代后期制定《华为基本法》时，员工持股制度被概括为"知本主义"的核心。所谓"知本主义"，不带有政治内涵，与意识形态中的"主义"不同，是公司价值的系统的理论及主张。主要包括四个方面：一是认定知识是高科技企业的核心资源和价值创造的主导因素。《华为基本法》写道：我们认为，劳动知识、企业家和资本，创造了公司的全部财富。不仅如此，《华为基本法》还强调：人力资源不断增值的目标优先于财务资本增值的目标。这是以员工为本理念最具体的表达。二是主张给创造价值的知识劳动以合理的回报。即高科技企业中由利润转增的资本，不应全部归最初的出资者，承认知识和资本一样，在价值创造中都做出了贡献，并给知识劳动者以合理的回报。这就触及了由公司利润转增股份的分配。三是主张通过知识资本化来实现知识的价值。公司通过股权和股金的分配来实现知识资本化。而按知识分配股权使得知识劳动应得回报的一部分转化为股权，进而转化为资本，股金的分配又使得由股权转化来的资本收益得到体现。四是主张知识的职权化。知本主义理念认为，企业可分配的价值除经济利益外，还有组织权力，组织权力分配的形式是机会和职权。公司要为"知本家"提供更多的机会和职权，使他们有施展才干实现抱负的空间和条件，从而形成超越物质利益的激励。华为公司内职工持股发展的"知本主义"，提供了巨大的激励，是华为公司快速成长持续进步的不竭动力。

总之，经过各种社会力量特别是政府主导的市场化的改革，到20世纪90年代，深圳已形成外资企业，内联企业，股份制改造后的国有企业，民营特别是民间高技术企业的微观主体。这样的微观主体构建，为深圳产业结构转型升级打下了基础，提供了支撑。

---

① 程东升、刘丽丽：《华为三十年》，贵州人民出版社2016年版，第12页。

第五章 "22条"及其他：促进高新技术产业大发展

第一节 政策向高新技术产业聚焦

1998年，深圳推出了促进高新技术产业发展的"22条"，这是一个系统的政策集成，该政策在对深圳既往政策总结提炼的基础上进行了新拓展，是国内第一部系统性的高科技产业政策。该政策以功能性支持为主要特点，对深圳产业发展影响深远。至世纪之交，深圳产业发展呈现出三大支柱，高新技术产业、金融业和物流业。

正如"罗马不是一天建成的"，深圳的产业发展也是逐步进化的。如果说80年代以信息产业打下基础，那么，90年代在发展理念上，政策取向上，产业趋势上逐渐向信息产业主导的高新技术产业聚焦。90年代产业政策出台最密集，形成以《关于进一步扶持高新技术产业发展若干规定》（简称"22条"）为标识的政策集群。

一 90年代初的产业政策背景

20世纪90年代，深圳发展面临着重大的机遇与挑战。1992年，邓小平同志视察深圳经济特区，在这里他看到了繁荣、秩序、文明和充满活力，发表了振聋发聩的南方谈话。关于社会主义的三条标准；关于计划和市场都是手段；关于不改革死路一条；关于深圳的经验就是敢闯等论断，极大地解放了人的思想，一扫压抑人们心头的阴霾，为深圳沿着市场经济方向前进注入了强劲动力。邓小平的南方谈话是邓小平中国特色社会主义理论的浓墨重彩的篇章，奠定了中共十四大的理论基础，而党的十四大确立的社会主义市场经济体制的改革取向，开辟了改革开放的新境界，全面的系统性的经济体制改革在中国大地上坚定而理性地展开。党的十四届三中全会通过的《中共中央关于建立社会主义市场经济体制若干问题的决定》的"50"条，提出了构建新的社会主义市场经济体制框架，建立现代企业制度、市场体系、宏观调控体系、分配制度和社会保障制度"五大支柱"，形成了实现市场化改革目标的支撑。在"整体设计，重点推进"的改革进程中，中国开放步伐加快，范围扩大，海南建省，沿海沿江沿边开放，上海浦东开发开放。全国改革开放给经济特区带来更大更广的改革开放舞台，特别是停止"姓社姓资"的争论，为多元经济成分生长和竞争性的市场体制拓展了空间。同时全国态势的改革开放，意味着先行先试和优惠政策不再是特区的"专利"。特区发展必须"增创新优势，更上一层楼"。

大背景的变化显然加大了竞争压力，但已初步形成的体制领先优势，提供了强劲动能。1990年，深圳召开第一次党代会，提出要充分利用特区作为技术窗口的优势，跟踪世界新技术革命的进程，引进先进技术，培育一批高科技产业。充分运用现代先进技术，特别是适用先进技术来装备和改造传统工业，努力开发新产品，采用新设备、新材料、新工艺，逐步形成科研、引进、创新、推广和应用相结合的机制。1990年8月，深圳市国民经济和社会发展十年规划和"八五计划出台"。规划展望："到2000年，要使采用先进实用技术的传统产业和高科技产业成为深圳国民经济的主导，使技术进步成为经济发展的主要动力。"1990年底发布了《1990至2000年深圳科学技术发展规划》，首次明确深圳科技发展目标：以发展先进适用技术为重点，以开发高新技术产品为龙头，推动现有产业结构、产品结构调整与技术升级，促进以工业为主导的外向型经济发展与腾飞，建设和完善以替代进口，出口创汇，先进适用技术，高新技术产品设计制造及大规模生产工艺开发为主的，科研生产一体化的研究开发体系，推动企业技术进步，把深圳市建设成为中国南方高新技术产品开发和生产的重要基地之一。

深圳获准特区立法。1992年7月1日，七届全国人大第26次会议作出了《关于授权深圳市人民代表大会及其常委会和深圳市人民政府分别制定法规和规章在深圳经济特区实施的决定》。这一授权是空前的，因为当时只有省级人大才享有一定的地方立法权。特别是授权深圳市人民政府制定规章并组织实施，更是一个创设。授权特区立法，是又一重大的"特殊政策"。因为在中央集权的单一制国家，授权地方立法，就等于给了地方制度创新的权能，而有了立规则的权力，地方就可能通过制度创新而吸引更多的资源向其流动，促进地方发展。90年代，中国确定了社会主义市场经济的改革取向，这是一条全新的道路，对新制度的需求极其紧迫和旺盛，深圳作为国家设立的经济特区，具有体制转型的实验场的功能，授权深圳经济特区立法，满足了深圳角色的需求。深圳毗邻香港，借鉴香港市场经济中一些国际惯例，创设了大量的新规则，不少新规则是细分领域的，如关于保护企业技术秘密的法规。这些规则领先于内地，适应了深圳发展，培育了高新技术企业。

二 第一波高科技产业政策密集出台

愿景、规划是蓝图，使其转化为现实，政策引导和激励是经常性的解决办法。90年代初，深圳市政府推出了一系列促进高科技发展的政策。

（一）出台《深圳经济特区加快高新技术及其产业发展的暂行规定》（1991年）

该规定是深圳经济特区第一个专门促进高新技术产业发展支持性规章。首次明确市政府成立高新技术发展领导小组，组长由市长担任，科技主管部门承担领导小组办公室的功能。这一行政安排将高科技发展放到了政府事务的优先位置。那个年代，地方政府的科技部门一般管着财政资金切块的"蛋糕"，以项目经费和人头费的方式将资源配置到事业单位并检查考核。深圳的主管部门则将注意力分配到产业发展和相关政策上来，该文件就是由当时科技部门起草的。这一文件的创新之一，就是首次设定了高新技术企业、项目简单的认定标准，标准设定中没有当时流行的"所有制歧视"，政府的优惠政策以平等的方式，对符合条件的企业和项目给予无差别支持。

(二) 财政对科技企业的支持

1991年深圳市在《依靠科技进步，推动经济发展的决定》中，明确规定各级财政的科技三项经费（新产品试制费、中间试验费、重大科研项目补助费），占当年财政预算1%—2%，从1992年到1997年市级财政专项经费支出年均递增25%，达3.08亿元，这是当时财力弱小条件下的不小支出。财政还支持国有企业组建工程技术开发中心，凡企业投入500万—1000万元，政府给予补助，鼓励企业提升研发能力和水平。

(三) 出台《深圳市认定高新技术企业试行办法》(1992年)

该办法将高新技术企业划分为开发型，生产型和应用型，分类动态支持。高新技术企业认定方法，为政策投放和支持提供了支撑。

(四) 制定《深圳经济特区企业技术秘密保护条例》（1995年)、《深圳市计算机软件著作权保护实施条例》

那时，企业和技术开发人员尚未建立技术、著作权、软件开发和应用权方面的法律观念，侵权和被侵权经常处在无意识状态，给企业和技术人员带来损害。技术等知识产权本来是企业超额利润的来源和保障，关键技术是企业竞争力的核心，技术应用被快速模仿，企业就没有研发的动力。90年代，软件业特别是应用型软件开发，是深圳一些企业满足市场的生长点。深圳出台的两个条例，触及了企业和技术人员的痛点和困扰，很快为企业和员工所了解和掌握。为建立知识产权意识，激励企业创新提供了激励，也为处理相关的纠纷提供了法律依据。

(五) 出台《深圳市企业开发经费提取和使用暂行办法》(1993年)

该办法旨在降低企业研发成本，激励企业创新。办法规定：高新技术企业可提取销售收入的3%—10%作为研发费用；高新技术企业试制新产品的单台设备5万元以下的可进入成本，5万元以上者经税务机关批准也可进入成本；高新技术企业引进技术的项目投产之后可免征三年所得税等。

(六) 出台《深圳市深圳经济特区无形资产评估办法》(1994年)

该办法初步解决了无形资产的有形化问题，凸显了知识技术要素的价值，社会越是向前发展，知识技能在经济增长中越重要，甚至是决定性的要素，承认并尊重无形资产产权是高新技术产业发展的基础，深圳市颁布全国第一个无形资产评估管理办法，还规定无形资产可以作为公司股份，解决了无形资产入股的难题。

（七）出台《深圳市奖励企业技术开发人员暂行办法》（1993年）、《深圳市企业技术人员技术入股暂行规定》（1995年）

两个文件都激励技术人员技术创新并商品化。前者着力打破当时还残留的"大锅饭"体制，扫除为技术人员提高收入的政策性障碍，体现技术要素知识要素的贡献。后者则不仅给技术人员提供长期激励，而且为技术人员创业提供了便利，吸引了海内外技术人员来深创业，促进了知识资本与货币资本的结合。一个流传的经典案例是，深圳开发科技股份有限公司，在成立时中方投资200万美元，占66%的股权，外方以先进技术专利入股，占公司34%的股权。与外方的这种合作，在今天或许习以为常，但当时有几项大的制度突破。第一，突破了入股的标的，在此之前，资本可以作为股份，技术是不可以作为股份的。其中的重要原因是技术的价值是很难评估的。第二，外方以技术入股更是闻所未闻，有可能落下与外方做交易的口实，80年代更是"禁区中的禁区"。第三，当时与外方合资，规定外方占股不超过25%。给外方34%的股权，超出了政策边界。此电子合作项目上报审批时，时任电子工业部部长的江泽民表示可以试，开发科技得以诞生。该公司迅速将技术产业化，填补了中国无磁记录产品的空白，成为世界计算机硬盘磁头产品的骨干企业，一度占领全球市场份额的1/10。这两种激励方式也被深圳企业普遍应用，推动了深圳的创新创业。

以上制度性的规则性的政策，是深圳由引入的工业到本土工业化过程中的实践所需，也是实践总结，当然也借鉴了先发国家和地区的经验。这类政策在产业政策理论中，没有得到应有的阐述和分析。实际情况是具体的细节性的规则是产业生存和成长的土壤，在某种意义上甚至比单纯的利益上的优惠政策有更长远的价值。因为规制或催生或抑制或窒息或助力产业增长，产业发展需要技术支持，也需要社会支持。在社会支撑的多要素中，社会规制的支撑是最基本的。中国古代长期的重农抑商，阻滞了商品经济发展的通道，现代经济就得不到成长。改革开放以来，市场细分的规则不断拓展空间，使得社会主义市场经济不断进步。从深圳在20世纪90年代的实践看，正是有了无形资产评估等细分的规则出台，拓展了社会对产权的认知。而确定知识的价值，为企业股份制改革，资产流转、企业破产等提供了依据，也为技术引进、技术贸易，要素流动提供了工具。这些规则助推了深圳高科技产业蓬勃发展。

三　产业调整中的一场碰撞

1992年，深圳决定原特区内停止注册"三来一补"企业，引起了短期经济增速下降，一些街、村建的厂房出租下滑，收取的加工费下降，带来了利益受损。基层干部群众通过各种渠道向上反映情况和诉求。广东省委收到情况反映后，派工作人员组成调研组到深圳明察暗访。在调研中，调研组全面了解到深圳"三来一补"企业的发展状况，也看到深圳正在进行一轮产业调整，高新技术产业发展势头好。正好契合了省委抓产业结构调整的战略。1993年初，广东省委在深圳召开"珠江三角洲地区发展高新技术产业座谈会"，一场风波转变为一个推动产业调整的契机。

时任深圳市委书记的厉有为在座谈会上以《发挥市场机制优势，促进高新技术产业发展》为题做了发言。这个题目可以看作是深圳决策层发展高新技术产业路径清晰的表达，这个表达十分鲜明地将高新技术产业发展放在市场机制的基点上，是富有新意的。那个阶段，能意识到高新技术产业的意义十分少有，而将高新技术产业的支点放在市场机制上，则更是少见的。

在发言中，厉有为对深圳高科技产业发展作出了判断和前瞻。首先，高新技术初具规模、结构和效率优势。"1988年高新技术产品产值4.5亿元，约占全市工业总产值的4.5%，到1992年猛增到47.3亿元，占全市工业总产值的12.7%，约比全国平均高出7个百分点。在这期间工业总产值增长4倍，高新技术产品产值增长10倍以上。""以核磁共振成像系统、基因工程干扰素、人工智能系统为代表的一些产品，在技术水平上处于国内领先地位，部分产品在国内外市场占有一席之地。1992年深圳从事软件开发和销售的企业有200多家，出口量占全国的1/3以上，液晶显示器产量占全国的60%，程控电话交换机产量92万线，占全国的1/5，软磁盘产量2亿多片，占全国生产能力的1/5以上，计算机硬盘磁头产量391万只，占世界产量的8%。"

发言中一个很有意思的观点是："不能脱离市场谈论高新技术，也不能把高新技术神秘化。"并举出了两家磁头厂为证。一家是开发科技有限公司，搞的是温盘磁头，一个只卖几美元，市场需求的规模大效益好，出口值近1亿美元，获纯利700多万美元。另一家搞的是高档次磁头，技术上比温盘磁头高，每只卖1700美元，但只有飞机黑匣子上用，市场覆盖面小，没有效益，最后关门了事。如何把握技术与市场的关系，实际上是企业家的问题。一些有见识的企业家具有独到的见解。华为的任正非、腾讯的马化腾都主张企业的技术研发要紧扣市场需求，不能片面地追求技术上的先进。一个城市的领导集体，90年代初就持此观点，而不认为政府可以任性左右产业发展，十分难得。这样的认知，是对发言主题的一种呼应，显然影响了深圳产业政策的安排。

在进一步发展高新技术产业的设想中，这篇发言谈了五个方面的政策重点。一是建立科技与金融有机结合的体制，特别提出筹建科技风险投资基金，支持初创期的高新技术企业发展。二是进一步完善科技市场体系，出台相关规则，促进技术交易公平合理。三是建立若干个高新技术工业区。这条政策还特别提到要解决房地产价格不断上涨，给高新区企业发展带来的不利影响。关注到行业比较收益影响资源配置的方向并着力平衡它，反映了政府的敏锐以及对城市产业布局的认识。四是为高新技术企业科技人员出境创造便利条件。五是对进入高新技术科技园的企业的优惠。包括政府以微利房或提供土地优惠解决科技人员的住房，政策允许扩大股权激励等。这些思考为其后的政策集成提供了基础和准备。[①]

自1992年停止在特区内注册"三来一补"企业之后，深圳经

---

① 《厉有为文集 上 施政篇》，海天出版社2010年版，第145—153页。

济增速出现了回落。这表明产业结构有其自身的生态和惯性，是对人的意志的一种反抗和回应。为了平衡增长，1995年，深圳市政府出台一个《关于加强"三来一补"管理的若干规定》。在规章中提出："从实际出发，不同地区也有区别，分层次地发展'三来一补'，特区内要适度发展，宝安龙岗两区要积极发展，山区或偏僻处要鼓励发展。""发展'三来一补'的产业政策应与全市产业政策相一致，积极鼓励发展资金密集型，技术密集型和前工序配套生产的项目，限制发展，高耗能、高耗水等资源占用量大的项目，禁止新建污染环境的项目。"政府的选择和支持取向很明确，"三来一补"要稳住，产业层次要提高，在高新技术产业尚未主导经济之时，"三来一补"产业是深圳增长源之一。不过，这个阶段的"三来一补"项目不能照单全收，开始选择资本密集型和技术密集型。在发展经济中，有学者将地方政府类比CEO，有一定的合理性。一些经营得好的企业CEO，总会在企业的研发与经常性生产经营中，在长期投入与日常的流动性中把握度的平衡。进取的地方政府在推动产业升级和经济增长中也会把握一种平衡。当时深圳的政策选择正是建立在经济增长总量长消平衡的思维上，这后来成为一个长期的策略。

四 "22条"的集成与创新

1998年2月，深圳市发布了《关于进一步扶持高新技术发展的若干规定》（1999年9月修订，简称"22条"）。该政策集成和拓展了既往的优惠条件，直击当时深圳高新技术产业发展的"痛点"。在深圳产业政策上具有独特的位置和深远的影响。华为公司总裁任正非多次谈及两项政策对华为的影响之关键。一个是1987年的"关于鼓励民办科技企业"政策，给了华为的出生证。另一个则是"22条"，给予了华为等科技类公司的各类优惠和创新发展的全面支持。"22条"是国内第一个全面支持高新技术产业发展的地方性规章，被国内很多的城市"拷贝"和拓展。但是，其效应则完全不同。其原因在于，政策所生长的土壤不同。"22条"的基础是深圳近20年的对外开放和市场化，是一系列特殊政策和灵活措施的延伸,已经开始崛起并将成为主导的民营科技企业是其微观基础。这些条件规定了政策的效应。可见,如果政策只是满足于条文上的移植,那么结果只能是"南橘北枳"。

"22条"升级了既往的对高新技术企业和项目的优惠政策。在税收方面,高新技术企业所得税从"两年免征六年减半"放宽到"两年免征八年减半";新增增值税的地方分成部分,视高新技术企业,不同环节产生不同的效益,给予不同比例的返还;对科技人员个人所得税实行优惠。在用地方面,除优先保证外,高新技术企业和高新技术项目的科研生产用地,免收土地使用权出让金。在许可方面,鼓励内地科技人员和出国留学人员,来深创办科技型企业,其股东不受户籍限制,注册资本不能一次到位的,可在两年内分期缴付。以高新技术企业成果作价出资的,其作价出资的金额占注册资本的比例扩大到35%。如果各方另有约定,从其约定。外国投资者投资兴办高新技术企业,其出资额不足注册资本25%的,可注册为内资企业。此外,在企业人员和货物出入境方面,人才的落户、医疗、子女教育等公共服务上提供优先保障等。政策还有以减免税费、优先采购、加速折旧、加计扣除等方式鼓励新产品新技术的开发和应用。

这些政策降低了高新技术企业的创新创业成本,降低了企业的运行的社会成本,给企业和科技人员提供了激励。从实践过程看,不能判断每项政策对每个企业每个项目都是成功的,但整体上看,支持了深圳高新技术产业的大发展是毋庸置疑的。

尽管如此,"22条"最精彩的在于以下三个方面,或者说"22条"针对了三个"痛点",打开了三条通道。一是针对资本与创新隔离的"痛点",打开资本与创新融合的通道。二是触动研发与生产"两张皮"的"痛点",打开科研与生产相结合的通道。三是针对人才快速聚集和培养周期长"痛点",打开了"孔雀东南飞"的通道。

资本与创新具有紧密的关联。这一点,我们留在下章详细讨论。在这里我们只强调一些判断。正是资本的推动和资本市场的作为,加速了现代制造业和高科技产业的发展。发达国家中,美欧日资本市场不同,造就了不同的产业构成。美国、以色列风险资本发达,资本投向创新多，新经济占得先机。我国传统的经济体制是排斥资本市场的，不利于创新成果的转化和新经济的发展。"22条"中，关于建立"以直接融资和间接融资相结合的高新技术产业投融资体系"，"鼓励国内外风险投资机构来我市设立风险投资机构"，关于"增强市创新科技投资有限公司和高新技术产业投资服务有限公司的投融资和担保功能。1999年由市财政出资5亿元，发起成立创新科技投资有限公司；市财政增加对高新技术产业投资服务有限公司的注资，到2000年使其资本金达到4亿元"等政策，推动着资本与产业融合发展，在国内是十分超前的。

现代产业的发展，特别是知识经济时代，研发与生产也构成紧密关联。技术领先的优势企业无一不是创新型的企业。即使是一些中小型企业，要形成自己的竞争优势也需要创新的投入和转化。在企业设立研究院，在研究院下注册企业，已成为推动科技成果产业化的大平台。而我国传统体制下，科研与生产（产业化）是"两张皮"。科研的目标是发论文、评奖等。而企业的生产经营独立于研发运行。"22条"有多项政策架起科研与生产紧密结合的桥梁，是打通科研与经济相结合的大胆尝试（后文有具体叙述）。

人才是第一资源，在知识经济时代已是不争的常识。华为公司提出的"知本主义"已充分揭示人力资源的意义。人力资源从何而来？中国有名言，"十年树木百年树人"，说明人才培养并非朝夕可成。真正的高科技公司，研发人才有的占企业员工的一半。对深圳而言，经济特区初创期，在引进人才的同时，创办深圳大学。但相比深圳高科技发展的需求而言，已是制约"瓶颈"。"22条"有多项政策，继续大力吸引人才，助力高等教育打破常规的创新发展（后文有具体叙述）。

90年代的产业政策，特别是"22条"，提供了以经济杠杆给予企业的优惠，帮助企业减少成本，激励企业创新，提供助力企业创新发展的新公共资源；提供促进企业进步的多方面规制，使企业更多地依法运行并取得受保护的收益。企业的有序竞争，促进了这个时期自身的进步和产业升级。而"22条"所推动的金融＋科技＋优良而丰裕的人力资源，更是产业创新与产业升级的充分必要条件。

"22条"开启了这些通道,是产业政策的升华,引导和推动着深圳产业创新发展。

第二节 深圳最"牛"的街道

2019年5月,媒体上流传着一篇《深圳最牛街道火了》的网文,文章称这个常住人口20万,面积仅14平方公里的街道,诞生过87家上市公司,GDP超2500亿元,是中兴通讯、腾讯、大疆总部的栖息地,华为公司早期曾在此安营扎寨。这个街道叫南山区粤海街道,而它之所以非同凡响,是因为有深圳高新技术园区坐落。20世纪90年代及其后十几年,有"22条"的助力,或者说"22条"的落地开花,高新园区上演一幕幕精彩的大剧。

一 深圳高新技术产业园区

早在20世纪50年代,美国斯坦福大学就将土地出租给科技型初创公司,由于租金偏低,又靠近大学,为高科技初创公司创造了具有成本和便利优势的创业条件,高科技企业得以生长,种下了师生创新创业的基因。著名的案例是斯坦福大学工学院院长弗雷德·特曼(Frederick Terman)指导和支持他的学生比尔·休利特(Bill Hewlett)和大卫·帕卡德(David Packard)创办惠普公司。弗雷德·特曼是这家公司的天使投资人,并提供了500美元的种子资本。惠普公司的成功,被斯坦福大学创业者所效仿。思科、太阳微系统、硅谷图文都是成功的后继者。斯坦福大学创业公司在1988年和1996年均占据了硅谷总收益的大约60%。[①] 斯坦福大学产业园的成功,也被世界各国争相效仿。

中国是改革开放后打开国门才开始学习发达国家经验搞工业园区或高新技术开发区的。1985年7月中国科学院、广东省政府、深圳市政府联合创办了面积1.02平方公里的中国第一个科技园区,

---

① [美]李钟文等主编:《创新之源 硅谷的企业家精神与新技术革命》,陈禹等译,人民邮电出版社2017年版,第179—180页。

三方各出资 1000 万元，成立科技园总公司负责园区开发建设。深圳科技工业园定位为吸引国内外先进技术，引进外资，开展新技术产品开发和生产，发展电子信息，新兴材料、生物工程，光电子精密仪器，精密机械等领域为重点的生产科研教学基地，是将科研与生产相结合的新尝试。1986 年 3 月，科技园总公司与中国长春应用化学研究所，合资创办了长园应用化学公司，将长春所的"记忆效应"高分子材料技术产业化，仅一年就收回投资，产品为进口替代产品，三年利润超过总投资额的 8 倍。科技园陆续吸引中国科技大学，武汉大学等技术成果转化。到 1989 年底，园区企业已有 45 家，其中，中外合资企业 14 家，生产销售电脑软盘驱动器、人造金刚石及制品，高分子记忆材料热收缩电缆套管，铁硼永磁材料等高科技产品。此后，在这片土地上，又成立了深圳市高新技术工业村，国家电子工试中心以及深圳京山民间工业村。多主体分散性运营园区具有零敲碎打的局限，加上以公司作为主体运营的园区在提供公共产品上先天不足，满足不了深圳高新技术蓬勃发展的要求。1996 年 9 月，深圳市决定成立高新区办公室，作为市政府的派出机构，专司高新技术园区的发展。同年 12 月，深圳高新区实施"一区多园"的管理体制。实行政府主导下的统一规划，统一政策，统一管理。在新体制下，界定了 11.5 平方公里作为高新技术园区的面积，市政府完成了园区的总体规划和专项规划，将园区设计为容教育、研发、孵化、产业为一体的综合体。政府在高新区建设了相对完备的公共基础设施，出台了《深圳经济特区高新技术产业园区管理规定》，赋予高新区办公室项目引进和筛选、土地利用安排初选等多项权能，使其提供更便利化的服务。"22 条"政策的发布和实施，高新区成为最大的承载区，也是受益最大、发展最快的区域。

据 2009 年数据，高新区以不到全市 1% 的土地，产出 1/4 的高新技术产品产值，14% 的工业增加值，约 1/3 的专利。高新区的更大贡献在于，它起了深圳高新科技引擎的作用。深圳清华大学研究院、虚拟大学园，香港 6 所大学入园机构在人才培养、研发组织设立和科技成果产业化等方面构成了深圳创新的源头和要素。特别是企业孵化器，通过为初创型小企业提供办公场所、共享设施、管理咨询、人员培训和融资网络服务，提高了科技成果转化率，孵育了大批科技企业和企业家。高新区形成的官、产、学、研相结合，技术、人才、项目、融资、市场相统一的体制机制，为深圳高新技术产业成长提供了示范，探索了新路。

二 留学生与创业园

留学生特别是世纪之交的留学生，大都大学毕业赴海外学习，具有新视野新知识新技术，特别是观念新，报国情怀＋个人价值，特别是能将创新与创业结合起来。深圳较早地注意到留学生资源，求贤若渴，1988年在全国率先推出《关于鼓励出国留学生来深工作的暂行规定》，1999年在"22条"中充实，2000年修订发布《关于鼓励出国留学人员来深创业的若干规定》，构筑了对海外留学人员具有强大吸引力的政策平台，留学生创业园是一个缩影。2000年10月14日，深圳留学生创业园正式挂牌，采取"政府主导，企业化运作，留学生管理"的运作模式。市政府财政投资1.8亿元建成的留学生创业大厦，是专门为留学生创业兴建的固定孵化基地。留学生创业园孵化出上千家企业，其中不乏具有领先世界水平的技术和企业。如从新加坡留学归国的邓国顺，创办深圳市朗科科技有限公司，牵头开发计算机程序领域唯一属于中国人原始性发明专利的朗科计算机移动存储技术。先后领衔申请专利300多项，启动全球闪存盘行业，被业界称为闪存盘之父。深圳也因此成为全球闪存盘研发和制造中心。

毕业于美国杜克大学计算机专业的留学人员邹胜龙，于2002年底在留学生创业园创办迅雷公司，该企业凭借领先的技术和高品质的服务，获得社会及行业的高度评价，曾获中国十大自主创新软件，最具投资价值企业，中国最成功十大软件等称号。作为全球最大的下载引擎，迅雷曾服务全球几十个国家，成为中国互联网最大的应用服务软件之一，获2007年度深圳市科技创新奖。从美国留学归来的张华龙，于2003年创立芯邦微电子公司，从2005年3月推出的第一颗USB控制芯片以来，短短三年时间，就占领全球市场的35%，一跃成为全球闪存控制芯片的主流供应商，获得2008年中国最具投资价值企业50强称号。从美国留学回国的盛斯童博士，以基因检测技术作为核心专利，于2008年1月创办深圳华因康基因科技有限公司。公司建立了机械、电子、光学、生化试剂、生物信息等领域的研发团队，进行遗传基因变异疾病检测专用的高通量基因检测系统的研发工作。2016年，华因康研发的国内首台拥有自主知识产权的高通量第二代基因测序仪，填补了我国临床高通量基因测序仪空白。

三 深圳清华大学研究院

1996年12月21日，深圳市与清华大学签署协议，共同在深圳建立清华大学研究院。研究院之于清华大学，推动科技成果的转化，以转化中的问题破解推动学术深化。之于深圳，促进产业升级和经济竞争力的提高。合作双方深知，双赢的目标需要新的制度设计。因此，研究院实行理事会领导下的院长负责制。由于给深圳清华大学研究院院长及团队赋能，研究院在实践中逐渐形成了一个"四不像"综合体。即研究院既是大学又不像大学，文化不同；既是科研机构又不完全像科研机构，内容不同；既是企业又不完全像企业，目标不同；既像事业单位又不完全像事业单位，机制不同。这个"四不像"构成了"官、产、学、研、资"有效集成的"科技创新孵化体系"[①]。实现了技术创新、成果转化、企业孵化、风险投资、人才培养联动发展。研究院成立后，依靠自身而非合作双方投入3亿元，组建了电子信息技术研究所，光机电与先进制造研究所，生物医药及先进材料研究所，新能源与环保技术研究所。获国家技术发明二等奖一项，国家科技进步二等奖两项，广东省科技进步特等奖一项，拥有近200项专利，与200多家企业，签订技术合同300多项，技术创新产出价值100多亿元。研究院，孵化企业398家，毕业153家。投资和孵化了力合股份、拓邦电子、安泰科技、飞乐音响等上市公司，培育了和而泰、达实智能、数码视讯、海兰

---

① 深圳市政协文史和学习委员会编：《深圳四大支柱产业的崛起 高新技术》，中国文史出版社2010年版，第189页。

信、力合公司等中小科技企业。研究院集聚了 200 多名教授、博士、高级研究人员和海归学者，建成了深圳最大的企业博士后工作站。研究院以不同培养方式为 4 万余名学员提供智力支持。研究院发展中形成的创新价值链，形成了研发、成果转化、人力资源配置、金融支撑的结合与良性循环，走出了一条中国产学研结合的创新之路。

四　借助外地资源办高水平大学

深圳高等教育资源相对贫乏，20 世纪 90 年代，还只有深圳大学唯一的综合性大学。这当然与深圳致力发展高新技术不匹配。而高等教育水平的提高不是一朝一夕可以实现的。又是实践提出了新课题，又是倒逼机制激发创新。深圳利用高校急切寻找产业化基地的需求，创新体制聚集高水平的高等教育资源。

（1）创办北京大学深圳研究生院。2001 年 1 月，北京大学与深圳市人民政府签署《合作创办北京大学深圳校区协议书》。2002—2016 年，累计招收全日制研究生 10973 人，科研经费约 7.7 亿元，承担科研项目超千项，申请专利 428 项。北大深圳研究生院已建和在建各类实验室 30 多个，其中包括化学基因组学实验室、人居环境科学与技术实验室、集成微系统科学工程与应用实验室三个国家级重点实验室。

（2）创办清华大学深圳研究生院。2001 年，清华大学在深圳创办了唯一异地办学机构，现在校全日制研究生 3000 余人，其中博士生 360 余人。清华大学深圳研究生院，已建立起一批学科实验室及科研机构。包括国家级重点科研机构四个，省部级重点科研机构六个。正推进深海研究、能源与环境、新型光电先进制造、互联网科技等四个创新基地建设。四个创新基地，规划 10 万平方米，投资 5 亿元，全部由深圳市政府投资建设，为开展产学研合作、技术转移创新创业型人才培养提供有力支撑。

（3）创办哈尔滨工业大学深圳研究生院。哈工大与北大、清华几乎同时落地深圳建设的大学城，已累计培养了 15 届 8000 余名硕士、博士，毕业生留深率超过 60%。一批毕业生就职于华为、腾讯等著名企业。哈工大研究生院设有9个学院，22个一级学科，31个研究中心，40个市级以上重点实验室，工程实验室，公共技术服务平台。启动本科生招收计划。

4. 创办虚拟大学园。1999年10月，虚拟大学园开园。其主体设施由市政府投资建设，给予入园高校6000万元补贴扶持，项目落地的按项目再给予资金支持。按照一园多校，市校共办模式，以集成多校资源，促成产学研相结合的政策目标。虚拟大学园成立以来，已有60多所国内外知名高校设立机构，包括香港大学、香港中文大学等6所香港高等学校和佐治亚理工学院等国际名校入园。在虚拟大学园搭建的平台上，各院校设立了260多家研发机构，其中获批市级以上的重点实验室、工程实验室70余家，培训各类人才30万。虚拟大学园成员院校共承担国家级科技项目1095项，省部级项目223项，获得专利1179项，转化成果1744项，是专业人才集聚地，研发机构的密集区和中小科技企业孵化器。

三大名校加虚拟大学园，为深圳培养了数以万计的高学历人才，产出了几千个专利，增添了几百个重点实验室，工程实验室和其他研发机构，几千名大学教授和研究人员，以及上千家科技型的中小企业。其绩效和对深圳产业的影响虽然不能直接用统计指标反映，但无疑是深圳新经济的强劲增长动力，并且其影响力远远超越产业发展本身。

深圳的成功之处在于，以较小的投入赢得了巨大的产出，以创新的思维、政策和制度与院校合作共赢。一是发挥自身体制、市场和区位优势，与高水平大学需求对接。20世纪90年代末，深圳经济特区站在制度创新的前沿，高新科技产业在国内已显山露水，特别是市场化的环境和全面系统的产业政策，对正在寻求以新体制机制办学，加快产学研相结合的高水平大学有强大的吸引力。在这个阶段，深圳对高等教育资源处在渴求状态，等不及自然生长，寻求跨越式发展。高水平大学进入深圳，也是深圳的强烈需求。双方的共同利益和对彼此的需求，形成了合作的重要基础。二是深圳对大学发展在制度上的"积极不干预"，创造了大学改革创新的环境。所谓"积极不干预"，就是诚信履约，提供服务宽松管理，尊重对方。为办学高校提供有保障的基础设施和资金支持等，不干预高校自主权和自由度，保护校方的权利和选择。三是公开公平的政策支持。"22条"政策中，关于涉及个人待遇的政策，关于对研发机构支持政策，关于对研发项目的政策，虚拟大学园入园高校，入大学城高校与深圳大学等本地高校同等待遇，平等支持。这使得高校在深圳持续发展，规模和质量不断提升。也使得深圳高等教育发展"弯道超车"，有力激发深圳产业转型升级。

五 支持民营企业建立研发机构

据时任深圳市科技局长的李连和先生回忆，1996年，他决定将市科技经费300万元，资助比亚迪设立研发中心。比亚迪当时很弱小，但王传福的视野、能力和他对高新技术新能源产业的追求，打动了李连和。1995年注册成立，开始涉足新能源的动力电池。以比亚迪自身的能力，当时根本无资金也借贷不了资金建研发机构。李连和给比亚迪资助，基于经验性的认知，他早先在湖北工作时，就主管过科技，深知在传统体制下，研究机构作为事业单位，并不面向经济主战场。而企业的研发则不同，特别是民营企业，资金是自己的，投入是追求能够循环和回报的，研发的目的是解决企业发展中遇到的技术问题。作为主管技术产业转化的部门领导，他自然倾向将财政资金支持在有前途的企业建立研发中心。为了规避风险，除自身保持廉洁外（据传他20多年来，只在比亚迪吃过一次盒饭），明确资助比亚迪公司当时的研发机构称之为市级研发中心，资助资金购买的设备等，属国有资产，其他企业也可以使用。如今，比亚迪已经成长为跨国公司，超过千人的研发团队为公司提供研发支撑。比亚迪总裁王传福却总也忘不了那个最初的政府支持的研发中心。近年来，他多次形象地将李连和比作美国投资家巴菲特，巴菲特在比亚迪进军新能源途中转折期注资，市科技局则在比亚迪初创期给予了支持。

中国改革不少类似的故事，由基层从局部打破传统体制，从旧制度中撕开一个口子，此时，传统的力量给予新的探索以压力，新的事物顽强生长，显示出强大的生命力。随着时间的推移，官方开始承认那些突破，并予以强力推广。最负盛名的是小岗村的包产到户，瓦解了旧体制，成长出的联产承包制取代了人民公社制，促进了中国农业农民农村的一系列变迁。1996 年，科技局支持比亚迪建立研发机构，到 1999 年，"22 条"规定，鼓励企业设立工程技术研究开发中心。对经市级以上主管部门认定的工程技术研究中心（企业技术中心），其中属于国家级的，由市政府资助 500 万元；属市级的，每个资助 300 万元。不仅确认了民办企业研究中心政府资助合规，而且推而广之，使它成为激励机制。若干年后，深圳出现了 4 个 90%，即 90% 的研发机构建在企业，90% 的研发经费出自企业，90% 的研发技术来源于企业，90% 的研发人员集中在企业。其中 90% 的研发机构建在企业是其他指标的基础性指标，而这一指标应该得益于市政府对企业的"无所有制歧视"的无差别的支持。再往上追溯，涉及一个更大层面的理论和政策问题。20 世纪 90 年代以来，我国逐步认识到高科技产业发展需要产学研相结合，但在如何结合上是有分歧的，特别是在谁是主体上认识并不统一。流行的观点是以研发机构（大学或科研机构）为主体，企业只是将主体研究成果转化。这样的主体观，本身割裂了研发创新与产业发展的联系，在认识论上，阻塞了产业创新技术创新的重要来源。现实中大量的案例表明，海量的企业为了追求超额利润而投入的技术创新，是产业创新生生不息的动力。深圳将研发机构建在企业，实行的是以企业为主体的产学研相结合，而不是研发机构为主体，更不是以政府部门为主体。这是深圳从实践中，从正反两方面经验中得出的结论和作出的选择，实践反过来又证明了其选择的正确性有效性。将研发机构建在企业对深圳产业升级的作用是不可低估的。并且，它深化了人们对创新的认识，推动了产业政策的选择，有助于国家以企业为主体的产学研体制的构建。

六　博士后工作站

博士后站，是发达国家为博士学位获得者提供的一种工作方式，博士后由于年轻有活力，知识结构新，具备较好的研究能力，支付成本低，吸引博士后研究，为名牌大学和研究单位所热衷。博士后研究既有助于出成果，也有助于本人的学术和能力进步，是培养人才发现人才的重要路径。我国是1985年，在诺贝尔物理学奖得主，著名物理学家李政道先生倡导下设立的。一开始在有科研条件的高等院校和科研机构设立博士后科研流动站，旨在培养高层次人才和科研。深圳没有相当水平的大学和科研机构，也就没有接收博士后的资格。但正如"上帝关闭了一扇门却为你打开了另一扇窗"，21世纪初，深圳已有一些站在新产业前沿的企业，这些企业提出了亟待解决的丰富的技术、财务、管理方面的新课题，既为博士后们提供了有作为的空间，也找到了研究与生产相结合的路径。于是，在国家有关部门支持下，设立博士后工作站，将企业的产业升级中的研发与博士后培养结合起来。支持博士后研究直接面向市场需求。为了激励企业（单位）设站，市政府给予资助。"22条"，对进站博士后，每位每年给予补助经费5万元，由其个人自行支配使用。后来，资助政策不断拓展。现阶段，在站博士后近千人，接近清华大学在站博士后规模，推进深圳产业创新。

"22条"是一个高新技术产业政策的集成，继承了过往深圳产业政策被实践证明有价值的内容，也吸收了国内外的相关经验。形成了从激励机制，要素条件到高新技术园区的小气候条件供给等构建的创新生态，对深圳产业转型升级的影响十分深远，直达当下。

一系列的制度创新政策创新，促进了深圳产业形态不断进步。一是高新技术产业成长为支柱产业，是深圳经济的第一增长点。2000年，深圳高新技术产品产值首次超过1000亿元，为1064.45亿元，占工业总产值的比重达到42.28亿元。2003年，深圳高新技术产品产值迈上第二个千亿元台阶，达2482.79亿元，比上年增长45.2%，占工业总产值达48.93%。呈爆发式增长态势。二是良好的产业环境引来了大批跨国公司。2000年，《幸福》杂志列出的世界500强大公司中，有70多家落户深圳。IBM、日立、飞利浦、杜邦、惠普、三星、施乐、康柏、三洋、理光、西屋电气、东芝等15家公司，在深圳投资高新技术产业。三是高新技术企业的产业群体崛起。产值过亿元的企业有233家。其中超10亿元的企业有42家，超20亿元的企业有31家，超50亿元的企业有11家，超100亿元的企业有7家。四是民营科技企业占主导地位。截至2003年底，全市民营科技企业达25080家。在全市民营科技企业中，工业产品产值过百亿元的有2家，过10亿元的有9家，过亿元的有64家，过千万元的有327家，民营科技企业在全市高新技术企业中所占比重不断上升，2003年认定民营科技企业154家，占全市认定企业的60%，到2003年底，民营高科技企业累计达到398家，占全市高新技术企业59%。当年认定的高新技术项目274项，认定总数占全市的62%左右。在2002年第16届全国电子信息百强企业评比中，深圳有4家民营科技企业入选，华为公司、中兴公司分列百强第7位和第11位，华为公司在实现利润指标中高居百强之首。五是形成了以企业为主体的研发态势。至2000年，在深圳的531家研发机构中，属于企业创办的有477家，占91%，全市90%的研究开发人员集中在企业，研发开发投入的90%来自企业，高新技术企业成为研究开发的主体，使得深圳在科技成果转化方面走在了前头，大大提高了深圳高新技术产业进入的市场竞争能力。六是自主知识产权和名品牌产品彰显深圳创新。2000年深圳自主知识产权的高新技术产品的增长幅度超过高新技术产品的平均增长幅度，比上年增长39.37%，达到534.54亿元，占全部高新技术产品产值的比重达到50.22%，自主知识产权的高新技术产品在全部高新技术产品中的比重首次突破50%。它标志着深圳高新技术产业发展已经完成了从加工装配向自主发展的方向转变。2002年具有自主知识产权的高新技术产品产值达到954.48亿元，占全部高新技术产品产值的55.82%。出现了一批拥有自主知识产权的行业龙头企业，如通信领域的华为、中兴公司，软件领域的金蝶、金证公司，生物工程领域的科兴、海王、海普瑞公司，新材料领域的比亚迪、长园、中金高能公司，医疗领域的迈瑞、金科威公司，也培养了一批在国内市场有很强竞争力或较高知名度的名牌产品。如华为公司的SDH光网络、接入网、智能网、信令网、网络接入服务器等处于世界领先水平。C&C08交换机占国内市场近30%的份额，比亚迪公司的镍镉、镍氢和锂离子电池分别占全球第一位、第三位和第二位，金证公司的证件软件、金蝶公司的财务软件在国内市场名列前茅。骨干企业在开拓海外市场方面，取得了标志性进展，2003年，深圳最大的两家龙头，高科技企业华为、中兴通讯，在开拓国际市场方面获得突破，华为海外销售达10.05亿元，产品覆盖五大洲的40多个国家，进入了西欧北美等主流市场，中兴通讯的海外年销售收入达6.1亿美元。这标志着深圳本土高新技术企业，开始跨入国际竞争的行列，具有高新技术产业的国际化的指标性意义。

第三节　腾讯公司与高科技服务业

科技服务业是相对科技制造或者说服务于科技制造的一类产业。科技服务业与科技制造业是互相依存互相促进的，科技产品诸多是知识和技术的凝结，是公司的核心资产和竞争力，价值的载体完全不同于传统的土地、机器等，需要新的评估和定价，带来新的服务业出现。而新的定价又提供了某种激励，刺激技术和研发。因此，科技服务业是否发达，是产业水平的一个尺度，也是观察产业结构的一个窗口。特别是新经济业态中，科技服务业地位更加凸显。美国硅谷科技制造和科技服务业都很发达。如为科技创新服务的风险投资，90年代末期，全美近50%的资金投在加利福尼亚，特别是硅谷。硅谷的风险资本，硅谷律师，硅谷会计师都有特别的定义，他们的业务不只是公司资本的融通，不只是公司法律文件的起草和法律事务的处理，不只是公司财务的记录和分析等。而且是公司组建和发展的"教练"，公司的"商业顾问"或者公司发展团队不可或缺的一部分。他们有的帮助公司寻找合作伙伴，物色各种人才；有的为公司发展提供商业经验，选择经营模式；有的为公司设计发展目标，提供战略咨询；等等。有的风险投资直接管理公司。有的律师免费为初创公司提供服务，后成为公司股东或商业顾问。有的会计师设计出新技术新模式所需要的会计规则，成为公司的左膀右臂。硅谷的服务帮助了一大批只懂技术不懂管理的初创者，支持了一大批只有技术没有资本的初创者，成就了一大批只有技术没有团队的初创者，实现了一批初创者的个人梦公司梦。没有风险投资、律师、会计师、猎头公司的服务，就不可能成就苹果公司、惠普公司、谷歌公司等。当然，科技服务业本身也获得了大发展。

科技服务业的发展，还有赖于政策的推动，对于科技不发达同样制度短缺的国家和地区而言尤为关键。在前文中提到，90年代中期，深圳出台了一大波产业发展政策，诸如无形资产评估办法、企业技术秘密保护条例等，高科技服务业得以释放。正是在那个时期，深圳相继成立了科技成果交易中心、技术经纪行、技术合同仲裁机构、知识产权事务中心、知识产权审判庭、无形资产评估机构等，为科技发展提供一揽子服务。又如技术市场促进中心、无形资产评估事务所和质量认证中心，分别提供技术市场政策法规咨询服务，技术市场管理及技术市场服务。无形资产评估咨询、贸易，以及企业改制破产中的无形资产处理服务，企业产品质量体系建设和评审等服务。生产力促进中心和知识产权服务中心分别提供推广高新技术应用，促进企业提高技术水平和生产效率，知识产权的传播、培训、咨询等服务，技术贸易在这个阶段萌发。1996年，这些服务促成了深圳与全国60多所重点院校及中科院的科研成果发布和项目洽谈。

以上大致是90年代硅谷和深圳科技服务业的形态。它反映出科技业发展不同阶段的需求，也是市场制度、经济政策不同的反映。但共同点是科技服务业是科技发展所不可或缺的，科技服务业是科技发展的加速器。

一 高交会与科技服务

中国国际高新技术成果交易会是深圳科技服务业的品牌。这个交易会由"深圳荔枝节"演变而来。1988年政府组织的"荔枝节"，是招商引资的一种形式，通过一场大活动，将投资方和项目方吸引过来，政府提供平台和介绍政策、提供服务，促进双方洽谈，成交。所谓"政府搭台，企业唱戏"。平台内容不断丰富，到90年代已有促成高科技项目交易的功能。1995年，高新技术产业为主题的展示、洽谈首次亮相。吸引了美国著名的风险投资商国际数据集团的关注，并由此建立了与深圳高新技术产业发展的联系。

1998年5月，时任深圳市委书记的张高丽、市长李子彬带团去大连学习交流考察，恰逢大连举办"国际服装节"，集展示、洽谈、交易于一体。很受启发，举一反三，立马决定改荔枝节为科技节，为深圳高新技术产业的发展打造一个高层次能聚合国际资源的平台。中国国际高新技术产业成果交易会由此而来。

中国国际高新技术成果交易会（简称"高交会"）显示出深圳的智慧。这场科技盛会深圳邀请了国家科技部、信息产业部、外经贸部和中国科学院共同主办，将地方的会展提到了国家事务的层面，为集合全国乃至全球的高新技术产业资源创造了条件。高交会也创新了"深圳速度"。此前，深圳没有办大型国际会展的资源，无专业人才，无客户资源，无展示场馆，更无办展经验。但经过一年的筹备，首届高交会于1999年10月在深圳开幕。展馆尽显科技风采，美轮美奂。3万多平方米展示出最新的高科技产品，琳琅满目。时任中国国务院总理朱镕基出席开幕式并向全世界宣布：中国国际高新技术成果交易会每年一次在深圳举办。这是90年代中国对高新技术产业发展的拥抱。高交会实现了三个结合。一是成果展示和交易的结合。最新产品和技术的展示，使得高交会成为蔚为壮观的科技普及，参观者络绎不绝，参观人数超过30万。科技的种子很形象地播散开来，高交会已成为深圳的集体记忆。而专业观者也从展示中看到新技术新趋势，发现新的交易。首届高交会，成交额超过60亿美元。二是技术成果交易与风险投资的结合。技术转化成现实的生产力，资本是充沛的动力。90年代我国的融资以间接方式为主，资本市场还比较小，初创企业融资渠道更为狭窄，引进风险投资不仅促进科技成果转化，也引进了金融创新。有U盘之父之称的归国留学生邓国顺，首届高交会从3米高位置抛U盘，吸引了新加坡的投资人。三是落幕与不落幕的交易会相结合。线下的交易会终有落幕，线上高新技术成果交易会在全球的推介传播中不撤展，为高新技术和项目的中介服务未落幕。2019年，高交会迎来20周年，20届高交会未显疲态。上万个高水平项目参展，全国31个省（自治区，直辖市）、26个国家和地区代表团，微软公司总裁比尔·盖茨等共34位跨国公司巨头参会。人才、技术、资本、梦想在这里协同创新。高交会深刻地影响了深圳乃至全国高新技术产业发展的进程和版图。

高交会无疑是政府搭的服务平台。"22条"政策制定时,高交会尚未出现。尽管如此,"22条"政策对科技服务业的支持仍然是有价值的。每一次交易,每一个项目的落地都离不开一系列制度安排。

二 腾讯公司的崛起

1998年,被称为"互联网时代"。这一年,创办雅虎的杨致远登上了《时代》和《商业周刊》的封面。谷歌公司在硅谷的一个车库内创业。开发中文搜索系统的搜狐公司面世;新浪网成立,致力于全面提供软件、新闻信息和网上服务,目标是全球最大的中文网站;而网易则由一个软件销售公司转型为门户网站。电商京东出现,杭州在1999年初成立了阿里巴巴;百度在1999年推出。马化腾在1998年注册了腾讯。假如这一年腾讯没有在深圳注册,深圳会错失一个时代吗?

也许是巧合,在"22条"政策出台的1998年,马化腾和他的年轻伙伴一起创办了腾讯公司。公司主业源于ICQ(I Seek You,一种即时通信软件)的应用性开发。即OICQ(Open I Seek You,QQ),经过20年的成长,现已成为互联网综合服务提供商。在即时通信、电子商务、在线支付、搜索引擎、信息安全以及游戏等方面都有一流的实力。

如何定义腾讯?吴晓波在《腾讯传》中,将腾讯看作是尚在进化中的互联网公司。从公司业态看是不无道理的。但也有从不同视角观察的,具有影响力的美国波士顿咨询公司近年来推出全球最具创新力企业50强,腾讯公司连年上榜,2018年列第14位。从波士顿公司的排名看,腾讯可以看作是数字化创新企业的全球翘楚。放在深圳产业发展的生态中,笔者认为,可以将腾讯定义为互联网领域的高科技创新服务型公司。

腾讯公司具有高科技公司的基本的特征。从员工结构看,公司有50%以上的员工从事研发,与华为、谷歌、苹果等不相上下。经验数据表明,一个高科技公司必须是研发员工密集的公司。腾讯公司研发投入在上市公司中名列前茅。据有关报告,2018年,中国企业研发投入20强的上市公司中,腾讯位列第二,占总收入的7%。腾讯公司的专利申请在全球同类公司中仅次于谷歌公司位居第二。截至2018年11月,腾讯在全球主要国家专利申请量已超过25000件,授权量8000件。其中,在美国的申请量达千余件。腾讯公司的重要特征是微创新为主的集成创新,即微设计微创意微改善基础上的集成拓展。产品不断迭代更新。仅QQ这个基础性产品,就先后改进了100多个版本。腾讯的迭代,十分具有模块化及其集成创新的特点。腾讯公司在发展中调整变革公司的体制机制,形成了扁平化、板块化、主体化的管理架构,在内部激励上造就一种"赛马机制",激发处在技术、管理和市场前沿的一线员工和管理层的创新精神。公司的新产品QQ秀、QQ空间、游戏、微信的研发来源,主要不是公司领导层的计划,而是在中基层的"赛马"中突破。

将腾讯定义为创新型的高科技服务公司而不是一般互联网公司,有助于从一种新的视角认识腾讯,也有助于加深对新经济中微观主体创新的理解。其实,一个真正的高科技公司,是人才、资本、技术、产品、机制、机会的有机结合。即时通信作为一种技术,最初由以色列人发明,美国在线虽然收购了,但并未成功地商业化。腾讯从模仿开始登堂入室,经若干的迭代创新而实现超越,打造出服务数亿人群的产品,又在若干领域攻城略地,赢得竞争优势,显然不是偶然的。一个世界级影响的大公司成功,虽然主要是公司的进取和幸运,也受惠于时势,受惠于公司生长的那片土地。

1998年,"22条"政策的出台与腾讯公司的成立相遇,虽然不是一种约定。但是,也并非毫无关系。政策对腾讯公司的成立和发展有着不可低估的意义。

1. 腾讯公司的注册地位于华强北

这里是80年代初政府主导开发的上步工业区的一部分,同时,也是电子信息产业集聚区。深圳最大的电子企业赛格集团、最大的电子及元器件市场、深圳第一座高楼电子大厦、电子工业部投资的主要企业都坐落在这个工业区。这里城市基础设施配套比较完善,办公租房成本相对便宜，成千上万年轻人出入不同的厂房。宽容试错的文化氛围，全球电子业发展的资讯随着交易市场和应用飘荡其中，宽松的登记注册条件，为初创公司提供了不错的选择。

2. 高交会为腾讯公司提供了一个平台

至今仍有一故事流传于坊间。1999年，成立一年的腾讯在技术上日益进步，用户数量激增，喜中之忧是公司的服务器不堪重负，急需更新和扩容。而创业的头一年，腾讯尚未找到盈利模式，公司运行已耗尽创业时从各种渠道筹措的资金。资本缺口是腾讯遇到的第一次危机。恰逢首届高交会在深圳举办，这为腾讯带来了希望。马化腾尝试着拿改了66个版本的20多页商业计划书上了高交会。首届高交会，著名风险投资公司美国国际数据集团因此前的荔枝节与深圳市政府建立联系，受邀作为嘉宾客商参会。美国数据集团的投资家麦哲文与年轻的正在寻找风险投资的马化腾因高交会而结缘。后国际数据集团和香港的盈科数码成了入主腾讯的第一批境外资本。这笔投资使得腾讯渡过了第一次难关，非但如此，也为腾讯注入了活力。高交会搭建了风险投资与科技成果交易的平台，"22条"政策的相关制度安排则为风险投资进入深圳打开了大门，提供了激励，因此，也助力了腾讯。

3. 高新技术产业政策中的普惠

深圳市政府并未为腾讯度身定做一套支持性资助性政策。但是，腾讯公司一定是"22条"及其他普惠性高新技术产业政策的受益者。这些政策如前所列，包括产权保护、税费减免、融资优惠、土地资源、人才引进、奖励制度、公共产品等。如深圳较早地就将用工的自主选择交给了企业，并且在大城市户口还有一定的"含金量"时，对所有的大学生敞开大门，为腾讯公司吸引数以万计的大学生加盟创造了条件。巍峨的腾讯大厦以其现代感科技感与美丽现代的深圳大学比邻而居，隔路相看，交相辉映，构成一道独特的风景线。腾讯公司的主要创始人及部分深圳大学毕业的员工，每天都能看到感受到来自母校的信息，而深圳大学和在校学子，则能从抬头可望的腾讯大厦中感受到骄傲和力量。这样的区位安排，同样受益于政府对高科技企业的空间政策和土地政策。腾讯受益于高科技政策，所有的高科技企业在不同的发展时期，都受益于阳光性的政策安排。而深圳同样受益于腾讯等公司的发展。

由此可见，腾讯不只是一个互联网企业，重新定义腾讯的意义：（1）由科技改变社会生产方式和生活方式。（2）互联网创新是一种不同于制造企业创新。来源于无形资产，凝固在软件、设计等形态中。可以有不同的支持和规制。（3）从互联网可扩大到万物互联。（4）腾讯的崛起是深圳产业演进的一个新刻度。深圳在互联网时代仍走在潮头。

三 知识产权政策

知识产权是关于智力劳动成果的专有权利，在法律上经济关系上被看作无形资产。主要以著作权（包括计算机软件）、商标权和专利权来体现。知识产权与产业发展的联系在于，现代经济增长越来越依赖于创意、设计、品牌、技术等创新为主动力。

在企业之间的竞争中，知识产权既是工具，也是谋求、保持竞争优势的撒手锏，还是企业获得超额利润的保证。深圳的创新型企业，同时也是知识产权丰厚的企业。华为公司在2019年6月27日发布的《尊重和保护知识产权是创新的必由之路》（华为创新与知识产权白皮书）中表明：持续的研发投入围绕客户需求进行开放式创新，重视并投入基础研究是华为基业长青的基石。持续的投入也使得华为成为全球最大的专利持有企业之一，截至2018年底累计获得授权专利87805项，其中有11152项是美国专利。目前每年发表学术论文100—200篇，向全球各个标准组织累计贡献技术提案6万多篇，同时也是开源社区的主要贡献者。自2015年以来，华为获得的知识产权收入累计已经超过14亿美元，通过交叉许可和付费许可合法地获取他人专利技术的使用权，历史累计支付专利使用费超过60亿美元。华为以全球化视野和成功法律实践，积极在世界主要法域的知识产权保护立法、修法，政策制定过程中提供建议和输入，致力于知识产权保护环境的不断完善。中兴通讯、腾讯等公司都是专利申请和授权大户。

知识产权价值的确立，是财产权的一种扩展。即在承认土地、资本、房产等有形资产基础上，拓展到知识形态的无形资产。人类正是发明了有形资产的系列制度，为财富增长提供了源源不断的动力，才加速了社会生产力的扩张。对无形资产财产关系的确认，也为人类知识的增长和应用，提供了一种激励机制，鼓励社会创新，积累知识财富。当然，知识产权也是一种"以垄断换公开"的制度设计，把握好激励知识发现与应用与垄断损失效益之间的平衡也是十分重要的。

深圳是中国知识产权增长最快的城市，知识产权的数量和质量并进，多项核心指标居全国前列。截至2018年底，深圳累计有效发明专利量达118872件，每万人口发明专利拥有量为91.25件，为全国平均水平（11.5件）的7.9倍。有效发明专利5年以上维持率达85.6%，居全国大中城市首位（不含港澳台地区）。PCT国际专利申请量18081件，约占全国申请总量的34%（不含国外企业和个人在中国的申请），连续15年居全国大中城市第一。累计有效注册商标量1026193件，有效注册商标量居全国大中城市第3名。累计拥有中国驰名商标183件。2018年，计算机软件著作权登记量142695件，占全国计算机软件著作权登记总量的12.92%。第20届中国专利奖评审中，深圳获得的专利金奖占全国的13.3%。2018年深圳市职务专利申请总量为205678件，占全市专利申请总量近90%。企业创新主体地位突出。

知识产权特别是专利、商标、计算机软件著作权主要由企业产出，但是，政策的布局、实施和推动十分必要。从20世纪80年代中期，深圳引进电子信息产业开始，就碰到了知识产权的尊重和保护问题。如前所述，进入90年代，深圳就制定了几部关于知识产权的规章。"22条"政策中，知识产权是其中最重要的内容之一。1998年，专门制定了《深圳经济特区技术入股管理办法》。2000年，成立深圳国际高新技术产权交易所。2005年，在全国率先制定并实施《深圳市知识产权战略纲要》。2007年，深圳市科技创新奖中专设专利奖。与国家知识产权局共建知识产权强市。2018年，中国（深圳）知识产权保护中心、中国（南方）知识产权运营中心、国家知识产权培训基地落户深圳。2019年，市人大常委会通过《深圳经济特区知识产权保护条例》。

概而言之，深圳的知识产权政策主要有如下要点。

（1）将知识产权作为产业政策的重要基点。90年代以来，深圳出台的高新技术政策中，言必称知识产权。深圳是第一个在地方政府中专设知识产权部门并将专利、商标、著作权统一服务和监管的城市，第一个出台知识产权战略纲要的城市，第一个密集出台相关政策的城市，也是持续几十年推进拓展知识产权战略的地方政府。

（2）不断地支持和激励企业作为知识产权创造者的地位。既保护知识产权的权益，又通过专项资金对企业创造的知识产权予以补助和奖励，通过多项政策多种途径使知识产权的创造者受益。还完善政府的公共服务鼓励企业创造更多的知识产权。

（3）推动多方式实现知识产权的价值。知识产权的经济学意义上的价值在运用和交换中得以体现。企业和发明人通常以"垄断换公开"的方式收取费用。深圳市在实践中，政策鼓励技术换股份；支持建立高新技术市场；为风险资本和无形资产结合创造条件；为知识产权质押取得贷款提供支持；等等。知识产权的价值实现，激励了知识产权的创造，使知识产权得以更多地应用。

（4）强化知识产权的保护。尊重知识产权首先要保障知识产权。不少知识产权创造发明很难，模仿复制很容易，如果不保护好创造发明的权能，就会降低乃至消解知识产权的投入。政府以公权力保护知识产权具有独特的功能和意义。深圳市在保护手段上既有行政执法，司法还有两者的结合。在对象上，实行平等保护。在知识产权的司法案例中，既有大企业诉小企业的，国外企业诉中国企业的，也有相反的情形。还有企业诉政府部门的。平等保护创造出公平的环境，吸引多主体对知识产权的投入和运用。

（5）建设基础设施，支持知识产权社会中介和服务业。知识产权是高度专业化的事务，需要专门的机构运作。政策许可和支撑是基础。深圳市政策措施有：知识产权评估、知识产权司法鉴定机构、知识产权交易、知识产权保护中心、知识产权运营中心、知识产权的运营企业发展，知识产权的联盟组织等。包括知识产权的国际合作与交流，知识产权国际化中的政府角色和援助。

（6）知识产权信用和道德建设。包括传播和普及知识产权知识；尊重和保护知识产权的自律与他律。发展知识产权教育和培训等。在政策的推动下，深圳知识产权业态不断丰富，基本上从零起步，成长为知识产权强市。知识产权战略实施，驱动深圳创新，也为产业转型升级贡献了动能。

第六章　金融创新：金融产业与产业金融

第一节　成长的金融产业

金融，从字面上理解，就是融通资金。融通资金很古老，形成产业，作为资本拜物教，作为经济的核心则是出现在现代经济中。深圳现代产业的形成，金融既在其中又是其他产业的动力。深圳产业政策中金融政策一直占有重要位置。

我们可以从以下几个维度去描述金融业的状态。一是产业主体的数量、构成和竞争力。数量影响规模，构成影响结构，竞争力影响强弱。二是产业规模。即金融业自身的经济体量和与其经济体量比较的相对量。金融业体量的大小当然与主体数量有关，但与主体体量也紧密相关，初级阶段往往是数量扩张快，发展到较高阶段则更加的是主体金融规模的扩大。三是业态及其结构。与其他产业相同，金融业也会随着技术的进步和经济分工加深，出现新的服务工具服务方式服务产品，出现若干新的行业。一般说来，金融业的规模、结构反映了经济体水平和能级。

一　银行业为主体的金融业起步与壮大

1979年，深圳市仅有8个银行网点和在乡村零星分布的农村信用社，金融从业人员近700人，存款1亿多元。

那个年代，货币只是作为计价算账工具的所谓"消极货币"。银行主要是作为国家财政的出纳机构，对企业的融资限于"非定额流动资金"贷款。实行中央银行与商业银行合一的单一银行体制。

居民个人除了可以在银行开设储蓄存款账户外，不可涉及其他金融活动。

深圳经济特区的设立，大规模城市基础设施的建设，外商投资企业的进入，产生了对资金融通的巨大需求，对资金融通新方式新模式的迫切需求，深圳金融业发展在市场深化中起步。

为了配合蛇口工业区的开发，1978年成立了中国银行深圳办事处，1979年升格为支行。这一年，中国银行总行刚刚从人民银行中分离出来，既经营货币特别是外汇业务，又履行国家外汇管理职能。1981年，中国银行总行又将深圳支行升格为深圳分行，为深圳外向型经济提供专业服务。至1984年前后，中国建设银行、中国农业银行、中国工商银行都在深圳经济特区设立分行，并给予省级分行经营管理权能。四大国有商业银行以高级别在深圳布局，并开始走向市场。

（一）打破营业界限，促进了商业竞争

按照当时的银行分工，中国银行主营涉外业务，中国工商银行主营国有、集体从事工商业的流动资金业务，而中国建设银行则主营基本建设和固定资产投资业务，中国农业银行的业务范围在农村。四大行"井水不犯河水"，各司其职，形成"自然垄断"。在深圳专营的行业壁垒被打破，形成所谓的"工行下乡、农行进城、中行上岸、建行出墙"的局面，不仅银行可以选择企业，企业也可以选择银行，这样的双向选择，增强了主体之间的自由度，要素之间的流动性。银行间的竞争，释放出经营压力，迫使其不断增强供给水平和供给能力，创造出新的更大需求，形成新均衡。

（二）推出新产品新服务

银行业与其他产业一样，只有不断推出新产品新服务，才能规避产品生命周期中的衰退阶段，保持相对稳态的增长。20世纪80—90年代，深圳大规模建设，大规模引进，快速成长产生了旺盛而多样化的资金需求。银行业在适应新需求创造新需求中创新供给。（1）组织银团贷款。1989年，由深圳中行牵头，16家国内外银行参与，赛格日立彩管项目成功融资8200万美元，顺利完成引进建设。其后，又组织了平南铁路等项目的银团贷款。这种形式克服了单一银行能力的瓶颈，分散了个别银行的风险，支持了重大项目的落地。到1995年底，深圳的银团贷款就达到53亿元。（2）1982年，香港南洋银行深圳分行在深圳首开按揭贷款的先河，但客户是香港居民。1985年，深圳建行借鉴外资银行的经验，对深圳南油公司卖给职工的85套住房提供按揭贷款。1988年，深圳财政用于职工住房补贴资金累计已达24亿元，以当时的财力已不可持续。政府决定进行改革，将住房出售给职工本人，而那时职工收入很难一次性付清房价款。深圳各家银行发现了新出现的市场，纷纷供给按揭贷款，满足了职工的融资需求。这一新产品，后来被推广到全国，圆了多少国人的自有住房梦。银行业也获得了新的增长。近20年来，房地产业在中国经济增长中成为主导产业，按揭贷款是助推器。（3）开展离岸金融业务。离岸金融业务是国际性业务，其特点是两头在外，内外分离，吸收离岸存款，发放离岸贷款。这项业务满足了深圳经济外向型的要求，市场以港澳地区为主，对象是香港的中资企业和国内的三资企业。1989年，招商银行提出并准入试点，后多家银行经营。到90年代中期，离岸存贷款余额都超过10亿美元。

（三）以技术和管理创新带动服务升级和业态进化

如同制造业和其他服务业，银行业也经由技术和管理创新实现产业升级。深圳金融业在国内最早运用信息技术提高服务效率和竞争力。1988年中国银行深圳市分行推出全国第1张银行卡"长城卡"，1996年4月，深圳ATM跨行交换网络正式开通，1997年6月，深圳POS直连网络正式开通四家银行，实现了共享POS网络或特有客户资源。招商银行是依靠技术和服务创新而快速增长并实现市场化国际化的公司。这家1987年4月8日诞生于深圳蛇口的银行，最初是作为招商局集团的一个地区性银行。无论是规模、影响，还是网点、资金量，都无法和当时的国有银行相提并论，而品牌、管理、效益更无法与国际银行相比较。招商银行从改善服务入手，较早地实行挂牌服务，微笑服务，站立服务，上门服务，开办储蓄夜市，星期日全天营业等，赢得了客户青睐。最早在信息化上创造领先优势，创新推出了享誉全国的金融品牌产品"一卡通"和

"一网通"。"一卡通"变传统的账号管理模式为先进的客户号管理模式，使客户只用一张卡，就能方便地管理本币、外币、定期、活期这些过去必须单独开立和使用的账户，被誉为中国银行业借记卡的一座里程碑，而"一网通"后来发展成为中国第一个实际投入市场的网上银行。此后，招商银行还将一网通终端扩展到手机上，在国内率先推出手机银行服务，大力发展 ATM，技术进步和应用，形成了招商银行的竞争优势。经过十年左右时间，招行的个人银行客户从 300 多万增加到了 4039 万，增长 13 倍，而物理网点从 164 家增加到了 672 家，增长了 3 倍，招商银行服务客户实现了从地区向全国发展，完成了从地区银行走向全国银行的历史性跨越，为走向资本市场和国际化打下了良好基础。

（四）外资银行的引进和学习效应

随着工商企业的引进，金融服务的要求提了出来。20 世纪 80 年代，中国还没有真正意义上的商业银行，更遑论为外商提供金融支持，外资银行的引进就成为一个必然的选择。最早引进的是南洋商业银行，1982 年 1 月 9 日在深圳罗湖正式挂牌成立。这家港资银行董事长庄世平先生是香港的一位知名爱国人士，任全国政协常务委员，侨联副主席，对中国经济特区及广东省经济社会发展多有贡献。该行客户群中的香港中小企业，不少到深圳经济特区投资，该行主要办理特区三资企业及港澳人士的外币存款、放款、汇兑、押汇、保险、兑换，旅行支票，信用卡、担保等项业务，还参与办理国营企业的外币放款，咨询、资信调查、介绍合资合作对象。对特区各工业区的设厂及第三产业提供信贷支持。发放房地产抵押贷款，包括工程后期周转放款及买房分期付款的贷款。如对罗湖大厦、友谊大厦、金城大厦等屋主发放贷款。牵头办理银团贷款。联络特区金融机构，同香港、欧洲、亚洲货币市场同业进行拆借。为客户提供信息，调查商情和资信，介绍客户洽谈投资项目。介绍国外及港澳地区有关管理外资银行的条例、办法及国际惯例，有关国际金融立法。向国外同业介绍在深圳开办银行机构的环境等。到 1994 年末，深圳共引进外资金融机构 45 家，其中外资银行分行 23 家，外资保险公司和财务公司各一家，外国银行常驻深圳代表处

22家。

外资银行的引入,为特区发展注入了活力。至1994年中,外资银行发放贷款余额超过21亿美元,其中75%以上贷款放在境内;存款余额超过13亿美元,其中境外存款占比78%以上。外资银行是深圳经济特区外向型经济蓬勃发展的加速器。如外资银行在深圳矿泉水厂、激光电视、程控电传交换中心、浮法玻璃厂、大亚湾核电站、南方国际租赁公司等中外合资企业投资及项目贷款中起到了重要作用。外资银行也是深圳经济特区引进外商的条件,在经济活动中,银行跟着客户走。客户也跟着银行走,二者往往相互影响,相互扩散业务。如渣打银行介绍香港中发大同公司与深圳房地产公司合资建设商品住宅楼,贷款1000万港元,向国商大厦建设贷款6000万港元。十年来经由外资银行联络引进外来投资达9亿美元。此外,外资银行给深圳经济特区带来了国际先进的管理办法和规则,管理经验和人才,管理工具和客户等,是一笔甚至价值高于直接投资的财富。[1]

(五) 发展非银行金融业

在以银行为主的金融业发展的同时,非银行性金融在深圳市场的巨大需求以及市场机制的作用下快速成长,金融市场风生水起。从某种意义上讲,是非银行的金融产业成就了深圳金融中心的地位。早期主要机构有财务公司,信托投资公司,租赁公司,保险公司等。这些机构以其独特的产品和功能服务于深圳经济社会发展,在服务中也壮大了自身。

保险业是深圳非银行金融业中十分突出的产业。优秀的公司和创新的产品构筑起竞争实力和领先优势。最为出色的公司是中国平安,这家起步于招商路上一间不起眼的门面的公司,已跻身于财富世界500强,成为全球位列前四的金融保险集团公司。集团下属寿险、产险、养老保险系列,业务遍及海内外,丰富的产品和专业化的运行以及先进的技术支撑,使得公司成为行业的翘楚。

---

[1] 深圳市政协文史和学习委员会编:《深圳四大支柱产业的崛起 金融》,中国文史出版社2010年版,第1—28页;裴权中:《深圳金融市场》,企业管理出版社1996年版,第43—53页。

中国平安成立之初，缺专业人才，缺经营保险业的经验、制度和管理方法，资本金很小且缺知名度，保险市场也起步不久。何以成为行业领导者？据曾任集团副董事长的孙建一回忆，在于先进的治理结构和有效的激励机制。平安保险成立后，建立了独立于原企业董事会和经营班子，按股份制公司运作，切断了原公司直接干预的渠道。董事会与经营团队的规范运行，使公司作为独立的市场主体的权利得到了体现和保障。公司内部干部和职工一样地位待遇，进退升降与业绩挂钩，激发出人的潜能。公司在市场化过程中，迅速地国际化，先后引进了摩根士丹利、高盛和汇丰。外资股东的引入，不仅壮大了平安的资本，还带来了先进的管理规则和经验，改善了平安的治理结构，引进了大批专业人才。这些要素成就了公司的强大。使得它在10年前就从容地为400万公司客户和4000万个人客户提供服务。①

在深圳的其他保险公司也有很强的竞争力和不俗的产品和服务。如人保深圳分公司是中国最早在特区的相对独立的保险公司，企业制度设计更接近市场经济主体，是全国保险系统中第一家独立核算，自负盈亏，自主经营，自担风险，实行分包制度的独立法人机构，其产品服务、经济绩效和创新发展全系统领先。设立首家专业型寿险公司，率先实行会计电算化，率先经营涉外业务等。1993年，人保深圳分公司承保了华星科技有限公司"华星微机病毒免疫卡"。这是我国保险行业首次对计算机信息产品安全进行的承保，引起了科学界和保险业的广泛关注。1999年6月人保深圳分公司与深圳市相关部门签订了出口信用保险保费补贴协议，使深圳成为全国第一个实行办理出口信用保险补贴保费的城市，同时也为我国在出口信用险的承保方面开了先河。这些保险降低了交易风险和交易成本，使交易成为可能。

深圳市政府也是保险创新的积极推动者，2004年，深圳市政府制定出台了《推动深圳保险业创新发展的若干意见》，建立了推动保险业创新发展的协调机制。2006年，中国保监会与深圳市商定，

---

① 深圳市政协文史和学习委员会编：《深圳四大支柱产业的崛起 金融》，中国文史出版社2010年版，第228—240页。

将深圳建成全国保险创新发展实验区。保险业在深圳这块改革开放的沃土中，创造了骄人的业绩。全市保费收入从1980年的28万元，到2009年的271亿元，30年增长了近10万倍。这是保险业发展史上的奇迹。

二 证券业与资本市场

短短40年，深圳金融产业"弯道超车"，成为中国重要金融中心，证券业和资本市场值得大书特书的。深圳的证券业大体可分为五个阶段。

第一阶段：第一家股份公司向社会公开发行股票。1987年5月，深圳发展银行首次发行股票。计划发行79.5万股，发行价格为每股20元，实际发行33.65万股，实收金额793万元，完成了发行计划的49.8%。其时，特区证券公司集股票发行、柜台交易和过户登记于一身。为了推销股票，开着车沿街叫卖，动员社会认购，领导干部带头认购。股票从无到有，股票发行市场问世了，证券业起步了，是金融业一次大的跨越，也是中国经济的一次大的进步，开辟了深圳金融产业的新路。

第二阶段：首次柜台交易与深圳证券交易所实际开业。1988年4月11日，深圳发展银行股票在深圳特区证券公司正式交易，这意味着股票二级市场出现。二级市场是资本市场的有机构成要件，它与一级市场相互依存，相得益彰。一级市场决定了二级市场交易的产品、种类、时间、规模等，二级市场反映一级市场的供求、盈亏、交易的活跃等。没有二级市场就没有大规模的退出机制，一级发行市场就受到较大局限，没有二级市场，就难以实现股票的即时定价，投资者就难以识别股票的价值，资本市场的流动性就会出现阻滞。没有二级市场，流通就没有便利性，交易成本有可能成为交易的障碍，市场配置资源的效率将变得十分低下。从这个意义上看，二级市场的出现也是资本市场发展的一个飞跃。

随着二级市场的交易和价格的上升，股民的投资意识被激活，资本市场要素日益增长。一是股市规模扩容。1988年只有一只股票，一家券商，当年交易额仅400万元。1989年，发展、万科、金田三种股票成交总额达到2300万元，1990年，上市股票达到5种，股票面值2.7亿元，成交总额达17.65亿元，年末总市值高达71.2亿元，股民总户数超出8万。二是中介机构快速增加。这期间共建立起证券公司，证券营业部等券商12家，交易网点达到19个，证券登记公司于1990年11月开始试业，证券交易所筹建工作展开。三是管理制度和架构初步建立。成立了深圳市证券市场领导小组并行使决策职能，明确了中国人民银行深圳市分行为主管部门，深圳证券交易所为集中交易主管部门，证券商为交易中介。出台了多部相应的市场规则。当然，这一时期，证券市场还很不成熟。如股票交易主要是通过券商，分散、不透明、手工操作，出现诸多不公正甚至腐败。上市公司、股票市场信息披露不充分不及时。监管还有不少缺失，以行政手段为主，股市大起大落，政府救市或压制股票涨幅。证券市场在成长中发展。

第三阶段：深交所开业与中国证券监督管理体制框架建立。这一时期，证券业从发行到交易到监管的制度框架和监管框架基本建立，深圳证券业第一次走上了快车道，资本市场初步形成。一是股市规模加速扩大。到1992年底上市公司增加到了23家，总市值达到400多亿元，全年成交量增加到438亿元。深圳股市向境外拓展，1991年的深圳10家新上市公司与境外承销机构签订B股发行协议，发行面额为1亿美元，南玻、康佳、中华、物业、华发、石化、中厨、中冠的B股陆续在深圳证券交易所挂牌交易，为深圳股市增加了利用外资的新形式。二是形成与国际惯例一致的初步系统化的资本市场制度和规则。如，《深圳市人民政府证券交易委员会组织大纲》《深圳经济特区证券市场管理暂行规定》《深圳特区股票发行暂行办法》《深圳特区债券发行暂行办法》《深圳证券交易所章程》《深圳市股票发行与交易管理暂行办法》等。1992年，全国人大常委会授予深圳经济特区立法权，深圳制定的规则以法律的形式固定和执行，为资本市场的秩序、公正、透明打下了基础，这是证券和资本市场赖以有序发展的基础。三是交易手段的现代化和交易方式的便利化。1993年4月，深交所在国内首创借助卫星通信手段传送股市行情及成交回报资料，有效地解决了交易中通信的"瓶颈"问题。卫星通信系统具有双向传递交易行情、成交回报和委托报盘的三种功能。同年7月28日,深交所替代微机运作的TANDEM大型计算机卫星系统正式推出,有效地解决了交易中撮合系统的"瓶颈"问题,至此,深交所的交易实现了"四化",即通信卫星化、交易电脑化、交收无纸化、运作无大堂化。交易手段的现代化,以先进的手段加快了资本市场的转型升级,提升了产业水平。

四是资本市场新产品推出。20世纪90年代初,适应证券市场的开启,证券投资基金应运而生。1991年10月,深圳南山风险投资基金成立,连同武汉证券投资基金,以及珠信基金,成为国内最早的一批证券投资基金。当时,证券投资基金的设立、监管权限由中国人民银行各地区分行,以及地方政府负责,深圳顺势拔得头筹。1992年6月,中国人民银行深圳经济特区分行颁布了《深圳市投资信托基金管理暂行规定》。它是国内最早的也是唯一的一部有关投资基金监管的地方性法规,对基金业的发展产生了重要影响。该规定是1997年国家《证券投资基金暂行管理办法出台》前,国内证券投资基金发行、管理、托管重要的法律依据。良好的环境,催生了深圳基金业的快速发展。到1993年底,全国一共批准近50家证券投资基金,总规模达到了18亿元,其中深圳的证券投资基金资产总规模达到了13.7亿元,占全国基金资产总额的76.11%,当时深圳发行国内两只最大的证券投资基金——天骥基金和蓝天基金,发行份额分别为5.81亿份和3.79亿份。1993年3月,两只基金被批准在深交所上市交易,这是我国基金首次进入交易所交易,同年8月份经中国人民总行批准设立的淄博基金,在上海证券交易所上市,标志着我国全国性投资基金市场的诞生。五是资本市场开始辐射全国。深圳证券交易所成立后,实行会员制,广泛吸引异地会员。异地会员的条件是:必须是经有关部门批准,可经营证券的金融机构,如各大中城市的证券公司,信托投资公司,银行等机构;运营资金在500万元以上,并缴纳100万元席位费和最低保证金及清算头寸等。会员通过通信线路,接收深圳证券交易所行情显示,在异地办理委托证券买卖,推荐外地上市公司股票,在深圳上市交易。截至1993年9月,深交所有会员373家,其中本地28家,异地345家。深交所的运营，实际上促成了深圳证券投资中心、资金流动中心，甚至资本市场的地位。一座兴起才10年左右的城市，就这样迅速从边缘走向中心，资本市场开始辐射和带动周边，简直是无法想象的。然而，奇迹出现了。1994年，深交所上市A股超过100只，大部分为异地股。当年成交额3080亿元，并创下单日成交84亿元的最高纪录。

第四阶段：全国性证券业统一监管形成与深圳证券交易所暂停主板新股上市。1993年3月，成立了深圳市证券管理委员会，下设深圳市证券管理办公室。后将期货市场的监管划入。该机构同时接受国家证券管理部门的指导。1997年7月，深圳证券交易所和上海证券交易所由中国证监会直接管理。1998年，中国证监会开始集中统一监督管理全国证券市场，地方证券监管机构由中国证监会垂直领导，作为中国证监会的派出机构，不再负责地方政策制定、市场发展和行政审批，专事对辖区资本市场的一线监管。至此，证券市场的发展不再由地方主导。

这个时期，全国性的证券市场发展还是初期阶段。深圳的市场在扩张，金融产品在增加，金融创新不断推出。深圳上市公司数量迅速增加到76家，上市公司总资产达到2210亿元，是"老5家"（指最初上市的5家公司）的40多倍，营业收入达到800亿元，10年增长60多倍，净利润达40多亿元，增长30多倍，缴纳的各种税费由数千万元快速增至约50亿元。证券经营机构快速增加，到2000年末，在深圳，注册的证券公司共10家，深圳本地和异地证券公司所投的深圳证券营业部共202家，深圳成为证券营业网点最多的城市之一。证券业在服务模式和产品开发等方面不断创新。第一家上市证券公司，第一家经批准在境外设立子公司的证券公司，第一家B股境内主承销商，第一套电话委托交易系统，第一家多媒体客户服务中心等都出自深圳的证券公司。这期间，基金业开始又一波发展，1993年3月，南方基金管理公司在深圳成立，这是首批经中国证监会批准设立的基金管理公司之一，也是深圳市设立的第一家规范化证券投资基金管理公司，同年，博时、鹏华基金管理公司在深圳筹建。深圳基金业蓄势待发。此外，深圳期货市场起步早，发展快，规模大，在20世纪90年代，先后建有深圳有色金属交易所和深圳期货联合交易所，以及19家期货经纪公司。在90年代中期，深圳制定的国内第一个期货交易标准合约《深圳有色金属交易所特级铝标准和约》，第一个由政府颁布的期货交易管理规定，《深圳经济特区有色金属期货经纪商管理暂行规定》。并建立了第一个期货市场监管的信息系统。后来，在国家调整中，深圳未布局期货交易所和大宗商品交易中心，但深圳期货业综合排名仍居全国前茅。深圳证券交易中心地位更加突出。1996年，深强沪弱得以形成。深市的上市公司数，上市证券数，成交股数，成交金额和投资者数量等指标遥遥领先，全年成交金额1.39万亿元。一批对深圳产业有影响的公司受益资本市场，依托资本市场成长。如金融业的招商银行、中信证券，先进制造业的南玻、中集集团、中兴通讯，房地产业的万科、金地、华侨域等。近80家上市公司成为继外商投资企业后的新的经济增长动能。

第五阶段：中小板、创业板陆续推出与多层次资本市场初步形成。

一是建设多层次资本市场。1999年8月，党中央、国务院作出《关于加强技术创新，发展高科技，实现产业化的决定》，提出在资本市场设立高新技术企业板。深交所开始筹备创业板。2003年10月14日，中共中央《关于完善社会主义市场经济若干问题的决定》明确，"建立多层次资本市场体系，完善资本市场结构，丰富资本市场产品，规范和发展主板市场，推进风险投资和创业板市场建设"。2004年1月，国务院《关于推进资本市场改革开放和稳定发展的若干意见》指出，建立多层次股票市场体系，分步推进创业板市场建设。5月17日，经国务院批准，中国证监会正式批复同意深交所设立中小企业板。6月25日，首批8只中小企业股在深交所上市交易。又经过几年的沉淀、准备、总结、提高，创业板呼之欲出。2009年10月30日上午，深交所创业板首批上市股票开始交易的钟声敲响，28只创业板新股受到市场追捧，这是中国证券市场上市加速，最多的一次新股集中上市交易。2006年，在北京中关村科技园建立了新的股份转让系统，称之为"新三板"。

如果从20世纪90年代算起，中国用近30年时间，建立了适应大企业、中小企业、创业企业直接融资的多层次资本市场。截至2017年末，深圳证券交易所上市公司2089家，其中主板476家，中小板903家，创业板710家。上市公司总市值23.58亿元，全球排名第八。2017年，全年新股发行上市222家IPO，全球第一，上市公司融资总额7822亿元，全球排名第二，其中IPO融资925亿元，再融资6897亿元。庞大的资本进入市场，不仅助推了市场本身的繁荣，巨大的资本金直接融通到企业，推动了企业发展和产业升级。

二是证券业走向资本市场纵深，深圳证券业持续发展。到2017年底，深圳证券公司达22家，包括18家多牌照证券公司，4家证券资产管理有限公司，在全国16.8%。从资产规模看，总部位于深圳的证券公司资产规模超过1.36万亿元，在全国占比22.5%，深圳辖区有6家A类券商，其中AA级证券公司4家，证券公司的数量、竞争力及资金规模，在中国证券业较发达的城市中，继续居领先地位。

这个时期，证券业向更宽阔的资本市场拓展。（1）向投资银行业务渗透。证券公司在保持IPO业务市场地位的同时，大力发展债券，再融资和并购重组业务，公司债券承销业务，股权质押融资业务。打造投资银行业务的全产品服务平台。（2）向创新业务开拓。以国信证券为例，2017年，公司加强产品研发，与中证指数公司联合开发，"中证国信价值指数"，12月正式上市，为客户提供视觉独特的指数投资工具，跟踪能够持续不断创造公司价值的公司，分享企业价值增长带来的长期回报。拓展客户范围，服务广大中小企业，通过培育资产端资源，建立市场化的，不单纯依赖推荐业务的全新资本市场生态链，为中小微科技型创新型企业赋能，创新服务内容包括企业融资组合、并购重组、股权结构设计，股权激励方案设计，资本市场顾问等。还有其他公司向互联网金融，向资产管理业务，向移动端创新等。（3）向国际业务发展。2017年，深圳有6家券商在境外（中国香港）开展业务，分别为国信证券、招商证券、中信证券、平安证券、中投证券、安信证券。开展的业务包括证券经纪、投资银行、资产管理、理财顾问、企业融资和财务咨询等。以招商证券为例：2017年，主承销香港市场10家IPO，承销金额9.4亿美元，排名全市场第三。债券承销42个，承销金额超过33亿美元。跨境并购业务实现重大突破，完成Prax Capital出售旗下大型服装品牌给百丽集团，以及上海医药全资收购全球领先医疗公司康德乐在中国的医疗及医疗产品分销业务项目。招商证券韩国子公司，于2017年6月获得韩国金融委员会颁发的金融投资业牌照，公司成为首家进入韩国的中国券商。其他公司的国际业务都有所进展。深圳证券业不仅提供了丰厚的回报，2017年实现净利润256亿元，实际缴纳税收209亿元。而且细分的业务拓宽了资本市场，专业分工更细，经济效能因之提高。新技术新产品新服务形成的新供给，创造和满足了多样化并不断生产出的新需求。

三是发达的金融市场与企业上市潮。以多层次资本市场为依托，深圳金融中心的地位实力日渐强化。同时，多层次资本市场助力深圳企业融资。截至2017年12月底，深圳市境内外上市企业累计389家。其中境内上市企业273家（上交所主板20家，深交所主板59家，中小板112家，创业板82家），境外上市116家，深圳市境内上市公司数量约占全国上市公司总数的7.83%，列全国各省市第六位。深圳中小板上市企业数量和募集资金日均连续11年居全国大中城市首位。创业板上市企业，占全国创业板上市企业总数的11.5%，位居全国大中城市第二位。2017年新增42家中小企业在境内外上市，其中，沪主板三家，中小板17家，创业板20家，香港2家。截至2017年底，深圳共有"新三板"挂牌公司780家，总股本340.14亿股，挂牌公司家数居全国城市第六位。2017年深圳净增全国"新三板"挂牌公司82家。2017年，深圳共有218家"新三板"挂牌公司实施股票定向发行，总发行数超14亿股，融资额108亿元。多层次资本市场，改变了深圳市的企业结构，从而改变了深圳的产业结构，如果说主板市场期，受惠于资本市场的主要是经过股份制改造的国有企业，那么，中小板、创业板上市则主要是民营企业。主板上市的主要是传统产业，中小板特别是创业板上市的则主要是新产业。如2017年新增42家在境内外上市企业中，国家高新技术企业32家，占总量的76%，首发募集资金合计207亿元。在境内外上市企业中，一些企业成长为跨国公司。包括互联网行业的科技巨头腾讯，金融行业的世界500强平安集团，新能源行业的龙头比亚迪，基因领域的新秀华大基因等。腾讯公司的市值一度超过4500亿美元，冲进全球十大市值上市公司。而一批上市中小企业在细分市场精耕细作，构成了深圳新经济特色。

三　金融业的新拓展

新经济规模大是深圳经济的特征，新金融是其构成部分，也是驱动力。

（一）股权和风险投资

股权投资基金兴起于20世纪70年代的美国，主要有支持早期创业的投资风险基金，侧重于公司中期拓展及成熟后各种重组的增长和并购基金。一经起步，就表现出强劲的态势。据有关资料显示，2007年，全球PE总融资额首次超过全球各公开交易市场公司股票发行融资的总和。

中国的股权投资基金始于20世纪80年代中。1985年1月，中共中央《关于科学技术体制改革的决定》明确提出："对于变化迅速，风险较大的高技术开发工作可以设立创业投资，给予支持。"这是创业投资，最早写进中央文件，标志着发展创业投资正式成为中国的重要政策。同年9月，国务院批准成立中国新技术创业投资公司，是中国第1家风险投资公司。深圳是中国最早试水股权投资的地区，90年代初最早成立证券投资基金，1994年，深圳市高新技术产业投资服务有限公司成立，主要业务是为高新技术企业提供贷款担保，股权投资和咨询评估等专业性服务。其后，随着深圳产业发展和资本市场深化，特别是中小板和创业板的推出，股权投资基金赢得了发展机会，成为中国股权基金业发展最快、规模最大的城市之一。

到2017年底，深圳地区基金公司管理规模合计4.17万亿元，约占全国基金管理规模的1/4，其中公募基金规模2.63万亿元，占全国比重的23%，非公募基金资产管理规模1.56万亿元，约占全国比重的 25%。按非货币基金规模统计，全国排名前 30 的基金管理公司中，深圳地区有 8 家，进入全国前 10 名的深圳基金管理公司有 3 家，分别是博时基金、南方基金、招商基金。深圳注册的私募基金管理人有 4377 家，已备案私募基金 12260 只，总管理资金规模 17993 亿元，私募基金从业人员 42337 人，按正在运行的私募基金产品实缴规模划分，管理规模在 1 亿元以下的私募基金管理人有 3309 家，管理规模在 1 亿—50 亿元之间的有 1008 家，管理规模在 51 亿—100 亿元的有 36 家，管理规模大于 100 亿元的有 24 家。

私募基金中，证券投资基金有 1922 家，占全市私募机构总数的 43.9%，总管理规模 2916 亿元，占 16.2%。股权及创业投资基金管理机构共 2216 家，占全市私募基金管理人总数的 50.6%，所管理的股权及创业投资基金共 5020 只，占 40.9%，总规模为 9567 亿元，占全市私募基金管理规模的 53%。

其他投资基金管理机构共 239 家，占全市比为 5.46%，管理的基金总量为 1380 只。这些基金丰富和活跃着深圳资本市场，股权及创业投资基金，直接为就业和产业发展提供血液。如深圳市达晨创业投资有限公司 2000 年成立，2001 年至 2007 年连续 7 年当选为"中国风险投资 50 强"。达晨创投投资了近 40 家有潜力的优质企业，其中 9 家企业分别为 2007—2008 年度"清科——中国最具投资价值企业 50 强"。深圳市同创伟业创业投资有限公司，成立于 2000 年 6 月，是中国第 1 批以创业板上市为目标的专业创业投资公司。投资行业主要为新商业模式、新能源、新材料、新农业、生物医药、电子科技等行业，已经投资的上市企业有轴研科技、达安基因、欧菲光、拓日新能、格林美等。

（二）互联网金融

互联网金融（ITFIN）是指传统金融机构与互联网企业利用互联网技术和信息通信技术实现资金融通、支付、投资和信息中介服务的新型金融业务模式。互联网金融具有普惠金融、平台金融、信息金融和碎片金融等不同于传统金融的特征。

我国的互联网金融经历过三个阶段。第一个阶段是 1990 年至 2005 年左右，这个阶段是传统金融行业的互联网化，网上银行是标配。第二个阶段是 2005 年至 2012 年前后，这个阶段的特点是第三方支付的兴起和发展。第三个阶段是 2012 年以来，互联网实质性金融业务展开。即依托大数据和云计算在开放的互联网平台上，形成的功能化金融业态及其服务体系。包括基于网络平台的金融市场体系、金融服务体系、金融组织体系、金融产品体系以及互联网金融监管体系等。

深圳是金融创新最富集的城市。改革开放前 20 年，在金融领域创造了百余项第一。资本市场的中小板、创业板开通后，基金、创投等新金融十分活跃，是中国新金融的中心之一。深圳具有金融创新的传统。深圳也是互联网产业的龙头——腾讯公司的诞生地。2008 年，深圳互联网应用服务业规模约占全国的 18%，电子商务交易额占全国比重约为 6.2%。深圳也是民营中小企业最密集的城市，300 多万家商事主体，99% 为中小业主，对及时的便利的普惠的金融服务需求量极大。深圳金融的创新精神，积累的经验和人才，深圳这座年轻的城市中，市民对新生产生活方式的追逐，深圳信息产业的基础和条件构成了互联网金融发展的沃土。

深圳对新金融十分敏感。2014 年，市政府出台支持互联网金融创新发展的指导意见，提出若干政策措施，包括方便注册、落户奖励、项目奖励、空间保障、人才培养、配套服务、财政支持、传播推介等，以抢占新一轮互联网金融发展先机。在商机和政策的推动下，互联网金融发展十分迅速。据有关数据，2015 年，在工商局注册登记的互联网金融公司超过 1000 家，其中一半以上为 P2P 网贷平台，每月以 10% 的速度扩张，贷款规模约占全国 30%，占广东省一半以上。2016 年，注册的互联网金融企业累计超过 2000 家。由于产业新，监管没有经验，加上金融业本身信息不对称，道德风险高等，互联网金融中特别是 P2P 领域出现大量风险，更有利用互联网金融工具进行诈骗等。2016 年，国家发布《互联网金融风险专项整治工作实施方案》和一系列监管政策，互联网金融进入平稳发展阶段。

深圳互联网金融中表现优异的是腾讯公司。微信支付已广泛进入大众生活，不仅改变了支付方式，为社会经济活动节省了成本，提供了便利，而且正在改变着传统的金融体制，包括要求监管制度也要更新。

微众银行是目前互联网金融的新秀。该银行成立的大政策是：党的十八届三中全会提出，在加强监管的前提下，允许具备条件的民间资本依法发起和设立中小型银行等金融机构。另一个背景是，2013 年以来，国内互联网领域逐步形成了腾讯、阿里巴巴、百度三大互联网巨头，这些公司开始运用互联网技术尝试与金融业的结合，取得了积极的效果。监管部门意识到，利用新技术打造新的银行，进而推动整个银行业的转型和创新，是金融业改革创新的一个方向和重要抓手。三大互联网巨头经济实力是经营银行的重要砝码。于是，在各种力量的作用下，2014 年 7 月，经原银监会批准，腾讯、百业源、立业作为发起开展首家互联网银行也是深圳首家民营银行的筹建工作。银行注册资本 30 亿元，由三家发起人股东和七家小股东共同出资。腾讯股份占 30%，百业源和立业分别占 20%，其余股份由七家小股东持有。2014 年 12 月 12 日获得监管部门颁发的许可证，微众银行宣告成立。

微众银行借力腾讯的流量优势，将腾讯个人客户群与银行等金融机构连接，将金融机构之间与其他平台连接。这种"连接"令其业务稳定健康快速增长。"微粒贷"是微众银行面向个人推出的纯线上小额消费循环贷款产品。它采取用户邀请制，微众银行风控系统会根据用户征信数据，生活社交、交易支付等数据，判断用户进入白名单的资格。受到邀请的用户可以在微信钱包、手机 QQ 钱包、微众银行 APP 中看到"微粒贷"入口并进行操作。到 2017 年 12 月末，累计发放贷款总金额超 8700 亿元，授信用户总数突破 3400 万人。微众银行业务扩张的支撑并非仅依靠本行的实力，而是借力连接其他金融机构。"微粒贷"的放款资金除了前期的部分自有资金外，多数来源于其他合作的数十家银行。即在发放每笔的贷款中，微众银行和合作银行按 2∶8 出资比例放款，利息收入按 3∶7 分成。截至 2017 年 12 月微众银行联合贷款合作金融机构达到 50 家，他们分享了微众银行 75% 的业务量。微众银行这种经营模式助推其飞跃，2018 年全年，微众银行营业收入为 100.3 亿元，净利润为

24.74亿元。截至当年末，其资产总额达2200亿元。微众银行只用4年时间，跻身于32家A股上市大行的行列，排名第24位。据上证报中国证券网讯，11月5日，国际评级机构穆迪及标准普尔正式发布报告，分别授予微众银行首次"本外币中长期存款A3评级和短期存款P—2评级"及"长期BBB+和短期A2发行人信用评级"。并且两家评级机构一致评定微众银行评级展望为"稳定"。这是中国民营银行首次获得国际信用评级。

互联网金融作为产业本身还比较弱小，对其他产业的影响也不大，但一经面世，显示出未来的巨大价值。一是信息资源。人类走向数据时期，信息已成为有价值的资源。其实，信息的价值从来都是存在的，市场经济之所以比计划经济更有效率，一个重要的原因是信息的产生、获取、运用的差别。市场经济过程就是海量信息产生的过程，就是众多的决策者分享信息并作出决策的过程，就是无数的分散的决策者交换信息的过程。这显然是计划者很难做到的。大数据的出现，不能替代市场经济的优势，但能运用市场经济运行中产生的海量数据分析行为主体，从而了解行为主体的偏好、经济关系、经济状况等，有针对性地推送相关信息，从而影响经济主体行为方式。微众银行已经显示出这方面的优势。反之，传统的银行部门并不具有海量的数据资源，久而久之，可能陷入被动。二是成本优势。在其他条件不变的情形下，成本是竞争的关键。低成本一定会淘汰高成本。新经济之所以颠覆旧经济，很多的都是凭借成本优势。微众银行只用4年时间超过不少上市的大行，其重要原因是，微众银行少了房租、少了员工，也少了由此带来的交易成本。这也是为什么有几十家金融机构与之合作的因素。当然，微众银行的业务边界，与其信息流息息相关，在腾讯达不到的地方，微众银行也达不到。这就是说，它目前的边界是清晰的。否则，将会对传统银行业务产生巨大冲击。三是互联网金融发展的条件。从微众银行和网商银行发展的经验看，互联网金融的展开需要一定的条件，不是简单的互联网+金融。但既然互联网金融已显示其优越性，随着技术的进步，积极而有序推进互联网金融是政策的重点。把握了这一点，也许能更好地把握未来。

第二节　金融开放和金融深化

深圳金融业的发展，资本市场的形成，金融中心渐成气候，得益于改革开放的制度创新，直接起作用的是金融对外开放和金融深化的制度创新，中央和地方政府的政策安排发挥了极其重要的作用。

一　特殊政策和宽松管制

深圳金融业之所以快速发展，与率先对外开放和金融深化密不可分。率先对外开放，不仅满足了深圳经济特区建立之初，外商的金融需求，填补了特区金融的缺口，还为特区金融提供了示范和借鉴。率先的金融深化，使金融的市场化与其他市场发展相互适应相互促进，金融业本身在市场机制的作用下，具有了自我发育自我扩张的能力。

中央和国务院有关部门在金融开放和市场化上，给予深圳经济特区先行先试和优惠政策。中国人民银行在最早批准深圳引进外资银行和外资保险机构后，又起草了《关于改革深圳银行体制的意见》，国务院于1984年5月以（国函字）71号文件批复，给予深圳综合性的金融特殊政策。一是将中国人民银行深圳经济特区分行，定级为省级分行，统一管理深圳的银行、证券、保险等金融机构并直接对总行负责。二是对深圳实行信贷资金"切块"管理，深圳各商业银行的资金，总行不能调走。中国人民银行总行每年还要切一块资金由深圳人行统一调配使用。在额度管理制度下，深圳建设渴求资金，这样的支持是很大的。到1988年，深圳才实现信贷收支平衡，1990年开始存大于贷。三是赋予深圳人民银行利率的调整权，深圳的银行可以使用与内地不同的利率政策。四是赋予深圳人民银行存款准备金的调节权，深圳人民银行可以根据深圳银根松紧的程度和经济发展的需要，适当调节存款准备金比例。五是赋予深圳人民银行对金融分支机构设立的审批权。总行赋予深圳分行的权限，事实上大于一个省级分行的权能。这些权能在有作为的改革者手中，得到了极大的发挥，深圳诸多的金融产品的创新，新的金融机构的设立，金融机构的宽松监管都是在深圳分行权力结构中启动和完成的。制度性分权，是那个时期最好的特殊政策。此外，深圳不少金融创新是"先生孩子，后领出生证"的，国家相关部门都给予了宽松管制和许可。在深圳金融创新中，出现过外汇黑市交易普遍，期货交易很不规范，证券市场轰动一时的"8∶10"风波，带来了金融市场的混乱甚至动荡，国家有关部门在加强监管改革的同时，允许深圳继续大胆试，允许深圳地方制度试行，继续支持深圳先走一步。开放、放权、鼓励创新、宽容规制，这些特殊政策安排，促成了深圳金融业蓬勃发展，培育了深圳金融业自发展的细胞。深圳分行在监管方式中，借鉴了《巴塞尔协议》规定，变具有计划性质的切块额度管理为风险资产管理；创新性地推出了"贷款证"制度，取消信用放款，实行担保或抵押放款。为企业提供了便利，降低了成本。同时，监管向现代市场方式转变，促进和发展了金融市场。在多层次资本市场建设中，诸如主板、中小板、创业板，以及科技金融、互联网金融中，所有新市场、新业态、新技术、新试验，国家及有关部门或将深圳作为试点或支持深圳大胆探索。

这种制度性分权和宽容审慎地监管，为深圳金融发展和金融创新注入了活力，使得深圳的传统金融、资本市场、创新金融迅速崛起，共同发力，一举奠定区域金融中心的地位。金融业占GDP的比重达15%左右，并为其他产业发展提供动力。

二　金融深化的地方政府行为

金融深化是美国学者肖和麦金农在20世纪70年代提出的理论和主张。他们认为，资本不足是发展中国家的经济瓶颈，这种不足，主要是长期的金融压制造成的，即资金的配额制和人为地压低并管制利率、汇率等。这些国家的金融体系处于受压制的状态之下，不能根据价格信号有效配置资本资源。发展中国家要想使经济得到发展，就应该重视金融对国民经济的影响，发挥金融对经济增长的促进作用，放弃所奉行的金融压制政策，实行金融深化或金融自由化。即放弃对金融体系和金融市场过分的行政干预，放开汇率和利率，让其充分地反映资金和外汇的实际供求状况，充分发挥市场机制作用，并有效地控制通货膨胀。后来，麦金农对20世纪80年代早期拉丁美洲放松金融管制所带来的问题进行反思之后，修正了自己的完全自由化的观点，指出为了使金融更加促进经济的发展，存在着道德风险时，政府应该实施利率管制。随着信息经济学的发展和它在金融领域的广泛应用，人们普遍认识到由于金融市场天生的信息不完全，某种程度的金融管制和政府干预是必要的。

肖和麦金农关于发展中国家金融深化的基本观点，在某种程度上，揭示了经济特别是金融运行的方向。不过，80年代初，金融深化理论尚不被国人所了解，但深圳经济特区外向型经济的发展，"杀出一条血路"的探索，市场因素迅速增长，通过金融深化解决资本配置方式成为一个现实的选择。

（一）通过市场调节外汇供求

1980年至1985年深圳累计利用外资9.2亿美元，引进数千家外商投资企业。1985年出口总值为5.6亿美元，相当于当时深圳国内生产总值的54%。外向型经济程度高，进出口量增长快，产生巨大的外汇流动需求。而当时国家外汇极其短缺，主要用行政管制来控制外汇。按当时的有关规定，企业出口创下的外汇必须到银行兑换成人民币，企业进口需要外汇，也必须到银行换取。而当时的汇率存在着严重高估，且实行双轨制。改革开放初期，官方公布的人民币兑美元的价格是1美元兑换1.5人民币元（对于非贸易的外汇需求）。外汇贸易内部结算价格是2.8元。加之，一些企事业单位出口创了外汇而一时没有用途，而另一些企事业单位，不创汇或创汇不够，却又急需用外汇进口原材料，以维持经营活动。于是，就出现了私下交换。这种"利基市场"被部分市场敏感者所发现，并发展成所谓的"黑市交易"。此事惊动了主管部门甚至纪律检查部门，政法机关，一些人提出批捕几个参与"黑市交易"企事业单位领导。此事反映到深圳市委，主要领导敏锐意识到，产生"外汇黑市交易"的原因，主要是不合时宜的管制造成的，逮捕几个人可能使"黑市"更隐蔽，而不可能使"黑市"消失。况且更大损失的是经济效率，是供求无法平衡，是定价功能的丧失。

深圳市委一方面向中央汇报情况和深圳的意见，另一方面谋求以公开透明规范的市场化的方式解决外汇"交易黑市"问题。1985年11月，深圳经济特区外汇交易中心成立，中心由人行深圳经济特区分行具体操作，发布了《深圳经济特区留成外汇调剂管理暂行办法》。规定但凡深圳的企业，创汇和用汇都应通过外汇交易中心调节，价格由供求双方商定。外汇调剂中心的成立，解决了"黑市"交易，解决了贸易中的货币流通问题，企业根据外汇价格调整结算形式，促成外向型经济顺利完成"惊险的一跃"。1988年，在深圳实践3年以后，当外汇问题成为其他城市交往中的"普遍问题"之时，国家外汇管理局将其经验和做法合法化并推广到全国。

1993年11月，中共十四届三中全会作出了关于建立社会主义市场经济的决定，外汇市场化的改革进入了攻坚阶段。1993年底，中国人民银行开始允许国内银行，开展面向个人的外汇买卖业务，深圳于1994年1月8日成立了中国第一个外汇交易中心，深圳外汇交易中心。这是外汇管理深化的质的飞跃。在交易中心，交易的主体是银行，改变了过去在外汇调剂市场中以企业为主体的状况，个人也可以参与，大大丰富了市场。汇率形成的机制也发生了变化，由银行统一报价取代了企业双方商定。外汇市场化的进程中，深圳走在了全国前面。

（二）设立深圳证券交易所

深圳经济特区之初，经济资源十分短缺。在不能依赖计划解决发展问题的条件下，市场和对外开放就是唯一的路径。允许并鼓励市场化和对外开放，是中央给予经济特区最大的特殊政策。正是在这一大背景下，深圳发展出了资本市场最大运行体——深圳证券交易所。

据亲历深圳证券交易所全过程的负责人之一的禹国刚先生回忆，1988年5月，当时的深圳市委书记、市长李灏率团赴英、法、意三国进行考察时，在伦敦举行过一场由金融界人士参加的座谈会，主题是吸引外商投资。欧洲的一些互惠基金及单位信托基金的经理参加了这次座谈会，他们向李灏介绍，欧美国家多种基金的数额很大，愿意向中国特别是深圳等沿海城市投资，但是基金的投资主要方式是股票、债券，一般不直接投资于实业。他们建议，中国应尽早建立规范的证券交易机构，为他们提供进入中国证券市场的投资场所。这一建议，实际上给出了一种新思路，即利用资本市场筹措资金。这无疑是一片更大的蓝海，对考察团的成员特别是主要领导而言，无疑有重大启发。尽管当时中国大陆还没有资本市场甚至还排斥市场，但是，对于深圳的改革者而言，抓住机遇，向社会主义市场经济出发，已然是一种自觉。

返深途中，经香港，李灏在会见香港新鸿基公司董事长冯永祥先生时，谈及深圳要利用政策优势，创建按国际惯例运作的深圳证券市场的想法。冯先生向李灏介绍了现代证券市场的架构，包括证券市场的构想、市场的组织与运行、市场的功能等。促使李灏更急切地在深圳建设现代证券市场。但他也深感深圳金融人才短缺，遂向冯先生表达了三点求贤若渴的意愿。第一，聘请冯永祥先生为深圳金融发展专业顾问；第二，请冯永祥先生派人指导起草发展深圳资本市场的总体规划，包括组织架构和规则等；第三，帮助深圳培训金融证券方面的专业人才。冯先生一一答应，并很快付诸行动，在给市体改委指导起草总体方案的同时，冯先生派高级助手到深圳，从1988年6月到9月连续办了4期培训班，传授金融证券方面的专业知识，讲解发展资本市场的基本理论和实务，为深圳建设资本市场培训了急需人才。

在若干准备的基础上，1988年11月，深圳组建了"深圳资本市场领导小组"，由主管副市长任组长，下设专家小组和顾问小组及筹建办公室，深圳证券交易所建设进入快车道。在顾问小组（主要是香港新鸿基公司）的支持下，专家小组经过5个多月的努力，完成翻译了200多万字的香港的《公司条例》《证券交易条例》《香港联交所组织大纲》《香港联交所股票上市规则》等资料。有比较完整的证券市场制度可供借鉴，深圳证券市场设计加快了步伐。其时，另一重要契机不期而至。1989年3月，由中信、光大等9家非银行金融机构共同发起组建了"证券交易所联合设计办公室"（简称"联办",后来更名为"中国证券市场研究设计中心"),并开始了与资本市场专家组的合作。"联办"的高西庆、李青原、汪建熙、谢思敏等人(他们后来成为国家证券市场建设中的骨干人物)多次来到深圳,与深圳专家组共同研究制定深圳证券交易所各项业务规则和深圳证券市场的各项法规草案,汇集印成《深圳证券交易所筹备资料汇编》。这些人,这些资料,见证了深圳资本市场乃至中国资本市场的建设,培育了这个市场的成长。

1989年8月,市资本市场领导小组研究审定了筹备小组完成的证券交易的相关法规,连同《关于筹建深圳证券交易所的请示》报决策层。1989年11月15日,深圳市政府作出了《关于同意成立深圳证券交易所的批复》。深圳证券交易所进入了挂牌前的各种实质性运作,包括向中国人民银行总行报批。恰在1990年初,股市交易价格节节拔高,严重过热。由于公开上市股票数量少,买家多,供求严重失衡。交易网点少,交割手段落后,人工撮合,人工过户效率低下,出现腐败和大量的场外交易,政府用限价等方式进行了管制,但不能较好地解决交易中的公开透明公平公正问题。一方面,市场秩序混乱推延了主管部门对深圳交易的审批;另一方面,急需一个证券交易所来规范市场。深圳的决策层以中央给予的先行先试权为依据,决定深圳证券交易所尽快开业。1990年12月1日,深圳证券交易所正式运行(因为未领"出生证",当时对外称试业)。这是一个标志性的事件,是证券由柜台交易向集中交易转变,是手工操作向电脑自动撮合,自动过户,从而提高效率,向公开公平公正交易程序转变,是资本市场中具有决定性意义的关键一步。深圳证券交易所对深圳的意义当然是不言自明的。

深圳资本市场的培育,也并非一帆风顺。从1987年5月9日,深圳发展银行首次向社会公众公开发行股票,1988年4月1日,该股票在深圳也是全国最早的特区证券公司柜台上交易,到深圳证券交易所开业的两三年的时间里,股市经历了无人光顾到疯狂的几次阶段性跌宕,经历过用政策以至行政手段鼓励购买股票到用各种方式控制股票交易,经历过证券交易过程中的操纵,"白市"和"黑市",发生过"不透明""不规范"和各种投机,各种腐败,在资本市场还被部分人认为是社会主义的异己因素，每走一步相当艰难。

从历史上看，股票发行，证券交易所的出现，规范的交易经历了漫长的历史过程。如 1698 年伦敦就出现了挂牌的证券交易，最初的证券交易是在咖啡馆里进行的。1773 年，新乔纳森咖啡馆正式改为证券交易所，成为伦敦证券交易所的前身，1802 年，在伦敦马丁巷创立了较正规的证券交易所。经过一个多世纪，1812 年，英国才颁布了第一个证券交易条例。美国的第一个证券交易所——费城证券交易所，成立于 1790 年。1817 年，纽约的 24 名经纪人在华尔街 11 号共同组建了"纽约证券交易会"，后发展为闻名的"纽约证券交易所"。直到 1933 年，美国才颁布了《证券法》，建立了股票发行规则等。1934 年，美国又颁布了《证券交易法》，用于规范股票交易事项，并依法成立了证券委员会，作为股票市场的监管机构，股票交易从发行市场到交易市场不断得以完善。深圳的股票交易制度比较快地形成，其中重要因素之一，就是利用了"后发优势"，有条件的"拿来主义"缩短了自然演变的过程。

证券交易制度的建立，是证券市场充分发展的必要条件，更是全国性的市场乃至跨境跨国投资的必要条件。在证券市场的自然演化中，最初也许带有自发的色彩。但成熟的交易市场，都是需要经由政治程序制定的法规来规范和培育的，都是需要第三方来进行监管的。从这个意义上看，政府政策对市场的发育是至关重要的，政府对资本市场乃至金融产业的发展并非无足轻重。深圳在一个较短的时段内，崛起为金融产业中心，得益于政府培育了资本市场，得益于中央给予的先行先试的特殊政策。

（三）培育竞争力强的金融企业

金融产业的规模、层次、水平、竞争力归根结底是由金融企业决定的。深圳有活力的金融产业，来源于有实力的企业，招商银行早在 2008 年就在美国纽约设立分行，是国内少有的在世界上最大的金融中心设分支机构的银行。同一年，平安保险进入《财富》500 强，是国内非国有公司进入 500 强的第一名。

20 世纪 80 年代，深圳有 3 家金融公司成立。这三家地方金融机构能冲破金融国有独资垄断性经营的一统天下，脱颖而出，一方面是国家特殊政策和相关部门的支持，另一方面是地方的远见卓识和精心设计。

1. 成立深圳发展银行

深圳经济特区前十年，对资金用渴求来比喻是一点也不为过的。尽管20世纪80年代中期，中农工建都在深圳经济特区设有分行，但毕竟不受地方管辖和支配。地方希望有自己的银行，支持地方城市发展，与国家的其他银行相互竞争。那时，深圳的财力并不宽裕，出资办银行并非完全无力，但也不是最佳选择。恰逢1986年深圳开始股份制改革试点，组建一个股份制地方银行的构想进入决策者视野。

在经过调研论证之后，深圳提出了以整合原农村信用社为基础，再向社会公开募集股份作为资本金的方案。当年深圳一共有21家农村信用社，由农民入股的方式组建而成，农村信用社在吸收存款和发放贷款的业务方面，隶属于农业银行深圳分行。但是，实行独立核算。农村信用社有一定的业务基础和资源，同时，存在着业务人员能力不强、管理落后，以及不良贷款率高等问题。整合农村信用社可以利用其优势，改善其短板，赢得组建新银行的时间和效率。组建方案在与人民银行深圳分行和农业银行深圳分行沟通协商后达成共识，各项准备工作全面铺开。李灏亲自带队向人民银行总行和农业银行总行汇报以争取支持。时任中国人民银行行长的陈慕华听取汇报后亲自主持会议研究深圳成立股份制银行的请示。由于担心整合农村信用社会引发全国性的连锁反应，担心股份制可能改变所有制结构，会议没有达成一致。深圳并未因此而放弃，继续改善农村信用社的经营，继续加快新行组建准备，并再次进京向陈慕华行长汇报深圳的准备工作和方案。此次，陈慕华行长委托副行长邱晴到深圳实地调研，调研后形成了上报总行的意见：一是为支持深圳经济特区发展，同意探索成立一家地方性商业银行。二是改组深圳农村信用合作社，是一个合理选择，但为了减少对农村信用社系统震荡，试点仅在特区内进行。同意特区内6家信用社为基础，组建一家新的地方商业银行，其他的15家信用社维持原状。三是为减少不必要的影响，银行名字中不出现"信用合作"字样，具体如何命名，请市政府提出建议。深圳借鉴新加坡的相关经验。正式向中国人民银行总行提出组建"深圳发展银行"的请示并获批。1987年12月28日，深圳发展银行成立，第一次股东大会召开。深圳发展银行以3项首创性改革引起社会关注，是新中国第一家允许个人入股的银行，它是首家公开挂牌上市的金融机构，是第一个发行外汇优先股的银行。

2. 培育招商银行

招商银行是国内第一家由企业法人持股（初创时）的银行。坐落于深圳的蛇口工业区，是深圳经济特区的一颗明珠。在中国市场经济体制形成中，具有十分重要的地位。从招商集团走出了招商银行和平安集团，这两家企业的影响力后来甚至超过它们的母体——招商局。尽管如此，它们有生命力的种子都是在蛇口工业区的热土里播种的。

经过几年的开发，20世纪80年代中的蛇口工业区已有上百家企业，这些企业因经营都要在银行开账户，有的存款，有的贷款，存贷之间，造成利息损失。在市场中闯荡的蛇口人对看似不起眼的利息损失十分敏感，提出设立自己的内部结算中心以节约资金成本。这一建议得到了袁庚同志的首肯，全国第一家企业内部结算中心在蛇口工业区问世。蛇口工业区所属企业在这一内部结算中心开户，再由结算中心统一在银行开户。在节省资金成本的同时。还实现了大范围区内资金的集中管理配置。1985年下半年，财政货币政策偏紧，信贷投放紧缩。为了使工业区摆脱单一的依赖银行信贷，更灵活地吸引其他资金，工业区内部结算中心改组为财务公司。

招商局是洋务运动留下来遗产。早在1897年，李鸿章等人就建立了中国自办的第一家银行，中国通商银行。深谙招商局历史的袁庚，在蛇口工业区发展日益增加对金融机构需求时，形成了复兴招商局辉煌的信念，谋划成立企业自己的银行。1985年12月时任中国人民银行行长的陈慕华到深圳视察，袁庚把她请到了蛇口，看了蓬勃发展的工业区，袁庚将话题引到了金融改革，介绍了蛇口工业区已经有了运作内部结算中心和财务公司的一些经验，再加上毗邻香港的优势，提出让招商局在此基础上，建立一家完全由企业持股，严格按照市场规律运作的中国式的商业银行。在这方面探索一下，闯一闯，看看能不能走出一条新路来。尽管当时中国国有独资四大商业性银行完成组建不久，人们的思想更多地禁锢在传统的观念中，陈慕华行长还是对袁庚的意见表示出浓厚的兴趣，并表示了首肯。经过一年多的筹建，1987年4月8日，招商银行正式开业。

招商银行降生于蛇口工业区，是招商局独资创办的。招商局虽然是国有企业，可集团总部设在香港，在市场经济环境中生存发展。市场经济的思维模式，市场经济中企业行为模式蔚然而成。招商银行成立伊始，就按照现代企业制度运作。银行成立了董事会，监事会和经理（行长）班子，有制度规范各自职责权限，实行严格意义上的董事会领导下的行长负责制。由董事会聘任的行长对银行日常经营管理行使充分的自主权，并对董事会负责。其后，1989年，招商银行首次增资扩股，完成了从独资企业到有限责任公司的股份制治理架构。1993年，第二次增资扩股和股份制改造，招商银行又发展成为股份有限公司，公司治理结构进一步完善。

招商银行后来成为行业中的王者，很大程度上得益于建行伊始的现代企业治理架构。原行长马蔚华先生提供了一个很好的案例。从1999年下半年开始，管理层开始着手研究招行面向21世纪的发展战略，提出了"三步走"的战略安排。第一步是网络化，即进一步发挥招商银行的科技领先的优势，以电子银行为重点，构建"水泥"加"鼠标"的业务模式，以弥补物理网点的欠缺，形成自身的业务特色。第二步市场化，即进入资本市场融资，建立有效的资本补充机制，保证业务发展的资本需求，同时推动自身管理素质的提升。第三步国际化，即借鉴学习国际先进银行的经验，使自身的经营管理模式逐步与国际接轨。2000年3月，董事会通过了管理层提出的发展与管理战略。董事会认为，这一战略反映了世纪之交的全球银行与我国银行业正在发生的根本性变革，是招行未来的行动纲领，对招行的中长期发展具有深远影响。正是这一正确的战略选择，正是全行强有力的执行，招商银行才实现了网络时代的重新起跑，资本市场的精彩亮相和国际化的重大突破，支撑了招商银行至少十年的蓬勃发展。试想，如果当初招商银行的重大决定都由它的母公司决定，招商银行经营活动层呈报集团备案或审批，招商银行每天都有众多的上级或更上级的检查（在某些国有企业集团与所属或控股企业中，似乎是正常的），招商银行很难成为如此先进的优秀的金融机构。

3. 平安集团的进化

耸立在深圳城市中心区 667 米高的平安大厦，是深圳第一高楼，也是地标性建筑。与它一箭之地的莲花山顶，中国改革开放的总设计师邓小平铜像巍然屹立，仿佛注目着平安的成长。正是市场化的制度环境孕育出平安集团。

1985 年，新成立的蛇口保险公司，尝试着扩大社会保险的范围，开发工伤保险。深圳市人民保险公司提出异议，因为按当时的规定，工伤保险属于商业保险的范畴，蛇口社会保险公司无此执照。发展受阻使得新生的公司寻求解决方案，传统给了他们启发。1885 年，招商局在上海成立过一家名为"仁济和"的保险公司。百年之际，注册一家新的独立的保险公司，是招商局的复兴。他们把美好的愿望报告给领导人袁庚，得到了认同和积极支持。袁庚写信给张劲夫（时任国务委员）和陈慕华（时任中国人民银行行长）等领导，详述了成立保险公司的必要和条件。请示得到了领导的支持。但在推进过程中，碰到了 1985 年颁布的《保险企业管理暂行条例》阻碍。如，新保险公司不得从事法定保险和各种外币保险业务；地方保险企业只能经营该地区的地方国营企业的保险；新成立的保险公司也无法获得再保险资格。这些规定不突破，新成立的保险公司是无法生存和发展的。20 世纪 80 年代，是以思想解放为先导的，制度创新成为时代特征。在国家及相关部门的反复研究协调支持下，"平安保险公司"于 1988 年 3 月 21 日获批。陈慕华行长为它讲过一句带有欢喜、希望又不无流露出一点担忧的话：希望把平安保险办成改革的产物，而不是改革的对象。

平安保险公司成立的时候是弱小的。公司设在深圳的办事处，借了工商银行的一张办公桌、一部电话、一台老式铅字打印机开业，全体人员骑着自行车挨家挨户推销保险。公司也有强大的一面。设立在蛇口工业区的"时间就是金钱,效率就是生命"的口号,正在镕铸成公司文化基因,而最初的企业制度创新则构建了公司的规则。公司按现代企业制度运行,实行董事会领导下的经理负责制。股东不参与日常的平安保险的经营管理,只以董事会的参与者行使法定职责。"干部能上能下,能进能出,工资能高能低",以业绩论英雄。独特的体制和激励机制,吸引了一批批优秀人才加盟平安保险,带来了技术和经验,扩张了市场。

平安保险早期的企业文化和独立机制,是其国际化进而成为先进企业的基础。三个契机三大决定都是经营班子提供给董事会决策并付诸实施的。一是引进了摩根、高盛。1993年5月,深圳市政府为招商引资搭建了一个叫"荔枝节"的平台。通过这个平台,平安保险结识了摩根亚洲投资集团有限公司执行董事保罗·希尔和高盛的执行董事韩理。双方的交流中,外商看到了中国保险业未来的巨大前景。摩根、高盛有意加入股份制的平安保险,但条件苛刻。首先,在财务上,两家企业要求按照国际会计准则,重新做会计账簿。其次,他们要求在平安的董事会中派出董事。此外,他们对董事会和管理层要求制定当时很少见的规则。如要求公司制定非常清晰的发展规划和年度计划并严格执行,如不能实现,有一系列的监督和处罚等。引进摩根、高盛的过程是痛苦的。仅仅按国际规则盘点平安5年的账目,以向新会计规则过渡,财务部门就天天加班,耗费了10个月。但正是这个引进,为未来平安能成为国际性的企业打下了基础。

二是引进了汇丰。2002年10月,汇丰保险集团以6亿美元认购平安股份,持股比例为10%,这是平安股权国际化的又一重大步骤。汇丰入主给平安保险带来深刻的变化。其一,最直接的就是充实了公司的资本金,提高了偿付能力,为后来成功上市打下了很好的财务基础。其二,帮助平安建立了更好的内控体系,强化了公司抗风险的能力。其三,全面提高了公司自身的管理能力。借助汇丰的经验、技术、人才,建设了亚洲领先的后援中心,实现了后台运营管理的集中。2004年6月,平安H股IPO,全球发行约占公司股份的22.4%,平安股权第二次完成了国际化。三是对公司运营进行了国际化改造。为了建设先进的组织管理,在平安发展的第二个五年,请国际知名的咨询公司麦肯锡设计先进的管理体系。麦肯锡的方案包括明晰公司未来10年的抱负和远景规划,改革寿险运作流程,改革投资管理体系,改革人力资源管理体系,使平安的管理走向世界先进水平。加入世界贸易组织后,平安集团加快了境外人才的引进。早在2010年,平安前100位高管中有60位来自境外,包括中国香港、中国台湾、马来西亚、新加坡、欧美国家。"亚洲保险之父"梁家驹加盟平安。2005年,著名银行家理查德·杰克逊从花旗转投平安,任中国平安集团首席金融执行官,平安银行行长。国际化高级人才加盟平安,促进了平安成为国际一流企业,也从一个侧面证明平安集团是一个国际一流水准的舞台。①

　　深圳发展银行、招商银行、平安保险集团是金融产业的生力军。它们的崛起,主要不是由于政府给予的财政补贴或税收优惠,至少在与20世纪80年代深圳的企业对比中,它们没有特殊待遇。那么,有没有政府产业政策支持呢？回答应该是肯定的。以共性而言,至少有三个方面。其一,三家企业都得到政策的特殊许可。当时,金融领域由国家直接控制,中、农、工、建从人民银行中分出来不久,四大银行还不是真正意义上的商业银行。在这样的背景下,如果没有特殊的产业许可,深圳的金融机构连准入的机会都没有,更谈不上后来的发展。特别是平安保险,事实上被允许突破保险业相关条例对业务范围的限制,应该被视作政府试验性的特许。其二,对企业制度设计的宽容。当时,中国还没有颁布公司法,传统的企业集所有者与经营者于一身,企业承担无限责任。而三家深圳新成立的金融机构,都采取股份制,特别是招商银行和平安保险,建立的现代企业的法人治理结构,甚至在现在看来也是领先的。政策上对新的公司治理结构的宽容,使得它以有效平稳运行,从而创造了公司持续发展的条件。其三,其他条件。如公司引进人才需要入户政策,特别是平安保险率先引进战略投资者和国际审计,都是以特别的政策安排实现的。政策任何的卡壳,都可能导致公司战略甚

---

① 深圳市政协文史和学习委员会编：《深圳四大支柱产业的崛起　金融》,中国文史出版社2010年版。

至正常经营受挫。实际情况是，政府的诸多政策对企业运行是否顺利，运营成本的高低影响很关键，这些政策在产业政策的讨论中常常被忽视。

（四）以政策创新聚集金融资源

在国家给予"先行先试"的安排和政策支持下，地方政府推出支持金融业发展的系列政策。如果说20世纪在金融改革和资本市场上冲锋陷阵的话，那么在21世纪则主攻新金融，聚焦金融业集群发展创新发展。2003年，出台《深圳市支持金融业发展若干规定》及其细则，主要内容包括成立市政府金融办公室，服务金融机构；设立深圳金融专项发展资金，奖励金融机构落户深圳；设立市金融创新奖，像奖励技术创新、商业模式创新一样奖励金融创新；为金融高管人员提供各方面的便利化。此后，为解决金融高管人员的个人所得税高的问题，政策上以地方所得部分拿出一块，以奖金的形式返还给高管人员。2004年，在中小板开通后，深圳市政府及时出台《关于发展资本市场工作的意见》，重点鼓励支持境内外资本市场中介机构和机构投资者落户深圳；重点培育新上市资源；吸引香港资本市场专业人士和专业机构落户深圳；推动资本市场、货币市场与保险市场的对接；服务资本市场等。2005年，在"十一五"规划中，深圳市中心最繁华的地带为金融业发展留足空间，包括罗湖蔡屋围金融集聚区，福田商务中心金融集聚区和南山后海片区，后来又规划前海深港现代服务业合作区等。2008年，深圳市第四届人大常委会第十八次会议通过《深圳经济特区金融发展促进条例》，提出把金融业作为深圳战略支柱产业，以多层次资本市场为核心，以深港金融合作为纽带，巩固提升深圳金融中心城市地位，使深圳成为深港大都会国际金融中心的有机组成部分，重点突出投融资、财富管理和金融创新功能。

深圳紧扣金融的脉搏，与时俱进地及时出台促进金融业发展的政策措施，深圳金融业得到了长足的发展，金融中心地位得到了国际认可。在权威的伦敦金融城公司的全球金融中心指数（Global Financial Centers Index）排名中，2009年9月，深圳首度入选前十，排名第五位。在2019年公布的最新排名名单中，深圳列第九位，与北京、上海一起进入前十位。

第三节 科技金融

科技金融是近年来出现的新词。其基本意思是适应科技产业发展而出现的金融工具，全融制度，金融产品和服务，金融技术和金融组织等。深圳是科技产业发达地区，也是科技金融发达城市。

一 作为独立板块的科技金融

在整个金融系统中，为什么近年来将科技金融独立出来呢？其主要原因在于，新经济的快速发展与新金融的快速创新已成为一种现象，一种业态，一种模式，值得关注，值得研究，值得推进。

新经济兴盛于20世纪90年代的美国，是建立在信息技术革命和制度创新基础上的，一种新的经济现象。新经济不仅呈现计算机、网络及虚拟经济等新业态，还包括与传统经济结合的新业态。如新能源、新能源汽车、节能环保、新材料、新信息技术、新的生物医疗、新的服务业模式、新的产品和技术领域等，与传统的经济相比，新经济具有以下几个特征：（1）经济增长所依赖的资源不同。农业经济主要依赖土地资源，工业经济主要依赖机器、电力和矿石资源，新经济主要依赖信息资源。（2）增长的速度不同。新经济增长中，出现一种所谓的"摩尔定律"。该定理由英特尔创始人之一戈登·摩尔提出来，其内容为，当价格不变时，集成电路上可容纳的元器件的数目，每隔18—24个月便会增加一倍，性能也将提升一倍。换言之，每一美元所能买到的电脑性能，将每隔18—24个月翻一番以上。技术进步速率倍增。（3）资源耗费不同。无论是土地资源还是机器资源，耗费完了就必须补充新的。数字经济则不同，其资源是可以反复利用的，如数据资源。从某种意义上讲，边际成本可以为零。（4）成长态势不同。传统经济往往表现为规模的扩张和连续性突破，新经济往往表现为质的变革和颠覆性创新。

新经济的特性，使得传统的金融捉襟见肘。如传统银行十分注重贷款方所拥有的资产，往往以资产抵押作为借贷条件，而新经济型的企业，往往只持轻资产，甚至主要是人力资源。厂房、写字楼是租用的，无资产可抵押。又如，标准的资本市场上市的企业，其企业信息公开透明，企业有较好的经营记录和正常状态下可期的利润。而新经济企业刚刚起步，虽然可能有发展前景但也充满不确定性。

解决新经济与旧制度冲突的是今天我们称之为科技金融的新金融，其主力是风险投资和纳斯达克（NASDAQ）市场。风险投资是指专业化的，为新兴的、以成长为目标的上市公司提供股权式融资的资本。据美国有关资料，在1980年的时候，风险投资家的投资总金额大约为6.1亿美元，到了1990年，这一数字已经增长到了23亿美元，而到了1998年这个数字已经增加到了125亿美元。从投资的企业看，1980年为504家，1990年为1176家，1998年为1824家。风险投资最多的产业有两个，一个是信息技术，如计算机、通信、半导体以及互联网公司，另一个是生命科学，主要是生物科技、医疗设备和医疗服务。1998年，46%的投资集中于加利福尼亚州。[①] 风险投资主要来源于私募，在组织结构上采取有限合伙制度。在该制度中，投资者被称为有限合伙人，而基金管理者及风险投资家，被称为一般合伙人，一般合伙人能够得到基本报酬，并且从风险基金的利润中，获得20%的分成，作为他们管理风险资本投资组合的回报，这为一般合伙人赚取高额利润提供了强有力的激励。有限合伙人不能对一般合伙人的经营管理指手画脚，只通过制度予以监管。风险投资通常对公司资本进行投资组合，对所投资的企业作谨慎的选择，以多轮投资的方式分散风险，测试投资目标，并以专业和其他条件对所投项目给予引导，或者监管，或者选择项目经理人等，力求投资收益的最大化。专业化的投资组合和不同形式的项目管理，既分散了风险又增加了收益的保障。风险资本主要通过项目上市或卖给其他投资者退出并实现新的循环。纳斯达克市场提供了不同于传统资本市场的通道，由于进入市场的条件不同，

---

① ［美］李钟文、威廉·米勒等主编：《创新之源 硅谷的企业家精神与新技术革命》，陈禹等译，人民邮电出版社2017年版，第241页。

市场投资者对收益和风险的偏好不同,为高速成长与较高风险并存的科技企业提供了进入市场融资的平台,也为风险投资提供了退出机制。解决了新经济与旧金融的矛盾。

美国政府是风险投资的重要推手。早在1958年美国通过了《小企业投资法案》,被认为是专业管理的风险投资行业的开端,该法案允许美国小企业管理局,发执照给私营的小企业投资公司,由其资助和管理美国的中小企业创业。规定每投资1美元,政府都可以配套提供最多3美元的投资担保贷款(有上限)。小企业投资公司,为初创公司弥补了资金缺口。特别是小企业投资公司的一些投资项目,通过股市成功兑现,收获诱人。证明对初创公司进行股权投资的模式是可行的,开辟了资本与产业的新道路,刺激了新业态的成长,此后,风险投资与初创公司联姻大行其道,1978年美国国会根据当年通过的国内税收法案,将资本收益税从原先的49.5%降至28%,以鼓励投资,1979年美国劳工部根据谨慎人规则,放宽了雇员退休收入保障法案的某些限制,使得企业养老基金可以向风险投资这类风险较高的资产类别进行投资,这一系列的规则,推动了更多的新的风险公司的成立。

美国学者认为,硅谷所取得的伟大成就,应把功劳归功于最大的风险投资者——政府。因为湾区的高科技历史,可以看作是一个受益于技术军转民的最佳示范,也是政府进行整体干预的完美案例。无线电和电子工程的最初动力,来源于两次世界大战军方的需求,在很大程度上受到了军方的资助。美英两国政府资助了电脑的开发,美国宇航局是第一批集成电路的主要用户。美国政府的国防先进研究项目署,创造出了互联网。万维网是由欧洲粒子物理实验室发明的,这是一个由多个欧洲国家政府资助的研究中心。[①]

英特尔公司和苹果公司从创立到上市从一个侧面反映了科技金融的力量。1968年,鲍勃·诺伊斯和戈登·摩尔决定创办自己的公司,他们找到风险投资家阿瑟·洛克,给了他商业计划,详述了开发大规模集成电路的意向。洛克对诺伊斯和摩尔有信心,为他们筹

---

① [美]阿仑·拉奥、皮埃罗·斯加鲁菲:《硅谷百年史》,闫景立、侯爱华译,人民邮电出版社2014年版。

集到250万美元创业资金,公司于1968年7月18日正式注册。1971年英特尔公司股票以每股23.5美元的价格在这一年的10月13日上市。一个投资者如果当时花2350美元,买了100股的英特尔股票,到1996年的价值达200万美元。红杉资本的创始人唐·瓦伦丁是苹果公司融资的重要推手。瓦伦丁鼓励创始人史蒂夫·乔布斯和史蒂夫·沃兹尼亚克专注市场和胸怀大志,并促成他们与30岁的市场经理迈克尔·马库拉组成一个团队。1977年苹果公司成立,1978年1月,筹资51.7万美元。其中28.8万美元来自于洛克公司,15万美元来自红杉资本,还有阿瑟·洛克资金,投资的承诺持股5年。洛克投资5.7万美元的股份,到1980年,高达2200万美元,如果能保留到2012年,能值100多亿美元。风险投资和纳斯达克市场巨大的财富效应,诱发了更多科技资本入场。[①]

二 深圳的科技金融政策

早在20世纪80年代中后期,深圳就出现过科技金融的萌芽。1987年10月,在财力紧约束的条件下,市政府批准成立"深圳市科学发展基金"。除由市财政拨款1000万元以外,还吸收国外社团、企业和个人的有偿和无偿的资助。基金会以多种灵活的方式对科研项目进行有偿投资,使科研经费实现滚动性、累积性增长。1988年1月,在深圳科技园投资100万元人民币,建立了一个以企业的方式经营的新企业孵化器的科技创业中心。

这些针对项目的投资,突破了当时科研经费的划拨使用,突破了当时科研经费主要供政府兴办研究院所使用,是政府对有科技含量的项目的一种融资。

至1994年底,深圳的民办科技企业已有328家,年工业总产值在100万元至500万元的企业有108家,工业总产值在500万元至1000万元的企业有39家,工业总产值在1000万元以上的企业有22家。但是,银行依然很谨慎对待轻资产特别是民办企业,融资难是企业的发展瓶颈。为解决这一难题,市政府于1994年出资成立

---

① [美]阿仑·拉奥、皮埃罗·斯加鲁菲:《硅谷百年史》,闫景立、侯爱华译,人民邮电出版社2014年版,第96—98、118—122页。

了深圳市高新技术产业投资服务有限公司,专门为高新技术企业申请银行贷款担保服务,有的还采取参股的方式提供金融支持。到1997年底该公司累计担保贷款8.7亿元,支持了中兴、华为、奥沃等50多家高新技术企业,60多个高新技术项目。到2017年,高新投已发展成为注册资本48.52亿元的创新型金融服务集团,也是一家混合经济企业,它所支持的华为、比亚迪、大族激光、海能达已经成为国内乃至国际知名企业,沃尔核材、兴森科技、欧菲光、东江环保等高科技企业,已成为行业内领军企业,相继扶持的200多家境内外上市企业,被称作资本市场的"高新投系"。

1996年国务院发布《关于九五期间深化科技体制改革的决定》,提出"积极探索科技发展风险投资机制,促进科技成果转化"。科技金融中具有突破性的政策出现在国家安排中。1998年,时任民进民建中央主席的成思危,提出了一个关于发展风险投资的提案,该提案被列为全国政协当年的"一号提案"。提案建议在全国发展风险投资,投资科技创新型企业,提升中国国力。成思危后来被誉为"中国风险投资之父"。深圳很敏锐地把握住这一政策对于促进高新技术产业发展,提升产业水平的重要意义。1997年8月,成立了以市长李子彬为组长的市创业投资领导小组,研究和推进深圳的风险投资。很快提出在境内和香港设立创投基金的方案,并积极向国家有关部委申报。1999年8月26日,深圳市创新科技投资有限公司正式成立。2002年10月,在原公司的基础上成立了深圳市创新投资集团有限公司,这是当时国内成立的第一家,也是规模最大的创业投资集团公司,下辖全资、控股、合资的各类投资(基金)公司和投资管理公司13家,注册资本也从成立之初的7亿元人民币增加至16亿元,可投资能力超过30亿元。李子彬后来忆起当年依然感慨地说:为什么当时想去搞创投基金,或者是基金没批准之前我们成立创投公司,都是配合深圳当时一个大战略,就是要调整深圳的产业结构,大力发展高新技术产业。①

2000年10月,深圳市人民政府以政府令的形式发布了《深圳

---

① 深圳市政协文史和学习委员会编:《深圳四大支柱产业的崛起 高新技术》,中国文史出版社2010年版,第201页。

市创业资本投资高新技术产业暂行规定》。它是为吸引国内外创业资本投资深圳高新技术产业制定的政策。政策对中外投资者平等对待，除对创业投资公司和创业投资管理公司的设立、经营、解散做了明确清楚的界定外，还规定创业投资可享受深圳市的相关优惠政策和保护创业投资者的各项权益。该政策还明确了创业投资退出通道。规定创业投资可通过企业并购、股权回购、上市等方式撤出变现。深圳技术产权交易所应为创业投资股权转让提供优质服务，支持创业投资利用国内外创业板股票市场撤出变现。《暂行规定》对创业投资的行政许可，为国内外资本进入深圳打开了方便之门，而权益保护和优惠政策为创业投资提供了安全和激励，退出机制则提供了实现通道。这是后来深圳成为中国创业投资最发达地区的重要条件。

2017 年，在《深圳市扶持金融业发展若干措施》中，进一步拓展了对创业投资的支持。指出：积极引进股权投资企业和股权投资管理企业总部，鼓励和支持社会资本、企业年金、地方社保基金按照有关规定设立股权投资企业，鼓励证券公司、保险公司、信托公司、财务公司等金融机构，在本市依法依规投资或设立股权投资企业，开展直接投资业务，稳步开展外商投资股权投资试点和合格境内投资者境外投资试点。除许可更明确外，还有针对性地给出了优惠。如按照其实缴注册资本规模，给予不同数量的资金奖励。实缴注册资本达 5 亿元的，奖励 500 万元，以此类推增加。鼓励以合伙制形式设立机构，根据其募集资金规模，给予不同奖励和购、租办公用房补贴等。不分企业资本所有属性的支持，以及新创设形式的认定，为创业投资发展打开了更大空间。

三　与新经济共舞

科技金融是适应新经济需求而出现并促进新经济繁荣而发展的。科技金融对企业的影响主要有以下几个方面。其一，助力企业跨越"死亡之谷"。所谓"死亡之谷"，是指科技型企业尤其是初创企业，由于既无有价值的资产（厂房、设备），又无被社会承认的业绩，更无响亮的品牌，无法获得传统金融的支持，因而无法跨越从技术到产品和服务的巨大峡谷而生长。科技金融看重的恰恰是企业无形资产的潜在价值,通过股权的分配和界定来确认价值,并通过风险分散机制,给企业投资,助推企业项目启动和不断成长。其二,以增值服务助推企业成长。从科技金融投资的实践看,增值服务是提高投资项目质量,防范和化解投资风险,保证投资效果的有效手段和方法。一些创投公司甚至以选派自己信得过的经营管理人员为初创企业的投资条件。另外,初创企业也有条件地将提供增值服务需求作为投资竞争的最关键的要素。特别是一些有一定的成功率的项目和技术,往往资本趋之若鹜,比的是谁能提供更难得的增值服务。增值服务的内容很丰富。包括管理方案、财务制度、市场营销、法律咨询、战略管理、行业竞争、上市条件、人脉资源等,因企业而异,补企业之短,助力企业成长。其三,实际未来价值的资本化。就是将企业未来的能力、收益通过证券融资等方式提前转化为资金资产。未来价值资本化的关键在于,如何将具有前瞻性的未来价值,合理地打造成交易品,并获得投资者当下的信任。由于多层次资本市场的发展,创投公司的实力、品牌、业绩、专业能力使得它们更能助力企业实现目标。而未来价值的资本化,往往是初创企业最直接的追求。

深圳创新投资集团公司,是科技金融的一个成功案例。到 2017 年,集团注册资本达 42 亿元,管理各类基金总规模达 2188 亿元。深创投主要投资中小企业,自主创新高新技术企业和新兴产业企业,初创期和成长期企业。涵盖信息技术、互联网、新媒体、生物医药、新能源、节能环保、化工、高端装备制造、现代服务等国家重点扶持的行业领域。截至 2017 年 10 月底,深创投投资企业数量,投资企业上市数量,均居国内创投行业第一位,已投资项目 801 个,累计投资金额有 316 亿元,其中 131 家投资企业分别在全球 16 个资本市场上市,深创投建立并管理的 86 只政府引导性创投基金,规模达 209 亿元,形成了全国性的投资和服务网络。

深圳创新投的成功,是一个特定环境下的案例。原深圳市委书记厉有为同志作为主要决策者就此曾有过精彩的论述。他说:当初成立高新投、创新投,是要解决高科技企业的资金问题,由于创业板尚未设立,深圳就以国有企业通过市场化的投资来承担和分摊风险。将风险暂时转移到政府,这是没办法的办法,当时没有风险投资机制,就用这个办法促进发展。以国有企业来推动风险投资,在全国是首创,这虽然不是一个市场经济的正常机制,但那个时候,采取这个办法,在一定时期解决了高新技术产业发展的资金问题。[①] 原市长李子彬同志是决策者之一,在创新投十年回望时,既给予了充分肯定,又语重心长地建议:第一,要加快步伐,吸收民间资本,改变现有这种国有比例过大的现状;第二,加大激励机制和约束机制;第三,创投公司要吸引更多的人才,提高投资后为目标企业提供增值服务的能力。[②] 两位领导是富有真知灼见的。创新投的成功,与其后的混合经济形态,以及国有资产管理部门授予其市场化的机制,与企业内部市场化的激励约束和人才机制是息息相关的。创新投的成功恰恰是市场在资源配置中起决定作用的成功。

在讨论科技成果的转化时,长期流行着一种观念,就是一味强调财政投入,将财政投入作为主要渠道,抑或是强化政府出资成立机构从事科技成果的中试和开发。实践证明,这条路径的效果并不尽如人意。从理论上看,则是体制机制的扭曲导致了资源的错配。技术的发现既来源于大学和研发机构,也来源于企业本身。技术成果的转化,不仅取决于它的成熟水平,也取决于市场的需求和它的经济性。资本对市场具有天然的敏感力,对利润具有本能的冲动和追求。由资本将市场需求与技术连接,是企业家的品质和精神,是合乎人性的企业家冲动。因此,市场在演进中创造了一种方式,那就是科技金融与创新企业融合发展。而无论是财政加大投入还是主导中试,都割断了市场需求与技术创新、产业发展的有机联系,破坏了资金(资本)投入—产出—变现—更大投入的良性循环。或者说,在逻辑上不能贯通,自然难以收获理想的效果。因此,试图用计划思维来推动科技成果转化,进而实现产业化,也许能取得一时成效,却很难持续,达不到良性循环。

---

① 深圳市政协文史和学习委员会编:《深圳四大支柱产业的崛起 高新技术》,中国文史出版社2010年版,第52页。

② 同上书,第204页。

20世纪90年代,深圳在风险投资市场力量尚不充沛的条件下,以设立国有创投企业来解决高新技术企业资金瓶颈问题。进入2000后,特别是中小板、创业板开通后,政策支持偏好于横向发力,深圳的创业投资高速成长,占全国1/3。科技金融推动了高新技术企业快速发展,涌现大批上市资源,深圳中小板和创业板上市公司全国最多。到2018年底,在全球各板块上市企业近400家,市值超10万亿元,居全国大城市之冠,构成了深圳蓬勃发展的产业。

第七章 规制变革：放松对产业成长的行政管制

第一节 过度管制对产业的危害

许可、审批和监管，是行政施加给社会经济的重要管理方式。之于产业而言，其影响是直截了当的。一个地区的产业发展与行政作为息息相关。

在经济运行中，许可、审批、监管在不同的国家不同的制度环境下都是存在和必要的。但发达市场经济国家很少在准入等环节直接进行行政管制，更多地透过法或者规则间接管理。计划经济则主要依赖配额等行政管制来组织经济。主要依靠行政管制配置经济资源是一种过度行政管制，给产业发展带来很多危害。

一 过度管制窒息产业竞争

竞争和垄断是经济运行的不同机制。经济理论和实践表明，竞争机制是一种效率机制，自由竞争被视作"看不见的手"，有效地分配资源。而完全竞争则被主流经济学当作最理想的状态，即帕累托最优。但也有学者认为，真实的市场经济并不是完全竞争，而是一种垄断竞争，这类垄断主要是创新导致的。因为企业创新，或者使成本比同类企业低，或者产品、服务功能比同类产品优，占领了更多的市场，得到了比同场竞争者更多的利润，形成了某种垄断。这种垄断不仅不排斥竞争，相反，本身就是竞争的产物，并且诱致新的更激烈的竞争。这种垄断，不仅不损失效率，相反，提供效率的促进机制，是效率的制造者。这种垄断，经常在竞争中被打破和替代。

在经济资源配置中,与竞赛垄断对立的是行政垄断。社会生产什么,生产多少,如何生产都由行政机关以行政手段通过行政过程决定。行政垄断最极端的形式是以指令性计划管理国民经济。行政垄断虽然也能通过行政手段配置资源,形成经济构成和布局,但由于动力机制、竞争机制、自主(指企业)机制都缺失,经济缺少活力和内生机制,产业得不到蓬勃生长。

行政垄断的方式很多,主要有准入的垄断,产品的垄断,交易的垄断,价格的垄断等。所谓准入的垄断,即非准莫入。可类比为"只许州官放火,不许百姓点灯"。在准入垄断全覆盖时,企业成为执行行政指令的工具,一切由那个"垄断者"说了算。经济自由被完全窒息。所谓产品的垄断,即通过行政管制将产品的生产和市场销售授予特定的主体。如消防部门以安全为由,要求消费者在特定的市场采购器材,甚至特定的施工方。所谓交易的垄断,即买卖双方的交易依行政管制下场景进行。如某些旅游景点、火车站点、学校里的小型商店等。或者是如前所述的对供货商的行政锁定。交易的垄断往往质次价高,损害消费者主权。所谓价格的垄断,通常是指商品价格不由买卖方而是行政机关决定。在这种场景下,价格的高低与经济成本无关,而是一种特定目标的实现工具。可见,与竞争性垄断不同,经济领域的行政性垄断是一种不良垄断。

行政垄断也是产业进步的大碍。产业成长意味着结构的优化,从产业生产的过程看,结构的优化方式之一是连续性累积性,新的产业在旧的机体上生长并渐渐替代的过程。即使是颠覆性的突变,也是以既有的条件为基础的。产业结构优化的过程,也是一个优胜劣汰的选择过程。刚性的指令性行政手段推动的产业升级无法持续促进结构优化。从宏观经济表现看,改革开放前的30年,特别是指令性计划占主导时期,尽管有若干重大项目的经济布局和现代产业发展,但经济增长大起大落,四年至五年就呈现出一个经济周期,峰谷之间落差大,所谓"一管就死,一放就乱"。数据分析表明,指令性计划下的经济周期总是伴随着固定资产的投资波动。这是过度行政垄断的一种宿命,因为在行政高度垄断经济时,直接以操控固定资产投资为调节经济增长成为唯一选择。经济增长大起大落，以破坏性的损失换得新的经济短暂的平衡，经济效率低下，是过度行政管制下的宏观经济表征。

随着经济体制改革的深入和开放展开，特别是社会主义市场经济体制的日益推进，指令性计划退出历史舞台。经济主体多元化了，非公有经济迅速扩大，对增长和就业的贡献超过一半。经济自由度和经济活力增进。经济周期拉长，波幅减弱，经济增长的稳定性增强。这一切，与行政垄断弱化，行政对经济管制放松是一致的。但毋庸讳言，代替计划管理的许可、审批以及相应的监管仍然在资源配置中挤占了市场空间。所以，党的十八届三中全会指出：要实行以政企分开、政资分开、特许经营、政府监管为主要内容的改革，根据不同行业特点，实行网运分开，放开竞争性业务，推进公共资源配置市场化，进一步破除各种形式的行政垄断。要使市场在资源配置中发挥决定性作用。

二 过度管制抑制产业创新

产业创新是产业生生不息的动力，是产业进步的阶梯。产业创新是基于复杂的系统和时间过程实现的。

产业创新往往是基于技术创新的，而技术创新到了现代，越来越与科学发现密不可分。美国学者在研究科学、技术与财富之间的关系时指出：1875年左右，西方尖端工业技术的发展，已从可见世界里的杠杆、齿轮、凸轮、轴、滑轮以及曲柄转向不可见世界里的原子、分子、电子流、电磁波、感应、电容、磁力、电量、电压、细菌、病毒以及基因，其结果是西方工业技术前进所依赖的泉源有所改变。①

技术转化为生产力才能迈向产业创新。因此，从理论到实验室，从实验室转化为产品、工艺，还有一个过程。因此，一些企业纷纷设立实验室、研发中心等机构。一项技术能否完成转化，还有成本约束，一项没有经济性的技术往往会束之高阁。此外，制度约束也

---

① ［美］内森·罗森堡、L. E. 小伯泽尔：《西方致富之路》，刘赛力等译，三联书店（香港）有限公司1989年版，第273页。

决定着科学技术与财富的命运。研究表明，近代科学技术的发展和应用，是与政治和宗教的约束弱化有关的。"绝大多数西方科学家都会同意这样的一个命题，科学界摆脱政治或宗教的控制而享有高度的自觉，对科学进步是必不可少的，几乎同样明显的是，差不多同等程度的自主性，也是把科学进步转变为商品和服务的必不可少的条件。"①

产业创新是系统性创新，一个大的产业往往包含着若干小的产业，甚至孙子产业。或者别的产业。以IT产业为例，美国商务部对IT产业的定义涉及硬件的有15类，涉及软件的有12类，其中每一件包含着复杂的技术及背后的科学。如硬件方面有：计算机和设备，半导体、印刷电路板等，软件方面有计算机集成系统设计，计算机处理、数据编制，信息恢复服务等。在IT产业中，手机是大家族中小小的一员，它也包含有芯片、操作系统以及众多应用软件。芯片又要经过设计、制造、封装等过程，每一过程都包含着若干技术创新和突破。一部手机就是一部IT产业创新史。手机的运营又需要基站、卫星系统作支撑。我们很难列举IT产业的业务，它是全球化的产物。

产业创新需要大量的规则创新相配合。产业创新要么替代先前的产业，要么出现新产业形态。无论何种情形都会与原有规则形成冲突或需要新的规则与之适应。所以，技术的变革，产业的变革，不只是物的形态变化，还是生产关系形态的变化。这种关系变化是分层的，小到行业内部关系的调整，如在IT领域，出现了很多新的社会组织，制定了许多行业标准。大到社会利益的冲突，以出租车为例，它的出现代替了马车和人力车。而网约车的出现，又使得传统的出租车受到冲击。产业创新不仅需要适应性规则，还需要引导性规则。适应性规则解决新旧衔接，而引导性规则为新产业发展营造制度性空间。如人工智能也好，基因编辑也罢，都关系到人类的发展和未来，规则的引导十分关键。社会愈是向前发展，创新愈是加速，甚至以成文法为依托的治理模式也需要创新。

---

① ［美］内森·罗森堡、L. E. 小伯泽尔：《西方致富之路》，刘赛力等译，三联书店（香港）有限公司1989年版，第286页。

大的产业创新是一个长链条宽领域的创新。产业创新本质上是生长的进化的有机的。所谓生长的，是指产业创新是由小到大的，所谓进化的，是指产业创新是渐变的，由渐变而达质变。虽然有时表现出突变，但也是若干渐变的累积。所谓有机的，是指产业创新各部分之间，甚至各部分内部相互关联相互影响。产业创新的关键就是生成一种激励机制，并减少创新的损耗和摩擦。实践经验表明，过度行政管制是不利于产业创新的。

将经济增长转到内涵式的轨道上来，是我们提了几十年的方略。"十二五"国民经济和社会发展规划更加鲜明地提出以加快经济发展方式转变为主线，虽然产业升级有所进展，但未达到设定的目标。原因之一是，对产业发展的行政管制仍然过度。许可、审批和相配合的监管，尚未提供产业创新的激励机制。过度行政管制在产业创新的全链条中的负面作用并未得到深刻的认识，产业政策中最直接管制政策未得以全面检视和理论分析。

三　过度管制推高产业成本

产业发展是有成本的。过度管制加之于产业的，是制度性成本。在其他成本平均化的条件下，制度化成本与产业成本正相关。

制度化成本构成是相当复杂的，在这里做一些简要的分析。

（一）环节性成本

假定一个企业打算投资建一个制药厂，首先要到行政部门立项，这个立项要符合产业政策中的管制目录许可进入或鼓励进入的。立项要经过主管部门许可并报综合部门平衡的。立项书中除一般投资人资质外，如果是从事医药行业的，医药投资人还必须具备特别资质。立项的中心要件是可研报告，该报告中要求社会效益和经济效益分析与预测，资金来源、用途、使用安排；用地的需求和工程安排分析；工程建设、环境保护、消防设施相关数据；如果进口设备，还要另有批文。产品是否内销也需要许可。在取得立项许可后，以上部门的具体审批更详细，如建设部门要对施工队伍资质、施工图、施工安全、工程内部设计进一步审批。消防部门先是对施工方案设计审批，完成后还有验收审批等。建一个制药厂还有许多本文未涉及的环节,以及诸多环节要求的相同的和特别的材料,以至需要盖百余公章才能完成。建一制药厂当然有必需的行政许可,但冗繁的环节越多,成本就越高,越有损产业发展。每一个环节除了文本制作、报送、解释等成本外,还有等待的时间成本。环节越多,成本越高。更有甚者,某些新技术新产业未纳入目录,或者资质不符合既有的规则要求,很可能在可行性研究的环节就夭折了。如深圳某基因公司从事基因检测申请时,就遇到了悖论性的难题。主管部门一方面要求申请方先有若干成功案例才能申请执业,一方面要求先有执业资格才能开展业务。可见,冗繁的许可、审批不只是增加产业成本,也关系到产业的生存。应该说,一个制药厂是必须有行政许可的,但冗繁的许可则是需要重新审视的。

(二) 租金成本

这里所谈的租金成本是指寻租过程中增加的经济成本。寻租理论认为,由于政府干预市场,如行业进入的许可证制度,带来了市场扭曲。一些人为了获得利益,往往不是通过管理和创新,以降低成本来增加利润,而是通过各种各样的方式获得许可证而套利。这种利益的产生并不来源于生产经营活动,纯粹是社会利益的非公平的再分配,是对社会利益的损害和浪费。寻租源于政府对市场的干预,而政府干预在发达市场经济国家,源于人们常说的市场失灵。如外部性、信息不对称等。而发展中国家的干预往往还有赶超战略、进口替代等支持。另一种对寻租现象的解释是,利益集团决定论。即在经济运行中,一些利益集团的收入来源于政府的特许或行政管制,他们要维护这部分租金。寻租的方式有合法的也有非法的。合法的如通过影响政策来兑现,非法的如通过行贿来兑现,也有两者并用来兑现租金的,无论何种方式增加的都是社会成本。

许可、审批是我国改革计划经济体制后管理国民经济的重要方式,既不完全等同于基于市场失灵的选择,也不是侧重于赶超战略的选择,尽管不乏以上因素的作用,现行的行政管制有不少是体制惯性使然。在许可、管制、补贴中,存在着不少设租、寻租问题。一些公开的腐败案例中,大都与经济租金有关。

2016年9月,财政部公开处理一起利用国家扶持新能源产业政策，骗取财政补贴（寻租）案件。曝光了苏州吉姆西客车制造有限公司等5家汽车厂商，利用编造虚假采购车辆生产销售材料，上传虚假合格证，违规办理机动车行驶证等方式，虚构新能源汽车生产销售业务，意图骗取国家财政补贴超10亿元。深圳市五州龙汽车有限公司亦在其中。钻产业政策的空子，利用产业政策套利（寻租）的案例还不少。部分产业政策因此受到严肃的质疑和批评。确实，套利（寻租）不仅损害了社会利益和公正，也抑制了对企业的正向激励，败坏了社会机体。减少寻租根本的出路在于，减少其生长的土壤，减少经济运行中的行政许可、审批、补贴等。

（三）监管成本

所谓监管，通常是指审批后企业运营中的监督和管理。监管加之产业成本至少有以下几种情形。一是年检等增加了企业成本。无论大小商事主体，每年都必须接受年检。年检除要提供复杂的标准文本外，有的要接受现场查验。由少数的并不专业的政府工作人员，通过一年一次的文本检查，对数量众多的企业正常经营与否进行背书，在实践上并无太大意义。倒是增加了企业的人力物力财力的投入。如果年检中有工作人员有一些自由裁量权，而这些自由裁量权被滥用，则更增加了企业通过年检的难度，并再增加企业的成本。二是运动式检查。就是用某种名义专项性的检查。如产品质量、安全生产、环境保护。这些监管本应是渗透性的日常的。但一些部门往往注重审批，疏于日常管理。当政府重视或上级部门督查时，部门就以运动式的方式监管，有时监管的标准超出了过往的要求。如在一些地方招商引资时，为了让企业落地人为地降低了环保标准，当上级部门检查时，这些企业就作为不合规企业，或关闭或整改，所耗成本往往高于当初一次性投入。运动式的监管的反复，带来的另一个后果是"不可信承诺"问题，企业无法形成稳定的预期，影响长期性投入。三是众多的评比和竞赛增加的成本。由于企业被不同的部门监管，一些部门经常性地通过各种竞赛和评比来服务企业，如劳动部门组织的技能竞赛，青年部门组织的优秀评比，质检部门的质量万里行等，每一个部门原则上都可以找到理由和方式要求企业参加自行组织的活动。这些活动无不增加企业成本。以上这些监管以及由此带来的经济损失，主流经济理论似乎缺乏关注，可实实在在地充斥于90年代末期的政府监管中。

以上是过度行政管制对产业发展损害的不完全的描述和简要分析。所谓不完全，是指分析中确有不少缺项，如对过度管制窒息企业家精神，进而影响企业和产业未涉及；对过度管制影响科学技术创新进而影响产业升级也未深入。尽管如此，我们还是可以得出这样的结论。过度的政府管制阻碍产业自生长机制的形成，改革监管方式变得十分迫切了。

第二节 减少以行政审批为主的直接管制

任何产业政策，都是一定的经济体制管理经济的一部分。过度行政管制是在特定的体制环境中产生并发生作用的。所以，有必要在具体的时空中去认识体制和与它相关的管制方式。

一 行政审批体制的形成

指令性计划是计划经济体制主要实现形式，行政审批是指令性计划的主要手段。因此，有人认为，改革行政审批制度就是改革计划经济体制。这在认识上其实是一个很大的误区。实际上，行政审批方式、内容、种类等是依附于一种体制的，它随着体制的变化而变化，随之存续而存续。在计划经济体制向市场经济转轨的过程中，与指令性计划经济体制相关的行政审批随着计划经济体制的瓦解而瓦解。如在一些转轨型国家，采取所谓的"休克疗法"，计划经济体制瓦解了，国民经济陷入了无序状态。但是，从制度变迁的过程看，一种旧体制在瓦解过程中，往往留下不同的选择，并不必然导致一种新秩序取而代之。计划经济体制的破坏，并没有高效率的市场经济体制迅速取代，就是一个很现实的例证。我国的经济体制改革以党的十一届三中全会（1978年）为起点，经过艰苦探索，到1992年党的十四大确定社会主义市场经济体制为目标，走的是一条渐进改革的道路，以双轨制的策略导向了经济的稳定和快速发展。

在新旧体制的转换中，旧的规则渐渐地后退，新的规则渐渐前进，以至替代。到20世纪90年代，指令性计划基本取消，与指令性计划相适应的行政管制渐渐退出历史舞台。也是在同一过程中，适应新环境的行政管制取代了老的一套逐渐确立。如在计划经济时期，产业布局通过指令性计划安排，基本没有特别的优惠或惩罚机制，90年代初开始，国家逐步以产业政策（当然包括行政审批）来激励产业主体投向国家倡导的产业，用产业政策约束产业部门认为需要控制和限制的产业。无论是鼓励还是约束，都伴随着不同条件规定，产业主体要提供复杂的文本供主管部门审批。有的申报人的申请胎死腹中，有的得到了出生许可，有的项目要经过若干年才可能获批立项。

以产业政策（含行政许可）来安排产业布局，调整产业结构成为90年代以来的对指令性计划及随行的行政审批的替代。类似的制度性替代涉及面很广。有数据显示，在2001年，全面启动行政审批制度改革之前，我国有近百部法律，400多部行政法规涉及行政许可，此外还有大量的地方性法规和规章也对行政许可做了设定。这些行政法规规章，主要是改革开放后随着新体制的形成而制定，现行的行政管制主要是那个时期设定的。①

认识到我国从计划经济体制向市场经济体制转轨中，一定时期特别是初期，出现以行政管制为主管理国民经济是十分重要的。一方面，在转轨经济中，渐进的双轨制的策略对稳定起到了定海神针的作用。但是，双轨制之初，旧体制会以新方式在新制度存在并发挥主要作用。这是由利益主体间力量的博弈和管理惯性所决定的。在我国经济体制转型中，政府管理方式的转型，是在保持原利益主体利益未受损的结构下实现的。是在管理手段更多地保留了传统的行政审批精神的条件下实现的。因此，在我国向社会主义市场经济转轨中，过度行政管制是历史性的遗产。另一方面，在当时的背景下，行政管制在社会经济运行中是不可或缺的，但行政管制的社会

---

① 艾琳、王刚：《行政审批制度改革探究》，人民出版社2015年版，第18—19页。

基础、内容、方式、程度在不同的社会背景下是有区别的。在一时期是必需的，在另一个阶段可能是多余的，过度行政管制具有相对性、内生性。从逻辑和实践观察，在渐进改革的转轨过程中，政府部门偏好设置过多的行政管制，有的是出于"怕管不住出乱子"，有的则出于加强自身权利倾向。在我国经济运行中，部门立法立规，部门执法管控，又强化了过度行政管制。

深圳作为经济特区，是改革开放的试验场排头兵，负有探索从计划经济体制向社会主义市场经济转轨的使命。但深圳的制度创新毕竟不是发生在真空，作为一个地方政府和渐进改革的探索者，新旧体制的转轨中，必然带有旧的体制痕迹，保留过度的行政管制。深圳转型比较早，也率先触碰到过度的行政管制的桎梏。1997年，时任深圳市体制改革委员会主任的张思平同志致信市委市政府主要负责同志，提出"以清理和重定审批项目为重点实现转变政府职能改革重大突破的建议"。建议认为：市场经济绝不是一个"审批经济"。"审批"是计划经济体制下政府管理社会经济的一种基本手段和形式，是一种非市场化行为，而市场的经济要求最大限度地利用市场来调节生产和分配，保证社会资源分配公平公正和高效率。建议指出：按照社会主义市场经济体制的要求，我市政府职能的转变远没有到位，突出地表现在：政府职能部门的审批权仍然过多过滥，审批行为不规范。建议呼吁，以审批制度改革作为政府转变职能的突破口。[①]

从制度经济学的角度分析，审批制度改革是一次权利重新界定的过程。一方权利减少了，另一方权利增加了。因此，审批制度改革是一种权利重新分配的博弈。在这场博弈中，政府并不是绝对一致的整体，除了统一性组织性以外，政府与部门之间，部门与部门之间有不同的利益诉求。地方政府往往注重地方的整体利益，而部门除了对整体发展的关注和组织性外，往往具有部门自身的利益，由于部门分工的不同，部门利益也有冲突的一面。例如，专司改革的部门热衷于制度创新，当创新有损于其他产业部门的权利时，常

---

① 《思平讲话实录》第1卷，海天出版社2015年版，第1—5页。

常引起职能部门的抵制和反击,当然是一种"正确"的反击。这反映在行政审批制度改革中特别明显。在历次改革中,职能部门都不愿放弃所谓"含金量高"的审批权力。所以,政府首长常对下级强调"大局意识"。此外,行政审批改革也是政府与企业,政府与市场权利的重新界定,不过,博弈并不是一场零和游戏。政府通过放松管制,换来了经济活力和财政增长,政绩得以放大。而企业和市场得以自由,增进了竞争力,利润得以增长,形成双赢乃至多赢。应该说,这是审批改革既持续又艰难的重要因素。

二 放松审批规制

经过一年多的调研、协调、博弈,1998年8月,深圳市政府二届111次常务会议通过了审批改革方案,1999年2月以政府令发布了《深圳市审批制度改革若干规定》(以下简称《审批规定》)。该审批规定宣示:"市政府部门(单位)原有审批事项723项,改革后保留305项,比原来减少418项,减幅57.8%。原有核准事项368项,保留323项,比原来减少45项,减幅12.2%。原有审批和核准事项合计1091项,保留628项,减少463项(其中取消263项合并、调整减少200项),减幅42.4%。"我国的审批制度改革是加入世界贸易组织前后于2001年全面展开的,加入世界贸易组织,要求经济运行体制机制与市场经济接轨,国家为此大规模修改规制,减少过度行政管制是其中最主要的内容,深圳领先了一步。

始于20世纪末的审批制度改革,主要有以下内容。

1. 放松对价格的行政管制

20世纪末,深圳市虽然初步形成了经济运行的市场调节,部分商品的价格和服务性收费仍需经政府部门审批。如文娱体育场所收费,美容美发收费,国内旅游收费问题,演出票价,城市内机动车洗车费,汽车运输仓储费,汽车运输装卸搬运费,房地产档案服务费等。由审批改为企业自行定价。还有一些项目由逐项价格审批改为部门统一价格、统一收费标准。如饮食业综合毛利率和酒水等加价率、出租小汽车、教育、培训、医疗、自来水等项目。调整虽小,也是向市场调节走了一步。

2. 放松对资质的管制

资质主要分法人资质和个人资质两种,是行政管制进入行业或职业的一种手段。对于特定的专业而言,需要一定的资质门槛,如律师。但一些行政机关随意设立资质,如公安部门管制的,有保安员资质,劳动部门管制的,有保姆资质。这些管制已成为经济社会发展的障碍。据国家人力资源部门2012年统计,全国涉及个人水平类的资格证书有229项,国家部委审批颁发的证件就有23种。繁多的职业资质,职业资质背后的培训收费和考核,链条式的设租。深圳第一次启动审批制度改革时就注意到职业证书泛滥的危害,取消了对统计、信息人员专业技术资格的审批,并不再开展对信息工程单位资质等级评定和信息工程监理单位资质等级评定。2011年以来,除按国家要求取消一些资质审批外,深圳还取消了"深圳市人力资源市场从业资格""深圳市监理员""深圳市监理工程师"等三项专业技术类职业资格的认定和审批。各种资格的认定审批,本身是计划经济时期的产物,以技术类职称为例,一些地方民营企业的工程技术人员等级也要由政府部门评审,实在是过度管制。

3. 放松部分商品出口配额和行业审批

无论是被动配额还是主动出口配额,都是一种特定资源,以政府部门审批的方式运作,容易出现寻租、腐败和不公。深圳首次审批制度改革时,对纺织品出口被动配额,出口商品部分主动配额,旅行社三级社(国内社)配额。对城市公交线路经营权及车辆额度指标,深圳市始发货运零担班线,跨市道路客运线路及车辆指标由行政审批改为公开招标决定。并且对国有企业进口自用非配额和特定登记商品,外国进口内销非配额和特定登记商品,由审批改为备案管理。

4. 直接取消一些项目审批

此类项目有的是原设立审批的条件发生了变化,不具备审批基础。如农业部门取消的设立农村股份合作企业、开办乡镇企业及变更有关事项。有的与市场经济运行存在着明显冲突。如运输局取消的公路经营权转让合同;国内公路开发企业与外国合资合作开发公路的合同;公路工程,承发包合同等。有的对审批部门而言几乎没有业务或者业务的"含金量"小。如财政局取消的会计核算软件销售资格等。一般说来，一项审批，有一规制作支撑。这个规制或来源于上位法，或来源于上级部门的规范性文件，或来源于审批部门自己制定的规范。直接取消一项含金量高、涉及面广的审批，难度相当大。

5. 下放部分项目审批权

这方面改革的意义在于，使审批事项更接近于申请人。除减少申请人支付层级距离成本外，审批人越贴近实际，越能减少信息不对称风险以及由此导致的损失。有一些项目（如地铁建设）远在地方，管制却在国家有关部门，常常出现信息不对称导致的矛盾。20世纪末，深圳一些审批主体由市政府部门下移到区级政府部门。如农业局下放的有，各区域内征占用林地和砍伐树木；核发（浅海、滩涂）养殖使用证；核发农药经营人员上岗证等。市城市管理办公室下放的项目有：住宅区绿地管理等6项。

6. 改多部门交叉审批为一个部门审批

这类事项在审批制度改革中是一种优化，虽然也不减少项目，但减少申请人的时间及相关成本，减少了申请中的重复和扯皮。如需经贸易发展局参与审批的专业市场设立；商品展览（展销）会；酒类广告和展销改为工商管理部门一个部门管理。运输局参与审批的开展通信工程服务业务资质等5项，改由工商部门一个部门管理。由水务部门审批的水利施工监理等资质改由建设部门一个部门管理等。

在优化审批程序上，此后推出两项大的调整，一是设立行政服务大厅，将分散在部门的审批相对集中起来，实行联合办公。二是进行流程再造，包括部门内部流程和部门之间的流程，推行并联审批。互联网技术的发展，政府又利用信息技术改善流程，推进深圳政务服务"一码管理、一门集中、一窗受理、一网通办、一号连通、一证申办、一库共享、一体运行"的"八个一"建设。政务服务从分散向集中转变，为企业、市民提供"一站式服务"；从线下向线下线上转变，实现多项"不见面"审批；从单点办理向区域通办转变，不断打通市、区、街道、社区和部门的信息孤岛；从他人办理向他人和自助办理转变，一些政务服务全天候办理；从部门办理向部门协同转变，为申请人提供便利。

7. 告知承诺制

即审批部门将审批事项、条件、时限等信息公开，并承诺公正办理如期办理以及办理信息的反馈。审批部门要采取不同的方式告知申请人相关信息。最早在部门推行首办责任制承诺制。此后建立了相关制度，包括完善了监督机制。进入互联网时代，审批项目办理进入全过程监管，全过程可追踪，申请人可实时了解项目运行进展，公开透明和制度更好地保证了承诺兑现。

8. 审批的法定化

2001年12月1日，中国加入世界贸易组织，世贸组织的规则本质上是市场经济运行的通则。因此，在争取加入世界贸易组织过程中，全国进行了大规模的行政审批制度改革。到2002年底，国务院各部门取消和改变管理方式的审批事项共1300项，占全部审批事项的33%。2003年8月27日，第十届全国人大常委会第四次会议审议通过了《中华人民共和国行政许可法》，行政审批迈入法定化阶段。为落实行政许可法规和国家行政审批制度改革部署，深圳在新一轮的审批制度改革中除减少审批事项，优化流程外，着力推进审批法定化进程。先后出台了《深圳市实施行政许可若干规定》和《深圳市非行政许可审批和登记若干规定》。推进了以规范公权力行使为核心的行政审批制度改革。主要有：（1）审批设立的法定化。在首次审批制度改革中，市政府令规定，所有新增审批的设定都要经市政府常务会议通过，任何未经以上程序新增审批都无法定效力，且要追究相关人员责任。在深圳市关于行政许可和非行政许可的规定中（以下简称"两个规定"），都对许可设定作了严格限定。既有的审批要有法规依据，新的设定要经过法定程序。（2）文本制式的法定化。"两个规定"对申请人提交材料的文本制式都有详尽规范，审批单位和审批人不得通过文本改动增加或删除相关内容。（3）审批程序的法定化。"两个规定"对审批的全流程各环节，审批人和申请人的权利和义务都有明确规范。审批许可必须依据法律规范，包括实体规范和程序规范。依法审批是加入世界贸易组织后，特别是行政许可法实施后，行政审批的新规制新要求新特点。

此外，以行政许可法为遵循的行政审批，增加了公平性透明性，加大了对行政审批的监督。在公平性方面，"两个规定"对行政审批涉及的不同主体，包括行政机关内部的许可，规定了相同的审批条件、环节、程序。在透明性方面，所有的行政审批设定都要经过听证、公示，行政审批的事项、条件、过程、结果都要遵循公开原则。在监督方面，行政审批有规范纪律监督，还有申请人监督，媒体和社会监督，并引入司法监督。

三 为商事登记"松绑"

商事登记是指商事主体筹办人（行政审批的申请人），为了获取、变更或终止商事主体资格，依照有关法律法规，向相关行政登记机关提出申请，经审批并载于商事登记簿的综合行为。

要创办一个企业，就要经历商事登记，这是合法性的凭证。商事登记十分烦琐，多个政府部门审查后方能领开业执照，在正式登记之前的审批（前置审批）超过百余项。如开一小饭馆，至少要经过房产、金融、环保、卫生、消防等部门多环节的前置审批。过多过繁的审批广受诟病，2013年，以实施《深圳经济特区商事登记若干规定》为标志，深圳开始了商事登记制度改革，为商事主体登记松绑。

（一）改先证后照为先照后证

所谓先证后照，是指商事主体在取得营业执照之前，必取得若干前置审批的证明材料。哪怕办一个街头书报亭，至少经文化部门、城管部门、税务部门等审批并提供证明材料后（证），再到登记部门（工商）申领执照（照）。深圳在改革中，对原有前置审批仅保留了涉及金融、保险、证券、会计事务所、外商投资企业等5个领域的12项审批事项，取消了137项前置审批，这些被取消的涉及药品生产经营、文物经营、食品生产经营和食品摊贩、广告经营、通信服务经营、锅炉压力容器生产企业许可等前置事项。[1] 前

---

[1] 艾琳、王刚：《行政审批制度改革探究》，人民出版社2015年版，第164页。

证后照改为前照后证，不只是一个证照的流程顺序的调整，也是一个监管方式的调整，在前一种情景下，发证部门对审批负责，发照部门则对合法性负全责，包括对后续监管负责。商事主体的任何不规范，首责为登记部门。前置审批的部门职能重在"批准"，工商部门职能重在"监管"。先照后证后，商事主体开业的最后审批者是发照机关，逻辑上也是市场的监管者。"谁审批谁监管"，为事中事后监督体制开辟了道路。

（二）改注册资本实缴制为认缴制

长期以来，公司注册时，规定了进入的资本门槛，并且要求实缴。因此，企业设立登记时需要验资，企业须提交《出资证明书》，或者会计事务所出具的验资报告，或者银行出具的征询函。此环节旨在确认公司资本实力，便利公司的商务活动。这一方面是以政府机关的信誉为企业信用背书，另一方面强制规定企业设立资金门槛，抹平了企业设立时对资金不同的需求。改革后，公司注册资本实行认缴制，登记机关只登记有限责任公司全体股东认缴的注册资本，不再登记公司的实收资本，也不再收取验资证明材料。有限责任公司全体股东的出资，均由股东自行约定并记载于公司章程。公司设立时无须提供验资材料。公司对自身行为负责，公司商事活动时当事方充分了解对方的实力、信用并决定交易。

（三）改多证并存为多证合一

改革前，一个企业正常运行除了营业执照外，还需办理多种证照和相应代码。2014年12月1日起，深圳在全国率先实施营业执照、组织机构代码证、税务登记证、印章刻制许可证等四证合一，按照"一表申请，一门受理，一次审核，信息互认，四证同发，档案共享"的模式进行登记。目前，已扩展到三十证合一，一照一码的登记模式，并且建立全业务，全流程，无纸化的网上注册电子营业执照制度。最快可一小时出照。

（四）改繁杂的申请材料为简单申请

改革前，申请办不同企业要提供不同的登记申请表：包括《设立登记申请表》《全体股东（发起人）出资情况表》《组织机构人员登记（备案）表》《法定代表人信息表》等。企业住所需提供房屋租赁合同、房产证等证明材料，还要求注明经营范围，要求有消防合格等证明材料。企业设立时涉及股东决议的，需要以全体股东亲笔签名的形式提交相关材料。改革后，企业设立登记材料简化，如所有类型企业设立登记申请表为一种制式。涉及企业决议的事项，只需企业法定代表人签字即可等。企业需要提交的申请材料由改革前的平均15项减到11项，同时，原来的18种营业执照也简化成4种。

（五）改年审制为报备制

改革前，年审是政府部门最主要的监管手段和监管内容。每年年审，要求商事主体所提供的材料之繁杂，工商部门审查之全面苛刻，类似商事主体重新登记。改革后，以备案制替代年审，商事主体按有关规定将经营信息提交给监管机构并予以公示。信息造假不仅影响商事主体的声誉，使得商事主体经营受困，而且还将受到处罚。以备案与信息公示代替年审，并不会"一放就乱"，相反，它使政府部门和商事主体从繁杂的事务中解放出来。同时，培育了商事主体的信用思维和信用自觉，回归到市场约束。

（六）改行政直接监管为通过信用进行监管

改革前，政府部门对商事主体主要通过设立、年审、变更、注销全过程进行直接管制。如企业设立时的实缴资本制等。改革后，逐步转到事中事后的信用监管与直接监管相结合，强化商事主体遵守市场规则，对自身的行为和商誉负责。如资本的真实性载入章程，公开信息，由社会监督。深圳还实行经营异常名录制度。对不按时提交年度报告的；通过登记的住所或者经营场所无法联系到的商事主体，由商事登记机关从商事登记簿中移除，载于经营异常名录并纳入信用监管体系。对商事主体载于经营异常名录负有个人责任的投资人，负责人，董事、监事，高级管理人员的信息纳入信用监管体系。凡纳入异常名录的，商誉定受到影响，交易必增加成本，此外，必受其更严格的监管。当然，纳入异常名录的有恢复到正常的通道。

（七）改企业名称申请批准制为自主决定制

企业名称是法人人身权，与自然人姓名相对应。企业名称有地域管制，有组织管制（如不能轻易注册集团公司），有业态管制（如不能轻易称连锁商店）。企业设立时，名称一般要经过注册部门预审。2015年7月1日起，深圳推行了企业名称自主申报。企业名称字号资源向公众释放，由企业自主选择，市场自我约束。同时简化名称登记程序，取消了名称预先审核环节，并建立名称争议处理机制，为企业名称登记提供便利。改革实施后截至2015年底，全市通过名称自主申报系统申报的企业名称达21万多个，其中成功申报率达70%以上。

（八）改复杂注销为简易注销

企业登记难，企业注销亦难。改革前，如要注销一个企业必须向登记部门提交清算报告，而要完成清算要经过一系列复杂过程。因此，社会上存在着占用大量资源的"僵尸企业"。2015年7月，深圳实施简易注销试点，对于登记后未开业企业或无债权债务企业，放宽注销登记的材料、程序、申请方式等条件，通过全流程网上办理，商事登记机关不再要求企业办理清算人员备案或提交清算报告，企业也不需要在报纸上发布注销公告。企业在网上提交注销申请材料后，由商事登记机关通过网上办理并免费发布注销公告。到2015年底，全市共有3000户企业申请简易注销，已核准2000户。

商事登记制度改革，带来了创业井喷式增长。2013年3月1日至2014年7月31日，深圳市新登记商事主体630588户，同比增长93%，其中企业298685户，同比增长87%，个体户331903户，同比增长99%。深圳市税务局统计，改革实施一年来，新增纳税户数238998户，同比增长82%，其中企业纳税人184667户，同比增长98.8%，个体工商户纳税人54331户，同比增长40.1%，市地税局统计新增企业纳税人18.61万户，同比增长9.95万户。合计贡献税收11.57亿元，同比增加3.2亿元。[①]

改革后新增商事主体，相当数量是改革前因商事登记门槛而挡在门外的。据资料显示，深圳无照和有照经营比例在改革前的为

[①] 艾琳、王刚：《行政审批制度改革探究》，人民出版社2015年版，第166—167页。

1∶9。改革后无照经营基本消失。商事登记主体持续增长,截至2019年5月底,深圳商事主体总量累计321.9万户,其中企业累计202.9万户,个体工商户累计119万户,按市统计局公布的深圳市2018年常住人口1302.66万人计算,深圳每千人拥有企业155.7户,创业密度居全国大中城市第1位。

第三节　放松管制的深层讨论

显而易见,行政管制的放松或直接扩大投资领域,或直接降低产业成本,或直接鼓励产业创新。这一切,都是产业发展的促进因素。可以看作是功能性的产业政策。但是,放松行政管制的政策,最主要的不是直观的对产业的影响,从更深层次看,它实际上是具有建设什么样的市场经济的意义。

社会上常能听到一种说法,就是市场经济并不一定带来繁荣,一些实行了市场经济制度的国家,经济长期处于不发展状态,国民经济缺少有竞争力的产业支撑。而某些从计划经济向市场经济转轨的国家在低增长区间徘徊,没有出现高效率的产业结构。这些现实存在带给我们一些困惑,也促使我们进一步地学习、观察和思考。钱颖一教授或许提供了一种视角。他认为当今世界上既有好的市场经济,也有坏的市场经济,而且后者多于前者。

产生坏的市场经济原因有二。首要的原因是政府权力没有有效地受到法律的约束,由此带来一系列窒息经济活力的问题。当政府行为不受法律约束时,政府部门和官员便会侵犯产权,乱收税费,搞摊派,任意干预和限制企业和个人的经济活动,有时政府的用意是善良的,却不了解其不利后果。但有很多时候,某些政府部门以"规范市场"和"社会福利"为名,大搞"寻租"活动,结果导致腐败。无论是出于善意还是私心,政府对经济的任意干预的结果都是增加市场交易成本,阻碍经济发展。产生坏的市场经济的另一个原因是政府未能很好地履行其约束经济人的职责。这有多种表现,政府未能维护经济和社会稳定,结果产权受强盗或"黑手党"的掠夺，个人和企业产权不明晰，经济效率低下；合同无法有效履行和纠纷得不到公正的解决；政府规制不力导致金融危机甚至经济崩溃；中央与地方政府责权利划分不明确陷入财政困境；中央政府不能打破地方保护主义导致市场分割；等等。这些问题在一些转轨国家中尤为突出。①

确实，市场经济有不同形态，如同一幢大厦，由若干板块及组件构成，这些构件虽然不影响大厦的框架和外观，但影响大厦的结构和功能。市场经济制度也是由若干制度有机构成的。西方成熟的市场经济在不同时期体制也呈现不同特点，在自由与干预之间有多种选择和组合。所以，观察市场经济可以而且应该深入到更具体的层次。举例而言，在不同的市场经济国家，产品市场都贯彻平等竞争原则，劳动力市场则不同，有的国家劳动力市场有较大的弹性，如美国雇主和雇员依契约而自由流动。而法国虽然也是契约管理，但企业解雇员工时有诸多规制，劳动力自由流动性相对难。我在考察法国劳动力市场时，了解到一些雇主称工会为"怪兽"，工会制度使劳工利益受到某种偏袒。不同的劳动制度对效率的影响是有差别的。如果不作进一步分析，我们很容易将市场经济国家的制度看成是同质的。因此，必须重视细分的市场体制机制的研究。

一 依法管制与好的市场经济

一些市场经济比较发达同时经济绩效纪录比较好的国家和地区，通常也是以法治为基础的市场经济。这已被经验数据所证明。钱颖一教授在其著述中，从逻辑对此作了一个证明。他认为，经济学中法治具有两个层面的意义：一是法律对政府的约束。之所以必须约束政府，是因为政府本质上是代理人（公仆），是公众委托政府行使公权力，并以公权力服务于公众的。同时，在经济运行中，政府又是经济规制的设定者执行者。在经济学假定中，政府也是有一定的独立利益的。如果不对权力进行约束，不把"权力关进制度的笼子里"，政府很容易利用自己的权力牟利。也很容易倾向于设立较

---

① 钱颖一：《现代经济学与中国经济改革》，中信出版社2018年版，第47—48页。

多的规制，或者设立更多的收费谋私。所以，以法治为基础的市场经济，首先是用法律来约束政府行为，政府依法对企业和居民的经济活动进行管制。二是法律对经济人的约束。主要包括产权的界定和保护，合同和法律的执行，维护市场秩序。之所以要约束经济人，是因为经济人的天性是机会主义的，只要有可能，总想扩大自己的利益，即使这样做会损害其他经济人的利益。如果不对经济人进行约束，没有一定的经济规范，经济人就会走捷径，久而久之，社会流行"劣币驱逐良币"。为了实现市场的"看不见手"的功能，市场必须解决经济人被约束的问题。而约束经济人除了道德、商誉、市场外，必须有政府的规制，必须有社会认可的标准等。

在以法治为基础的市场经济中，法律既要约束政府，也要约束经济人。政府与经济人的关系是一种保持距离型经济关系，这是现代市场有活力、有创新而又可持续的制度基础。[①]

法（包括非法律形式的规范）对政府的约束和对经济人的约束还可以进一步延伸。如在相当多的地方和领域，一些部门或掌握公权力的个人，频繁地对企业经营进行干扰，这些干扰往往打着规范的旗号，并派生出对企业的乱收费、乱罚款。在行政监督方面，很少对打着某些旗号的干扰企业的政府行为追责，对乱收费和乱摊派，只要不装入个人腰包，也往往不了了之。法对政府的约束不足，使企业经营不胜其扰。另外，法对企业的约束不足也大量存在。如一些地方为招商引资，放松环保规制，使得一些污染环境的企业得以开业。当上级政府进行环保检查督查时，问题掩盖不住，又撤销引进企业时的承诺，要求企业整改或搬迁，一些企业因此而破产。法治的讨论还可以延伸到司法领域，一些地方和某些领导，干扰公正司法，影响了公平竞争的市场环境。法治约束不是一个抽象的命题，法治精神法治规则对政府和经济人而言，都是需要强化的。

深圳从审批制度改革开始，为政府权力在经济领域行使设限，在多轮审批制度改革中，力推政府审批的法定化。2014年，开始编

---

① 钱颖一：《现代经济学与中国经济改革》，中信出版社2018年版。

制动态调整政府权责清单，全面摸清行政职权家底，进一步简政放权，全面规范行政权责。历时一年全部完成32家市直部门和10个区（新区）权责清单编制和公布工作。为了清单应用和规范管理，开发建设了统一的权责清单管理系统，与网上办事大厅对接，实现网上办理。出台《深圳市政府权责清单管理办法》，推进清单管理制度化、动态化，从源头上避免职权事项边清理边增加。2018年出台《深圳市规范全市行政权力事项及完善权责清单体系工作方案》，全面开展编制行政权力事项通用目录，拓展优化权责清单系统功能，完善行政权力事项的标准化管理等。2012年以来，先后出台涉及市级部门行政职权事项调整的文件20份，共调整行政权力事项1342项。2016年，取消、转移和下放293项行政职权事项，2017年，取消136项行政事权事项。同时，政府"简政便民"。公布取消调整市直机关涉及群众办事创业的证明目录共计32项。经过清理规范，企业在办理某些行政审批时，不再需要提供审查评估论证鉴定报告等材料。

在日常监管中，深圳也比较早地减少"三乱"（乱收费、乱摊派、乱罚款）。深圳财政收入一直保持较快增长，几乎90%来源于税收收入。近年来，编制出台了行政事业性收费目录清单，政府性基金目录清单，实行政府定价的涉企经营服务收费目录清单等三项收费清单，公之于社会，接受监督。2011年至今，先后取消、减免或降低收费标准134项，累计减轻社会和企业负担超过30亿元。政府一般不干扰企业正常生产经营活动，少有以规范为名频繁的"三乱"。正是由于在市场经济中，首先约束了政府行为，形成了与企业的"距离型"经济关系，一些因土地、劳动力成本较高而转到外地的企业回流到深圳。深圳以"软"成本的低，部分对冲了"硬"成本的高，这是深圳长期在营商环境营造中形成的比较优势。

二 放松管制与经济自由

市场在资源配量中起决定性作用的逻辑是，生产要素的自由流动，企业的进退自由等，这也是产业繁荣的逻辑。但是，在对产业的管制中，一些地方常用产业目录的方式进行管理，将本地区的产业分鼓励类、经常类和限制类，并给予优惠或限制政策。深圳也发布过此类目录。这类目录看上去似乎有道理，如限制污染环境类项目进入等。其实，从经济运行看，环境是有价格的，当一个地区环境问题凸显时，环境就是稀缺的，价格就是昂贵的，成本就是高企的。在要素流动的情景下，进入的门槛可以通过价格来调节。反之，当一个行业有利可图时，市场机制牵引着企业家进入，也无须政府以利益杠杆加以干预。深圳一些产业近乎"野蛮生长"的。据唐东坡考察，深圳手机带有"野蛮生长"的特点。在2010年末至2014年8月，由工信部核发进网许可证的移动电话设备共计13255款，相关生产企业共计2022家。在剔除了生产企业所在城市信息不明的样本后，上述数组分别变更为11719款和1791家，其中位于深圳市的企业生产的移动电话设备有8003款，占总数68.30%。企业数量为1478家，占总数的82.52%。2013年在全球手机出货量18.22亿部，其中出自深圳的就有7.8亿部，占比42%；智能手机在深圳的出货量为2亿部，占全球10.4亿部的20%。[①] 深圳手机不仅数字庞大，还包括从订单承接，方案设计，元器件制造，整机组装，国内外分销，物流配送，售后服务的全链条。一个有趣的故事是，走进华强北销售手机元器件的销售商，他们几乎可以告诉你，一部手机可以在深圳完成组装的流程和配件。

  手机行业是深圳的一大产业。据有关信息：2016年9月，一个乌克兰旅游节目组到深圳，在华强北电子产品市场有200人买到组装手机。而2017年4月，一个美国硅谷程序员来到深圳，他用在华强北淘到的各种零件在几个月内组装起一部完整的iPhone 6S，实际所需成本仅有300美元左右。[②]

  深圳手机在产业链全价值链上也培养出影响力。华为公司的芯片设计和软件开发，富士康代工苹果，比亚迪成为三星等公司的零部件供应商，还有欧菲光的触摸屏，电连技术的微型电连接器及互联系统都有一定的技术含量，有的成为全球主要手机品牌供应商。

---

  ① 张军：《深圳奇迹》，东方出版社2019年版，第298—300页。
  ② 同上书，第302页。

深圳手机业的兴起，经历了两个高峰。一是"山寨时期"，大约是 2005 年至 2008 年前后。这个时期的一个重要因素是，台湾的联发科公司推出了手机芯片及整体解决方案，手机制造技术变得简单，手机制造的资本门槛也很低。一个设计方案，若干元器件和漂亮的外壳，在流水线上就可以组装出手机。在利润的驱动下，大批的企业进入到手机的设计、加工、销售中。华强北既是手机行业的信息中心，也是方案设计中心、采购销售中心。一时间，有许可证和没有许可证的企业蜂拥而上，价廉物美的手机销往国内外市场。客观地讲，有牌照的企业和无牌照的企业核心技术都是来源于联发科，其产品品质并无太大的高低之分，使得山寨机得以流行。

2010 年前后，随着智能手机的兴起，山寨机偃旗息鼓。深圳手机业的又一个高峰到来，以华为手机为标志深圳手机业实现华丽转身，深圳手机在国内外市场拓展，2016 年，深圳传音控股出货量接近 8000 万部，占领了非洲 38% 的市场份额。中兴通讯手机在 2017 年一度占领美国市场第四位。深圳手机业并未因业态变化而冲垮，相反，将山寨时期的能力进一步提升，继续占据智能手机时期有影响力产业的位置。不仅如此，那个时期积累的产业能力为踏入一个更广的人工智能时代打下了根基。

深圳市政府支持手机业最直接的作为是，与工信部电信研究院共建南方手机检测中心。这是唯一一家设在地方区域的通信和手机产品检测入网平台。从 2008 年 8 月开始，深圳及周边手机企业可以就近到南方中心完成检测，缩短了手机企业产品从研发到上市的时间。在检测项目方面，GSM 手机检测项目减少了 10 项，CDMA 手机项目减少了 11 项，检测费减少 50% 左右。南方中心的成立，省去了企业到北京检测漫长的等待候检，加快了手机企业响应市场的速度，为企业赢得市场提供了时间。这一公共产品为企业提供了普惠。

深圳无人机产业也有"无心插柳柳成荫"之势。2013 年 12 月 27 日，深圳发布《深圳市航空航天产业发展规划》，无人机产业列入支持。但在此之前，深圳无人机产业脱颖而出，大疆创新、中航华东光电、一电科技等具备研发设计总装集成能力，在飞控、航拍领域居国内前列。2015年深圳无人机产业的产值达到220亿元，2016年达到260亿元，2017年达到300亿元。到2018年，深圳拥有300多家无人机企业，占据全球民用无人机市场70%的份额，国内市场90%以上的民用无人机由深圳制造。深圳由此被冠以"世界无人机之都"的美誉。

深圳大疆创新科技有限公司，是全球领先的无人机研发和制造商，进入全球100多个国家市场。大疆创新的领先技术和产品，已被广泛应用到航拍、遥感测绘、森林防火、电力巡线、搜索及救援、影视广告等领域。2015年推出了一款智能农业喷洒防治无人机，其作业效率是人工喷洒的40倍以上。2017年6月，入选《麻省理工科技评论》2017年度"全球最聪明50家公司"榜单；荣获中国商标金奖的商标创新奖；，2019年7月18日，中国电子信息百强企业名单发布，大疆创新位列第52位。

大疆创新是由汪滔创立的。坊间流传创办人汪滔刚从香港科技大学研究生毕业时，因热衷于航模等飞行工具，憧憬在深圳实现梦想。租了某住宅区的一套住宅，生活和研发一体解决。我把这种方式归结为"车库创新"。美国赫赫有名的惠普公司、苹果公司都是以车库为创业起点。这种创新一方面是成本低，另一方面是处在宽松监管之下。大疆创新如果遭遇到过度的行政管制，设立就碰到难题，因为在此之前，商用无人机行业恐怕就是"无人区"，没有先例的业态是很难取得行政许可的。即使能领到证照，合法经营，如何监管又大有文章可做。理论上行政部门是可能管"死"的。所幸，大疆创新在深圳不仅诞生了，而且长大了。尽管政策没有给予特别的补贴等利益援助，然而，宽松的行政管制营造了企业最自由的营商环境。当然，大疆创新的成长还受益于深圳产业配套环境。据唐杰教授研究，无人机所需要的锂电池、陀螺仪、GPS模块等传感器设备，与智能手机有着相似的运用，而航空铝的后加工处理，也是附着在大量手机类消费电子外壳的生产基础上。深圳这些关键零配件产业上的优势，是大疆创新等无人机企业创业的首选。①

---

① 王帆：《深圳前副市长唐杰："无人机"为何在深圳爆发?》，《21世纪经济报道》2016年12月14日第07版。

深圳一些新的业态如供应链管理等，也是近乎"野蛮生长"的。但是，并不是与政府的产业政策无关。前文提到的产业政策如"两个文件"、"22条"、金融创新、知识产权以及本章中的审批制度改革，都从不同层面援助了看似"野蛮生长"的产业。而再往特区成立之初追溯，电子信息产业生态是从20世纪80年代开始的，深圳的新产业几乎都是以电子信息产业为基础并形成一个个产业集群的。而这些不同的产业集群，不仅成就了规模经济，减少了企业的生产和流通成本。还促进了知识外溢，使得新进入企业通过模仿克服进入壁垒。同时，产业集群的交互又带来诸多新的市场机会。这一切，加上日益放松的行政管制，日益扩展的经济自由，日益平等的竞争环境，争胜的企业不断追逐的创新，带来深圳产业生长和繁荣。

总之，审批制度改革带来的是行政权力退，市场经济进；僵化管制退，经济自由进。降低了交易成本，减少了"设租、寻租"，向着好的市场经济发展，为产业繁荣创造了基本条件。

第八章　产业进步：迈向创新驱动的政策安排

第一节　转型的基础、动力和主导战略

进入21世纪，深圳走过了20年，也开始步入大城市之门。经济总量超过1500亿元（2000年为1665亿元），居全国大中城市第四位。与此同时，成长的烦恼出现了，经济社会的转型的任务紧迫地提了出来。深圳的产业政策助推了这段并不短暂的旅程。

关于21世纪的产业政策，我们在前文中已做过一些介绍和讨论，诸如金融政策、"22条"、知识产权政策、政府管制改革等。这些都持久地作用于21世纪的产业发展。因此，在本章中，我们聚焦在其他新推出的有影响的政策层面。

一　转型时期的来临

据国务院发展研究中心专家研究，人均GDP达到11000国际元左右，经济体一般会面临着跨越"高收入之墙"的问题。越过了，就进入高收入社会，越不过去，可能重新回到中低收入水平。实现这一跨越的关键是，经济增长从要素驱动逐步转到创新驱动上来。[①]

如果将深圳作为一个经济体，经济增长确实可以称之为奇迹。2003年，GDP总量超过3500亿元。首次突破"五个一千"。即工业增加值突破1000亿元，进出口总额突破1000亿美元，机场旅客超过1000万人次，港口集装箱超过1000万标准箱，人民币贷款余

[①] 刘世锦等：《陷阱还是高墙？中国经济面临的真实挑选和战略选择》，中信出版社2011年版，第9页。

额突破1000亿元。

深圳三大支柱产业渐成气候。高新技术产品产值在2000年突破1000亿元，2003年迈上2000亿元的台阶（2482亿元），占规模以上工业总产值48.9%，自主知识产权产品产值占高新技术产品产值55%以上。物流中心的地位初具规模，空港吞吐量中国内地机场位居前列，海港集装箱吞吐量位居全球第四。金融业蓬勃发展，金融机构存款余额超过7000亿元，贷款余额突破5000亿元。深圳市中国两大证券市场之一。资本市场、货币市场、外汇市场交投活跃，区域金融中心呼之欲出。

经济结构出现方向转变性的调整。2000年，深圳具有自主知识产权的高新技术产品的增长幅度超过高新技术产品的平均增长幅度，产值达到534亿元，占全部高新技术产品产值比重超过50%，标志着高新技术产业发展已经完成了从加工装配向自主发展的方向转变。到2003年，全市共认定高新技术企业673家，高新技术产品产值过亿元的企业有232家，其中10亿元的企业有42家，超过20亿元的有31家，超50亿元的有11家，超100亿元的有7家，一个大规模的高新技术企业群开始形成。民营科技企业在全市高新技术企业中所占的比重不断上升，到2003年底，民营高科技企业累计达到398家，占全市高新技术企业673家的59%，当年认定的高新技术项目274项，占全市当年认定总数443项的62%。在2002年第十六届全国电子信息百强企业评比中，深圳有4家民营科技企业入选，华为公司和中兴公司分别位列百强第7位和第11位，华为公司在实现利润指标中高居百强之首。

经过20多年的发展，深圳城市框架已经形成，公共设施打下基础，产业优势和特点开始显现，特别是一批企业已显示出市场竞争能力。改革开放形成的体制机制优势日益转化为城市的竞争优势，为新的发展提供了基础，积蓄了能量。

高速发展的深圳，有没有保罗·克鲁格曼教授在分析东亚经济时所揭示的"汗水"经济的隐忧呢？有没有出口导向带来的经济依赖性风险呢？至少有一些征兆和苗头。在长达几十年的高速增长后，累积出生产要素和资源环境的约束趋紧。

从建市之初到 21 世纪，深圳 GDP 年平均增速超过 30%。2003年，出口总额 778.6 亿美元，出口总额已连续 12 年位居中国内地城市第一，但加工贸易超过 70%，外贸依存度超过 270%。经济发展粗放型特征明显，表现为"四个难以为继"。一是土地空间有限，剩余可开发用地 200 多平方公里，按照传统的速度模式难以为继。二是能源水资源难以为继，深圳水电资源主要由异地输入，在供给不变的条件下，按照当时的消耗水平，水电资源无法支撑更大规模经济增长。三是劳动力资源承载力难以为继。当时的城市基础设施已捉襟见肘，医疗、教育等长期紧运行。四是环境资源难以为继，大气持续恶化，河流普遍污染，"大城市病"开始发作。即使是引以为自豪的高新技术产业，虽然有一半以上规模的产品具有知识产权，但缺少核心技术、关键技术。如信息产业中的操作系统，芯片设计和制造，液晶显示等都不能自给。与台湾新竹工业园相比，差距更大。新竹工业园数十平方公里，就业人数 10 万左右，年产值折合人民币 2000 亿元，相当于深圳高新技术企业总产出。转型十分紧迫地提到了深圳人面前。

2005 年，中共深圳市委第三届第十一次全体会议上，市委的工作报告对深圳发展的转型之迫切作出了判断，提出了从"速度深圳"转向"效益深圳"转型，从政策取向和着力点上驱动"四个下降，三个提高"。"四个下降"是：单位产出占用土地的显著下降，能耗水耗下降，初级劳务工耗下降，经济增长对生态环境的污染下降。"三个提高"是：经济增长中科技贡献率提高，人力资本的贡献率提高，绿色 GDP 提高。市委全会的认识，提出的方向、任务表明：深圳有了转型的压力，也有了转型的觉醒。

二 将自主创新确定为深圳主导战略

如何实现转型，出路是创新。2006 年元旦刚过，1 月 4 日，深发〔2006〕1 号，《中共深圳市委深圳市人民政府关于实施自主创新战略，建设国家创新型城市的决定》（以下简称《自主创新决定》）面世。《自主创新决定》强调："深圳正处在一个重要的战略转型期，面对新的历史机遇以及土地、资源、环境、人口'四个难以为继'的制约,必须不失时机地把自主创新从科技发展战略,产业发展战略进一步提升为城市发展的主导战略,大大增强城市持续创新能力和核心竞争力,塑造自主创新的城市之魂,这是深圳从国家战略和城市兴衰高度出发做出的必然性选择。"《自主创新决定》是"22条"的继承和提升。"22条"及其他的政策培育了深圳向创新驱动转型的微观主体基础,产业竞争资源,技术创新实力,体制机制优势。将自主创新作为城市发展的主导战略,是深圳超越自我的出路,也是深圳政策进化的逻辑。与"22条"相比较,《自主创新决定》的飞跃性在于,将产业创新向内源发展的走势推进,并与城市创新紧密地联系起来,互相促进。"以提升科技创新为主线,全面推动思想观念创新,发展模式创新,体制机制创新,对外开放创新,企业管理创新和城市管理创新。使创新的意识,创新的精神,创新的力量,贯穿到现代化建设的各个方面,使创新成为经济社会发展的内在动力,成为驱动经济社会持续协调发展的主导力量。"《自主创新决定》在"22条"基础上有若干重要政策的延伸和创新。与《自主创新决定》同步发布的还有16个配套政策文件,将资源配置协调一致地指向自主创新战略,形成从理念到执行的政策系统。在坚持市场主导、企业主体的基本路径的同时,强化政府政策公共性外部性功能,政府政策着力点放在支持和增进市场上,放在补充市场失灵上。

其一,着眼于人才是第一资源,以政策吸引创新人才。经济学揭示了不同要素在驱动发展中的重要作用,土地、资本、人力资源分别在农业经济、工业经济、知识经济中发挥主导作用。创新战略中人力资源理所当然地为第一资源。人力资源与发达的教育是相关的,但人力资源的另一个重要特点是可流动的,哪里综合环境好就流向哪里。这就使得一些看起来教育并不发达的地方也有了吸引优秀人力资源的机会。深圳这个阶段的政策增加了这样的机会。新的政策内容丰富,比较突出的有:(1)大力引进领军人才。所谓领军人才,通俗地讲,就是业界领袖级人物。他们是影响学界行业重要人物,正所谓一将难求。深圳对领军人才除提供有保证的公共产品,还在研究项目、转化成果或其他事业发展上提供支持。(2)厚待企业家。企业家是企业的灵魂，企业家精神是创新精神。一个尊重和善待企业家的城市，一定是产业兴盛的城市。深圳在政府部门专设企业家服务处，为企业家提供便捷的服务。(3) 设立人才驿站，提供柔性解决方案。以人才的方便、人才的需求来设计制度，吸引人才或全职或短期或兼职工作，以驿站的方式服务人才。(4) 放宽人才落户条件。深圳城市户口有一定的含金量，一些稀缺性公共产品配置到户籍人口，长期对户籍实行严控。《自主创新决定》及配套政策放松了条件，应届毕业生（含归国留学生）可以以个人身份落户。中级以上专业技术资格或职业资格亦可入户。(5) 加大本土人力资源的培植。包括实施"鹏城学者"计划；首席专家制；博士后创新基地；特别是人才培训工程，培养工匠，提升普通劳动力素质等。将人才的认定和选择权放在企业，不拘一格。实行对各类人才的奖励，放大人尽其才的激励功能。深圳的人才政策很快有了用武之地。2006年，中国科学院深圳先进技术研究院成立时只有5人团队，到2016年，1174名员工中，高级职称者722人，拥有海外经历的人才432万人，形成了以海外人才为主的独特研究人员团队。这些人才中有享誉全球的科学家，更多的是世界名校的年轻博士，有兼职，更多的是全职。他们到组建不久的研究院工作，除事业、待遇的吸引力外，深圳尊重人才的政策和柔性管理、便利化亦功在其中。(6) 实施中小企业家提升工程。2007年以来，深圳实施中小企业家提升工程。中小企业做到一定规模再做强做大，会遇到不同的"瓶颈"，包括能力不足的制约、资金融通的制约、研发投入的制约，甚至发展方向的困惑，等等。核心是企业家需要拓宽视野、增长才干，由经验管理向科学管理转变、加强战略管理等。深圳市推出的企业家提升工程，回应了中小企业的需求。政府资助培训的对象是有一定发展规模的成长型企业。资助的方式是选择与依托名校和高水平的培训机构合作。这一制度设计提升了企业家的能力，保障了培训的高质量。①避免了"搭便车"的道德风险。因为培训费大头由企业家本人或本企业承担，企业家的利益与政府的利益捆绑在一起，没有紧迫需求的企业家也没有培训意愿。②对培训质量要求极高。没有企业家愿意付出时间和金钱成本参加无效或低效的学习。③供给方之间形成了竞争。政府选取了国内名校和培训机构合作，由企业家自由选择，培训机构之间存在着激烈的竞争。由企业家选择在道理上就是由消费者选择，在管理理论上，是一种需求管理。实际上，就是构建了一个培训市场，这个市场的竞争结果是消费者达到最大效用。深圳市明德创新企业成长研究院是一家在竞争中脱颖而出的机构。他们与国内外名校名师、国内外知名企业和高管合作，打造了一支有理论有实践经验高水平的师资团队，不仅组织讲授，还深入企业深度访问。如与斯坦福大学的团队合作的硅谷创新培训，与德国弗劳恩豪夫研究院合作开展"工业4.0"培训，与日本丰田公司合作的精益生产培训，等等，深受学员欢迎。一些企业不断将高管分期分批参加培训。培训班一期期结业，明德以卓越汇命名的学校越做越大，越做越强，为毕业学员企业家提供增值服务。一批学员企业成长为上市公司。政府资助的企业家培育工程实施以来，累计招收了十期学员，培训人数达到3667人，培育和造就了一批具有开拓创新能力的高层次复合型企业家队伍，为深圳发展现代产业注入了强劲活力。

其二，政策着眼于丰富创新资金链的需求，提供多品种的金融服务。"流动性"是企业的活力之源，越是向更高级更复杂的经济转型，与之相适应的要求是"流动性"越丰富。金融创新必须与产业创新相互促进。市政府向创新驱动转型的主要金融政策有：积极推动深圳多层次资本市场发展。2004年深交所开通中小板市场，2009年深交所开通创业板市场（在金融创新的章节中已经介绍）。地方主导的金融政策主要有：（1）实施创新型企业成长路线图资助计划（2006年开始），对即将上市或已经上市的中小企业给予上市融资资助。包括企业上市辅导、保荐及审计、法律服务费用；中介机构的服务费用；必要的资产评估费用进行资助。此外，成立上市培育工作领导小组，建立了企业上市的"一站式"协调服务机制。如上市公司要求股权、税收、用工等都要规范管理，而一些企业达不到上市要求，有的企业台账不完善，缴费不合规、物业手续不完备等，政府协调各部门解决企业存在的问题，帮助企业扫除上市阻碍。截至2019年8月底，深圳市实有境内外上市公司393家。首发募集资金合计 3798.06 亿元,其中中小板和创业板上市企业总量 210 家,首发募集资金合计 1671.89 亿元,上市企业数量及融资数连续 13 年居国内大中城市首位,促进了企业转型和产业升级。(2) 建立担保体系,为中小企业提供融资性担保。1999 年,中小企业信用融资担保集团(简称中小担集团)成立。该集团主要从事纯信用贷款担保、小额信贷、普惠金融等。对于成长期企业,提供"担保+投资"组合服务。深圳的明星企业华大基因、欧菲光、新纶科技,欣旺达等上市公司均是通过中小担集团获得第一笔银行贷款。截至 2019 年 6 月底,深圳中小担集团已为超过 32000 家次企业提供融资服务,累计服务金额突破 4108 亿元,服务企业中 99% 为中小企业,累计带动社会新增产值 8522 亿元,新增纳税 858 亿元,新增就业岗位 514 万个。深圳除设立国有担保企业外,还鼓励民间资本设立担保机构,为小微企业提供服务。设立再担保公司等。2018 年 8 月,深圳设立中小企业银行贷款风险补偿资金池,资金规模 50 亿元,该项政策是通过对银行机构进行风险补偿方式,以达到扩大银行机构,对中小微企业信贷规模,缓解中小微企业融资难,推动中小微企业健康发展的政策目标。中小微企业贷款风险补偿资金,是政府运用财政资金的杠杆效应,充分利用市场资源,提高财政资金的使用效率,截至 2019 年 4 月,已有 31 家银行签约加盟中小企业银行贷款风险补偿资金池,已纳入资金池项目合计 2580 个。项目贷款总额合计 266.5 亿元。银行机构申报的不良贷款总额合计 3.635 亿元,首批获得批准的深圳市中小微企业银行风险补偿资金总额 8500 余万元。(3) 建立发债融资机制。市级层面建立企业发债融资支持机制。支持符合条件的企业发行中小企业集合债,中小企业集合票据,中小企业私募债。在深圳前海股权交易中心挂牌发行各类创新型融资工具。市财政按照发行规模的 2%,给予单个项目单个企业最高不超过 50 万元的补贴。同时对协助企业完成债券融资的金融机构、增信机构、中介服务机构按照发行规模的 1%,每家机构单个项目最高 10 万元的标准给予支持。2017 年,深圳推出中小企业集合发债再担保业务,将再担保平台对中小企业的支持,从间接融资领域扩大到直接融资领域,由再担保中心主导推出的集合发债再担保业务属全国首创。（4）设立中小微企业发展基金。成功争取国家中小企业发展基金，首只60亿元子基金落户深圳，委托深圳市创新投资集团有限公司进行管理。截至2019年6月底，基金累计投资项目111个，合计金额35.77亿元，其中已有5个项目实现成功退出。在全国率先成立50亿元的天使投资母基金，引导社会资本投向种子期、初创期天使类项目，助推全市战略新兴产业、未来产业发展和产业转型升级，截至2018年底，已决策投资19家子基金，子基金总规模64亿元。（5）加大政府资本的投入，优先解决市场资源配置不能有效解决的早期投入问题。这是深圳研发投入新转折，即坚持企业主体的同时，政府投入规模增大。《自主创新决定》提出："十一五"期间全社会研究开发投入累计要达到1000亿元，市、区两级政府对科技的投入要达到100亿元，重点支持创新技术平台建设，关键高技术和关键共性技术攻关，应用基础研究，创新型中小企业发展，科研机构和大专院校建设，高级人才培育和引进等。

其三，着眼于提升源头创新能力，政策推动深圳技术创新从应用技术研究向应用基础研究延伸。深圳创新中呈现的"四个90%"，从另一个方面表明，政府投入相对少一些。缺乏高水平的研究机构，一直是深圳的"痛点"，也是深圳产业迈向高端的"堵点"。深圳又一次选择以借力发展补齐短板。一个新的大动作是，2006年，深圳市人民政府与中国科学院，香港中文大学共建"中国科学院深圳先进技术研究院"。

2005年前后，深圳市曾考虑过出资组建工业研究院（所）的方案，甚至考察过位于新竹的台湾工业研究院，但由于不愿走传统研究院模式的路子，也没有找到设立新型研究院的契机，暂时搁置起来。转型的压力和创新的动力使加快源头创新变得更迫切。得益于各种机缘巧合，这个时期香港中文大学正与中国科学院谈科研合作，中科院院长在深圳考察如何更好地推动产学研结合，深圳又有强烈的提升自主创新能力的愿望和需求，三家找到了一个契合点，在深圳设立了一个创新的研发机构。

2006年，中国科学院先进技术研究院的成立，结束了深圳无国家级大院大所的历史，以三家优势互补组建起的研究院开创了研究院（所）的新的运行模式的历史，开创了深圳创新的历史。(1) 先进院是第一个以海外留学归国研究人员为主组成的研究团队，决定了该院研究课题站在世界科学技术的前沿。该院定位为工业研究院，但主攻方向为新工业，即全球范围内兴起的新型工业。如服务机器人、低成本健康与可穿戴设备、高端医学影像与脑科学、大数据与云计算、新能源、合成生物学等。这些课题都是全球正在或将要突破的领域，与最新的科学技术同步，也是吸引海外留学人员的事业，当然也具有无限广阔的前景。(2) 先进院创新了科技、教育、产业、资本"四位一体"的模式。截至2017年3月官网显示，先进院十年来累计发表专业论文5628篇，其中，SCI 2239篇。WFC指数全国排名68位，全科学院排名26位，全省排名第4位。有论文发表在 Nature、Science 等世界顶级期刊上。累计申请专利4437项，已授权1619项。PCT申请214项。近三年，科研单位国内发明专利申请量全省第一，全国第二，转移转化率达29%。搭建《机器人项目》等八个项目专利池。培养15个国家和地区的研究生超过5000人。组建中国科学院大学深圳先进技术学院。与社会资本合作成立了5家投资基金，中科高成定位为天使投资，中科道富、中科昂森、中科融信等基金定位为风险投资基金，基金规模接近30亿元。基本主要投向与先进院技术贡献相关的项目。第一期5亿元资金基本投资完毕，一共投资了20多个项目，投资回报率最高超过30倍。(3) 先进院以多种方式提供技术支持产业发展，超出了单一的"成果转化"。先进院并未拘泥于研究应用技术的成果转化，而是视不同课题开展研究，一些课题从基础理论到应用技术到应用开发全链条展开，贡献多元的研究成果。①专利技术的出售。先进院将涉及二维声辐射力彩色弹性成像的相关7项专利技术出售给上市公司乐普医疗。②基于脑科学发展的革新性超声无创深脑神经调控技术与仪器的研制。③基于企业发展技术需求的独立或合作研究与开发。先进院在多点上的突破，为科学技术进步做贡献，为国民经济发展提供服务，为新工业的产生提供技术支撑。基础研究，开发应用，产业化的良性循环相互促进，使得先进院站在科学技术的前沿。

其四，着眼于提高产品与服务质量和竞争力，政策助力专利、标准、品牌（商标）建设。知识经济时代的竞争优势是由知识塑造的，一个城市拥有的专利、标准、品牌反映了它的创新能力和水平，也反映了它的竞争优势。《自主创新决定》以更加积极的政策助力《深圳市知识产权战略纲要（2006—2010）》（深府〔2005〕214号）的实施。（1）积极实施专利战略。政策激励专利生产和运用，规则保护专利权益，支持专利保护从离散保护向组合专利保护转变；专利申请从国内申请为主向国内外申请合理布局转变；专利类型从外观设计使用新型为主向发明专利为主转变。（2）制定实施标准化战略。这是深圳首次将标准建设提到战略高度和政府议程。市政府出台了《深圳市标准化战略实施纲要（2006—2010年）》。政府财政每年支出1000万元，支持标准建设。提出"政府引导、企业主体、中介支撑、社会参与"的路径，遵从发达国家标准与参加或自主制定标准并重，可贸易产品服务标准与非贸易品标准并行，积极参与国际标准组织与引进培育有影响的标准组织并重，标准建设在深圳加速展开。2014年10月，深圳市第五届人大常委会第32次会议通过了《加强深圳经济特区标准建设若干问题的决定》，标准建设正式立法。根据市人大的决定，2015年1月，深圳市政府发布1号文件《关于打造深圳标准，构建质量发展新优势的指导意见》（以下简称《指导意见》）。提出逐步形成六大标准体系：具有国际先进水平的质量型，创新型，知识型经济标准体系；以民生为核心的社会领域先进标准体系；与现代化国际化先进城市相匹配的城市发展指标体系；绿色低碳宜居宜业的生态发展标准体系；与社会主义先进文化相适应的文化发展标准体系；与现代政府治理体系和治理能力相适应的政府服务标准体系等。《指导意见》还提出了执行方案和措施。在政府引导、支持和社会力量的参与下，特别是企业在走向更广阔的市场和产业链高端的竞争中，深圳标准不断进步。2011年至2013年，深圳企业参与制定修订国际国内标准共计1598项，其中国际标准472项，位居全国首位，2014年深圳企业参与研制的国际标准数量增加到143项。华为公司、中兴通讯在5G领域参与大量的国际标准的制定。一批国际标准组织相继落户深圳。截至2015年，深圳已有45家国际和国内标准化专业委员会相关机构，300余名标准化专家在国内国际标准化制度中担任职务。（3）大力推进品牌战略。品牌是被市场认可，消费者认知的一种识别标志。品牌的知名度越高，传播越广，意味着更大的市场占有率，更高的附加价值。近年来，我国消费者每年在国外花数千亿美元，购买的实际上是一种品牌。一个城市一个地方品牌越多，经济竞争力就越强，就越可以通过交换实现更大的价值。品牌既是企业制胜的法宝，也是地方的荣耀，也是自主创新成果、水平的体现。围绕着主导战略，深圳市政府大力引导、支持、促进企业创品牌、创知名品牌。2007年9月，《深圳市商标战略纲要(2007—2010年)》发布，政府在普及商标知识，服务企业商标注册、使用、转让、投资，保护企业商标权益，打击侵权行为，奖励企业知名品牌等方面支持企业品牌建设。据2016年数据，深圳全市商标注册量35万件，中国驰名商标173个。2017年，深圳市商标申请量位居全国大城市第二，有效注册商标数量居全省第一。深圳工业总会以"市场竞争中产生，消费者认可"为原则，连续15年组织深圳品牌评选。2018年发布共评选出738个深圳品牌。在这些品牌中，平安、华为、腾讯、招商银行等为世界知名品牌。

其五，着眼于为自主创新提供共性服务，政策推动建设三大公共平台。即公共技术平台、公共检测平台、科技信息平台。2006年前后，深圳的高新技术企业有数千家，主要分布在电子信息、生物医药、新能源等行业。此外，深圳规划建设优势传统产业如服装、家具、钟表、印刷产业园区。这些企业在创新和转型中有不少共性技术，每个企业都建技术中心很浪费，中小企业呼吁政府提供公共技术平台。还有，创新企业的发展，新产品新服务新业态不断涌现，新标准的研发对检测提出了很大的需求，如手机入网需要的强制检测和产品质量的非强制检测。公共检测平台的供给对企业的便利化成本和进入市场的品质把关都有着紧密的关系。此外，科技情报信息在创新时代对企业决策和市场行为至关重要，并且具有公共性的特点。总之，共性技术、检测、科技情报具有很强的外部性，是自主创新发展中具有一定公共产品性质的服务。政府要满足企业的需求，同时要使得机构和服务可持续可循环。深圳市以政府补贴的方式，依托高等院校、科研机构以及第三方机构组建平台，为用户提供委托研发，资源共享，检测认证，技术转移，信息服务等，促进各类科技资源集成、开放、共建、共享。截至2013年，科技主管部门共组建、认定平台60家，其中认定平台12家，组建平台48家。组建的公共服务平台中，依托高校、科研院所和其他事业单位组建40家，占平台总数的83.3%；依托企业组建8家，占17%。据不完全统计，平台建设中，政府财政共投入经费1.48亿元左右，带动社会资金投入14.9亿元，三大类平台为产业发展提供支撑。

其六，着眼于全球资源，政策发力开放式创新。自主创新与开放式创新并不是对立的排斥的。从人类知识和技术扩展的经验看，学习乃是进步的必由之路。中国改革开放所取得的巨大成就，很重要的是学习和运用人类文明的优秀成果。深圳的华为公司有很多独创，但也是基于学习的过程。华为的创新经过了三个阶段：第一个阶段是与高校、科研院所项目合作，解决技术难题。第二个阶段是公司在境内外成立独立的研究所，靠近知识资源富聚组织成本相对低的地方组建研究所，进行技术攻坚和前沿研究。第三个阶段是与大公司大学合作办研究机构，或资助研究，除解决技术难题外，还进行基础理论研究，超前研究。向全球开放，增强了公司自主创新能力。深圳经济特区本来就是从开放起步的，也是因开放而进步的。充分利用海内外资源，是深圳实施自主创新战略的重要选择。政策取向上，既以产业资金支持企业"走出去"，在最接近技术源头的海外城市建立研发机构，又支持海内外企业、高校、科研院所、行业协会及其他投资主体来深圳创办各种形式的创新机构，承担深圳的重大科技计划项目，招商引资延伸到招商引智。在《自主创新决定》中，很重要的一个举措是建设"深港创新圈"。深港合作对深圳发展具有特别重要的意义，改革开放以来，深圳从产业、资本、人才等多方面受惠于香港，尤其在制度创新上提供了大量的借鉴。知识和技术创新上香港亦有独特优势，香港科技大学、香港中文大学等高校是世界名校，深圳具有"世界工厂"的特征和很强的转化能力。两者优势互补,可以成为全球有影响的创新中心。"深港创新圈"提出以后,内容日渐丰富。两地共同推动,开展深港教育、科技、人力资源等方面的合作。到2005年,香港科技大学、香港理工大学、香港中文大学三所院校在深圳设立研发机构54家,6所香港院校深圳研发机构获得的科研经费占虚拟大学成员院校的50%以上,承担国家自然科学基金项目(深圳项目)的40%,6所香港高校研究院拥有的"973首席科学家"占全深圳的65%。随着粤港澳大湾区的建设,以河套地区及周边地域为主要载体的深圳科技合作区将加快形成。

作为开放创新另一重要成果,华为、中兴通讯在国外设立多家研发机构。微软、苹果、英特尔、高通等30家跨国公司在深圳设立研发中心。深圳累计引进34个国家和地区的56家境外科技机构落户。设立两家由诺贝尔物理学奖、化学奖获得者领衔的科学家试验室。

三 支撑自主创新的"类拜杜法案"

在谈到一项制度创新时,比较通行的语境是,法治是保障。这是从法的强制性角度的理解。其实,法作为一种规则,其社会功能要强大得多,法治可以激励创新,可以阻碍甚至窒息创新;法治可以降低创新成本,也可以推高创新成本。"拜杜法案"之所以被学界业界屡屡提及,就在于它对创新的激励和对科研成果转化束缚的解放。

自主创新城市战略确立后,深圳颁布了几部重要法规。主要有《深圳经济特区科技创新促进条例》(2008年);《深圳经济特区加强知识产权保护工作若干规定》(2008年4月);《深圳经济特区企业技术秘密保护条例》(2009年5月修正);《深圳经济特区技术转移条例》(2013年2月)。四部法规从不同的方面支持自主创新,其中三部法规专注知识产权,核心是解决知识产权的创造、保护和运用。关于技术转移的专门立法,在国内是第一部,在这里,我将其称为"类拜杜法案"。

20世纪80年代,美国通过并实施《拜杜法案》。该法案,由美国国会参议员 Birch Bayh 和 Robert Dole 提出，1980 年由国会通过，1984 年又进行了修改，后进入美国法典第 35 篇（《专利法》第 18 章），标题为"联邦资助所完成发明的专利权"。这一法案是为了解决政府资助研发形成的专利被束之高阁问题。因为截止到 20 世纪 80 年代，联邦政府持有 2.8 万项专利，只有不到 5% 的专利被转化为商业性利用。"拜杜法案"的核心是将以政府财政资金资助为主的发明的知识产权归属于发明者所在的研究机构或单位，鼓励非营利性机构与企业界合作，转化这些科研成果，以促进发明技术在美国的应用。《拜杜法案》使联邦资助的私人部门享有科研成果的专利成为可能，由此产生了促进科研成果转化的强大动力。该法案还通过巧妙的制度安排，提供了政府资助的研发成果转化的机制。《拜杜法案》后，大学专利授权数从 1980 年的 246 件增加到 3109 件。借着政府资助，大学陆续取得了突破性成果并获专利权，如转基因技术、反恐怖的发明、污染控制、教育技术、疾病诊断和治疗。[①]《拜杜法案》被英国权威杂志《经济学家》称为"美国国会在过去半个世纪通过的最具鼓舞力的法案"。

科技成果的转化在我国甚至是一个更难的难题。为了形成科技成果在深圳转化的激励，深圳市率先制定实施《深圳经济特区技术转移条例》。中国和美国的科研体制不同，中国极少民间科研机构和大学，故政府几乎不提供这类资助。近年来，一些地方政府财政资助企业研发机构，也更多地将资金直接补贴到企业建实验室。《拜杜法案》不能照搬照抄到中国。但该法案所体现出的观念，所要解决的问题，所提出的解决机制对中国是有意义的。正是基于这样的视角，将《深圳经济特区技术转移条例》比作"类拜杜法案"是有意义的。

《深圳经济特区技术转移条例》共五章 41 条，规定了政府在转移技术中的职责，政府应培育为科技成果转化服务的中介机构，转移中应贯彻市场原则，财政和金融应支持转化等，其中最具有创新和实践意义的是"转移激励"。关于这方面的条款共 12 条，主要规

---

① 李晓秋：《美国〈拜杜法案〉的重思与变革》，《知识产权》2009 年第 3 期。

范高校、科研机构、成果完成人对利用财政资金形成的具有实用价值的技术成果处理的权利、义务及行为。分有若干情形：(1) 技术成果在完成两年内没有以转让、许可或者入股的方式运用的，技术成果完成人有权要求有偿受让该技术成果，高等院校、科研机构应当予以转让。高等院校、科研机构应当在收到技术成果完成人申请之日起 30 日内，办理转让手续。有关转让价格、权利义务等内容由双方协商约定。协商不成的，高等院校、科研机构应当将科研技术成果移交市技术转移促进机构，由市技术转移促进机构委托专业交易机构实施交易，交易不成的由市科技部门许可他人运用，并将许可情况告知高等院校、科研机构。(2) 在前提条件相同时，技术成果完成人有权对技术成果进行运用，高等院校、科研机构应向其移交技术成果资料，转化成果形成的收益或双方约定或按比例分配。(3) 成果未转让或运用的，应移交市技术转移促进机构并实施交易。交易不成功，则由市主管部门许可他人运用并告知有关方面。(4) 技术成果转化所得净收入，应提取不低于 30% 的比例，用于一次性奖励完成该项技术成果以及对技术成果运用做出重要贡献的人员。(5) 技术成果作价入股的，应当从技术成果作价所得股份中提取不低于 30% 的比例，用于奖励完成该项技术成果以及对技术成果运用做出重要贡献的人员。(6) 成果投产产生效益的，应当连续 10 年从实施技术成果新增留利中提取不低于 30% 的比例，用于奖励完成该项技术成果以及对技术成果运用作出重要贡献的人员。(7) 以技术成果入股公司的，技术成果出资额和出资比例由当事人约定或由有资质的公司进行评估并作为入股依据。(8) 以股权形式奖励给个人的，要完成持股的法定手续。此外，对利用财政性资金形成成果的信息披露，交易公开公平公正、会计核算等都做了明确规定。一言以蔽之，政府要鼓励企业与高等院校、科研机构合作，奖励技术转移及其应用。

《深圳经济特区技术转移条例》以产权确定和保护为工具，激励高等院校、科研机构、研发人员、企业、社会开展合作，共同推动更多技术成果的开发和转化应用。是我国最早的解决财政资助成果转化的法规，切中了我国科技与生产、研发与企业脱节的要害，对解决科技体制改革中出现的新问题（即用财政资金资助研发的应用成果归属和权益分配）提供新的制度性解决方案，具有探路和积极的作用。不无遗憾的是，社会对《深圳经济特区技术转移条例》反响不大，这或许与它作为一个地方性的法规相关，加之深圳这个地方高等院校、政府财政供养的科研机构较少，与经济主战场联系还不够紧密。在这种情形下，该法规的效益难以彰显。但是，从更大的层面看，这个法规所涉及的问题和解决方案确实值得更多地研究和讨论。更好地运用国有资源，更好地平衡国有民营资源研发与成果应用的关系，对激励全社会创新大有可为，对创新资源配置大有可为，对创新型国家建设意义重大。

第二节 转型中的十大产业政策

2008年，美国次贷危机引发的经济衰退向全球蔓延。中国政府为反危机进行了逆周期调节，出台了一系列的产业振兴规划。经济周期通常也是产业周期，马克思曾将经济周期的物质基础归因为固定资产的大规模更新，通过固定资产的重置和效能提高，带来经济的复苏和新一轮的增长。产业振兴逻辑地包含了固定资产的更新，产业新一轮发展是经济周期的结果，也是走出经济周期的关键。在这一大背景下，深圳提出了化"危"为"机"的方略，坚守转型的方向不变，力度不减，以更有竞争力的产业重建来消化衰退带来的影响。

一 出台十大产业规划及配套政策

2009年以来，深圳陆续出台十大产业规划及配套政策。这个阶段密集出台产业政策，除大背景外，另一因素是深圳产业水平和结构进入可以细分且精准助力的时点。一方面，从全球范围看，新技术的出现和应用，形成新产业新业态。如全球生物产业是继信息产业后又一个快速成长的产业板块；互联网产业势头不减，出现互联网＋；新能源产业也是世界产业竞争的前沿。另一方面，经过若干年的生长，深圳具有一定的发展基础和优势，形成了四大支柱产业，即高新技术产业、金融产业、物流产业、文化产业。其中高新技术板块中，分化出若干具有相对独立性的产业，其他支持产业亦不乏新元素加入。如 2008 年，深圳生物产业销售收入 358.5 亿元，产业规模位居国家生物产业城市前三位，生物医疗设备、生物制药产业规模全国领先，销售收入过亿元的生物企业 61 家，其中过 10 亿元的企业 6 家，迈瑞、三九、海普瑞等一批企业已成长为中国各专业领域自主创新的龙头企业。一批大的项目在建，赛诺菲巴斯德流感疫苗项目总投资 7000 万欧元，葛兰素海王流感疫苗项目总投资 9990 万美元，是我国当时引进的最大的两个外商投资生物制药项目。在互联网领域，产业规模约占全国的 11.5%，拥有腾讯以及 A8 音乐集团、迅雷、中青宝网等一批知名企业。在新能源领域，2008 年，产业总产值 300 亿元。诞生全国第一个大型商用核电站，第一个现代化垃圾焚烧发电厂，第一台插入式双模电动车，第一个兆瓦级太阳能并网发电站，第一幢太阳能光伏发电玻璃幕墙，第一台兆瓦级半直驱风力发电专用开关磁阻发电机。涌现出中广核、比亚迪等年产值过百亿的企业。正是基于以上态势，深圳分别出台振兴生物医药、互联网、新能源三大产业振兴规划及政策。

此后的几年，深圳陆续推出新材料、文化创意、新一代信息技术、海洋产业、航空航天产业、生命健康产业、节能环保产业以及机器人、可穿戴设备和智能装备等产业规划及支持政策。这些产业是由四大支柱产业特别是高新技术产业成长和细分出来的，被称为战略性新型产业。至此，战略性新型产业支持政策替代了笼统的高新技术产业支持政策。这或许可以看作产业政策的新安排。

战略性新兴产业的政策支持方式大同小异，主要有以下几个支点。(1) 每个产业大体设立 5 亿元产业专项资金。(2) 首先支持企业或研究院（所）设立研发机构（工程实验室、重点实验室、工程中心、公共技术服务平台等），符合条件的，给予 500 万财政投入支持。对于单位承担的国家级研发机构的建设，给予 1500 万元支持。(3) 支持重大投资项目。对某一产业发展有影响的高强度投资（如生物产业超过 2 亿元的项目），或者产业链重要环节缺失环节的项目，除在用地、各种许可上开绿灯外，视条件给予项目补贴。(4) 支持重大技术攻关和技术产业化应用。以生物产业为例，对自主创新生物产品研发，专项资金予以最高 800 万元资助。(5) 支持知识产权建设。包括专利池建设、参与和制定行业标准等。(6) 支持开拓新市场特别是国际市场。以生物产业为例，生物企业申请美国 FDA 认证，欧盟 cGMP 和 CE 认证，世界卫生组织认证以及其他国际市场准入认证，开展生物产品国际多中心临床研究或申请国外注册，专项资金予以最高 800 万元资助。(7) 支持人力资源建设。包括人才的公共服务、博士后站建设和员工的教育与培训等。(8) 支持融资渠道和便利。包括上市融资、创业投资引导、发债、担保、风险代偿等。(9) 支持产品市场开发。包括企业参展、政府采购、资助在本地办国际性大型展会和论坛等推广。(10) 支持相关中介组织发展。包括行业协会、知识产权各种中介服务以及法律、会计等社会中介和社会服务。

在讨论产业政策中，政策支持特定企业和特定产业的做法，被说成是选择性的产业政策，近年来受到不少批评和责难。批评者认为，由政府"选择赢家"，除了难以避免的信息盲区外，还可能导致权力寻租和扭曲市场信号。深圳未全面检视所谓选择性政策的效果，况且产业发展是多因素共同作用的结合，并非政策一推产业就会马上发生改变。因此，对政策实施的影响进行量化分析，需要更深入地研究和更长时间的沉淀。总的看来，虽然政策支持的项目不一定都成功，有个别的寻租和腐败，但深圳战略性新兴产业近年来成为经济增长的主体却是不争的事实，其增速长期快于 GDP 增速，快于工业增加值的增速。生物、互联网、新能源、新材料、文化创意、新一代信息技术、节能环保七大战略性新兴产业规模年均增长 20% 以上，为同期 GDP 增速的两倍，总规模由 2010 年的 8750 亿元增加到 2015 年的 2.3 万亿元。增加值占 GDP 的比重，由 2010 年的 28.2% 提高到 2015 年的 40%。竞争力提高也通过战略性新兴产业反映，国家级高新技术企业从 2015 年的 2182 家到 2019 年的 10988 家，占广东省的 49%，是继北京之后第二个突破万家的城市。在中国创新地区排名中，屡登榜首。深圳在"选择赢家"中，普遍遵循市场原则，即那些在市场竞争中胜出者或潜力股往往容易得到支持。此外，侧重于对企业研发新技术新产品新专利新标准的支持。人力资源支持、资金支持则主要补充市场失灵。这些支持重在赋能和降低交易成本。资金的支持也多样化，有事后补贴、奖励、股权及其他等。这样的"选择赢家"政策，不同于计划经济时期的财政补贴，也不是简单地根据企业的大小、企业所处的行业为标准，而是企业选择、市场竞争选择后的一种政府选择。支持的着力点放在提高市场竞争力和技术创新能力上。所以，对这类支持恐怕不能从理论逻辑出发，简单地肯定或予以否定，需要结合实践过程和效能深入研究。在深圳的发展中，随着政府可支配财力增长，近十年来，各类专项资金对产业的支持规模不断扩大。

二 组建新型研究机构

所谓新型研究机构，并没有一个严格的定义，是相对于传统的研究机构而言的。新型研究机构与传统研究机构有很多的不同。一是所有人不同。新型研究机构的投资人有的是政府（国有），有的是私人或者合资（合作）。而传统研究机构一般是政府投入（国有）。二是组织形式不同。新机构可以采取事业法人、企业法人或其他非营利组织，而传统机构一般为事业单位，有一定的行政级别。三是运行机制不同。新型机构在内部架构、资金配置、人才评价和管理使用等方面更有弹性、更开放、更灵活。传统体制更刚性和封闭。四是目标功能不同。新型机构偏重基础应用型研究，一些企业研究机构更关注技术应用，而传统机构则更优先进行基础研究和基础应用研究，也有重大技术攻关。五是新机构与产业紧密结合，更注意赚到钱，实现资金上的良性循环。而传统机构一般没有经营方面的压力。资金有财力保障。两者还可以列出一些区别，基础在于，两者建立在不同的谱系上。

深圳有四大新型研究机构。两家"国有新制"：一家是清华大学深圳研究院（1996年成立）。一家是中国科学院先进技术研究院（2006年成立）。这两家机构前文分别已有介绍和评论。另两家是"民办官助"或者说是民间机构，它们是近年来出现的为数不多的新型研发机构。一家是华大基因研究院（2007年成立），一家是光启研究院（2010年成立）。

华大基因最初的团队是从中国科学院出去的。牵头人是生物学家汪建，他参与过人类基因组计划，该计划与曼哈顿计划、阿波罗计划一起，并称20世纪全球三大科学计划。他有点特立独行，如他主持研究院，没有单独的办公室，与同事一起在大办公室隔开的小空间办公。他崇尚简约，笑称自己"四无"：无领带，无表带，无皮带，无鞋带，甚至在与比尔·盖茨见面时也是休闲装。他用人不拘一格，"80后"李英睿大学尚未毕业，他让其担纲首席科学家。华大基因团队来深圳落户时，是一个小研究团队，十年发展成为一个大系统。（1）华大生命科学研究院：致力于开展前沿生命"读""写""存"核心技术研究开发，组织并实施生命大数据与疾病防控国际大科学工程。（2）华大学院：实行"以项目带学科、带产业、带人才"培养。（3）深圳国家基因库。（4）华大智造：专注于生命科学医疗健康领域仪器设备、试剂耗材等相关产品的研发，生产和销售，提供实时、全景、全生命周期的生命数字化全套设备。（5）华大司法：致力于精准司法鉴定，将司法创新科技成果应用于社会民生。（6）华大基因：2017年成为深交所上市公司。此外，还有华大医学、华大农业和遍布全球与之合作的机构。

华大基因集团创新的路线是"三发三带"。即科学发现、技术发明、产业发展；带学科、带项目、带人才，并互相促进，互相推动。科学贡献上，华大基因在世界权威期刊上发表数百篇论文。其中，发表在《自然》及子刊杂志上的论文200篇以上，发表在《科学》及子刊上的论文35篇，发表在《细胞》上的系列文章11篇。技术创新上，截至2018年7月，已申请国内外专利2694项，其中PCT专利429件，已累计获得授权发明专利685件，境外专利授权195件。华大是国际标准化组织/生物委员会副主席单位和国内技术对口单位之一。是5个行业联盟和协会的发起人。在IDBER、GGBN、GIA等41个国际国内标准化组织担任主席、副主席或专家委员职务。截至2018年9月，华大提交标准提案百余项，并与中检院、中国计量院开展合作，开发了7个高通量基因测序国家标准品，填补多项国际国内空白。华大是全球领先的生命科学前沿机构。

光启理工高等研究院是由一批从美国归来的留学人员组成的团队组建，该团队平均年龄 28 岁。牵头人刘若鹏是深二代，时年 26 岁，美国杜克大学博士。在博士研究生阶段，刘若鹏参与超材料研究并取得成果，超材料作为新兴电磁材料科学研究领域，曾被美国《科学》杂志评价为过去 10 年人类最重大的十项国际突破之一，是电子波调制的重要技术手段。这是一项极富前景的前沿研究，学成回国，刘若鹏志在深入研究并推广应用。

光启研究院成立以来，组建起国家重点实验室，重点开展超材料方面的研究。光启申请的 2800 多项专利，占过去十年全球相关领域专利申请量的 86%，覆盖了该领域的底层。Mete-RF 技术是一种通过复杂电子结构的设计精确控制，调制电磁波传播的突破性创新技术。基于这项技术光启开发研制了系列卫星通信产品。其中，Mete-RF 射频器件具有尺寸小、功率性能优异、耐候性强等综合技术优势，获得首届中国电子信息博览会创新金奖。光启研发院还致力于光子产品和服务研究开发并产业化。

深圳市对四大研发机构的支持政策是创新的超前的。一是创立行政过程创新。清华深圳研究院，中国科学院先进技术研究院分别是中国最高水平的大学和最权威的国家研究机构，吸引这两家机构落户深圳，省去了漫长的可行性论证和冗长的行政审批。市领导层果断决策，亲自与对方领导汇报沟通，超前思维，拿出特别政策。清华大学、中国科学院冲破传统体制，在改革开放前沿的深圳经济特区设立机构，超前探索，积极作为，给了外建机构的特殊政策。两家研究院的创办，是双方超前思维、政策创新共同努力的产物。华大和光启两家非公立机构在深圳设立，是中国最早的非公立新型研发机构。这两家机构落地深圳，未经过繁文缛节的文本审查、资历审核，各种各样的漫长的审批，创始人的经历、资信、愿景、干事的精气神成了进入深圳最大的通行证。二是体制上的创新。清华院和先进院都实行理事会领导下的院长负责制。"两个东家"都不具体干预研究院的独立性，充分授权给管理团队。这种现代治理模式，加上清华大学和中科院选派的院长及团队优秀，构建起适应新需求的现代管理系统和制度，激发了活力、创造力，形成了有序和弹性管理机制，研究院得以高速健康创新发展。而华大和光启，一开始注册为非营利组织，后在发展过程中有弹性地调整，如组织系统中，多种法人形式并存。保证了政策的灵活运用。组织成为积极的力量和保证而不是束缚。为两家机构自主发展创造了良好的制度环境。三是资源支持方式上的创新。深圳市政府出资建设清华深圳院和先进院研究办公大楼。为华大和光启免费提供办公物业。有的还提供一定时期的运行经费。如为先进院提供六年每年1500万元的运行经费。政府还通过专项支出和项目采购支持研究院发展。专项支出如大设备采购补贴、实验室建设补贴、团队人才引进补助等。项目采购通过招投标方式配置。资源资金支持，是初创非营利立足之基础。四家研发机构能力形成后，更多地通过产业化和市场寻求更大发展。

新型研发机构是一种跨越创新"死亡之谷"的有效制度。所谓创新的"死亡之谷"通常是指科技成果无法有效地商品化、产业化，导致科技成果与产业化之间出现断裂，研发成果胎死腹中。从现实看，并不是所有的面向应用的研究成果都能够产业化。影响产业化的因素很多。如果研究与生产隔离，双方的信息不联通，就不可能在应用场景相遇。如果技术上可行，但没有资金支持，也不能产业化。如果技术上可行，但成本过高也很难产业化。实验室的成果要转化为现实生产力中间有的相隔万里长城。缩短研发与产业化之间的间隔，打通两者的各种阻碍，才能畅通其渠道。仅就技术、资本、生产之间的链接而言，新型研究机构不失为有效机制。因为这类机构本身是以应用性需求为导向，从应用出发亦可通向理论的象牙塔，更多地通向经济的主战场。这类机构的生存压力也迫使他们发挥优势，谋求在应用中实现利益最大化，也只有市场接受才能实现利益最大化。这类机构具有体制上的优势，它们可以通过优化配置人力资源、资金资源和其他资源去实现目标。当然，这类研究机构也可能一事无成。但总体上，新型研究机构是有利于打通创新—产业化—产业升级的渠道的，深圳的几家新型研究机构的实践成果是最好的案例和答案。

三　以产业为主导向的人才团队引进

《中共深圳市委市政府关于实施海外高层次人才"孔雀计划"的意见》（深发〔2011〕9号），拉开了政府在人力资源上，为深圳主导战略的实施和向创新驱动发展提供新一轮支持的大幕。

这轮引进的指向很明确，主要服务于深圳产业发展。深圳虽然布局若干战略性新兴产业，但从"三来一补"起步的底色，提升需要一个过程，新兴产业成长的关键要素还是人才。因此，"孔雀计划"提出了总体目标：从2011年开始，在未来5年重点引进并支持50个以上海外高层次人才团队和1000名以上海外高层次人才来深创业创新，吸引带动10000名以上各类海外人士来深圳工作，突出推动支柱产业和战略性新兴产业领域的人才队伍结构优化和自主创新能力，实现人才资源配置和产业优化升级的高端化、高匹配，推动经济发展方式进入创新驱动发展轨道。

这轮引进主要是海外人才。因为在新技术新产业上，海外发展相对早一些，尤其是在产业链价值链的高端，在制约深圳产业发展的短板上，借助最前沿的研发，才能形成新产业的竞争能力。而将人才引进瞄定在团队上，是由当今应用基础和应用技术的研发特点决定的。工程性研究是复杂的，往往是多学科多专业合作的产物。因此，杰出的人才在研发中依然起关键作用，但组织化制度化团队化已成为最主要的研发组织形式。世界一流的大公司特别是以技术立足的大公司，都拥有一个或若干个研发团队，从某种意义上讲，是研发决定了公司的未来。一些大公司以销售收入的10%或更多投入到研发中。而一些中小企业则因经济实力所困，虽然也面临着技术突破的难题，也面临着新产业竞争的压力，也明白人才及团队的价值而无法突破。

"孔雀计划"突出以"用人单位"为依托，使人才有用武之地。（1）以企业为单位，重点引进技术人才团队，突破企业技术瓶颈，利用企业产业化优势，使创新成果快速实现经济效益。（2）以新型科研机构为依托，汇聚基础应用或技术研发人才团队，加快集成研发优势，为产业发展提供技术支撑和应用突破。（3）以高等院校为依托，加快集成学科优势，推出高水平的研究成果，进一步吸引人才，为产业发展提供源头支撑和人力资源。政府除为人才提供工作生活便利化和公共服务外，纳入"孔雀计划"的海外高层次人才可享受80万至150万元的奖励补贴。对于引进的世界一流团队，给予最高8000万元的专项补助，并在创业启动、项目研发、政策配套、成果转化等方面支持海外高层次人才创新创业。

截至2018年，深圳累计引进"孔雀计划"团队和广东省创新团队154个，其中"孔雀计划"团队118个，广东省创新科研团队57个，其中19个团队，既是广东省创新科研团队也是"孔雀计划"团队。引进团队加强了深圳创新和产业发展。截至2018年工作团队发表论文1300余篇，特别是在 Nature、Science 等国际顶级期刊及子刊上发表论文77篇。香港科技大学深圳研究院分子神经科学和创新药物研究团队，发表SCI收录论文106篇，在 Nature 及其子刊上发表论文5篇。清华大学深圳研究生院无线光通信研究团队在 Nature、Science 上发表了18篇重要学术论文，北京大学深圳研究生院图像与视频处理研究创业创新团队在 Nature、Science 上发表了16篇学术论文。团队累计申请超过1000项国际PCT专利，2200项发明专利，授权发明专利550项，发明专利授权量占专利授权总量比例超过37%，如新型超高亮度半导体光源研发团队，已完成激光荧光粉技术领域121项国内外专利申请，其中80%为发明专利，实现该领域80%的专利覆盖。

产业化效益初步显现。截至2017年底，产业化团队中34个团队已实现销售收入。实现销售收入累计超过85亿元，上缴税收超过4.5亿元。如新型高效激光显示技术创新团队累计销售收入超过16亿元，细胞分析世界级工业创新团队累计销售收入超过15亿元。创新资本进入团队创业。视觉智能和机器学习处理器创新与产业化团队依托单位深圳云天励飞技术有限公司，政府2015年股权投资2000万元占股份16%，2017年社会资本按20亿元的估值投资该企业，两年内公司增值近10亿元。2015年，深圳市创新投联合深圳市创业投资引导基金，龙华建设发展有限公司及相关民营资本成立了"红土孔雀基金"，专注于"孔雀计划"项目投资。创新人才团队是一支新军,也是一支生力军。

四 高等教育的国际化

在向创新驱动转型中,政策再次向高等教育倾斜。深圳 40 年有过三次高等教育的标志性的投入。1983 年,市一般公共预算收入仅 1.5 亿元,特区建设到处都需要资金,那一代人喊出了饿着肚子也要办大学的时代强音,决策成立深圳大学,开辟了深圳高等教育的新纪元。世纪之交,深圳与中国最高水平的大学合作,在山清水秀的西丽片区建起了功能完备环境优美的大学城。北京大学、清华大学、哈尔滨工业大学研究生院开启了南方模式。西丽已成为深圳的教育重镇、科研重镇、人才重镇。21 世纪,被称为知识的世纪,新经济的世纪,深圳再次启动高等教育新征程,且将视野投向境外,与国际高水平的大学合作,为深圳的发展培养更多具有国际水平的人才,是 21 世纪的一个特点。

深圳教育的国际化从三个方面展开。一是引进世界知名大学。按照中国教育部的规定,必须依托国内大学引进。2014 年,依托深圳大学,香港中文大学(深圳)获批。该校高起点建设,传承港中大的书院制模式,以国际通行的校董会领导下的校长负责制作为基本体制。课程设置、教学模式、师资配置、双语教学、校园建设都与校香港本部媲美。师资中包括中国工程院院士、中国科学院院士、美国科学院院士、美国工程院院士、加拿大皇家科学院院士 12 名。港中文(深圳)是一所研究型大学,设有经管学院、理工学院、人文社科院、数据运筹院以及研究生院,14 个本科和 11 个研究生专业。设有人工智能、大数据、生命健康、金融等研究院。港中文(深圳)产生强大的吸引力,招生分数已居广东省前列。

为引进国际教育资源,深圳在成片土地资源紧约束的条件下,在龙岗建设国际大学城。第二个入驻的单位是依托北京理工大学兴建的北理莫斯科大学,这所具有悠久历史的世界名校已开始招生。2017 年首批面向全球招收纳米生物技术、系统生态学、当代俄罗斯文学专业硕士研究生。2018 年启动本科招生,设有国际经济与贸易、俄文、数学与应用数学、材料科学与工程等专业。该校秉持莫斯科大学沉浸式教学法和职业导向元素相结合传统，以汉语、俄语和少量英语教学。为深圳注入新的国际教育元素。

设立高水平的具有国际背景的特色学院，是深圳创新国际教育的又一篇章。特色学院的初衷是紧密结合深圳力推的战略性新兴产业培养人才。定位为"小而精、小而专、小而高"，即小型化办学，学科突出少量急需专业，培养高水平人才。2013年，深圳市政府发布了《关于加快特色学院建设发展的意见》，提出重点在生物、互联网、新能源、新材料、文化创意、新一代信息技术等战略性新兴产业和医疗卫生、环境保护、金融、艺术等领域，建设十所特色学院。政府每年安排不少于10亿元资金资助。已有三所特色学院取得突破。清华—伯克利学院已经面向全球招收硕士、博士学位研究生。环境科学与新能源技术、数据科学与信息技术、精准医学与公共健康是该院的主要科研和研究生培养方向。天津大学佐治亚理工深圳学院硕士学位项目获教育部批准招生。深圳与广东中医药大学、澳大利亚皇家墨尔本理工大学联合创立深圳墨尔本生命健康工程特色学院积极筹建。

在深圳名校中，引进国际办学模式和师资，以国际高水准方式培养人才是深圳教育国际化的又一种形式。北京大学汇丰商学院最初是北京大学研究生院商学院，2008年，汇丰银行捐赠1.5亿人民币合作办学，该院以中英文双语教学，培养国际化高级商务人才。包括在职培训和硕士、博士人才。汇丰商学院设有英国校区。在深圳校区推进若干国际合作项目和研究。如北京大学经济学—香港大学金融学双硕士项目；以诺贝尔经济学奖获得者为首席科学家的萨金特数量经济与金融研究所等。清华大学深圳国际研究生院与美、欧、澳、加等多所著名大学合作培养人才，已毕业学生近千人，30%的学生进入全球排名前十的大学继续深造。中国科学院深圳先进技术院、华大研究院依托丰富的国际资源，培养国际化人才。先进院学院往中科院大学深圳学院的方向发展。

深圳的产业发展与教育、人才发展虽然不是线性的一一对应，但大体轨迹上是相关的。特区建立之初，只有几名工程师，与那时落后的农业形态是相适应的。此外，招商引资，发展加工工业，大批洗脚上田农民工进厂当了工人，产业发展大体吻合教育和人才构成。经过一段原始积累，深圳开始创办高等教育、职业教育培养人才，吸收大学毕业生和一批批各类人才到经济特区创业，但与主流的"农民工"相比，受过较长时间专门教育训练人才依然是稀缺资源。进入21世纪，深圳本土的高科技企业开始发力，对人才产生了巨大需求，大批名校毕业生来深圳发展。特区教育发展也进入了大的扩张期，人力资源无论在数量上还是质量上都加速增长，助推了深圳产业升级。深圳企业国际化扩展，新竞争越发国际化，对人才的需求提出新标准。深圳高等教育的国际化正是一种回应，也是一种主动。当下深圳，人才总量达568万，其中专业技术人才172万，技能人才364万，企业经营管理人才26万，还有党政人才、社工专业人才等。人才总量占常住人口接近50%，与特区建设之初不可同日而语。人才结构高层次，国际化色彩日渐浓郁。全职院士46人，国家千人计划422人，国家万人计划82人。吸引高层次人才13715人，其中海外英才4868人，留学归国人员超过12万人。在站博士后超过2100人。

五 大科学装置

所谓大科学装置，是指那些通过大规模投入和工程建设完成的，能够长期稳定运行的，支持重大科学研究和应用技术研究开发的重大科技活动的基础设施。大科学装置的主要特点：一是资金密集。大规模的投入和后续运营需要较大的资本支撑。二是技术密集。大装置在建设中往往需要研制大量的非标设备，技术复杂，具有工程与研制的双重性。在使用的过程中，高水平应用需要高水平的人才和研究支持。三是意义重大和深远。大装置支撑的研究，其产出主要是科学知识和技术成果，是新发现或验证新发现，而不是一般性的技术改良。大装置是较长时期运转的科技基础设施，不是一般性的工具。四是具有一定的开放性国际化特征。大装置实际上是大平台，是适应不同科学技术主体提供的平台性工具，具有公共性开放性甚至国际性。

大科学装置是现代科学技术发展的结晶，是科技发展到一定阶段的产物,也是诸多领域取得突破性创新的基础条件。因此,建设大科学装置是有条件的。既需要技术条件,也需要资金支撑,还需要应用支持。没有应用,大装置就是一件华美的外衣。在我国,大装置主要布局在北京、上海、西安等科学重镇。深圳是一个后起之秀,在向创新驱动转型中,适度超前布局大装置。对于深圳向高技术攀升,对于逆向创新,对于支持产业迈向高端显然是有价值的。

2008年前后,深圳布局第一个大科学装置:国家超级计算深圳中心(简称深圳超算),由中国科学院和深圳市政府共同建设。2010年5月,经世界超级计算机实测确认,运算速度达每秒1271万亿次(峰值3000万亿次),排名世界第二。深圳超算应用领域覆盖结构强度、动力学、运动学、碰撞安全、流体力学的工程计算,计算物理、计算化学、地球地理学、生物、气象、医药、运筹优化等。深圳超算还直接服务于产业发展。可广泛应用于新能源、新材料、自然灾害分析、气象预报、地质勘探、工业仿真模拟、新药开发、动漫制作、基因排列、城市规划的领域。深圳超算不仅可承担各种大规模科学计算和工程计算任务,同时以其强大的数据处理和储存能力为社会提供云计算服务。截至2018年5月,超算中心服务个人用户超过1600万,机构用户超过25000家。超级计算机资源使用率达80%,存储资源分配率达158%。

深圳超算还在发展中,正积极筹划参与国家科技部E级计算机研发项目,E级机每秒可进行百亿亿次的计算,被世界公认为超级计算机的皇冠。深圳为E级机落户超级计算中心做充分准备。

另一个大科学装置是坐落于大鹏半岛的国家基因库。2011年10月,由国家发展改革委、财政部、工业和信息化部、卫生部四部委批复,深圳华大基因组建并运营深圳国家基因库。国家基因库包括生物资源样本库,生物信息数据库和生物资源信息网络。通过建立高水平的生物资源,样本库及高效的生物信息数据处理、存储与管理系统,以及覆盖广泛的联盟网络,实现对资源的有效保护。同时,合理开发和利用我国生物资源及基因数据资源,为生命科学的研究和生物产业发展提供支撑。随着时间推移,基因库的价值将越发显现,是国家、民族物种安全的"诺亚方舟",也是生命科学和生物产业的公共平台。

六 产业引导基金

2008年，深圳市政府组建政府投资引导基金，初衷是弥补项目早期社会投资缺失。另一目的是，以政府投资引导更多的社会投资，放大政府投资功能，促进产业发展和转型升级。基金的规模为30亿元，分期注入。由于政府既无专业人才又无投资经验，根本不可能充当"运动员"。所以，深圳市政府一开始就确定了"政府引导、市场运作、杠杆放大、风险可控"的基金管理原则，并设计了一套运行机制。（1）市政府以契约的方式将政府引导基金委托深圳市创新投资有限公司管理运营。政府组建引导基金管理办公室处理日常事务。（2）在投资决策上，引导基金的母基金由深创投作为受托管理人全面负责管理，子基金由其管理方负责，政府并不参与投资决策，由办公室派观察员列席投资决策会议，并对所投项目进行合规性核查。若违反规定，如项目方为不合格投资人，可行使否决权。（3）在投资行业上，引导基金只作类似的负面清单要求，如不能投资房地产业等。（4）在投资地域上，引导基金只约定子基金投资于深圳市企业不低于引导母基金出资额的2倍。（5）在投资项目上，由子基金自行决定。创新创业类项目中属于初创期、早中期的投资不低于子基金可投资金总额60%，而新兴产业发展类子基金可对企业的各个阶段进行投资。（6）在投后损益分配和风险管控管理上。损益分配的原则是"先回本后分利"，并先保证其他出资人收回出资。当子基金清算出现亏损时，首先由子基金管理机构在基金中的出资承担，不足部分再由子基金各出资人按出资比例承担。也就是优先减少其他出资人损失。（7）在投入期限上，创新创业类子基金一般不超过10年，新兴产业子基金一般不超过8年。（8）在退出方式上，从其约定或商定，一般以股权变现的方式退出。深圳市政府引导基金，无论是投资决策还是全过程管理，贯彻市场原则，市场主体的权益责任都由平等契约保证。政府主要收获产业发展后的收益和城市的产业竞争能力。

2016年，深圳市级政府设立的产业引导投资基金增加400亿元,其中创新创业200亿元,新兴产业200亿元。截至2018年底,正式运营的市场化子基金128只。其中创新创业类73只,新兴产业类55只。政府实际出资近百亿元,引导社会投资产业总规模近2000亿元。政府投资引导基金健康运营,推动创新创业和产业发展。

政府以引导基金的形式,借助专业投资机构支持产业发展,最大的好处是,避免了政府直接决策投资支持竞争性市场项目的风险。但是,也有几个问题需要进一步深化。一是怎样达到支持早期项目的目标。由于委托投资公司运行,子基金投资公司中有公司资本和其他资本,其利益结构决定了选择项目的行为,它们可能更倾向于风险较小的项目,影响对早期创业的资本投放。二是市场风险问题。政府基金既具有稳健运行的目标,又有支持本地产业的目标。而早中期项目的风险比较高,如何解决多重目标的平衡是一个长期难题。三是回报和责任问题。按照经济人的分析逻辑,利益的最大化和责任的最小化经常是人们的选择,在一个多元主体共生的组织中,形成合理的激励约束是组织成长的关键。政府引导资金是一个包含多个利益主体的结构,它们追求的目标并不总是一致。如何建立多元主体共赢并放大引导基金功能的规则仍然需要在实践中探索解决。

当然,政府资助科研项目中,也出现不少问题。据2019年8月27日提请深圳市人大常委会第35次会议审议的"深圳市2018年度本级预算执行和其他财政收支审计工作报告"披露:截至2019年4月底,深圳有407个科技资助项目超期未验收,而有的项目单位已失联、倒闭或清算。其中68个项目资金存在潜在损失,涉及金额高达4533.5万元。这类问题的存在,给政府资助科研项目敲响了警钟。从理论上讲,由于专业知识的缺失和信息的不对称,政府部门很难对科研项目是否可持续发展作出判断,加之项目方的道德风险,很难保证所有资助项目的成功。应该对资助项目进行机制上的完善,引入第三方进行评估。借鉴发达国家的经验,不断改进资助制度。

第三节　向创新驱动转型的初步验证

从要素驱动走向创新驱动，讲的是经济增长的动力、效率及其要素转换问题。在这方面，目前尚未见成熟的度量和完整的理论表达。我们不妨采用理论界分析经济增长的模型和对经济创新要素表征的分析，结合深圳的数据，对深圳由要素驱动向创新驱动转型做一初步验证。

一　从经济增长动力变化看转型

经济增长是经济活动的主题，也是经济学长期为人关注的问题，有不少模型作出解释。我们借用索洛（Robert Morten Solow）模型进行分析。该模型的简要表述是：

$$Y = A \cdot K^{\alpha} \cdot L^{1-\alpha}$$

其中 Y 代表 GDP 总量，K 代表资本投入，L 代表劳动力投入，a 和 1－a 分别代表资本和劳动的生产弹性。从公式中可以看出，经济增长的要素中除了资本和劳动投入外，还有一个 A。索洛把这个 A 定义为用全要素生产率度量的"技术进步"。当然，这里的"技术进步"不单是指技术的提高导致的进步，而是包括一切在资本、劳动力不变条件下引致产出增加的要素，是一般效率的提高，比如资本的效率或劳动力的效率，或者全要素效率的提高。不过，在索洛模型中，一般效率的改进是作为一个外生变量，无法解释发展中国家效率为什么与发达国家效率差距越拉越大。因此，索洛模型后来得以扩展，主要是效率改进的来源，出现了内生增长理论，即将全要素生产率或一般意义上的效率改进内生化，效率来源于内生技术进步、制度创新、人力资本改进等。索洛模型及其拓展，揭示了经济增长的秘密。

如果将深圳向创新驱动转型的节点放在将自主创新作为城市主导战略的前后，以"十二五"为例，主要经济指标有所体现。与 2010 年相比，2015 年地区生产总值由 9851.5 亿元增加到 1.75 万亿元，增加了80%以上。辖区公共财政收入由3506.8亿元增长到7238.8亿元，地方一般公共财政收入由1106.8亿元增加到2727.1亿元，都实现了翻一番。与此同时，资源能源的消耗则明显下降，万元GDP的能耗、水耗、建设用地、二氧化碳排放量分别下降19.5%、43%、29%、21%［许勤《政府工作报告》（2016）］。最近几年延续了"十二五"的发展态势。一方面经济总量大幅攀升，另一方面资源能源消耗大幅下降。这一升一降中，体现在经济增长中，就是一个余额。这个余额虽然没有严格按经济增长模型进行测算，但在性质上属于索洛模型中的A，我们似可以将其归结为创新驱动。确实，在2005年前后，深圳就发出"四个难以为继"的警示，到2018年，深圳的GDP达到2.4万亿元，约5倍于2005年。但在土地资源、水资源、环境资源总量未增加的条件下，有力地支撑了经济和社会发展。环境质量在高增长不断改善。"十二五"之后，万元GDP的能耗水耗继续保持大幅低于全国平均水平，PM2.5平均浓度不断下降，在全国大中城市排名中居前几位。正是向创新驱动转型，深圳闯过了"四个难以为继"的硬约束，经济增长步入新的轨道。

二 从产业、产品等指标变化中看转型

向创新转型也通过产业、产品等一系列指标变化来标示。研究创新绕不过经济学家约瑟夫·熊彼特，他将创新与生产要素组合、市场、产品链接起来。他认为，所谓创新就是要建立一种新的生产函数。即生产要素的重新组合，就是要把一种从来没有的生产要素和生产条件引进到新的生产过程中，组合而成一种生产函数。在这个基本观点下，熊彼特教授讨论了创新的五种具体形式：（1）开发新产品，（2）使用新的生产方法，（3）发现新的市场，（4）发现新的原料和半成品，（5）创建新的产业组织。熊彼特教授不仅阐释了创新的本质，还指出了它的具体形式。即产业创新、产品创新、市场创新、产业组织创新等。

"十二五"以来，深圳的产业、产品、企业结构持续转换。（1）从产业构成看，服务业比重在此阶段快速扩大，二、三产业结构由2010

年的 46.2∶53.7 优化为 2015 年的 41.2∶58.5。现代服务业占服务业的比重达 69.3%。战略性新兴产业成为经济增长主导力量，增加值年均增速为 17.4%，占 GDP 比重由 28.2% 提高到 40%，产业规模由 8750 亿元增加到 2.3 万亿元。先进制造业占规模以上工业增加值由 70.8% 提高至 76.1%。（2）产品结构优化，除高新技术产品增长外，传统优势产业加快转型，服装、珠宝、钟表成为时尚产业。截至 2016 年，全市拥有国内有效注册商标是 2010 年的 3.25 倍，马德里商标注册量 167 项，比 2010 年增加了 21 件，累计拥有中国驰名商标 165 件，比 2010 年增加了 84 件。产品结构变化通过对外贸易反映出来。2005 年，加工贸易约占对外贸易的 75%，一般贸易的出口主要是农畜产品。2010 年，加工贸易占比下降到约 57%，一般贸易品中机电产品比重加大。2015 年，加工贸易持续下降到约 39%，一般贸易中，机电产品、名牌服装等为主。服务贸易迅速扩大，技术贸易在"十二五"期间增长 241%。一些企业产品在国际市场占一席之地。华为业务遍及全球 170 多个国家和地区，服务全世界 1/3 以上的人口。比亚迪公司 2018 年全年销售新能源车超过了 20 万台，排名全球新能源车年度销量第一。华大基因研究院贡献的世界基因测序数据的 50%，农业基因数据的 70%。大疆公司产品占据全球无人机市场份额的 50%。（3）企业形态加快升级。领军企业持续增加。"十二五"时期，世界 500 强本土企业由 2 家增加到 4 家，中国 500 强企业达 30 家，主营收入超百亿企业 65 家，其中超千亿企业 8 家。国家级高新技术企业由 1354 家增加到 5524 家。

深圳企业发展逐步引起了国际权威机构的关注。华大基因、腾讯入选美国麻省理工学院《科技企业》杂志 2013 年全球最具创新力技术企业 50 强。2014 年 1 月 20 日，《华尔街日报》刊发"中国创新及其崛起"，文章引用了华为和腾讯案例，在过去 10 年中，华为在电信设备市场超过了多家欧美竞争对手，例如诺基亚和阿尔卡特、朗讯等，在语音消息发送等功能方面，微信比竞争对手做得更好。2019 年，美国动用国家力量打压华为，从另一方面反映了这家企业在全球的地位。

三 从创新资源变化中看转型

创新资源是创新的基础,没有资源积累,就很难发生创新,至少不能发生大量的和突破性的创新。但是,创新的存量资源,如大学、研究机构,受高等教育人才的密集,并不必然出现大量的创新。如果没有适当的激励机制,资源就只能是一种存在并沉睡的状态。因此,对创新的衡量似要结合产出指标,如新科学、新技术、新产品、新产业出现等。深圳在向创新驱动转型过程中,推出了很多政策,形成了新的存量,产出了新的成果,在前文中已有介绍和评论。在这里再从纵向比较中列举一组数据。

(1) 全社会研发投入在转型期迅速增长

资本从来都是推动经济的必要条件,也是推动研发的必要条件,要使资本通过研发转化为生产力,必须各种主体的主动介入,也就是说需要全社会投入。自"十二五"开始,深圳的研发投入进入高增长期。由2010年占GDP的比重从3.64%增加到4.05%。五年提高了0.41个百分点,绝对量增加一倍以上。2017年,GDP增长到近2万亿元,全社会研发投入占比提高至4.1%,绝对量超过800亿元。深圳的研发投入已进入国际同类投入的前列,在国内仅次于北京。但与北京投入结构不同,产业也不相同。深圳的投入90%长期来源于企业,主要是研发新技术,直接面向经济的主阵地,研发与生产紧密结合。北京的研发中,相当大的比例是基础或应用基础研究,产出的是论文和底层技术。各有千秋。但相对而言,企业的投入可能更突出效率。

(2) 研发机构在转型期快速增长

研发机构泛指各类研究院所、各类实验室、工程研究中心、技术开发中心等。研发机构是科研人员工作载体,是研发设备运行载体,是研发成果产出载体。所以,研发机构的数量、规模、质量是度量创新驱动的重要指标。2015年,深圳研发机构累计1283家,约为2010年的3倍。创新体系更加开放,加快融入全球创新网络,与芬兰等9个国家签署科技合作协议,与硅谷、以色列等搭建8条"创新创意直通车",境外投资1000万元以上的研发企业新增255

家。微软、英特尔、三星等58个世界500强项目落户深圳。研发机构向新的应用基础性理论和技术逼近。近年来新组建神经科学研究院、第三代半导体研究院、合成生物研究中心。鹏城实验室、以诺贝尔奖获得者为首的科技实验室布局落地。

（3）一批科技和产业创新走向世界

科技产出快速增长，2018年，获科技进步一等奖等国家科技奖16项，中国专利金奖42项。专利授权量增长48.8%。在5G技术、石墨烯太赫兹芯片、3D显示、新能源汽车、特种计算机、柔性显示等多种创新领域处于世界前沿。①

深圳转型还可以通过其他指标体现，如人才变动。2018年，全年新引进人才28.5万名，增长8.4%，新增全职院士12名，总量增长41%，新增高层次人才2678名，增长57%。又如政府投入的增长，用于大学和研发补贴、人才补贴等。这些有的在前文中已有介绍和分析。从这些数据中，我们可以解读出结构性的重要信息是，深圳产业政策和产业发展开始的转型。

四 拓展性的讨论

现在，我们要提出的问题是，为什么在这个阶段转向创新驱动发展。为此，我们有必要对前面的叙述做一简要概括：所谓经济增长，其实并不神秘，实际上不过是劳力、土地、劳动工具等生产要素的组合。所谓创新，也是通过技术提高或制度和管理的改变，实现要素的重新组合和配置，从而提高全要素生产率。主要依赖要素量的增加而实现的经济增长，称之为要素驱动；而主要依赖要素质的提高而实现的经济增长，称之为创新驱动。创新驱动与要素驱动不同，它要求新的制度性安排，在新制度场景下，企业家、各类人才登上经济舞台，庞大的经费投入和高效率的研发出现，新技术、新产品、新市场、新资源、新管理成为经济新常态，并往复循环自我繁殖，以形成经济增长的主流。创新驱动不是一个点上的因素导致劳动生产率的提高，创新是一组社会经济现象，或者说是"一篮

---

① 《深圳市政府工作报告》（2010—2015），http://www.sz.gov.cn/zfbgt/zfgzbg/。

子"相互作用的创新要素的集合,这种集合改变了经济增长的主动力。

既然创新驱动是一种经济社会现象,那么,这种现象一般在什么条件下发生呢?"世界经济论坛"2006年提供了一个视角和一组经验数据,他们将经济增长阶段与驱动要素联系起来,划分为五个阶段五种类型,具体如下:

增长阶段	年人均GDP(美元)
要素驱动阶段	<2000
要素驱动向效率驱动转换阶段	2000—2999
效率驱动阶段	3000—8999
效率驱动向创新驱动转换阶段	9000—17000
创新驱动阶段	>17000

按照世界经济论坛对经济增长阶段的划分标准,一个国家人均GDP超过1.7万美元,就进入了创新驱动的增长阶段。美国、德国、日本、韩国分别在1962年、1973年、1976年、1995年进入了创新驱动阶段。依这一划分标准并用于城市经济体,深圳进入创新驱动阶段,这与前面其他经济体的经验数据大致是吻合的。

更早对经济成长阶段与增长驱动要素的分析有,著名学者如美国经济学家罗斯托(Walt Whitman Rostow),他在1960年的《政治和成长阶段》中提出了"经济成长阶段论",将一个国家的经济发展过程分为6个阶段。(1)传统社会阶段。传统社会是在生产功能有限的情况下发展起来的,是围绕生存而展开的经济,而且通常都是封闭或者孤立的经济,生产活动中采用的技术是牛顿时代以前的技术,看待物质世界的方式也是牛顿时代以前的方式,社会似乎对现代化毫无兴趣。(2)准备起飞阶段。这一阶段是摆脱贫穷落后走向繁荣富强的准备阶段,它的特征是社会开始考虑经济改革的问题,希望通过现代化来增强国力并改善人民的生活。这一阶段的一个重要任务是经济体制改革,为发展创造条件。这一阶段的主导产业则通常是第一产业或者劳动密集型的制造业,这一阶段要解决的关键难题是获得发展所需要的资金。（3）起飞阶段。这是经济由落后阶段向先进阶段的过渡时期。罗斯托认为，经济起飞须具备4个条件：生产性投资率提高，占国民收入的比例提高到10%以上；经济中出现一个或几个具有很高成长率的领先部门；发明和革新十分活跃，生产过程吸收了科学技术所蕴藏的力量；适宜的政治、社会以及文化风俗环境。（4）走向成熟阶段。在这一阶段，国家的产业以及出口的产品开始多样化，高附加值的出口产业不断增多，厂家和消费者热衷新的技术和产品，投资的重点从劳动密集型产业转向了资本密集型产业，国民福利、交通和通信设施显著改善，经济增长惠及整个社会，企业开始向国外投资，一些经济增长极开始转变为技术创新极。（5）大众消费阶段。在这一阶段，主要的经济部门从制造业转向服务业，奢侈品消费向上攀升，生产者和消费者都开始大量利用高科技的成果。人们在休闲、教育、保健、国家安全、社会保障项目上的花费增加，而且开始欢迎外国产品的进入。（6）超越大众消费阶段。罗斯托对大众消费阶段以后的社会并没有一个清晰的概念，不过他认为该阶段的主要目标是提高生活质量。随着这个阶段的到来，一些长期困扰社会的老大难问题有望逐步得到解决。美国当代社会学家丹尼尔·贝尔（Daniel Bell）则把人类历史划分为三个阶段：前工业社会、工业社会和后工业社会。后工业社会是工业社会进一步发展的产物，以理论知识为中轴，科技精英成为社会的统治人物。这一理论认为在工业社会中，社会分层的标准是所有权，而后工业社会的分层标准则是知识和教育，它以科学技术和信息为基础，是知识架构起来的社会。后工业化社会的特征是：经济结构从商品生产经济转向服务型经济；职业分布以技术阶层的崛起为特征；知识日益成为创新的源泉和制定社会政策的依据；新的技术预测模式是技术控制和技术评价根据；新的"智能技术"诞生改变传统决策方式。

梳理经典理论，建立经济增长阶段与驱动力转换之间的联系，并将不同阶段的要素功能和要素聚集度加以整理和分析，特别是总结创新驱动是什么时点什么条件下出现，具有十分重要的理论和实践意义。从理论上看，丰富了经济增长理论。经济增长是发生在一定的时空的，在不同的时空下，要素的功能、要素的重要性、要素效能是有区别的。如果说自然界提供的要素是恒定的，那么，社会进步对要素的组合做了区分。经济增长不仅是生产要素自然组合的过程，而且是要素组合的社会过程。将时空的维度纳入到经济增长中，将大大丰富人们对经济增长的观察认识和把握。从实践上看，将有助于社会把握发展的阶段性特征，并适应这种阶段发展的需求，有针对性地制定不同的经济社会规则，以引导社会经济的有序发展。

美国学者埃德蒙·费尔普斯（Edmund S. Phelps）指出，"当一个国家经济基本走入现代化以后，就不只是生产现有的某些产品和服务，更多地转向构思和实践新创意，试图创造过去不能生产甚至从未想象到的其他产品和服务"，"保护和激发个性、想象力、理解力和自我实现的文化。它们促进了一个国家的自主创新"。从要素驱动走向创新驱动的过程，就是如费尔普斯所分析的过程。而完成这一过程，经济发展转到创新驱动的新常态上来，标志是一组创新要素的新组合并自我繁殖。这一结论的意义在于，为观察为什么发展到一定阶段必须转到创新驱动上来，提供了理论和经验支撑。

第九章 大趋势：深圳产业政策前瞻

第一节 新产业革命的来临

我们正经历产业大变革时代。有人将其称为第三次工业革命，即以蒸汽机及其应用为标志的现代工业的兴起和发展的第一次工业革命。以电力及其应用为标志的工业变革为第二次工业革命。信息技术及其应用被列为第三次工业革命。也有人将工业革命发展的阶段划分得更细一些。如世界经济论坛创始人兼执行主席克劳斯·施瓦布（Klaus Schwab）。他的新著书名为《第四次工业革命——行动路线图：打造创新型社会》；2016年出版过《第四次工业革命——转型的力量》。"世界经济论坛"的代表性观点是，第四次工业革命正在融合数字、物理和生物系统，它的主要驱动力是人工智能、大数据和物联网。它将超越单纯的技术革命的层面，带来经济、社会、文化等领域的深刻变革。"全世界进入颠覆性变革新阶段。"[①]

第四次工业革命，就是今天和今后产业变革的大趋势。好的产业政策就是能顺势而为，推动和助力新工业革命，抓住机遇，赢得主动。

一 新产业革命及其特点

关于新产业革命及其特点，众说纷纭。在此，我们概括而简要介绍两家权威机构的看法。世界经济论坛在《第四次工业革命——行动

[①] ［德］克劳斯·施瓦布、［澳］尼古拉斯·戴维斯：《第四次工业革命——行动路线图：打造创新型社会》，世界经济论坛北京代表处译，中信出版集团2018年版，第3页。

路线图：打造创新型社会》中，将其概括为 12 个主要方面：新计算技术，区块链与分布式账本技术，物联网，人工智能与机器人，先进材料、增材制造与多维打印，生物技术，神经技术，虚拟现实和增强现实，能源获取，储存和输送，地球技术，空间技术等。权威的麦肯锡机构的研究人员的判断是：在接下来的 10 年里，12 种技术有巨大潜力造成颠覆性力量。（1）下一代的基因组科学：低成本的基因测序，高级的大数据，合成生物学，重写 DNA。（2）高级材料学：拥有更高级性能的材料，强度、质量、导电性等。（3）储能：更长久储存能源的设备、系统。如电池。（4）先进的油气开采技术，开采成本更加经济。（5）再生能源：再生能源发电，降低有害气体排放。（6）先进的机器人：越来越强大的机器人，有感觉、灵敏，完成智能作业辅助人类。（7）自动化或半自动化，交通工具可独立运行，不需要人类操作。（8）3D 打印，基于数字模式，用添加物制造物品。（9）移动互联网。（10）物联网：利用硬件和软件交付整个网络互联网，多用地服务。（11）云计算。（12）知识性工作的自动化。智能软件系统能够完成知识性任务，如松散系统和精细判断。[①]

由于发布和界定的时间不同，两家权威机构对新产业革命的判断虽有些区别，但基本点是重合的。虽然人们还不能预测产业革命在何时何地以何种具体形式爆发以及造成何种影响，但基本认同已显示了新产业革命的方向和大致范围、轮廓。足以表明人类对新产业革命来临的主动。

概括当下的认知，新产业革命具有以下主要特点：一是规模大，范围广。从权威机构的判断中，我们不难看出，新产业革命是一场波及从微观到宏观，从主体到客体，从自然到设计，从材料到制造，从能源到动力，从工业组织方式到商业模式，从新产业到新业态的技术变革。突破有可能在任何一个时点上的爆发，有可能一次次刷新人类的新认识。比如，若可燃冰在技术上经济上有利用价值，将彻底转变当下的能源成本、结构、清洁利用，进而当下发展

---

① [美] 理查德·多布斯等：《麦肯锡说，未来 20 年大机遇》，谭浩译，广东人民出版社 2016 年版，第 30 页。

中的诸多困局可迎刃而解,产业将发生新的组合,世界的地缘政治也将因此而改变等。二是周期缩短,指数级扩展。据麦肯锡资料,人类从第1部电话(1876)到第1个网站(1991)再到第1部苹果手机(2007)分别用了115年和16年;从哈格里夫的珍妮(1764)到通用的尤曼特(1962)再到谷歌的沙人特(2010)分别用了198年和48年;从印刷机(1446)到计算机印刷(1953)再到3D打印(1984)分别用了505年和31年。新产业革命技术上的加速发现和应用、复制、传播,将反映在投资、生产、商业、企业战略和组织结构上,也对个人观念、行为和适应性产生影响。

三是以数字技术为基础,交互性融合。本轮产业革命,计算机、大数据、物联网既是主题,又是基础性技术。这也是有人将当下称为第三次产业革命的原因。数字经济席卷一切领域,它本身就是一个巨大的蓝海,人工智能、云计算、网络安全等,每一个领域都是万亿级的产业群。材料、组合与架构创新,每一项重大技术出现都可能是对过往技术的颠覆。据美国麻省理工学院官网近日报道,该校研究人员用碳纳米晶体管束造出一款新型微处理器,该处理器被广泛认为是比传统硅处理器更快速更绿色的替代品。果真如此,改变的不是微处理器本身,还将改变以其为基础的人工智能的方方面面。数字技术与其他领域形成交互,提高效能和质变。以基因测序为例,传统的测序方法利用的是光学测序方法,周期长,往往要数周或数月才能出结果,一次费用5000美元至10000美元。而最新的基因测序仪中,芯片代替了传统的激光镜头、荧光染色剂等。通常2个小时可以出结果,费用也降到千美元左右甚至更低。技术的经济性使其更便于应用。数字技术改变了商业模式。类似 eBay 和阿里巴巴这两个全球电子商务标杆企业的在线交易平台,甚至可以将微小的公司和个人变成微型跨国公司,相比传统小型企业的出口占比平均不到25%,超过90%的 eBay 商家都在从事向其他国家出口的业务。数字经济将成为人类经济运行规模最大的内容或载体。

四是改变自身,改变主体。几乎所有的技术革命都侧重于改变着客观世界。如数字技术将实物产品转换成虚拟产品,电子书、自媒体、抖音短视频和其他形态的数字媒体改变了纸媒、电视、电台的传播和影响力。余额宝、微信支付、手机银行改变了传统支付和业务模式。微信、脸书等社交网络既拉近了人们的交往又疏离了人们的关系。而新的技术革命并未止步于我们周围的物理世界,更将成为人类自身的一部分。机器人已经有了初步的学习能力。可穿戴计算机设备将可能移植到我们的身体和大脑。神经技术的进步将增强人的认知能力,人类将有可能掌握自己乃至后代的基因。改变自己,改变主体,这是新技术革命带来的机遇与挑战。

当然,新技术或新产业将给我们带来无法预测的变革,而且,其深刻影响并不局限于技术和产业本身,它是社会的一部分,并将深刻地改变着社会。事实上,每一次技术革命,都是产业革命,也都是社会变革。积极地参与新的变革中,人类才能赢得更好的未来。

二 新产业的角逐

谁占领了新技术革命的制高点,谁在新产业的竞争中确立优势,谁就赢得世界。第一次产业革命英国领先,成就了"日不落帝国"。第二次产业革命德国爆发,成就工业强国。美国后来居上,特别是"二战"后迅速形成新优势,确立强势。第三次产业革命,美国遥遥领先,成为超级大国。被世界经济论坛称为的第四次工业革命无疑成为世界角逐的必争之地。

美国是第三次产业革命的策源地。20世纪80年代提出并实施星球大战计划。该计划虽然是一个战略防御计划,但在高技术方面,却是包括了火箭技术、高能激光技术、航天技术、微电子技术、计算机技术的高技术群,可以看作是高技术发展计划。90年代提出信息高速公路,将此作为国家重大基础设施,旨在建立以因特网为架构的互联互通,推进美国信息时代的信息共享和传播。2000年后美国又实施《美国竞争力计划》。2007年8月,美国参议院通过了《美国竞争法》,以制度性规则来推动和促进国家创新力和竞争力的提升。2009年9月,美国首次发布《美国国家创新战略》;2011年更新;2015年,发布新版《国家创新战略》,提出了维持创新生态系统的六个关键要素。包括基于联邦政府投资建设创新基石,推动私营部门创新,授权国家创新者三个方面所扮演的重要角色和制订的三套计划,分别是创造高质量工作和持续的经济增长,催生国家重点领域的突破,为美国人民提供一个创新型政府。新版《美国国家创新战略》在此基础上强调了先进制造、精密医疗、大脑计划,先进汽车、智慧城市、清洁能源和节能技术、教育技术,太空探索和计算机新领域等九大战略领域。这些计划和战略并不只是一个口号或理念,还有相应的制度、政策、资金、人力资源等条件支撑。特朗普政府在"让美国再次伟大"的旗号下,用各种方式捍卫美国在新技术新产业的竞争优势。2019年4月,特朗普在关于5G战略部署的讲话中提出:5G竞赛是一场美国必须要赢的比赛。将其上升到国家竞争的高度。

西欧也是新技术新产业革命较早出现的竞争者。早在20世纪80年代,西欧就推出了著名的"尤里卡"计划。该计划推动西欧各国加强在尖端技术领域的合作,逐步成立"欧洲技术共同体"。最初具体的合作内容包括五大领域:计算机、自动装置、通信网络、生物工程、新材料等。欧盟成立以后,在高科技新产业领域持续发力。2010年制定了《欧洲2020战略》,提出了三大战略重点。即以知识和创新为基础的智慧增长,以提高资源利用效率、发展绿色经济、强化竞争力为内容的可持续增长,以提高就业率和消除贫困为目标的包容性增长。该战略确立了信息技术、节能减排、新能源、先进制造、生物技术等优先发展领域。2016年,欧盟发布《欧盟5G行动计划》,到2025年各个成员国在城区和主要公路、铁路沿线提供5G服务,该计划通过不断完善信息网络,为欧盟各国制造业发展提供信息基础和高速泛在的服务。

德国作为制造强国,2010年,发布了《创意、创新、繁荣:德国高技术2020战略》,该战略规划推进能源、健康、移动、安全、通信五大领域创新与产业。2013年,德国推出工业4.0,意在利用物联网信息系统,将生产和流通中的供应、制造和销售信息数据化、智慧化,实现柔性制造和个性化定制。工业4.0改变的不只是流程,而是"以终为始"的系统,改变的不只是产品生产,而且是整个生产线及管理;改变的不只是工业设备性能,而且是对工业组织的变革。

法国作为传统科技和工业强国,在危机感中力推科技和产业振兴。先后推出"竞争力极点计划"(2004年)、"未来投资计划"(2010)、"新工业法国计划"(2013)、"未来工业计划"(2015)、"工业版图计划"(2018)等。英国商业、创新和技能部在2011年发布了《促进增长的创新和研究战略报告》,明确提出将发展生命科技、高附加值制造业、纳米技术和数字技术等四大关键技术。

日本运用产业政策加快了战后经济恢复与重建,支持重工业化和产业高级化。在经历泡沫破灭后,产业政策向功能性转换,支持日本保持工业强国。2010年,日本发布《新增长战略》,将低碳革命、健康长寿、发挥魅力作为振兴经济的"三大神器"。重点发展环保、能源、健康、旅游、信息技术等产业。2013年提出日本复兴战略,重点之一是"日本产业复兴计划"。以复苏能够在全球竞争中胜出的日本制造业,创造具有更高附加值的服务业,并从促进产业的新陈代谢、实现世界高水平的信息社会等六个方面实施。日本每五年推出一个科技规划,在2016年的"日本科学技术创新综合战略"中,提出大力推进实施科技创新政策,把日本建成"世界最适宜创新的国家"。

韩国在2009年,制定了《新增长动力产业规划及发展战略》,将绿色技术、尖端产业融合、高附加值服务等三大领域共17项新兴产业确定为重点支持领域。2013年,韩国组建了未来创造科技部。在"未来增长动力落实计划"中,突出智能汽车、5G移动通信、深海海洋装备等产业。此外,巴西、印度、俄罗斯等新兴经济体,也采取重点赶超战略,在信息产业、新能源、新材料、生物、医药等领域制定专门的规划,力图在未来新兴产业国际竞争中抢占一席之地。

我国积极主动拥抱新技术新产业。早在20世纪80年代(1986),就实施"863"计划,攻坚高科技领域,推动科技发展与生产的结合。2006年,全国科技大会提出,建设创新型国家战略。这是首次提出建设创新型国家的愿景。同时,确定了自主创新,重点跨越,支撑发展,引领未来的基本方略。颁布《国家中长期科学和技术发展规划纲要（2006—2020）》以具体落实。2015年，中共十八届五中全会鲜明地提出了创新、协调、绿色、开放、共享的新发展理念。2016年，《国家创新驱动发展战略纲要》发布，明确提出了建设创新型国家的目标、任务和时间表，2020年，进入创新型国家行列，2035年左右进入创新型国家前列，到2050年要成为世界科技强国。

在产业发展上，2015年制定了《中国制造2025》，为中国制造未来10年设计顶层规划和路线图，推动中国制造向中国创造，中国速度向中国质量，中国产品向中国品牌转变。规划了十大重点产业领域：新一代信息技术产业、高档数控机床和机器人、航空航天设备、海洋工程设备及高技术船舶、先进轨道交通设备、节能与新能源汽车、电力设备、农机设备、新材料、生物医药及高性能医疗器械等。

对新技术新产业的角逐并不止于国家与政府，实际上，是一场全面的竞赛。IBM的沃森，谷歌的行驶在硅谷的无人驾驶汽车，英特尔、高通、华为的不断突破极限的芯片，特斯拉、丰田、比亚迪的新能源车，基因检测及其应用等不胜枚举。各大学、研究机构都在新理论新技术方向寻求突破。这场角逐是全球的。从这个意义上看，它是时代的发展主题。

三 一个多主体合作的故事

新产业革命虽然席卷全球，但它并不是在任何地域任何时间都可以出现的。它的起源和爆发，它能否形成一个产业，取决于若干条件的"化学反应"，新产业革命是一个多主体合作的故事。

硅谷是世界公认的创新中心，也是信息产业和生物产业的领先者。有两本广受赞誉的研究和介绍硅谷的著作，不约而同地得出了相同的结论。在讲述伟大的创新和创业历程的《硅谷百年史》中，作者在谈到硅谷成功的秘密时写道，硅谷崛起的一些重要因素包括："作为硅谷发动机的大公司；为硅谷输送智力资本的大学；风险资本、天使投资和法律服务；明媚的阳光和温暖的气候；大批奋发图强的创业移民的涌入；创业与容忍失败的文化以及梦想改变世界的人们的灵感。"① 在《创新之源 硅谷的企业家精神与新技术革命》中,作者将硅谷生动地比作"栖息地"。"如同动植物的自然栖息地一样,硅谷是高技术创业企业的栖息地,所有高技术企业生存和发展所需要的资源在这里得到了充分的发展,硅谷栖息地的资源和条件包含了人员、企业机构,以及他们之间的社会网络与互动模式,如自然栖息地一样,硅谷的企业生态环境具有复杂、动态、相互依存等显著的特征。"②

  硅芯片工业是硅谷之母,也是其得以闻名的决定性因素,它的发展正是一个多主体合作的产物。(1) 它起步于晶体管的发现和理论、技术的进步。1955 年,威廉·肖克利在硅谷创办了一家半导体实验室。新实验室用来制作和开发高级晶体管和其他电子软件,新实验的技术选择来源于两项肖克利认为非常有工业潜力的技术,即硅和固态扩散技术。肖克利是从贝尔实验室离职的科学家,是晶体管的共同发明人,懂得硅和固态物理学。硅谷的帕洛阿图是他的出生地,这里的硅容易低成本获取,加之温暖气候和美丽的自然环境吸引了肖克利。基于个人的威望、开创性的事业以及硅谷的美好,肖克利组建了一支由科学家和工程师组成的梦之队。后由于多种原因,梦之队的精英出走,组建了"仙童半导体公司"。尽管肖克利实验室不成功,但在硅谷撒下了后来长成参天大树的种子。没有这个实验室,没有更早的贝尔实验室发明的晶体管,以及更大的科学技术和社会背景,硅谷不可能在真空中出现。(2) 风投的出现和技术精英加盟成就了"仙童半导体"。从肖克利实验室出走的八位物理学家和工程师(被肖克利称为八个叛徒)十分优秀,他们中五位获物理学博士学位(包括罗伯特·诺伊斯、戈登·摩尔。他们后来创办了英特尔公司)和三位有经验的工程师。他们离职后,意在继续保留团队,继续研究和开发晶体管。于是,联系上纽约的一家小型投资银行海登·斯通公司,请求该银行帮助他们寻找一家公司,

---

  ① [美]阿仑·拉奥、皮埃罗·斯加鲁菲:《硅谷百年史》,闫景立、侯爱华译,人民邮电出版社 2014 年版,第 9 页。
  ② [美]李钟文、威廉·米勒等主编:《创新之源 硅谷的企业家精神与新技术革命》,陈禹等译,人民邮电出版社 2017 年版,第 3 页。

有兴趣集体雇用他们，并在旧金山半岛建立一个硅研究机构。这个信息引起了该银行的证券分析师阿瑟·洛克和一位对科技产业感兴趣的合伙经理人阿尔弗雷德·科伊尔的注意。一番考察之后，他们建议"八位出走人"自己组建公司而不是受雇于他人，并表示愿意为其融资。作为代价和回报，新公司要分给他们一小部分股权。经过广泛联系，一个叫仙童的摄影器材公司表示意向（这家公司的股东是 IBM 公司高级主管，他的家族是舍曼·费尔柴尔德），后达成协议，成立"仙童半导体公司"，并为其提供一年半的运营贷款 138 万美元。海登·斯通公司拥有仙童半导体公司 1/5 的股权，余下的股份就由 8 位创业者平均分配。仙童实验器材公司控制了公司的董事会，其和海通·斯登公司及加州的 8 位股东一起拥有挑选公司总经理的权力，协议还进一步规定，如果新公司经营成功并且达到某种盈利要求，仙童摄影器材公司有权在两年后，以 300 万美元或者在 8 年后以 500 万美元对其进行收购。这是西海岸首批风险投资中的协议之一，是科学家和工程师自己做"老板"。公司成立后，吸引了一批技术精英和工人加盟，开始高性能晶体管研发制造。(3) 军方采购为仙童公司提供市场并促进技术提升。军方在产业培育过程中起到非常重要的作用。高新技术开发应用初期，其产品往往既昂贵又不很稳定，很难适合大众市场。而军方是愿意进行新技术试验而又不太在意成本的买家。冷战时期，美国军方对航空、制导、通信的性能提高产生巨大需求，数字化是主攻方向。仙童公司的第一个大订单来自 IBM 公司，最终用户是军用计算机，100 件平台型晶体管合同，每件售价高达 150 美元。为了获得持续订单，公司不断开发新技术新产品。仙童公司的工程师们开发出了一种超新型平面部件——集成电路，大大提高了产品的可靠性稳定性。由于不断改进，仙童公司平台型晶体管的可靠性在 1959 年和 1961 年间得到了巨大提高。1959 年，仙童公司首批 NPN 晶体管的故障率是每千小时 0.1%，而到了 1961 年之后就只有 0.004%。仙童公司深刻地改变了硅片制造，公司开发的平面工艺引起了扩散软件的制造发生革命性的转变，并迅速成为生产硅元件的标准工艺。(4) 仙童公司的开枝散叶。仙童公司和风险投资的成功产生出巨大效应，引致了60年代的一场企业扩张的革命。1960年到1969年，26家硅片公司在该地区成立，几乎都是由过去的仙童公司的管理者或工程师创业。英特尔公司是1968年创办的。值得一提的是，阿瑟·洛克是仙童公司风险投资的引入者，他后来在加利福尼亚成立了一家合伙制的投资基金，也是英特尔公司的风险投资人。60年代后期的创业者，多受到洛克和其他风险投资的资助。

综上可知，仙童公司的发展是多因素互联共生的产物。肖克利实验室起到了缘起和基础作用。风险投资改变了一群科学家和工程师的命运，"自己当老板"不仅成就了事业，也为后来者提供了激励和示范。军方的订单不只是市场，还以需求拉动了供给竞争和技术、产品升级。此外，需方的高标准管理促进公司严格流程。如仙童公司在承接一个民兵导弹系统项目中，受到需方的严格监督。需方常驻检察员到供应商的工厂中，这些检查员可以自由出入生产线或查看每一步进程，并且根据可靠性进行评估，有权更改生产流程。这些"可靠性能提高计划"和举措，倒逼公司工艺提升。仙童公司构成硅谷生态的一部分，贡献了芯片工业，贡献了一批批人才和创业者。公司的不断繁衍，培育了一种文化，包括技术传播的方式、路径和环境等，也涵养了硅谷的创业创新宽松环境。

如果我们再作一些抽象，那么，仙童公司及硅片工业的故事，其实，也是一个从理论到技术研发，再到制造，再到市场并相互联系和反馈的过程。固体物理学的理论深化，晶体管的发现，材料和技术的研发，制造和工艺的改进，市场竞争与产业升级，提出新的需求等。还有资本推动，企业管理、人力资源、运行规则等更底层的因素等。所以，产业发展是一个复杂的表象。离开仙童的英特尔公司，将主业转向民用市场，随着计算机的革命，特别是进入个人电脑时代，集成电路市场无限打开，英特尔公司不断创新，成长为世界级的大公司。仙童公司则渐渐暗淡了。军方需求拉动，企业技术进步，再供应大众市场，实现商业化，这是美国政府扶持产业的一种形式。

仙童公司只是一个案例，事实上，硅谷"栖息地"滋养了一大批全球性的大公司。英特尔公司、苹果公司、惠普公司、谷歌公司、甲骨文公司、思科公司等，每一家公司周围都是一个产业，而每一个产业都有多主体合作的故事。《创新之源》的作者概括了"栖息地"的十大特征。包括合理的游戏规则；知识密集；高质量劳动力流动机制；以结果为导向的精英体制；鼓励冒险宽容失败的氛围；开放的商业环境；大学、研究机构与产业互动；企业、政府与非营利机构合作；高质量生活；专业化的商业服务机构；等等。作者指出：理解或仿效硅谷的创新与创业精神模式，这十个特点是必要的，但不一定是充分的。这十个特点，只是一个组合，其顺序的前后并不意味着重要性上的差别，尤其是硅谷栖息地的环境在本质上是动态的，其不同的特点在不同的时期对不同的产业的重要性也是不同的。确实，只有把硅谷、硅谷的创新、硅谷的产业放在一个生态系统中，我们才能够全面地认识它。有一种简单的说法是，硅谷不是政府设计的和打造的，是市场经济成就的。这一判断虽然具有理论和实践根据，然而，还是不能解释，即使在美国的天空下，在基本制度一致的条件下，也只产生一个硅谷，也只出现一个独特的硅谷。当然，也存在着另一种技术创新产业升级的路径，即深圳过去实践的所谓"逆向创新"。从模仿到局部改进逐步走到研发前沿，或者是基于某种"灵感""创意"，再寻求突破口。无论哪种路径，往深里走，往顶端走，都会是多因素影响多主体合作的问题。发生技术和产业革命的地方，都有多主体合作的故事。正如迈克尔·波特所言，产业发展是基于"价值链体系"的。由于现代社会的颠覆性创新，主要基于科学发现，因此，无论是从上往下行还是从下往上行的创新，抑或是混合型创新，都是发生在一定的适宜的"栖息地"的。

新技术新产业成长的秘密在于一种生态之中，既非完全自发，也非主观设计，人和组织是可以有所作为的。未来已来，正在兴起的产业革命带给人类无限的可能，也带给人类巨大的挑战，还带给人类更多新型的竞争。就我们讨论产业政策的主题而言，如何塑造和保持一种生态，使社会不同主体的活力、能力不断生长并形成合力，从而在技术和产业变革持续成长是十分关键的。

第二节 深圳产业高级化的机遇与挑战

迄今为止,深圳的产业结构是健康的。在各大机构的城市竞争力和创新力的评价中,深圳处在一线的位置。良好的、持续的税收记录,也从一个侧面反映了城市产业效能。尽管如此,深圳产业仍然面临着基础的高级化问题,面临着抓住机遇应对挑战争取持续发展问题。在一个大变革的环境中能否继续作为赢家,对于深圳,并非是一个轻松并已经完全解决了的课题。

一 深圳产业发展的三大机遇

进入新时代,深圳产业发展面临着重大机遇,着眼于中长期观察,至少包括三个方面。

(一)建设先行示范区带来的机遇

2019年8月18日,中共中央、国务院正式印发《关于支持深圳建设中国特色社会主义先行示范区的意见》(以下简称《先行示范意见》)。这是国家的重大决策,是国家赋予深圳经济特区的新的历史使命。从政策的角度理解,是重大的制度性特殊性的政策安排,也是深圳高质量发展的难得机遇。

1. 为深圳在全球创新竞争中更多地参与领跑赋能和提供机遇

创新是经济内生增长的持续动力,是产业转型升级的不竭之源,也是深圳取得和保持领先优势的保证。《先行示范意见》在创新资源的配置上、创新能力的增进上,创新要素的聚集上多方面向深圳布局。如提出"以深圳为主阵地建设综合性国家科学中心"。"支持深圳建设5G、人工智能、网络空间科学与技术、生命信息与生物医学实验室等重大创新载体,探索建设国际科技信息中心和全新机制的医学科学院。"2000年以前,深圳因为缺少大科学中心和重大创新载体,倒逼走出一条"逆向创新"之路。这条路无疑还要坚持。但知识经济时代,原始创新的价值不断放大。因此,增加新知识新技术基础设施建设,为深圳源头创新赋能,有助于实现深圳创新由下而上和自上而下的双轮驱动。

《先行示范意见》中支持的创新领域，与深圳优势产业大体一致，可谓如虎添翼，有助于深圳产业向产业链的高端延伸。此外，《先行示范意见》中，关于"支持深圳具备条件的各类单位、机构和企业在境外设立科研机构，推动建立全球创新领先城市科技合作组织和平台。支持深圳实行更加开放便利的境外人士引进和出入境管理制度，允许取得永久居留资格的国际人才在深圳创办科技型企业，担任科技机构法人代表""加快深港科技创新合作区建设，探索协同开放模式，创新科技管理机制，促进人员、资金、技术和信息等要素高效便捷流动"的安排，给深圳的开放创新，利用境外创新资源，学习先进技术和管理经验，开辟了新空间，提供了便利化。走国际化的道路，在知识技术的流动中获得进步，也是深圳发展的大机遇。在《先行示范意见》中，"探索知识产权证券化，规范有序建设知识产权和科技成果产权交易中心"。则有利于通过市场完善知识产权的定价机制，推进知识产权价值实现的多元化，建立起知识产权与资本的联系，从而更多地激励创新和更好地促进知识产权转化为生产力。

2. 为深圳加快构建现代产业体系，特别是新产业的成长增添动力和提供机遇

现代产业体系是现代化经济体系的基础，现代产业体系不只是简单地体现在产品由机器制造来完成，而是现代技术现代管理渗透进产业形态的方方面面。而现代本身又是一个动态的过程，从某种意义上看，现代就是当下。因此，经济发展的领先优势是建立在现代产业体系之上的。构建现代产业体系，发展新经济是其中的题中之义。《先行示范意见》支持深圳"大力发展战略性新兴产业，在未来通信高端器件，高性能医疗器械等领域创建制造业创新中心"，"积极发展智能经济、健康产业等新产业新业态，打造数字经济创新发展实验区"。这些领域都是第四次产业革命的重点，竞争的热点，也是可能的爆发点。在支持方式上，以放松管制，激发应用为主。"开展市场准入和监管体制机制改革试点，建立更具弹性的审慎包容监管制度"，"支持在深圳开展数字

货币研究与移动支付等创新应用"。此外，还推进资本深化与金融开放，在发展金融产业中，为实体经济更低成本地融资、更自由地组合资本创造条件。

3. 为深圳在改革开放和制度创新中发挥能动性提供机遇

建设中国特色社会主义先行示范区如同当年建设经济特区一样，是前无古人的事业，需要强烈的创新精神和海量的创新实践。而所有的创新都是对既有的突破。观念创新冲破既有的思想框框，冲击行为约束的思维边界；技术创新带来要素的新组合，打破要素约束的物理边界；制度的创新带来规则的调整，打破利益格局的分配边界。为了使深圳拥有创新的能动空间和积极性，支持政策上给予了积极的特殊的安排。《先行示范意见》支持深圳"用足用好经济特区立法权，在遵循宪法和法律、行政法规基本原则前提下，允许深圳立足改革创新实践需要，根据授权对法律、行政法规、地方性法规作变通规定"。"本意见提出的各项改革政策措施，凡涉及调整现行法律的，由有关方面按法定程序向全国人大或其常委会提出相关议案，经授权或者决定后实施；涉及调整现行行政法规的，由有关方面，按法定程序，经国务院授权或者决定后实施。在中央改革顶层设计和战略部署下，支持深圳实施综合授权改革试点，以清单式批量申请授权方式，在要素市场化配置，营商环境优化，城市空间统筹利用等重点领域深化改革，先行先试。"

经济特区建设之初，中央给予深圳最特殊的政策是，改革开放的试验权。深圳敢闯敢试，运用试验权，率先探索建设社会主义市场经济体制，提高了经济资源配置效率。1992年以来，国家批准深圳拥有经济特区立法权，近40年来，深圳制定了200多部地方性法规，一些法规填补了国家立法的空白，为地方经济发展提供了规则，为国家立法提供了试验和借鉴。如关于土地城市土地管理、关于劳动和社会保险、关于股份制和证券交易、关于外汇市场等。有些法规对国家的相关规定做了变通，如商事登记制度改革中，改资本实缴制为认缴制、简化前置审批的某些规则等，这些改革随后带动了国家规则的调整。深圳经济特区的立法，是深圳推进制度创新的法宝，也是深圳以制度创新带动技术创新管理创新等其他创新的利器。《先行示范意见》在赋予深圳新的历史使命的同时，为深圳先行先试注入了新的动能。这是在新时代国家再次给予深圳制度创新的特殊政策，用好这一政策，方能更好地推动深圳高质量发展。

（二）新技术新产业革命带来的机遇

进入21世纪，新一轮技术革命、产业变革与深圳产业向创新转型呈现历史性交汇。自2008年以来，深圳基于既有的产业基础和未来发展趋势，布局了战略性新兴产业和未来产业，与第四次工业革命可能突破的领域具有总体上的一致性。深圳战略性新型产业在规模、速度上已具备一定基础和成长性。据统计数据：2018年，全市地区生产总值比上年增长7.6%，战略性新兴产业增加值合计9155.18亿元，比上一年增长9.1%，占地区生产总值比重37.8%。其中新一代信息技术产业增加值4772.02亿元，增长10.9%；数字经济产业增加值1240.73亿元，增长3.8%；高端装备制造业增加值1065.82亿元，增长10.7%；绿色低碳产业增加值990.72亿元，增长11.7%；海洋经济产业增加值421.69亿元；新材料产业增加值365.6亿元，增长8.6%；生物医药产业增加值298.58亿元，增长22.3%。深圳新产业基础和能力，使得有可能在与全球产业的变革交汇中获得更大的机会。（1）周期性机会。产业周期理论表明，产业的成长过程可以看作是一个生命过程，要经历从成长到衰退的演变，一般要经历萌发、成长、成熟到衰退四阶段。影响产业生命周期的主要因素有市场需求、技术领先性适用性和竞争力，甚至政府管制、进入壁垒等。技术革命与产业周期有很大的关系。几次工业革命带动了产业浪潮式的发展。经济周期本质上反映的是产业周期。苏联经济学家康德拉季耶夫是经济周期长期波动的提出和论证者。他认为从长时间看，经济周期大约50年至60年循环一次，决定周期循环的是技术的应用，技术的应用决定于技术原理的发明，即科学的发现。尽管它们在时间上并不一定同步，科学发现通常百年左右可能爆发，但不影响基本关系。康德拉季耶夫周期表明，新技术与新产业革命是正相关的，正在成长的新技术将有可能推动较长时期的产业增长。第四次工业革命时期，有的技术虽然20世纪中后期成长并应用，但仍然有无可限量的空间（如信息技术），有的技术方兴未艾，更有长期增长的可能性。由于深圳产业总体上处于新产业革命周期的前端，后续空间非常广阔。（2）结构性机会。第四次工业革命，以新一代信息技术为基础，有可能在多个方面多个层次全面爆发或先后爆发。这种爆发方式的后果是，加剧产业的重构和调整。这样的案例在过往技术变革中屡见不鲜。如电力出现，使得能源结构和动力结构出现了重大调整和重组，大大拓展了人类的能力。美国学者克莱顿·克里斯坦森（Clayton M. Christensen）讨论了技术革命带给产业的另一种影响。在《创新者的窘境》一书中，他将引起产业重构的技术称为"破坏性技术"。这种技术变迁不同于传统的颠覆性创新，传统的颠覆性创新，着眼于技术变化本身对产业的影响，而这种技术变迁通过影响"价值体系的变化"来影响产业。如手机上安装相机，创造的是大众消费者价值观的变化。在新技术下，摄影主要是满足留下生活中各种影像及相关需求，是一种便利化和社交。在此之前，相机是高档消费品，是小众的炫耀性、奢侈性消费。这种变化，使得照相机及相关行业大调整，相机渐渐满足一个更小众市场的专业性需求。克里斯坦森将其称为"创新者的窘境"。这种窘境使得大公司的管理人员陷入恐慌。因为打败一个公司或一个行业的，不是本行业本公司内部的创新者领先者，很可能是一个曾经的边缘者或者是非相关者。如使报纸及广告陷入困局的是网络媒体及网红等。对付突破性技术的方案，很难在良好经营管理的工具箱里找到。窘境归窘境，新技术革命确实带给诸多的新产业以机会，谁能想到天猫在双十一一天的成交额能够高达2684亿元。深圳新产业密集，在10个板块中，产业规模最小的不少于百亿，且呈集群态势，各类新研发机构重点在新经济领域布局。不难想象，在深圳密集的新业态中，极有可能出现革新者，在结构性调整中成为王者。

（三）市场需求升级带来的产业发展

经济学意义上的需求，讲的是有效需求，即在一定价格条件下，人们获得商品的欲望并且有相应的支付能力。因此，需求与支付能力相关，换句话说，与收入水平相关。收入水平越高，购买能力越强，需求就越大。市场需求与产业发展的关系，可以简化为供求关系，它们是经济运行中的一体两面。在一定条件下，供给创造需求，特别是新创意、新设计、新技术及其应用、新商业模式及其推广。经常性被列举的如苹果手机，在它出现之前，消费者提不出类似的需求，iPhone 的出现带来了消费升级，并引发了移动互联更宽阔的市场。经济学意义上的均衡，就是供求平衡。有了供给，需求才能满足，有了需求，供给才能实现。需求的大小、结构在一定条件下决定着供给（生产）总量和构成，即为客户而生产。在收入不同的阶段产生的需求是不同的。我国人均 GDP 近 1 万美元，总体进入中等收入阶段。按国家统计局标准测算，2017 年，我国中等偏上及高收入人口约 5.5 亿人。按世界银行标准（家庭年收入 10 万—96 万人民币）测算，我国中产阶层人口约 3 亿人。2018 年末，我国常住人口城市化率达到 59.58%，未来至少还有 15—20 个点的增长空间。2018 年我国全年社会消费品零售总额 38.1 万亿元，增长 9%，消费连续 5 年成为经济增长的第一动力。中高档商品和服务消费增长较快，化妆品、家电、通信器材等商品销售旺盛，居民服务消费支出占消费总支出比重升至 49.5%，消费新业态蓬勃发展。中国巨大的需求规模和升级的消费结构，为新产业、新商业模式发展提供长期利好。此外，投资也开始以智慧发展、绿色发展为重点。智慧城市、智慧社区、智慧交通，一切都智能化。而低耗能，可再生资源利用也在传统的领域加持。巨大的国内需求，创造了新产业发展的机遇。更何况在开放发展中，随着国内公司成长，对境外投资和市场的认知更透彻，跨国经营和贸易扩大，一个更庞大的国际市场可容纳具有竞争力的新产业。

二 三大挑战

（一）中美贸易战带来的挑战

今年以来，美国从对中国进口的商品大面积征收高额关税入手，发起了一场改革开放以来的最剧烈的贸易战。这场贸易战还在继续，虽然在短期看，对我国经济增速冲击有限，但从趋势看，不仅贸易战短期难以结束，而且向科技、产业、金融领域延伸。从中长期看，对我国乃至全国的产业链价值链格局会产生重大影响。

在征税清单中，美国对中国产品加征关税的领域，首选的不是中国更具有比较优势的中低端制造，而是《中国制造2025》中，主要发展的高科技产业，包括航空、新能源、新材料等。美国在对信息产业巨头中兴通讯实行打压之后，将华为及68家附属公司列为管制名单，限制华为与美国高科技企业正常的商务往来和在美国的投资。以打压华为5G技术等高科技的竞争优势，遏制中国高科技产业的发展。

深圳产业发展最初来源于国际产业的大分工，这个分工的特征是发达国家将"微笑曲线"的两端留在本国，而将加工制造转移到了发展中国家，使发展中国家渐渐成为"世界工厂"。深圳因"世界工厂"而实现从农业向工业社会快速转变，按产值和就业人口算，十年左右。深圳很快成为出口大户，1992年（由县建制改为市13年）开始，出口总额就居全国大城市首位，主要是加工贸易额。这个全国城市冠军连续保持26年，这个城市因此保持着较高的外向度。可以说始于出口导向战略。进入21世纪后，加快了转型，经济增长中内需的因素增长，产业由"三来一补"的出口加工构成为主转向本土经济为主。尽管如此，近40年来，深圳的外部环境是开放的稳定的，外部资源、技术、市场、管理对深圳的意义在中国内地城市中最为举足轻重。这个环境直到中美贸易战前都作为一个稳定的要素而存在。美国发起的贸易战打破了长期以来的平衡，这是深圳40年来产业环境的最大变数。美国是深圳产品出口的大户，也是美国加征关税的对象，新产业更是美国打压的对象。从进口方面讲，在产业链的分工中，高技术环节仍然是发达国家掌控，信息产业技术美国是发源地和制高点，深圳的一些企业还需要通过进口技术、元器件、材料才能完成产品制造。贸易战影响的不只是贸易量，可能涉及技术和产业的重构。这对于以新产业为特征的深圳来说，显然是严峻的挑战。

（二）新技术、新产业与旧规则冲突带来的挑战

新技术的发现及应用，新产业的萌生及壮大，都要求新的规则与之配套。但是，几乎所有的规则调整，都是权和利的重新配置，或者是观念的变革。只有观念变化了，利益可以实现新的平衡，规

则的变革才可能实现。而规则的变革对于新技术、新产业是至关重要的，观念的创新往往能够放宽政策创新边界的约束，技术创新、产业创新往往能够放宽生产可能线曲线边界的资源约束。新技术新产业生长的必要条件是观念创新和政策约束放宽。正如马克思主义政治经济学揭示的道理，上层建筑一定要适应经济基础。

规则对新技术、新产业发展的约束很普遍，在这里，主要讨论政府的许可和监管。深圳曾经历了一个"山寨手机"繁荣时期，按照"法无禁止即可为"的原则，企业只要是合法成立，生产的产品也符合质量和技术标准，就可以开展经营并参与市场竞争。可是，政府搞了一个许可制度，规定各种条件，本意可能是保证产品能力和质量，实际上设置了门槛，限制了市场竞争。幸而监管之下仍有漏网之鱼，给了产业发展的喘息时间。而智能手机的兴起，山寨机在新力量冲击下消失。

市场比许可证有更强大的力量。我们常常反垄断，许可管理又总是造成垄断，而且是很难打破的行政垄断。在许可管理中，经常会发生"先有鸡还是先有蛋"的难以协调的矛盾。一些资质的获得，需要一定数据支持或实践经历。而要获得实践数据，就必须先具有一定的资质，否则，行为就是非法的。新技术新产业发展碰到类似的问题很多。深圳个体化细胞治疗技术国家地方联合工程实验室主任刘沐芸在《细胞技术看新经济成长的烦恼》一文中，介绍并分析了细胞技术因为管制迟迟进不了临床应用，进而影响新经济的案例。她指出，我国对细胞技术的研究是世界领先的，但是，由于没有政府有关部门许可，临床无法应用，而没有应用，技术就无法产业化，实现不了产学研的良性循环。有关部门之所以没有发放许可，是因为细胞技术及其应用很新，又关系到人的生命健康，没有经验数据可凭依。细胞治疗的安全性、有效性及质量可控性，蕴含从采集、运输、制备到最后回输的各个环节中，我们缺少连续的评价指标和质量控制的标准体系。

为什么"准入标准"难以产生呢？其中一个重要原因是，细胞技术从研发到应用有一个很长的链条，这个链条上有多个主体参与。以美国卫生组织批准的诺华 Car-T 为例，至少有四家公司参与。

第一家公司是向诺华提供冷冻服务的 Cryoport 公司,该公司优化了个体化活细胞"现采现做"服务模式运输半径的约束。第二家公司提供冷冻后复苏对流服务的 GE 医疗;第三家公司向诺华 Car-T 提供 T 细胞重编辑病毒;第四家公司向诺华提供合规的全监督链档案文书管理服务。该公司的信息系统帮助诺华实现了涵盖患者采血、运输、制备到最后回输给患者全过程体系文件由手动填报向自动生成,大大降低了监管审核难度与审核工作量,在技术上保障了个体化细胞治疗的"来可查去可追"的可追溯性。数字化为监管赋能。[①]反观我们的细胞行业,科技部门管技术研发,卫生医疗器械部门管临床或药械审批,缺失链条中从实验室到应用的若干环节,未实现完整的数据集成,当然也形成不了可靠的准入标准和连续性控制的标准体系。

更进一步考察,我们还可以看到,在细胞技术从研发到临床应用中,所有的环节都是"新"的,以许可的方式管理,会涉及若干的许可发放,这些许可发放中有可能是交叉许可,某一许可以另一许可为前提,还会碰到"先有鸡还是先有蛋"的问题。若干问题的重叠可能无解。刘沐芸的观察是基于深圳细胞技术及其应用过程的。这一过程反映的问题在新经济发展中,大体都能碰到。如何在挑战中破解这一难题,关系到能否抓住机遇,抢占新产业的先机。

(三)产业升级与成本推高的双重压力带来的挑战

40 年来深圳产业发展是成功的。但毕竟是从引进起步的,"三来一补"是产业基础。以此为起点,深圳成为典型的"世界工厂"和"硬件之都"。在此过程中,深圳开始转换产业构成,本土经济成为主要形态,并且形成了以企业为主体的创新特色。一些企业渐渐成长为全球有影响力的某些技术领先的公司。不过,在长期形成的国际分工中,由于产业链高端的技术壁垒不易打破,全球产业持续地按比较优势分工运转,深圳"硬件之都"成为全球 IT 产业重要基地。这个平衡在中美贸易战中被打破,先是深圳王牌企业中兴通讯被美国在芯片供应上卡脖子而陷入绝境,后是美国又对华为公

---

① 樊纲等主编:《新经济与旧体制》,中国经济出版社 2018 年版,第 229—243 页。

司一些高科技实施断供。深圳产业链所处的位置和产业安全暴露出来。产业能力很多还处于跟跑阶段，关键基础材料、核心基础零部件（元器件）、先进基础工艺和产业技术在发达国家的一些高技术公司。电脑上装的是英特尔的芯片和微软的操作系统，手机上主要是谷歌的安卓。深圳与硅谷的创新虽然各有特点，但整体上站在全球技术制高点的公司多在硅谷。如果深圳的创新能力再提升，产业能级再增强，产业链的位置继续向微笑曲线的两端延伸，那么，不仅产业运行更安全，而且还可能消化已经很高的产业成本。然而，这是一个较长时期的挑战。

对深圳产业形成另一方面的中长期压力，是业已推高的产业成本。比较明显地反映在房价上。据有关测算：深圳的房价收入比为35.9，在一线城市中是最高的。房价高意味着成本高，即使政府有可能适当控制工业用地成本，员工的租房、通勤、其他生活成本也会受到高房价的影响。近年来，深圳的工业企业多有外迁，特别是华为公司将制造迁到东莞，中兴通讯将制造迁到汕尾，比亚迪公司部分产能布局在河源，部分原因是不断推高的住房成本。比较高端的制造尚且如此，一些附加值比较低的制造在高房价下更难以在深圳生存。一种观点认为，城市发展中，制造外迁是正常过程，很多大城市都留不下制造。这当然是有一定的理论根据和现实案例的。但前提是，有足够的产业能力能够填补制造转移留下的空白，否则，制造业的转移就会导致产业的空心化。这样的案例也是屡见不鲜的。现代的高端产业，特别是智能制造，加工与服务、制作与研发开始往一体化方向发展。研发改进制造流程、工艺、品质，制造由智能控制。世界上先进制造公司同时也是研发能力超强的公司。英特尔公司既是集成电路研发设计公司，同时，也是以先进技术先进工艺制造先进产品的公司。日本制造之所以不断转型升级，长盛不衰，保持长期的竞争优势，就在于不断地围绕制造而进行研发。

成为创新高地和制造高地并不必然是冲突的。需要警惕的是，高房价不仅带来综合成本的提高，而且打击青年人的创业，也是人才进入的障碍，是既不利于创新也不利于创业的。在城市发展过程中，各产业之间是存在着一个比较收益的，当技术创新及制造行业收益长期低于房地产或金融行业或者其他的什么行业,技术创新及制造就会被挤出。成本、收益之比是产业兴衰最基本的决定因素。房价及与之相关的利益结构是深圳产业发展长期要面对的挑战。

第三节 深圳产业政策取向前瞻

技术革命的加速,外部环境的剧变,未来充满了机遇和挑战,也充满了不确定性。因此,对于我们关注的产业而言,人们无法作出准确性的具体规划和路线图并保证实践。换言之,不能以计划经济的思维和方式发展产业。应对变化的重要选择是,解放思想,创新体制机制,发挥市场在资源配置中的决定性作用,注重人的全面发展,激发全社会不同参与主体的创造力和积极性,主动地适应未来。从现阶段来看,以下八个方面可作为取向和重点。

一 着眼新开放格局的产业政策

深圳产业根系开放,过去如此。当下,新一轮的开放带来了新机遇。党的十八大以来,对外开放新格局开始形成,包括在区域上拓展到"一带一路"为重点的开放;在资本流向上由主要吸引外资到吸引外资与对外投资相平衡的双向开放;在开放领域上,由货物贸易的开放拓展到服务贸易的开放;在开放形式上,拓展双边多边的区域间的开放和以自贸区、自由港区为载体的开放;在开放标准上,向更高层次更高标准拓展。环保标准、知识产权、负面清单、政府补贴等,出现在贸易投资的规则中。跨境电商、研发合作,智能制造,也写进了合作的协议。跨国并购等资本运作成为新的合作内容。2018年以来,开放之门越开越大。当年的6月28日,发布了《外商投资准入特别管理措施(负面清单)(2018年版)》,大幅度放宽市场准入,在22个领域推出开放措施,扩大服务业开放,基本开放制造业,放宽农业和能源资源领域准入。6月30日发布了《自由贸易试验区外商投资准入特别管理措施(负面清单)(2018年版)》,精简以前的负面清单内容,自由贸易区外资准入负面清单在种业、油气、矿产资源、增值电信、文化等领域推出了新的内容。2019年3月15日，十三届全国人大二次会议，表决通过了《中华人民共和国外商投资法》，从法律上为新的开放格局提供了支撑。2019年2月，中共中央、国务院发布《粤港澳大湾区发展规划纲要》；8月，发布《关于支持深圳建设中国特色社会主义先行示范区的意见》。在这些文件中，新开放格局的安排、要求、政策十分丰富。为深圳开放促产业发展和体制改革提供了巨大机遇。

改革开放以来，深圳在货物贸易和投资的开放下，做足了制造业发展的大文章。推进深圳产业的高级化，抵达新的繁荣，真正"先行示范"，要在新开放上解放思想，吃透国家政策精神，紧密结合深圳实际，扎扎实实抓好政策落地、服务落地。一是进一步开发开放深圳前海、蛇口自贸区。这个片区集中了所有的开放政策和最优惠的条件。关键是要打通政策的"中梗阻"或"末梢神经"，破解政策上的"弹簧门""玻璃门"的困局。既要服务香港发展，又要放眼全球，真正成为全球服务贸易的新高地。二是寻找突破口，积极拓展服务贸易。服务贸易是国家走向全面开放的标志，包含的内容十分丰富。上海专门制定了促进服务贸易的100条政策，以金融业的开放为重点和突破口。深圳与香港的科技创新、金融、高等教育等合作已有一定的基础。深港创新圈、跨境人民币业务和深港通、港中文等大学在深圳招生。可以按照"先行示范"的最新定位，比照最新的开放政策安排，总结既有的合作经验和难题，深化深港在服务贸易的合作，寻求新的突破。同时，在更大的空间拓展服务贸易。产业的国际化是深圳能够成为国际化城市的重要基础，深圳服务贸易必须要向国际水准攀升，舍此别无他路。三是改革阻碍服务业发展的制度，创造服务业领域500强企业脱颖而出的环境。深圳的华为公司、平安保险集团、招商银行都是世界500强的成员。这些公司共同经验是，通过不同的方式走入国际化，其中很重要的内容是公司管理的国际化。与华为公司相比，平安和招行服务业务的国际化相对弱一些。深圳服务业发展，需要更多的500强公司。从目前的态势和业务成长看，顺丰有成长为500强的基础和条件。与顺丰业务相近的联邦快递在世界500强中排名第155位

(2018年)。政府应从政策上为顺丰创造更好的营商环境,助力顺丰提升竞争力,走向更广阔的服务贸易市场。四是为企业"走出去"提供更多的政策支持和援助。特别是信息、法律、融资、参加各类展览、专业人才等。这些服务主要出台可操作的有效政策,鼓励社会力量的积极参与,使企业能够利用国际国内两种资源两个市场实现发展。世界上一些著名的大公司,都在全球范围配置资源,这是必由之路。深圳的开放中,应加强对援助企业国际化政策的研究,出台有分量可操作的政策,助力企业国际化。五是继续以开放倒逼改革。《先行示范意见》提出,"加快构建与国际接轨的开放型经济体制"。这是新开放格局中十分重要的内容。新开放是高标准高层次高水平的开放,对接的是世界通行的新的规则。如碳排放标准,就是贸易产品和服务中的碳含量。又如政府补贴往往纳入到贸易谈判和协定中。在新产业革命的背景下,知识产权保护在服务贸易中,上升到前所未有的关注度。深圳还不是服务贸易的全国冠军,服务贸易总体不强,发展服务贸易还有很大空间。而成为服务贸易强市,前提是遵守通行的服务贸易规则。以服务贸易的国际接轨要求,改革管理体制机制。这也是成为"先行示范区"的题中之义。

二 坚持社会主义市场经济改革方向

这个标题来源于《先行示范意见》。经过几十年的改革,深圳已经率先建立起社会主义市场经济的体制机制,为什么还要强调坚持社会主义市场经济体制的改革方向呢?这一方面肯定了深圳产业发展是市场经济体制的成功,也表明在新技术新产业革命的大背景下,产业发展的基础性政策还应遵循市场起决定性作用的原则。

市场经济在"百年未有之大变局"被加以确认,归结到一点,在于市场经济本质上是一种合乎人的发展的经济逻辑,市场经济打破了束缚人的活力的条条框框,解放了人的行为,使得人能够自由选择并享有选择带来的利益或承担选择带来的损失。市场经济蕴含着一种激励机制,通过竞争筛选优胜者,较好地调动了人的积极性创新力。在市场经济中,那只看不见的手,引导并提高资源配置的效率，在实现市场主体利益的过程中，增进社会福利。在迄今为止的经济制度中，市场经济的优势也从实践中得到印证。不过，在新工业革命中，贯彻市场经济原则，还因为新工业革命的特点与市场经济高度吻合。新工业革命涉及面广，技术变化的周期短，具有高度的不确定性。这就决定了在新工业革命中，过分集中的政策难以适应。而市场经济具有独立分散的责权利集于一体的特点，鼓励自下而上的分散的创新，使得创新能够同时在多点多方向突破，从而可以防止因集中资源+误判技术和产业发展方向走错主航道，从而贻误难以逆转的发展时机。此外，市场本身也是一种信息发现机制，运行中的市场如影随形地产生着各种各样的信息，这些信息本身就包含着对新技术新产业的需求和对某种技术和产业的否定。离开了市场信息的创新，不是经济意义上的创新。因此，一些国家虽然都将新技术新产业列为国家战略，但一直动员市场的力量和政府力量共同发力，强调贯彻市场经济原则。这当然也是《先行示范意见》中，强调坚持社会主义市场经济的逻辑。

坚持社会主义市场经济体制改革方向，首先就是要深化产权制度改革。《先行示范意见》提出"探索完善产权制度，依法有效保护各种所有制经济组织和公民财产权"。有恒产者有恒心，经济主体的财产权的有效保障和实现，是经济持续健康发展的基础，也是市场机制发挥作用的基础。产权并不是一个虚幻的概念，具有实实在在的内容。产权随着社会发展而外延不断扩大和丰富。如劳动力的所有权；无形资产的产权；法无禁止即可为的经营企业的权利等都是产权的构成部分。产权的实质是一种或一组经济权利。探索完善产权制度，首先要转变观念解放思想，平等保护产权。在观念上制度上贯彻六个平等，即市场主体平等竞争，公共资源平等使用，城乡要素平等交换，基本服务平等享有，公共成本平等负担，社会成员平等保护。

探索完善产权制度，要面向新技术，促进新产业。要适应新经济中商业模式与技术创新相互推动、相互渗透、相互支持的特点，在传统的财产上无法使用的领域，如互联网金融，电子商务，互联网交通等领域，及时创设或者校正相关规则，明晰产权，保护产权，便于流动和交换，便于处理各种纠纷和降低交易成本，以促进新经济的健康发展。

坚持社会主义市场经济的改革方向，当前和今后的一个重要内容就是要推进优化营商环境的各项改革。如果将市场经济比作一部机器，那么构成它的有许多零部件，每个部件的优良，才能保证整机运转的正常。营商环境是市场经济重要构件，世界上有不少称之为市场经济体制的国家，营商环境却千差万别。营商环境的优化，要以法治、公平、透明、可预期、便利化、低成本为原则，推进准入制度、监管制度、竞争制度、税费制度改革，打造市场经济运转的每一个构件。促进新技术新产业的发展，还要不断优化创新环境，而这仅仅是一般化的市场环境是不能满足的。美国的市场大环境在全国是一致的，创新中心则只有若干，最出彩的是硅谷。创新是一个多主体多因素在一定条件下的"化学反应"。《硅谷百年史》的作者说：硅谷是由梦想和体制构成的，梦想是一种奇特的东西，它产生于一个人的心中，当一位创业者激励一个团队创办一家公司时，梦想就像野火一样蔓延开来。体制则提供了新的所有必要的资源：人才、高效率的工作环境，支持创新的基础服务，正确的文化思维等。深圳创新亦是梦想和体制的产物。优化营商环境，应坚持弘扬业已形成的创新文化，激励敢闯敢试，宽松探索失败，建设国际化创新型城市。

三　改革产业监管规制

产业监管是政府相关部门对产业从出生、成长到死亡的全链条的行政监管。因此，它关系到产业的生死存亡，决定着企业的制度性交易成本。改革开放以来，深圳的审批制度改革和商事登记制度改革，最主要的内容实际上就是产业监管体制的改革。近年来，又按照国家新的要求，推动放管服改革。这些改革简政放权，强化事后事中监管，起到了放松管制增强企业活力的作用。但是在政策实施过程中，经常性地出现反复。因为放松管制特别是简化前置审批后，企业登记变得简单了，出现了恶意登记注册，以企业的名义行骗或者犯罪，所谓"一放就乱"，监管部门不得不再祭起审批管制这个工具，以致前置审批仍然是产业监管的主要方式。此外，监管规制没有突出产业特色；监管部门分割导致的碎片化监管；监管手段现代化没有跟上技术进步；等等，拖累了产业发展，深化改革势在必行。

（一）重新审视监管规制调整的难度和问题的症结

现行的从前置审批为主的监管规制，是由计划经济的直接监管演进而来的，是由指令性计划为主过渡到"国家调控市场，市场引导企业"间接监管的无缝连接。管住企业，有序运转是基本原则。几十年来，这个原则基本没有发生变化。在这个原则下，审批是基础，运动式的检查是手段。以规制设定监管标准、监管程序、奖惩等。这些逐渐形成一种由事项、机构、政策、执法等元素构成的体制。发达市场经济国家则不同，那里通行的观念是"法无禁止即可为"。企业注册从开业到停业整套规制公开透明，企业依规简单完成登记注册，开业经营，政府部门对企业依法依规进行事后事中监管。

可见，以前置审批为主的监管与以事后事中为主的监管是两套不同的体系。仅仅局限在减少或取消部分审批的改革上，虽然有一定的效能但难以做到釜底抽薪，难以避免出现反复。这就是问题的症结。所以，监管体制改革犹如一个由若干个子系统组成的大系统，改革至少要满足子系统的调整，即与事项相关的机构职能、制度和政策、执行和监督的联动。如果只改革"硬件"，如取消或合并事项，甚至机构调整，不触及相关的"软件"，如政策、规程，改革就会大打折扣，难以达到预期目标。所以，放管服改革并不是一件轻松的短期内就可以完成的，必须有系统的观念和打持久战。当然也不是无所作为的，可以一个战役一个战役地攻坚，积小胜为大胜。

（二）区分不同行业以分类监管

分类监管的基础在于，产业或产品的成熟度、业态以及其社会性不同。有的由于信息不对称，存在着较大的社会风险，这类产业或产品通常规制比较多。换句话说，政府管得严管得细一些。钱颖一教授曾以金融业为例进行过分析。他指出："金融市场不同于其他市场有众多原因,至少包括以下几点:一是投资者投入资金与取得回报之间有相当的时间差,这就给企业和金融机构很大的机会从事不利于投资者的活动,即所谓道德风险问题;二是存款者和股民人数多而且分散,由于搭便车问题,他们很难集体行动,结果他们的利益容易受到侵犯;三是金融市场中定价往往依据投资者的期望而存在多重均衡,因此市场价格可以与经济基本面无关。这几条足以造成潜在的金融风险,一旦演化为金融风暴,就很容易导致经济危机乃至政治危机。"① 发达市场经济国家对于一般产业和商品,政府规制或行业标准事前公告,事中事后监管,比较规范明确。而对于准公共产品的规制相对于私人物品而言相对多一些。

对于新产业新产品,一些国家管制相对宽松。《先行示范意见》提出,支持深圳发展战略性新兴产业。"开展市场准入和监管体制改革试点,建立更具弹性的审慎包容监管制度。"这是产业监管制度实际上的一个细分。新技术新产业唯其新,无规则可循,如不采用包容审慎的监管方式,一味套用旧规则,很容易遭到扼杀。当然,即使是新技术新产业,监管方式也可以区分,那些关系到生命健康的新药新技术新医疗器械监管要严一些。即使如此,也不能困死它们。英国在科技金融实践中,发明的"监管沙盒",较好地兼顾新技术应用中参与者利益和社会风险,是一种有益的尝试,可以借鉴。至于那些一般性物品,如共享单车、共享资源的市场,可以"让子弹飞一会儿",在发展中找到合适的监管方式。

(三) 运用新技术改善监管

新技术发展日新月异,一些新技术将深刻地改变社会关系,也会深刻地改变政府的监管。如借助物联网技术,形成了所谓的"网上政府",企业办事有的可以实现"不见面审批"或"秒批"。深圳市宝安区结合新技术的应用,解决了"放管服"中的部分难题。商事登记制度改革后,一些自然人或法人以虚假地址注册企业,很难监管。在新技术下,物联网技术可以将注册地与企业是否真实运行加以链接和确认,解决了注册后的管和服的问题。大数据分析应

---

① 钱颖一:《现代经济学与中国经济改革》,中信出版集团2018年版,第52页。

用,将有可能解决企业信用的识别问题,为政府实施信用监管提供技术支撑。新技术的应用,新产业的发展,既为政府监管改革提供了主动,同时也是一种倒逼机制,要求政府改变手段,改变规则,改变执法方式,使得部门间的协调变得更快更容易。政府应主动拥抱新技术,提高产业监管水平和能力,以科学监管低成本监管促进产业生长。

金融业的监管是一个世界性的难题。即使是金融业发达的美国,2008年的金融危机,与监管不当也有一定的勾连。事后美国在出手救金融的同时,也在弥补监管的漏洞。新金融的出现,业态变化提出了新的课题。以P2P为例,深圳一开始出台的政策是支持鼓励。确实,它是普惠性金融一种非常好的工具,也是小额金融的新品种,同时是投资新渠道。由于信息不对称和监管没跟上,道德风险出现并蔓延,构成一场金融风险。为避免出现更大的危机,"一刀切"式地限制行业注册,对既存的互联网金融开展风暴式的整顿,导致P2P业态的大起大落。这种现象在共享经济领域比较普遍,应该引起对产业监管政策的反思。

四 以功能性政策为主支持创新

在以上的研究中,我们强调竞争性市场对创新和产业的基础性作用。因此,对于一个建设社会主义市场经济体制尚在进行时的地方而言,特别需要不断完善市场机制的功能。即使是一些发达的市场经济国家,在经济发展的过程中,取得既得利益的集团也努力创造和维护某种垄断。政府也需要适时推出具有竞争功能的政策以打破垄断。此外,企业运营需要更完善的社会功能以配合,如企业扩张时,有足够的劳动力供给,企业收缩时,社会足以消化等。社会条件越充分,企业越集聚。深圳过往的产业中,有提供功能性支持的,也有不少以利益为杠杆的选择性支持,为应对新工业革命竞争、分散、不确定性大的特点,产业政策应强化功能性支持。

(一)强化竞争性政策的基础性地位

竞争是市场制度的灵魂,是发挥市场在资源配置中决定性作用的机制。深圳产业政策中,竞争性政策是基础。但是,仍有一些政策阻碍竞争。（1）市场准入中的歧视，一些投资领域由政府成立公司直接进入，"肥水不流外人田"。（2）在市场经济活动中，不同经济主体不能平等地享有资源使用的权力和资源带来的收益，同工不同酬，同地不同价，同行不同费税。（3）在市场管制和政策支持中，存在着"所有者歧视"。强化竞争政策的基础性地位，首先要破除垄断，特别是要破除投资政策的垄断。对于地方而言，除国家出台的负面清单外，所有领域要开放给所有投资者，并给予相同的竞争条件，包括程序性条件和实体性条件。其次制定新的经济政策和制度时应加入竞争性审查环节，以确保竞争性政策的公平，而不是抑制正常有效的市场竞争。对既存政策要进行竞争性审查，纠正妨碍和恶化竞争环境的条款。最后，政府引导和刺激经济的基础性政策，逐步向竞争性政策过渡。这既是发挥市场在资源配置中起决定作用的需要，也是投资主体多元化公平竞争的需要，也是以法治为基础的市场经济建设的需要。竞争性要作为产业政策的原则性基础。

（二）要强化以赋能为导向的普惠+精英的教育政策

赋能是当下最热的词汇之一。人们认识到，处在大变革时代，计划赶不上变化，快速、迭代、颠覆、出人意料；技术变化冲击着传统的价值观念，组织与管理，生产和生活方式；熟悉的转换为陌生，内行被外行取代，非传统的安全与风险，外部性与不确定性增长。适应巨大冲击的唯一选择，就是给人赋能。包括正确的价值观和学习的能力，掌控和适应技术与社会变化的能力。华为总裁任正非在最近讨论人工智能时多次阐发的观点是：人工智能会导致国家之间的差距加大，缩小差距的基础在教育。中国首先要抓教育，要抓基础研究，具有和世界同轨的能力。

教育已成为发展的基础，并日益增强为个人、城市、国家竞争力。一个将赋能作为基业的城市才能受到先进生产力的眷顾，才能成长并吸引有全球影响力的公司。赋能离不开全社会的努力，政策安排和选择至关重要。首先，应优先普及中等教育，为每个少年提供接受中等教育的条件，深圳的经济能力可以考虑将中等教育列为义务教育，这将是回报最高的投入。其次，提供高水平的教育，包括办学条件、师资力量和社会力量。新技术的应用为优质资源的普惠制配置提供了条件，应大力推广。在普遍提高的基础上，还应支持精英教育的发展，各行各业都需要领军人才，教育要为社会提供精英，适应教育的精英和普惠的统一。最后，改革教育支持方式，在教育政策的供给侧消除"所有者歧视"。人类的实践证明，社会办教育不会使受教育者走向邪恶，很多非公办教育提供了教育高水准和个性化，促进了人的发展。包括高水平的课外教育。将社会资源汇集到教育领域，是政策的胜利而不是失败。此外，教育改革中，鼓励适度个性化和遵守法律前提下的自由教育，弱化大一统教育是赋能的重要前提，这是适应第四次工业革命的需要，是上层建筑对生产力变化的积极回应。加大教育投入和改革教育，才能为人赋能，这是最基础的功能性大政策。

（三）强化数字化城市的新基础设施功能

数字化是新工业革命的内容，是重要的新技术新产业，也是支撑城市的新的基础设施。信息、数据是智能化时代必不可少的资源和要素，承载和传送信息、数据的载体如同城市路网一样构成城市基础设施并决定城市的快与慢。因此，在城市规划和公共政策中，必须突出数字化。20 世纪 90 年代，美国开启了一个建设国家信息基础设施的"行动议程"。该议程的一个显著特点是支持私有部门在国家信息基础设施发展中居领导地位。它努力确保有足够的激励来使私营部门进行投资，用来建设扩张和发展国家基础设施的应用。例如采取相适应税收和监管政策。政府行为应该"补充"私营部门的领导地位，而不应该与其竞争。政府的作用主要是建立合作关系，协调行动以及促进针对国家信息系统基础设施的技术革新和新应用，政府还可以促进无线频率的分配、知识产权保护、政府信息接入以及政府向私营部门进行商品和服务采购。[①]

美国的信息基础设施建设的做法值得借鉴。信息化推进以企业和相关非营利组织为主体，政府采购是重要的以应用拉动发展的重要手段。政府推出相关政策如资助研发、税收、改革监管等支持企

[①] ［美］杰弗里·法兰克尔、彼得·奥萨格编：《美国 90 年代的经济政策》，徐卫宇等译，中信出版社 2004 年版，第 273—276 页。

业及相关部门的投资和技术应用。政府在频道等公共资源分配、知识产权、隐私与安全规则上发挥作用。

当下深圳的数字化，应最大限度地动员社会资源一道参与城市数字化。首先，要使城市数字化成为促进城市数字产业发展的重要拉动力。发挥深圳信息产业和技术优势，选择主导企业和相关企业，形成深圳企业在智慧城市中的整体竞争力，积累向更大的空间扩展的能力和经验。其次，改革城市发展规划由政府相关部门主导的做法，由企业主导或请企业深度参与智慧城市建设总体规划和专项规划，规划编制在突出当下应用的同时，应注重便于升级和未来需求。再次，政府应深入研究数字化及其相关的政策，以政策支持数字化发展。如电子商务的框架，包括进出口在内的交易规则、税制、通关等。让企业深度参与数字化，才能使信息能够更及时更直接与政策形成反馈，促进公共政策的改善。最后，政府应重视数字化的风险和安全，以及数字化时代的个人权利与隐私问题促进城市数字化的健康发展。

五 以选择性政策支持补产业链之短

理论界诟病比较多的是选择性产业政策，认为信息不充分等制约，政府并不能识别产业价值，选择性的支持难以避免盲区。此外，选择性的支持造成不平等竞争，并且可能引起寻租等。这些批评的重要价值在于，在产业发展中，政府要慎用选择性的支持政策。但是，在真实经济世界中，选择性的产业政策却大行其道。美国被称为最信奉市场经济，但为制造业回流，政府给予大额补贴。据相关资料，近年来，福耀玻璃在俄亥俄建工厂，买地建厂房投资4000多万美元，当地政府的补贴相当。而富士康在威斯康星州投资建厂，当地政府承诺15年给予高达30亿美元补贴激励。政府对产业进行选择性的支持考虑或许超越了产业本身。

支持选择性政策的理论主要有幼稚产业保护论和外部性理论。前者认为，产业在发展初期规模小，技术不够成熟，为了防止外部冲击，政府可以设置进入壁垒或给予补贴，以保护成长到形成规模经济和具有市场竞争力。后者的依据是，在产业创新者，"第一个吃螃蟹的人"往往要有较大的投入，如果失败，就要承担很大的风险；如果成功，可能引来大批跟风者，新产业的利润因此而平均化。政府要有选择地补贴"第一个吃螃蟹的人"，以克服外部性带来的后果。

如果从抽象的理论逻辑看，以上观点是可以被诘问的。但在经济实践中，保护幼稚产业，以实现对发达经济体同类产业从跟跑到并跑甚至领跑的策略被广泛采用。这是因为，产业问题不仅仅是市场效率问题，当它涉及一个国家的产业安全和产业成长时，经济性或者说暂时的经济性指标往往要让位于支援和保护产业长期发展的考量。谋求产业竞争力，不单是发展中国家的优先策略，就是发达国家，也常常在一些产业上选择以关税或其他政策保护本国的产业。这样的事例比比皆是。正在发生的日韩贸易战、中美贸易战上演着一幕幕政府以政策支持产业的较量。在产业发展中，首要的优先的是尊重市场。但是，政府有限的审慎的选择支持产业也许不无依据。

深圳产业发展中，功能性政府起主要作用，选择性政策也比较普遍。在选择性政策支持下，成功的和失败的例子都有，有支持规模经济的，也有支持补充或完善产业链的。如早在2002年前后，深圳针对电子信息产业的缺"芯"少"魂"（指芯片和新型显示器），酝酿通过引进外资在深圳建厂，后由于投资超过了当时政府经济能力，外资对此类项目投资十分谨慎，加之这类产业换代快，技术高，鲜有民营大资本投入，又一次错过了政府补足芯片产业链条的机会。

特别是在芯片制造上，至今还是深圳电子信息之痛，中兴通讯因对高性能芯片依赖美国公司，2018年被美方"一剑封喉"。成功补充产业链关键环节的一个大项目是华星光电。该公司由TCL公司和深超科技投资公司（政府投资）共同出资成立。生产高世代面板线。项目2009年启动，项目投资总额443亿元，是深圳建市以来最大的单笔投资项目。项目一期由TCL公司与深超科技投资公司共同出资245亿元（各占50%股份）建设。2011年项目量产。不仅解决了深圳产业链的关键缺失（深圳是中国最大的彩色电视制造基地),稳固了相关产业集群,而且使中国成为继日本韩国之后,掌握自主研发高端显示的国家。2013年,按照协议,深圳市政府豁免了公司51亿元的贷款债务。先后将股份的15%转让给三星公司,35%转让给TCL公司,完成了一期投资的完美退出。这个项目的提出是TCL基于对市场需求的认知提出来,并且企业的投入巨大,政府实际上是跟投助投。在其他市场主体未跟进的条件下,政府跟投是一项创新的产业政策安排,是有形之手对市场失灵的补充。

为争取第四次工业革命的主动,深圳的产业政策应坚守功能性政策的主导地位,同时,应保留和改革选择性产业政策。首先,要对既有的选择性支持进行全面评估。深圳政府支援产业的资金在2008年以来迅速扩大规模,在国内城市中列为第一方阵。应强化对各类支持资本的效率、方式、用途等委托第三方在签订保密协议的条件下进行全面评估。其次,对政府资金支持方式进行改革。要按高水平开放的要求,遵守WTO规则和其他国际协议的相关规则。多用普惠性支持,减少无偿性支持,增加政策的公平性和透明度。再次,选择性政策原则上应以市场为基础。跟投、股权投资并协议退出可能是一种比较好的识别方式。委托专业的投资公司共同成立基金也是一种市场化的选择。相反,依靠所谓的专家评审意见给予支持往往事与愿违。政府部门直接决定无偿支持企业的资金应尽可能地控制在较小规模。最后,对产业支持着力点应放在解决外部性、解决产业链的关键环节、解决产业安全等方面的问题。应着力支持产业创新跨越"死亡之谷",支持企业提高技术创新能力,支持关键产业项目的培养和引进。

六 支持产业发展的空间政策

空间是产业的载体,空间政策主要涉及产业布局和产业用地的制度性安排。空间政策对产业发展无疑具有重大影响。许可管制(用地性质规制、容积率规制、建筑形态、容忍度或弹性等),地价或租金、房价等,配套设施安排及其组合是空间政策的三大工具。不同产业、产业成长的不同阶段,对空间组合政策的需求是有差别的。

我在硅谷考察期间，了解到惠普公司、苹果公司、谷歌公司都是从车库起家的企业。这不是精英们都有"车库偏好"，而是为空间成本所决定的，对于一家初创公司而言，资本是稀缺的，融资的渠道很窄，唯有省着花钱。成本其实是空间政策的关键点，放眼望去，即使是成长为大公司的企业，在选择建厂落户时，用地成本仍然是重要变量。车库创业包含的另一个秘密是，空间利用的弹性监管或高容忍度。如果规定车库不能作为创业所用，这几家企业创业就为难很多了。当然，私家车库也包含着创业对基础设施的需求。如交通可达和生活方便。也就是说，配置设施至少是完全的。车库创业虽小，却包含了产业发展与空间政策的主要秘密。

深圳经济特区成立之初，空间政策的容忍度非常高。一方面，政府为招商引资，开放了蛇口工业区、上步工业区、八卦岭工业区。这些工业区标配是标准厂房和职工公寓。由于资金等条件制约，深圳在城市化过程中保留了农村，形成了有深圳特色的"城中村"，村集体和村民都保留部分发展用地和生活用地。村集体和村民陆续在自己的土地上盖起厂房和住宅（当时城市规划未来得及出台或者未覆盖全市面积），村里也积极地招商引资。极低的土地、厂房成本和工资成本（员工租房子和其他生活成本低），加之并不完全的城市规划，空间利用容忍度高，吸引了外资特别是港资，深圳出现了村村有商（主要是"三来一补"）的现象，一片繁荣。

随着城市的发展，空间政策的三大工具都发生了很大的变化。一是城市规划实现全域覆盖，土地利用受到规划和相关政策的刚性约束。比如，规划的生态保护区严控产业项目。又如，与规划相一致的，传统的土地利用许可按工业、农业、商业、仓储运输用途分类，不同性质的地块有不同的地价和其他约束。一经许可，严禁变动，即刚性约束。二是土地日渐稀缺，寸土寸金，低地价已成明日黄花。企业申请拿地十分不易，高地价挤出了附加值比较低的产业，甚至附加值不低，产业也受到了影响。三是城市基础设施日益改善，深圳全境具备企业兴业的城市条件。当然，深圳的产业也在成长，新技术、新产业、新业态、新模式涌现。第四次工作革命也将带来用地新的政策需求。新发展要求新空间政策与之匹配。

其一，保持产业用地特别是制造业用地相对低的成本。经济的脱实向虚已广为关注。近年来，深圳制造业在 GDP 中所占比重快速下降，往 30% 逼近。制造业出现问题的重要原因是行业比较利益下降。对此，深圳大族激光的董事长高云峰、TCL 集团的 CEO 李东生近年来在不同场合多次发表类似意见。在中国的富翁中，房地产业、金融业和互联网业出现得最多且速度最快。不同行业比较利益的差别，并非完全是正常的市场公平竞争的结果，可能是资源配置的一种扭曲。在经济学的讨论中，主流经济学把要素的配置看作是价格牵引的自然过程。新制度经济学加进了交易成本，逼近了真实的经济世界。但新制度经济学并没有考虑利益结构或利益集团对资源配置的影响。马克思主义经济学将生产关系作为政治经济学的研究对象，揭示了经济活力中的主体（人）处在一定的生产关系中，对资源配置产生重要影响。如果在经济分析中，特别是在分析经济脱实向虚和产业比较收益中，引入利益结构的观点，或许是有助于观察的。比如：在深圳产业用地和居住场所中，出现了一批"二房东"。这些房东将既有的建筑结构进行了改良，然后大幅度提价，一些刚性需求者被迫接受由此带来的涨价。表面上看符合市场运作，背后是由利益结构来决定的，伤害了制造的利益，最终伤及产业。所以，要发展制造业，关键是要调整行业比较收益，在空间政策选择中，控制土地高成本可能是突破口和着力点。对于深圳来说，尤其如此。

其二，加大土地出让利用空间的弹性。新工业革命带来的新产业或者改造的传统产业，特点之一是研发、创意设计、供应链管理与制造的混搭。特别是一定规模的制造公司。传统的空间政策中，出让土地时定性质定价格，"买油的不能用于打醋"，刚性强。已不能适应新产业发展的需求。一些国家和国内一些城市推出的产业空间政策对新产业需求作出了积极回应。深圳早在 2013 版《深圳市城市规划标准与准则》中创设了 M0 标准（新型产业用地标准），将融合研发、创意、设计、无污染等创新型产业功能以及相关配套服务活动的用地，配套功能比例上限从工业用地的 15% 提升至 30%，容积率上限提高至 6.0。政策创新满足了新产业的空间需求。

带来的问题如何处理与商业用地地价的关系和一些已按既往标准受让的工业用地企业申请按新标准扩容等。这样的探索符合产业成长的逻辑，退缩是没有出路的，唯有在实践中不断地完善。特别是将前置审批与事中事后监管相结合，以有利于产业发展为原则，以方便行为人为出发点，丰富监管手段和方式。

其三，推动产城融合发展。产业发展和城市发展关系密切，没有产业支撑的城市体，缺失经济能力，缺失发展根基，是没有前途的城市。而脱离城市的产业，吸引不了人才，形成不了功能互补，很难蓬勃兴旺。产业和城市融合发展，既有理论根据，更得到工业化以来经验的印证。产城融合的空间政策可从宏观和微观两个层面安排。从宏观层面看，一个城市的总体规划中，产业用地和其他用地的规模应合理分配。从人的认识能力和实践经验看，很难作出一个刚性的长期的规划，愿景性的构建只能是框架性概念性的，中短期的规划应在刚性安排中留有动态调整的程序性安排。对于一个快速变化的时代，法定图则不一定是合适的规制。产城融合的微观层面，要推动园区的适度转型。城市发展之初，招商引资的重要特征是全城行动，筑巢引凤。不少村集体建工业厂房引资落户，推动了深圳的快速城市化工业化。随着经济的转型，一些简易厂房（园区）已空置，转型势在必行。深圳应十分重视城市的二次开发，出台厂房（园区）的转型政策，增加其园区的服务和配套功能的空间安排，有的要增加城市的公共功能。要研究二次开发中的行业比较收益的分配，解决过高的成本挤出制造业。

七 需求管理的政策安排

所谓需求管理，就是通过制定和实施若干市场拉动政策，培育、引导、激活和形成市场新需求，提升消费者对新产品新服务的认同和消费能力，发挥市场选择机制的功能，拉动新技术的应用和新产业的发展。需求管理的另一途径是，政府资助或采购新技术研发和产品应用，为市场化铺平道路。需求管理不仅能发挥最终消费对生产的拉动作用，还能刺激和倒逼供给侧不断创新，以在竞争中博得更多消费者的青睐。发达国家的创新政策中多用需求管理。电子计算机、芯片的大规模应用等，都是先政府订货或资助研发，后民用并市场化的。

长期以来，我们对研发和产业的支持政策发力在供给端，实行计划管理。改革开放以来，研发和产业的支持虽然引入间接机制，对象仍然是公有部门为主。深圳在改革开放中走了一条"逆向创新"的道路，企业既是创新主体也是产业主体。政府对研发和产业的支持随着财力的增加而不断增长。但主要也在供给端。这种由政府"挑选赢家"直接补贴，以支持供给端扩大生产的方式越来越多地受到质疑。日本曾经主要支持供给端，从20世纪70年代以来，就逐步放弃产业政策中"挑选赢家"的做法。补贴企业的做法在国际贸易中经常被起诉。包括深圳在内的地方直接补贴企业的弊端也较多地暴露。改革支持方式，借鉴国内外好的做法，出台需求管理政策不失为一种好的选择。

首先，在政府应用端支持新技术新产业。政府的应用覆盖面大，涉及的产品多，持续有需求。包括交通、城市基础设施、城市公共服务、环境保护等。政府部门可以通过公共项目的这些需求，在竞争性的市场中采购新技术新产品新服务。深圳近年来在公交和出租车中推广新能源车的应用，支持了比亚迪及相关产业的发展。公共项目拉动还有不小空间，应出台政策支持扩张。

其次，支持重大技术和产业链提升的攻关。提升深圳产业发展竞争力，主体在企业。但也有某些技术具有公共性，某些环节或材料制约的解除有利于大批企业的发展，或者增加一个产业的能力和根植性。政府可以基于市场发展的需求，对基础性共性技术组织或支持技术攻关。现阶段，政府虽然资助在企业建立公共技术中心，着眼点放在企业技术既有能力的发挥和提升上，忽略了重大公共技术的提出和导向，需要加以完善。此外，对产业链关键环节技术攻关和缺失环节的补充应予以支持。深圳政府的产业基金应在这些点上发力。对私募积极投入的产业，政府不一定加入竞争。政府产业基金应更多地支持市场失灵的环节。

近十年来，深圳市政府大力推动研发机构建设，包括资助企业建设工程中心、实验室等，也资助新型研发机构的建立和大学研发等。这些机构的研发主要基于本单位的需求和认识开展研发，基于城市产业发展未来公共技术需求的重大攻关需要加强。

最后，直接补贴到消费者。新能源新技术新产品的应用，政府采取了补贴用户的政策。这一政策由于骗补而广受批评。其实，政策意图不应受到质疑。问题出在操作环节，在大额补贴的诱惑下，我国各地一夜间就可以冒出若干新能源车制造公司，实在有违政策的初衷。最大的问题是地方保护，竞争性的市场没有形成。新能源技术本来是需要大量长期研发支撑的，日本丰田在氢能源车上下了几十年功夫才有现在的成就。所以，补贴消费者要以竞争性的完整的市场为前提，要以诚信为前提。当然，即使是补贴到最终用户，这一政策还是要慎用。毕竟新技术新产业真正具有经济性，市场选择最终会给予回报的。此类政策应用的环节，原则上也是补充市场失灵的。

八　制定支持实验室经济政策

实验室经济是一种将知识技术化，技术产品化，产品商品化的产业发展新模式。如果将贝尔试验室（1925年成立）作为一种典型的萌发阶段，那么在第四次工业革命的今天，它将进入一个蓬勃发展期。实验室经济的生长空间主要有：（1）企业自建的实验室。最著名的莫过于贝尔实验室，一系列的重大发现和新技术新产品新服务，诸如晶体管、太阳能、激光器、数字交换机等。该研究室获诺贝尔奖8项。贝尔实验室也是先驱。现今一些大公司都设有大规模的实验室和研究院，为本企业解决难题和未来技术研究，比较普遍地将研发与产业化一体发展。(2) 企业与大学、研究机构联合研究。合作的形式主要是依托项目，有委托或共同研究两类。一般是企业发展中的问题为导向，研究成果对产业有直接影响。(3) 研究机构的应用研究或应用开发研究。这类机构长于出成果，短于产业化。研究成果有的较快转化，有的与转化之间经常相隔"万里长城"。近年来，一些地方的新型研发机构呈现这个特征。(4) 国家重点实验室。这类机构承担重大科学技术攻关。一般离市场化直接应用较远，但对应用技术的研究有重要意义。也会出现重大技术突破，商业化应用还需要经过若干环节的联结和打通。

深圳的国家重点实验室比较少，但新型研发机构，企业与高校、科研机构合作和企业自建的研发机构近年来快速布局。要在新工业革命中争取主动，还得出台政策，促进实验室经济。

其一，力促企业家领导研发机构并孵化企业。深圳的新型研发机构中，清华研究院、华大基因、光启研究院、先进技术研究院已孵化出若干企业。理论上讲，这些企业都有基于前沿知识的成果转化和应用，理应迅速扩大市场。但从几家机构中孵化出来的企业，少有行业翘楚。这其中可能有各种因素的影响，特别是一些企业成长需要时间。但应该看到，这些孵化出来的企业领导人多是科学家转型而来。企业家和科学家的精神、能力、风格是有差别的。一个优秀的科学家不一定是优秀的企业家，反之亦然。美国的仙童公司、苹果公司成立时，创投资本进入的同时，十分重视聘请企业家和管理团队。这是硅谷体制使然。足以说明，即使是实验室经济，企业家和企业家精神、优秀的管理团队也是十分重要的。深圳由实验室孵化出来的企业如何经营管理，从某种意义上决定了公司的未来。这涉及利益如何分配，产权如何界定问题，推动这些问题的解决，实验室经济有可能长出更有竞争力的企业。这一问题应该引起相关方的重视和思考。

其二，打通实验室经济的各个环节。科技成果转化为产品，再转化为商品并不是一件容易而轻松的事。有的成果应用，需要系列社会条件，有的应用需要打通系列技术环节，而生物制药等则需要若干人体测试。如无人驾驶汽车，在实验室很早就突破了，但要在路上跑，除安全性外，还要经过一系列许可。政府要为成果的产业化创造条件，包括缺失的关键环节。一些科技成果转化为商品，可能涉及的面比较宽，涉及的层级比较多，涉及利益的重新分配，最易造成管理的真空，形成互相扯皮的受害者。必须建立起一种实现机制，助推成果的转化。

其三，以改革的思维创新管理。目前，实验室经济的蓬勃发展取决于深化改革，不仅仅是技术层面的事。科研力量主要以事业单位的形式存在。事业单位的人财物管理遵循的是行政管理制度，等级、指令、服从等科层文化；报表、升职、考核等激励体系；预算、报销、劳务费与设备费使用边界、严格财务监督等资金配置。这些制度在行政管理中是非常有效非常必要的。但与知识生产、传播、应用所需要的制度环境不协调，必须从根本上予以破题。深圳前些年推动事业单位改革，试行事业单位的法人治理结构和相应的财务管理改革，如在高校实行生均拨款和专项竞争制度，后因种种原因没有继续坚守。在事业单位改革中，还提出推动法定机构改革，创设有别于现有行政法人、事业法人、企业法人之外的另一新型社团法人，使其区别于现有事业单位的管理体制，具有更多的自由度、自主权、创造力。经济体制改革的精髓在于，解放了束缚人的思维，解除了人们选择的条条框框，激发了人的积极性和创造性。研发成果的涌流和成果转化的关键在于体制上的重大变革。大力发展新型大学和新型研发机构，探索新的人财物管理和激励机制，发挥其"鲇鱼效应"，形成对既有的事业单位体制的冲击，将大大释放出创新的活力。在发展实验室经济中，多投入是必要的，但关键还在于体制机制创新，只有好的体制机制，才能唤醒沉睡的资源。从这个意义上讲，加大投入的事易，形成好的体制机制难。体制机制决定了创新资源的聚集、创新能力的提高和产业优势的确立。

附　录

全国人民代表大会常务委员会关于批准《广东省经济特区条例》的决议

（1980年8月26日通过）

第五届全国人民代表大会常务委员会第十五次会议决定：批准国务院提出的《广东省经济特区条例》。

附：广东省经济特区条例

（1980年8月26日第五届全国人民代表大会常务委员会第十五次会议批准施行）

第一章　总则

第一条　为发展对外经济合作和技术交流，促进社会主义现代化建设，在广东省深圳、珠海、汕头三市分别划出一定区域，设置经济特区（以下简称特区）。特区鼓励外国公民、华侨、港澳同胞及其公司、企业（以下简称客商），投资设厂或者与我方合资设厂，兴办企业和其他事业，并依法保护其资产、应得利润和其他合法权益。

第二条　特区内的企业和个人，必须遵守中华人民共和国的法律、法令和有关规定。本条例有特别规定的，按照本条例的规定执行。

第三条 设立广东省经济特区管理委员会，代表广东省人民政府对各特区实行统一管理。

第四条 特区为客商提供广阔的经营范围，创造良好的经营条件，保证稳定的经营场所。一切在国际经济合作和技术交流中具有积极意义的工业、农业、畜牧业、养殖业、旅游业、住宅和建筑业、高级技术研究制造业，以及客商与我方共同感兴趣的其他行业，都可以投资兴办或者与我方合资兴办。

第五条 特区的土地平整工程和供水、排水、供电、道路、码头、通讯、仓储等各项公共设施，由广东省经济特区管理委员会负责兴建，必要时也可以吸收外资参与兴建。

第六条 各特区分别聘请国内外专家和热心我国现代化建设的有关人士组成顾问委员会，作为该特区的咨询机构。

第二章　注册和经营

第七条 客商在特区投资设厂，兴办各项经济事业，应向广东省经济特区管理委员会提出申请，经审核、批准后，发给注册证书和土地使用证书。

第八条 客商可在特区内设立的中国银行或者其他经我方批准设立的银行开户，并办理有关外汇事宜。

客商的各项保险，可向特区内设立的中国人民保险公司或者其他经我方批准设立的保险公司投保。

第九条 特区企业的产品供国际市场销售；其产品如向我国内地销售，须经广东省经济特区管理委员会核准，并办理海关补税手续。

第十条 客商在特区内可以独立经营自己的企业，雇用外籍人员担任技术和管理工作。

第十一条 客商在特区所办的企业中途停业，应向广东省经济特区管理委员会申报理由，办理停业手续，清理债权债务；停业后，其资产可转让，资金可汇出。

第三章 优惠办法

第十二条 特区的土地为中华人民共和国所有。客商用地,按实际需要提供,其使用年限、使用费数额和缴纳办法,根据不同行业和用途,给予优惠,具体办法另行规定。

第十三条 特区企业进口生产所必需的机器设备、零配件、原材料、运输工具和其他生产资料,免征进口税;对必需的生活用品,可以根据具体情况,分别征税或者减免进口税。上述物品进口和特区产品出口时,均应向海关办理申报手续。

第十四条 特区企业所得税税率为百分之十五。对在本条例公布后两年内投资兴办的企业,或者投资额达五百万美元以上的企业,或者技术性较高、资金周转期较长的企业,给予特别优惠待遇。

第十五条 客商在缴纳企业所得税后所得的合法利润,特区企业的外籍职工、华侨职工、港澳职工在缴纳个人所得税后的工资和其他正当收入,可以按照特区外汇管理办法的规定,通过特区内的中国银行或者其他银行汇出。

第十六条 客商将所得利润用于在特区内进行再投资为期五年以上者,可申请减免用于再投资部分的所得税。

第十七条 鼓励特区企业采用我国生产的机器设备、原材料和其他物资,其价格可按我国当时同类商品的出口价格给予优惠,以外汇结算。这些产品和物资,可凭售货单位的销售凭证直接运往特区。

第十八条 凡来往特区的外籍人员、华侨和港澳同胞,出入境均简化手续,给予方便。

第四章 劳动管理

第十九条 各特区设立劳动服务公司。特区企业雇用中国职员和工人,或者由当地劳动服务公司介绍,或者经广东省经济特区管理委员会同意由客商自行招聘,都由企业考核录用,同职工签订劳动合同。

第二十条　特区企业雇用的职工,由该企业按其经营的要求进行管理,必要时可以解雇,其手续按照劳动合同的规定办理。

特区企业职工可按照劳动合同规定,向企业提请辞职。

第二十一条　特区企业中的中国职工工资水平、工资形式、奖励办法,以及劳动保险、国家对职工的各项补贴,按照广东省经济特区管理委员会的规定,由企业同职工签订合同。

第二十二条　特区企业应有必要的劳动保护措施,保证职工在安全、卫生的条件下进行工作。

第五章　组织管理

第二十三条　广东省经济特区管理委员会行使以下职权:

1. 制订特区发展计划并组织实施;
2. 审核、批准客商在特区的投资项目;
3. 办理特区工商登记和土地核配;
4. 协调设在特区内的银行、保险、税务、海关、边检、邮电等机构的工作关系;
5. 为特区企业所需的职工提供来源,并保护职工的正当权益;
6. 举办特区教育、文化、卫生和各项公益事业;
7. 维护特区治安,依法保护特区内人身和财产不受侵犯。

第二十四条　深圳特区由广东省经济特区管理委员会直接经营管理;珠海、汕头特区设立必要的办事机构。

第二十五条　为适应特区经济活动的开展,设立广东省经济特区发展公司。公司业务范围:承办资金筹集和信托投资业务;经营或者与客商合资经营特区的有关企业;代理特区客商与内地贸易往来的购销事宜,并提供洽商服务。

第六章　附则

第二十六条　本条例由广东省人民代表大会通过,并报中华人民共和国全国人民代表大会常务委员会批准后施行。

深圳经济特区国营企业股份化试点暂行规定

(深府〔1986〕590号)

第一章 总则

第一条 为推进深圳经济特区(以下简称特区)的经济体制改革,进行国营企业股份化的试验,以增强企业活力,提高经济效益,促进特区经济发展,特制定本暂行规定。

第二条 本规定适用于特区内市属国营企业(以下简称企业)。

其他国营企业、集体企业试行股份制,新成立内资的股份有限公司,亦可参照本规定执行。

第三条 国营企业股份化,系指将国营企业的净资产折股作为国有股权,向其他企业和个人出让一部分国有股权或吸收国家、其他企业和个人加入新股,把原企业改造成由国家、其他企业和个人参股的股份有限公司。

第四条 企业吸收外资股份占股份总额百分之二十五以上(含百分之二十五)的,适用中外合资经营企业有关法规,不适用本规定。

第五条 企业正式改为股份有限公司后,脱离原来的行政隶属系统,成为独立的企业法人,其合法的权益和经济活动受国家法律保护。

第六条 税务、审计、工商行政管理、外汇管理、金融管理、物价管理等部门，必须根据各自的职能依法对股份有限公司加强管理和监督。

第二章　股东、股份和股票

第七条　股份有限公司（以下简称公司）股票的持有人为公司的股东。股东是公司的所有者，享有领取应得的股息、参与公司管理和监督、分配公司的剩余资产等权利。

股东对公司所负的责任，以各自认缴的股份金额为限。公司对外所负的责任以公司实有资产为限。

第八条　国家、国内外企业和个人均可成为股份有限公司的股东。

国家股东的代表机构为市财政局，或市政府指定的其他机构。

本企业的职工有参股的优先权，但企业不得以任何形式强迫职工入股。

企业向国外及港、澳、台地区招股，应报市政府授权的机构批准。

第九条　股份有限公司至少须有五名股东、注册资本五万元以上始得成立。

第十条　股东可以现金、实物和工业产权入股。

第十一条　股东向现有企业加入新股，可以采取转债为股的办法，即由股东分担原企业的部分银行债务，使企业减少债务，增加资本。

转债为股应由银行和有关当事人在自愿的基础上签订合同。借款期限可适当延长，可以以股票作抵押。

个人股东以转债为股的方式参股时，每一股东转债为股的部分不得超过其参股总额的百分之五十。

第十二条　股份有限公司对各类股东（指个人股东、集体企业股东、国家和国营企业股东、国外和港澳台地区股东四类）拥有股份的多少和每一股东拥有股份的多少是否加以限制，以及限制的比例，必须在公司章程中明确规定。

第十三条　股份有限公司的股份，每股的面值金额均应相同。

以外币入股的，按照国家外汇管理局公布的当日牌价折算为人民币。

第十四条　公司股份可分为普通股和优先股。优先股实行约定股息，但只有企业盈利时方可支付，优先股分配股息和公司剩余资产的顺序先于普通股。

优先股股东可以参加股东会议，但没有表决权。

优先股的发行范围和数额应在公司章程中规定。

第十五条　所有股东均以购买股票的方式参股。股东参股后不得退股。

第十六条　公司的股票一律为记名式股票，可以是单股股票，也可以是两股以上的复股股票。

第十七条　公司股票应委托有权发行股票的金融机构代理发行。首期发行股票一律按面值发行。第二期及以后发行股票的价格可以等于或高于其面值，但不得低于其面值。

第十八条　股票可以买卖、赠与、继承和抵押，但自公司清算之日起不得办理。

股票转移应在本公司或代理机构办理过户手续。

第十九条　股票买卖的价格由当事人自主商定，可以高于或低于股票面值。股票买卖不得进行期货交易。

第二十条　中国人民银行深圳经济特区分行是股票发行和买卖的管理机构。它负责制定股票管理办法，报市政府批准后执行。

第二十一条　股份有限公司的股票、入股登记表、股东登记册、股票转移及抵押登记表，应按照有关机构规定的统一格式制备。

第三章　股份有限公司的组织机构

第二十二条　股东会议是公司的最高权力机构。股东会议分为常会和临时会议。股东常会至少每年举行一次。

除另有规定外，股东会议由董事会召集。董事会应在会前十五天将会议日期、地点和议题通知股东。

第二十三条　有下列情形之一时，董事会应召开股东临时会议：

（一）董事会认为有必要时；

（二）有占股份总额（指普通股，本章下同）五分之一以上的股东提议时。

第二十四条　股东会议有下列职权：

（一）听取并审查董事会的工作报告；

（二）听取并审查公司生产经营计划和财务预算、决算报告；

（三）对公司的增资、减资、发行债券以及公司的合并、转让、解散和清算等重大事项作出决议；

（四）选举和罢免董事，决定董事的报酬及其支付方式；

（五）修改公司章程；

（六）讨论和决定公司的其他重要事项。

第二十五条　股东会议进行表决时，每一普通股有一票表决权。股东可委托代理人行使表决权，但必须出具授权委托书。

国家股东的代表人由其代表机构派出。

第二十六条　股东会议在选举和罢免董事时，实行累积投票制（注：累积投票制举例：股东会议需选出五名董事组成董事会，某股东持有100个普通股，他可以用500票去投给某一名候选人，而对其余候选人不投一票）。

第二十七条　股东会议作出普通决议，出席股东持有和代表的股份应占股份总额的一半以上，同意的票数应占出席股东拥有的总票数的一半以上。

第二十八条　股东会议作出特别决议，出席股东持有和代表的股份应占股份总额的三分之二以上，同意的票数应占出席股东拥有的总票数的一半以上。

须经股东会议作出特别决议的事项如下：

（一）第二十四条第（三）、（四）、（五）项规定的事项；

（二）公司章程规定需要特别决议的其他事项。

第二十九条　出席股东会议的股东所持有和代表的股份达不到第二十七条、二十八条规定的数额时，会议应延期十五天召开，并向未出席的股东再次通知。

延期后召开的股东会议，出席股东所持有和代表的股份仍达不到第二十七条、二十八条规定的数额时，视为达到规定数额。

第三十条　股份有限公司设董事会。董事会为公司的常设权力机构，向股东会议负责。

第三十一条　董事会董事不得少于三人。董事由股东会议选举产生。董事候选人的产生方法由公司章程规定。

董事任期二年，可连选连任。在任期内，股东会议认为有必要时可以罢免。

第三十二条　董事会设董事长一人，副董事长若干人。副董事长协助董事长工作。董事长为公司的法定代表人。

董事长和副董事长由董事会选举或协商产生。

第三十三条　股份有限公司应在法定地址设立机构负责公司日常经营管理工作。

经营管理机构设总经理（或经理，下同）一人，副总经理（或副经理，下同）若干人。总经理向董事会负责，副总经理协助总经理工作。

总经理、副总经理由董事会聘请。经董事会聘请，董事长、副董事长、董事可以兼任总经理、副总经理。

第三十四条　董事会、董事长、总经理的具体职权由公司章程规定，但不得与股东会议的权力相抵触。

第三十五条　董事、总经理和副总经理因营私舞弊或失职而造成公司经济损失时，应负责赔偿。

总经理、副总经理如果不称职时，经董事会决议可以随时解聘。

第三十六条　股份有限公司的工会组织代表和维护公司职工的利益，其组织形式、职能和活动办法可参照《广东省经济特区企业工会规定》执行。

第四章　劳动人事制度

第三十七条　股份有限公司根据生产经营的需要，有权在规定的范围内自行招收职工；招工应签订劳动合同。职工违反合同时，公司有权自行解雇。

公司对职工的工作安排不受现行干部、工人区别的约束。

第三十八条　股份有限公司有权自行决定职工工资水平和支付

方式。

第三十九条　股份有限公司的职工有辞职的自由，但应按公司规定的时间提前提出申请。

第四十条　股份有限公司根据业务发展的需要，可从其他单位或特区外调进职工，有关部门和单位应协助办理。

第四十一条　股份有限公司应按规定提取职工退休、待业保险基金并上缴市劳动保险部门。

第五章　税收和分配

第四十二条　股份有限公司依法向政府纳税后，利润按四部分进行分配：储备基金、分红基金、奖励基金和职工福利基金。前两项为股东权益，后两项为公司负债。

公司的年度决算报表须经会计师事务所审计并出具书面证明。

第四十三条　公司税后利润的分配比例（可有一定浮动幅度）必须在公司章程中规定。如需改变分配比例，应先修改章程，报市政府有关部门批准后方可执行。

第四十四条　股息每年支付一次，在决算后进行。普通股不支付固定股息，股息（即红利）随公司经营水平而浮动。

第四十五条　为鼓励个人参股，对公司的个人股东的股息收入，可视不同情况适当减免征收个人所得税。

第四十六条　市财政局负责制订适用于股份有限公司的会计财务制度，报市政府批准后实施。

第六章　企业股份制改造程序

第四十七条　试点企业的选择，在听取职工和企业领导人意见的基础上，由市政府审定并公布。

第四十八条　由市财政局负责、有关银行和本企业负责人参加，对试点企业的资产、债务进行清理，核实净资产现值，并由会计师事务所加以证明。

非生产（经营）用资产和不适用资产一般不参加折股，可通过一定程序转交给其它国营企业或事业单位管理。

第四十九条　试点企业成立股份化筹备委员会,以本企业职工和领导人为主,应尽量吸收准备参股的个人和企业代表参加。

筹备委员会负责拟定公司章程草案和招股说明书。

第五十条　公司章程的基本内容和格式应在市政府有关机构的指导下拟定。

第五十一条　公司的招股说明书应包括下列内容:

(一) 原企业的名称、地址、经济性质、主管单位、生产经营范围、生产经营方式、注册资本以及清产核资后的资产负债表;

(二) 拟成立股份有限公司的名称、地址、生产经营范围和生产经营方式;

(三) 发行股份总数及每股金额;

(四) 股票种类及其比例;

(五) 对各类股东参股数额的限制;

(六) 股票的发行方法;

(七) 股息的分配方法;

(八) 公告办法;

(九) 其它事项。

第五十二条　公司章程草案和招股说明书报市政府授权的机构审查批准后,筹备委员会即可开始招股。

第五十三条　股份有限公司的注册资本应与实收资本相等。公司增加资本时应进行变更登记。

第五十四条　企业招股达到拟定的注册资本数额后,凭验资证明(包括清产核资的有关文件和新收股金的验资证明)和其他必要的文件,向工商行政管理部门申请注册成立。

第五十五条　股东新投入的认股资金,应由代理发行股票的机构或其他指定的机构代为保管,对股东开具认股收据,待公司正式注册成立后,再将股金转交公司。

公司成立后,应在三个月内凭认股收据向股东换发股票。国家股东保留的原有股本,不须代保管,但应同时发给股票。

第五十六条　企业进行股份制改造不成功时,所发生的费用由原企业承担。新建股份有限公司不成功时,所发生的费用由发起人承担连带责任。

第五十七条　股份有限公司的筹备、成立、变更、歇业等登记管理，由市工商行政管理局根据本规定制定具体办法，报市政府批准后实施。

第五十八条　公司注册成立后，由筹备委员会负责召集首次股东会议。

首次股东会议应确认公司章程，选举董事会。

董事会一经选出，筹备委员会即自行解散。

第五十九条　原企业负责人和新成立的股份有限公司的董事会必须严格履行财产交接手续。

第七章　附则

第六十条　政府各部门制订的有关规定的实施办法，经市政府批准后视为本规定的组成部分。

第六十一条　本规定由市政府授权的机构负责解释。

第六十二条　本规定自1986年11月1日起施行。

颁发《深圳市人民政府关于鼓励科技人员兴办民间科技企业的暂行规定》的通知

(深府〔1987〕18号)

宝安县人民政府、各管理区、市直属各单位：为充分发挥科技人员的积极性，促进科研与生产直接结合，繁荣特区经济，特制定《深圳市人民政府关于鼓励科技人员兴办民间科技企业的暂行规定》（以下简称《规定》），现随文颁发，贯彻执行。

鼓励科技人员兴办民间科技企业是一项重要的政策同时又是一项新鲜事物，要在实践中不断总结经验。各部门要积极支持，互相配合。市政府责成市科学技术发展中心负责组织、协调、管理和指导科技人员兴办民间科技企业的工作。《规定》中提到的几个实施细则，有关部门要抓紧拟定，并尽快报市政府审定后实施。

一九八七年二月四日

深圳市人民政府关于鼓励科技人员兴办民间科技企业的暂行规定

第一条 为充分发挥科技人员的积极性，促进科研与生产直接结合，发展外向型的先进技术特别是高技术产业，繁荣特区经济，特制定本暂行规定。

第二条　民间科技企业是指科技人员自愿联合投资，从事科技开发及其有关的生产、销售、咨询服务等经营活动的企业。

第三条　科技人员可以以现金、实物及个人所拥有的专利、专有技术、商标权等工业产权作为投资入股，并分取应得的股息和红利。

第四条　民间科技企业自愿的原则下，可吸纳其他国营企业和集体企业的股份；经深圳市有关部门批准后，民间科技企业亦可吸纳海外投资者和涉外企业的股份。

第五条　民间科技企业经审查、核准登记取得营业执照后，即具有法人资格。民间科技企业可独立行使经营管理权，享有其他类型企业的同等权利，其经济活动受深圳市人民政府颁发的有关规定和本暂行规定的管辖和保护。

第六条　政府为民间科技企业提供生产经营方面的便利。

第七条　民间科技企业按集体企业纳税；民间科技企业在发展初期，可以根据经营情况向税务部门申请减免一至三年企业所得税。

第八条　税务、审计、保险、工商行政管理、劳动人事管理、外汇管理、金融管理、物价管理、科技管理等部门，必须根据各自的职能依法对民间科技企业加强管理，并制定相应的实施细则。

第九条　在深圳经济特区兴办民间科技企业，由科技人员提出申请，并经深圳市政府有关主管部门批准。

第十条　申请筹建民间科技企业时须提交下列文件：

1. 申请筹建书；
2. 可行性研究报告；
3. 企业发起人起草的企业章程；
4. 资金来源证明；
5. 企业发起人名单、身份证明及简历、专长证明和固定住所；
6. 其他规定文件。

第十一条　民间科技企业从批准之日起半年内为筹建有效期。

第十二条　民间科技企业须在企业筹建有效期内向深圳市工商行政管理局申请登记注册；营业执照签发日期为企业的成立日期。

第十三条　民间科技企业申请登记注册时，应提交下列文件：

1. 筹建批准证明；

2. 在深圳市注册的会计师事务所开具的验资证明；

3. 经深圳市公证机关公证的全体发起人签署的企业章程；

4. 企业所在地址及法人代表姓名及其住所；

5. 其他规定文件。

第十四条　民间科技企业可以从国家银行取得抵押贷款、担保贷款或信用贷款；民间科技企业向外资银行申请贷款，须经市政府有关部门批准。

第十五条　市政府鼓励民间科技企业扩大生产和设立新的企业，经营好的民间科技企业可以收购其他企业；民间科技企业将企业盈利用于再投资或再生产，可向税务部门申请减免所得税。

第十六条　民间科技企业建立有限公司，股东须在两名以上，注册资本须在壹万元人民币以上，各股东以其出资的注册资金额对公司承担责任，公司对外以全部资产承担有限经济责任。

第十七条　民间科技企业建立股份有限公司，除本暂行规定之外，按《深圳经济特区国营企业股份化试点暂行规定》办理（下面各款中涉及股份有限公司的，均执行本条款规定）。

关联法规：

第十八条　民间科技企业的企业章程应载明下列事项：

1. 公司的名称和所在地；

2. 公司的宗旨、经营范围和规模；

3. 资本总额、出资比例和出资期限；

4. 股权转移的办法；

5. 股东大会或董事会的职权、召开办法及表决程序；

6. 管理机构的设置、职权、办事制度及高级管理人员的聘请办法；

7. 财务、会计、审计制度；

8. 利润分配（包括企业发展基金、后备基金、福利基金、奖励基金的比例等）和亏损分担的办法；

9. 公告办法；

10. 违反章程的责任；

11. 章程修改的程序；

12. 解散和清算；

13. 其他必要事项。

第十九条　民间科技企业有权招收职工，招工应签订劳动合同，明确规定雇用、解雇、报酬、劳动保险等事项，民间科技企业招收职工应向劳动局备案。

第二十条　民间科技企业有权解雇职工，职工有权提请辞职，但须执行劳动合同中的规定，并执行劳动部门的有关规定。

第二十一条　鼓励和欢迎特区外科技人员来特区兴办民间科技企业。特区外的科技人员在特区创办民间科技企业或到民间科技企业供职，经市政府有关部门批准可办理在特区内的居住手续。

第二十二条　深圳经济特区内的干部职工，愿意到民间科技企业中工作的，原单位应予支持，不要加以阻拦，但他们须在三个月前提出申请；他们可以辞职，也可以经原单位批准，准予停薪留职二至三年。在留职期间，个人应按每年本人工资总额的一定比例交回原单位，作为职业保险金。停薪留职期满后的科技人员，可以辞去原单位工作或回原单位安排工作。

第二十三条　民间科技企业必须建立、健全会计账册，正确计算盈亏，按有关规定向税务机关报送纳税申报表和会计决算报表，并附送在特区内注册的会计师事务所的年度查账报告。

第二十四条　民间科技企业在生产外销产品时，经市政府有关部门批准后可以享有报关权，市政府为民间科技企业的经营人员提供往来港澳及出国的方便。经批准，民间科技企业亦可在海外设立销售网点。民间科技企业经营过程中的外汇事宜依照国家及特区有关管理规定管理。

第二十五条　民间科技企业的替代产品，按政策规定可以内销。

第二十六条　民间科技企业改变企业名称、经营范围和方式、歇业、合并、分设、转业、迁移、股权转移或进行其他重要事项变更，应当在市工商行政管理局办理变更登记手续，其中，民间科技企业的合并、分设、股权转移，须经深圳市公证机关公证。

第二十七条　民间科技企业有下列情况之一的，可向市工商行政管理局申请自动解散：

1. 章程规定的经营期限已届满；
2. 合并或全部资产转让的；
3. 董事会或股东会议作出解散特别决议的；
4. 章程规定的其他解散原因已经出现的。

第二十八条　民间科技企业解散或吊销营业执照，应进行清算。民间科技企业的清算，应成立由三名或三名以上清算人员组成的清算委员会，清算人由股东会议委派。

第二十九条　清算委员会在清算工作报告得到市工商行政管理局认可后十四天内，办理解散登记。

第三十条　民间科技企业有下列情况之一的，给予罚款，直至吊销营业执照：

1. 超出工商行政管理局核准登记的经营范围；
2. 对市工商税务机关及其他政府有关部门隐瞒真实情况，弄虚作假；
3. 变更、终止时不及时申请办理登记和公告，使利害关系人遭受重大损失；
4. 其他违法行为。

根据本条款规定受到处罚的当事人，对处罚不服，可在接到处罚通知之日起十五天内，向执罚机关的上一级机关申请复议，或向法院起诉。

第三十一条　政府各部门制定的有关暂行规定的实施细则，经市政府批准后可视为本暂行规定的组成部门。

第三十二条　本暂行规定由市政府授权机构负责解释。

第三十三条　本暂行规定自公布之日起施行。

深圳市人民政府印发关于进一步扶持高新技术产业发展的若干规定（修订）的通知

各区人民政府，市政府直属各单位：

《关于进一步扶持高新技术产业发展的若干规定》（修订）已经市政府二届147次常务会议审议通过，现印发给你们，请遵照执行。

关于进一步扶持高新技术产业发展的若干规定

（1998年2月9日发布 1999年9月23日修订）

为切实贯彻落实《中共中央、国务院关于加强技术创新，发展高科技，实现产业化的决定》和《中共深圳市委、市人民政府关于推动科学技术进步的决定》（深发〔1995〕32号），进一步加大对高新技术产业发展的扶持力度，加快实现把我市建成高新技术产业基地的战略目标，现就有关扶持政策措施规定如下：

一、为促进我市高新技术成果产业化，有效、合理地配置政府资源，增强政府产业导向决策的科学性，由市政府聘请国内外著名科技、经济（金融）、管理和法律专家，充实深圳市科技顾问委员会，其经费由市财政专项安排。充分发挥科技顾问委员会在制定我市高新技术产业发展规划和重大高新技术项目投资活动方面的评估、论证、咨询和推介等功能，为我市高新技术产业发展及扶持政策的制定提供科学的决策依据。

二、进一步加大财政对科技的投入，其中，市本级科技三项经费1999年达到当年预算内财政支出的2%，以后逐年增长，"十五"期间达到预算内财政支出的2.5%。区、镇财政也须相应增加对科技的投入。

三、推动建立和完善以政府引导的、以企业为主体的、以直接融资和间接融资相结合的高新技术产业投融资体系，大力促进和支持高新技术成果产业化。增强市创新科技投资有限公司和高新技术产业投资服务有限公司的投融资和担保功能。1999年由市财政出资5亿元，发起成立创新科技投资有限公司；市财政增加对高新技术产业投资服务有限公司的注资，到2000年使其资本金达到4亿元，以后视市场需求和公司发展情况增加注资。

四、鼓励国内外风险投资机构来我市设立风险投资机构。凡在我市注册、对我市高新技术产业领域的投资额占其总投资额的比重不低于70%的，比照执行高新技术企业税收及其他优惠政策。并可按当年总收益的3%—5%提取风险补偿金，用于补偿以前年度和当年投资性亏损。风险补偿金余额可按年度结转，但其金额不得超过该企业当年年末净资产的10%。

五、从1999年起市政府每年出资1000万元设立出国留学人员创业资助资金，并在每年的科技三项经费中安排2000万元用于资助出国留学人员带高新技术成果、项目来我市实施转化和从事高新技术项目的研究开发。鼓励设立科技型企业孵化中心，在高新技术产业园区设立留学生园。

六、支持国内外著名院校和科研院所来我市合作创办产学研基地、科研成果转化基地、培训中心、博士后流动工作站等，从事科学研究、技术开发和人才培养，以增强我市高新技术研究、开发实力。

在高新区建立"深圳虚拟大学园"，无偿为各入园大学提供办公室设施、网络通讯设备等。根据实际需要，办理多次往返港澳的证件。1999年市政府安排2000万元专项资金，之后每年安排1000万元，支持其发展。

鼓励企业设立工程技术研究开发中心和博士后流动工作站。对经市级以上主管部门认定的工程技术研究开发中心（企业技术中心），其中属国家级的，由市政府每个资助500万元；属市级的，每个资助300万元。对进站博士后，每位每年给予补助经费5万元，由其个人自行支配使用。

七、鼓励内地科技人员和出国留学人员来深设立科技型企业，其股东不受户籍的限制；注册资本不能一次到位的，可在两年内分期缴付，但首期到位率（含以技术成果作价部分）不能低于注册资本总额的50％。注册资本分期缴付的，在首期缴付的出资中，高新技术成果作价部分不能超过首期出资额的50％。

以高新技术成果作价出资的，经市科技主管部门认定，其作价出资的金额占注册资本的比例可扩大到35％，如合作各方另有约定，从其约定。

外国投资者（含港、澳、台人士）投资兴办高新技术企业，其出资额不足注册资本25％的，可注册为内资企业。

八、对新认定的生产性高新技术企业实行两年免征企业所得税、八年减半征收企业所得税的优惠。对现有的高新技术企业，除享受原有"二免六减半"的企业所得税优惠外，增加两年减半征收企业所得税的优惠。

企业按规定享受减免企业所得税优惠政策期满后，当年出口产品产值达到当年产品产值70％以上的，经税务部门核实，按10％的税率征收企业所得税。

九、经认定的拥有自主知识产权的高新技术成果转化项目，五年免征企业所得税、营业税，返还增值税地方分成部分的50％；之后三年，减半征收企业所得税、营业税，返还增值税地方分成部分的50％。

高新技术企业引进高新技术经过消化、吸收的新项目投产后，不论该企业以前年度是否享受过所得税减免优惠，经市政府有关部门认定、税务部门批准，该项目所获利润三年免征企业所得税。

高新技术企业和高新技术项目奖励和分配给员工的股份，凡再投入企业生产经营的，免征收个人所得税；已分红或者转让的，按实际收益额计征个人所得税。

十、高新技术企业和高新技术项目的增值税，可以上一年为基数，新增增值税的地方分成部分，从1998年起（新认定的高新技术企业和高新技术项目从被认定之年算起）三年内由市财政部门返还50%。

十一、属于国家级新产品试制鉴定计划或试产计划的产品，以及在我市首家生产的发明专利产品自产品销售之日起三年内；省市级新产品试制鉴定计划或试产计划的产品，以及在我市首家生产的实用新型专利产品自产品销售之日起两年内，经市有关部门审定，由市财政部门对该产品新增利润实际缴纳的所得税实行全额返还，对新增增值税的地方分成部分返还50%。

十二、经市科技主管部门鉴定，属于我市注册企业自行开发并达到国内先进水平、具有重大推广应用价值的计算机软件，年销售额达到1000万元以上的，三年内由市财政部门对该产品新增增值税的地方分成部分全额返还企业。

十三、对从事高新技术产品开发企业自行研制的技术成果转让及其技术成果转让过程中所发生的技术咨询、技术服务和技术培训所得，年净收入在50万元以下的部分免征企业所得税，超过的部分依法缴纳企业所得税；对科研单位、高等院校进行技术转让、技术咨询、技术培训、技术服务所得，年净收入在100万元以下的部分免征企业所得税，超过的部分减半征收企业所得税。

对上述技术成果转让及其转让过程中所发生的技术咨询、技术服务和技术培训的收入，免征营业税。

高新技术企业和高新技术项目所签订的技术合同免征印花税。

十四、高新技术企业和高新技术项目新建或新购置的生产经营场所，自建成或购置之日起五年内免征房产税。

高新技术企业和高新技术项目的科研、生产用地，免收土地使用权出让金；免收购置生产经营用房的交易手续费和产权登记费以及相关收费；契税由财政部门按实际交纳额给予返还。

十五、高新技术企业可按当年销售额的3%—5%提取技术开发费用。对从事集成电路、移动通信和程控交换机、软件、电子计算机、生物技术和新材料等产品生产的企业，经批准可按5%—10%

的比例提取。所提取的技术开发费当年未使用完的，余额可结转下一年度，实行差额补提。

高新技术企业和高新技术项目的生产和科研设备，根据实际情况，并按有关制度规定，实行加速折旧，以促进企业设备更新和技术改造。

十六、政府采购政策要支持高新技术企业的发展。政府通过预算控制、招投标等形式，引导和鼓励政府部门、企事业单位择优购买国内高新技术企业的产品或设备。

十七、市有关部门对高新技术企业和高新技术项目所需人员在调干调工、毕业生分配、入户等方面给予优先考虑。凡在高新技术企业任职两年以上、具有本科以上学历的专业技术人员，由人事、劳动部门给予入户指标。调入大学本科以上学历和技师以上职称的人员，一律免收城市基础设施增容费。

凡高新技术企业和高新技术项目所需的具有副高级以上专业技术职称和出国留学人员的配偶可以同时办理调入手续。出国留学人员在深圳工作的，其子女入园、中小学入学均享受深圳市户籍人口待遇。

外事、公安部门优先办理高新技术企业和高新技术项目人员出国赴港澳申请。

十八、留学获得硕士以上学位的回国人员正式调入后，可申请购置微利商品房，市住宅管理部门须在1年内给予解决。

十九、大力营造尊重知识、尊重人才的良好社会氛围。对为增加社会物质财富取得显著成绩的科技人员，人事部门要积极向国家有关部门推荐授予其有突出贡献专家称号和享受政府特殊津贴，有组织领导能力的要大力提拔重用；对从事应用研究开发的科技人员，业绩特别突出的，可不受学历、资历和职数限制，破格评定相应的专业技术任职资格。

建立既能发挥高级老专家作用，又有利于青年科技人员成长和晋升技术职务的用人机制。经批准延长离退休年龄的高级专家，不再担任行政领导职务或管理职务，不占所在单位岗位职数；对有突出成就的青年科技人员，可破格晋升技术职务，不受岗位职数限制。

科技成果的评价不但要重视学术水平，更要注重经济效益。科技成果的经济效益和市场竞争力，应作为科技人员晋升专业技术职称、增加工资和参加评奖的重要依据。

二十、由市政府出资设立"深圳市科技贡献奖（市长奖）"，对在我市高新技术成果产业化活动中有突出贡献、创造巨大经济效益的科技人员，进行重奖。

二十一、进一步提高全社会的知识产权保护意识和法制观念，加强对知识产权的管理和保护，坚决查处各种侵犯知识产权行为，及时处理知识产权纠纷。建立和发展各类知识产权中介机构，加强科技成果、专利等无形资产的评估。

对于知识产权的职务发明人、设计人、作者以及主要实施者给予与其实际贡献相当的报酬和股权收益。专利权转让方或实施许可方，经专利管理部门核定，可从技术性收入中提取不低于30%的金额奖励有关人员，其中主要贡献人员所得奖励份额应不低于奖励总额的50%。

二十二、国家政策若有重大调整，本规定有关条款将予以相应调整。

本规定自公布之日起执行。凡与本规定相抵触的，均以本规定为准。市政府相关部门应另行制订（修订）具体实施办法。

深圳市创业资本投资高新技术产业暂行规定

[深圳市人民政府令第96号
(2000年10月11日发布)]

第一条　为进一步吸引国内外创业资本投资高新技术产业，加快深圳市高新技术产业的发展，规范创业投资机构的设立和经营，形成完善的创业投资体系，保护创业投资者的合法权益，制定本暂行规定。

第二条　本暂行规定所称创业投资是指向主要属于科技型高成长性创业企业进行股权投资，或为其提供管理和咨询服务，以期在被投资企业发展成熟后，通过股权转让获取收益的投资行为。

风险投资基金的设立和管理，按国家有关规定办理。

第三条　本暂行规定所称创业投资机构是指依照本暂行规定在深圳市设立、从事创业投资的有限责任公司和股份有限公司。

创业投资机构包括创业投资公司和创业投资管理公司。

创业投资公司为非金融性的投资公司，是直接投资于高新技术产业和其他技术创新产业的创业投资机构。

创业投资管理公司是为创业投资公司提供相关管理和咨询服务的创业投资机构。

第四条　本暂行规定所称科技型高成长性创业企业是指生产《高新技术产品目录》所列产品的企业。

第五条　各级人民政府应当采取积极措施，拓宽市场准入渠道，鼓励企业、金融机构、个人、外商等各类投资者参与创业投资事业的发展。

第六条 深圳市政府外商投资行政主管部门负责境外投资者申请设立创业投资机构的审批；深圳市政府工商行政主管部门负责创业投资机构的登记注册。

深圳市科技风险投资领导小组及其办公室是我市创业投资事业的协调机构，负责有关政策的拟订、政府部门的协调、创业投资行为的规范及其他相关工作。

第七条 公司形式为有限公司的创业投资公司，注册资本为3000万元人民币以上；公司形式为股份有限公司的创业投资公司，注册资本为5000万元人民币以上。创业投资管理公司，注册资本的最低限额为人民币100万元。

第八条 设立外资企业的外国投资者可以分期缴付出资，但最后一期出资应当在营业执照签发之日起三年内缴清。其中第一期出资不得少于外国投资者认缴出资额的25%，并应当在外资企业营业执照签发之日起90日内缴清。

设立中外合资投资公司的股东应当在公司设立之日起两年内缴清全部注册资本，且自注册登记之日起三个月内所缴付的实际资本不得低于注册资本的15%。

设立外商独资或合资创业投资管理公司的股东应当在注册登记之日起半年内一次性缴清全部注册资本。

设立其他创业投资机构的股东应当在公司设立之日起两年内缴清全部注册资本，且首期出资额不得低于注册资本的50%。

第九条 申请设立创业投资公司应符合以下条件：

（一）设立申请人资信状况良好；

（二）公司主要专业人员应具有创业投资同业公会认可的创业投资资格。

除以上条件外，境外投资者申请设立独资创业投资公司的，申请前一年的资产总额不低于5000万美元；申请设立中外合资创业投资公司的，境外投资者前一年的资产总额不低于3000万美元，中方投资者的资产总额不低于人民币3000万元。

第十条　申请设立创业投资管理公司应符合以下条件：

（一）设立申请人有良好的信誉和从业记录；

（二）公司主要专业人员应具有创业投资同业公会认可的创业投资资格。

第十一条　设立外资独资或中外合资创业投资机构的申请人，应向市政府外商投资行政主管部门提交以下文件：

（一）设立企业申请表；

（二）在境外的注册登记文件、资信证明文件、资产负债表；

（三）可行性研究报告、章程；

（四）从事创业投资相关工作的专业人员名单；

（五）法律、法规、规章规定的其他文件。

第十二条　境外投资者申请设立创业投资机构，申请人向市政府外商投资行政主管部门提出申请，深圳市政府外商投资行政主管部门在12个工作日内进行审批，符合条件的予以批准，颁发批准证书。申请人应当在收到批准证书后一个月内，凭批准证书向深圳市政府工商行政管理部门申请注册登记。

第十三条　创业投资公司可以从事的业务如下：

（一）直接投资高新技术产业和其他技术创新产业；

（二）受托管理和经营其他创业投资公司的创业资本；

（三）投资咨询业务；

（四）直接投资或参与企业孵化器的建设；

（五）法律和行政法规允许的其他业务。

第十四条　创业投资管理公司可以从事的业务如下：

（一）受托管理和经营创业投资公司的创业资本；

（二）投资咨询业务；

（三）法律和行政法规允许的其他业务。

第十五条　创业投资公司的名称中可以使用"创业（或风险）"字样，创业投资管理公司的名称中可以使用"创业投资管理（或风险投资管理）"字样，并以"有限责任公司"或"股份有限公司"标明其公司组织形式。

第十六条　创业投资公司投资于深圳市高新技术产业和其他技

术创新产业的投资额，超过其全部已投资额的70%的，经市政府科技行政主管部门认定，享受深圳市的相关优惠政策。

第十七条　对已享受优惠政策的创业投资机构，由市政府科技行政主管部门会同有关主管部门进行年检，不合格者，不再享受优惠政策。

第十八条　创业投资公司的资本金可以全额投资。

第十九条　创业投资可通过企业并购、股权回购、上市等方式撤出变现。

深圳技术产权交易所应为创业投资股权转让提供优质服务，支持创业投资利用国内外创业板股票市场撤出变现。

第二十条　创业投资机构严禁从事金融业务。

第二十一条　成立创业投资同业公会，鼓励创业投资机构按公会章程的规定加入公会。

公会开展行业规范和服务标准的制定工作，对其成员的执业情况进行评定，形成自律机制，协助深圳市政府科技行政主管等部门开展创业投资机构年检等活动，并负责创业投资专业人员的认定；开展信息交流，促进业务联系和合作，推动国际民间交流活动，培训高素质的创业投资专业人才。

第二十二条　本暂行规定自发布之日起施行。

深圳市审批制度改革若干规定

(1998年8月25日市政府二届111次常务会议审议通过,1999年2月13日深圳市人民政府令第83号发布)

第一条 为了转变政府职能,规范审批行为,减少审批项目,提高办事效率,加强廉政建设,促进依法行政,根据深圳市实际,制定本规定。

第二条 本规定所称审批,包括审批、批准、许可、资质认可、核准、同意以及其他性质相同或近似的行政行为。

第三条 审批必须依法设定。

各级政府及其部门必须依法律、法规、规章的规定,实施审批。

第四条 特区规章草案和市政府提出的法规议案草案涉及审批事项的,由市政府法制行政主管部门组织听证。

听证程序由市政府另行规定。

第五条 设立和实施审批,必须明确审批内容、条件、职责、时限,简化审批环节,公开操作规程。

第六条 各级政府及其部门应当建立内部监督制度;重大审批决定,必须经集体讨论。

第七条 违反本规定,擅自设定审批事项、实施审批行为的,审批无效,并由市政府予以撤销;对有关主管部门及其负责人、直接责任人,由市政府责成有关主管部门依法追究行政责任。因无效审批造成他人损失的,应依法承担赔偿责任;有违法所得的,全额上缴市财政。

第八条 本规定自发布之日起实施。

深圳经济特区商事登记若干规定

(2012年10月30日深圳市第五届人民代表大会常务委员会第十八次会议通过)

第一条 为了完善商事登记制度，健全市场监管体制，促进经济发展，根据法律、行政法规的基本原则，结合深圳经济特区（以下简称特区）实际，制定本规定。

第二条 本规定适用于特区内商事登记及其监督管理活动；未作规定的，依照有关法律、法规执行。

第三条 本规定所称商事登记，是指申请人向商事登记机关提出申请，由商事登记机关将商事主体的设立、变更或者注销事项登记于商事登记簿予以公示的行为。

本规定所称商事主体，是指经依法登记，以营利为目的从事经营活动的自然人、法人和其他经济组织。

第四条 深圳市人民政府（以下简称市政府）应当完善商事主体诚信体系，强化信用约束，推动商事主体自律自治。

第五条 市政府市场监督管理部门是商事登记机关，依照本规定负责商事登记工作以及商事登记事项监督管理工作。

第六条 商事登记机关应当设置商事登记簿作为法定载体，记载商事主体登记事项和备案事项，供社会公众查阅、复制。

第七条 商事主体登记事项包括：

（一）名称；

（二）住所或者经营场所；

（三）类型；

（四）负责人；

（五）出资总额；

（六）营业期限；

（七）投资人姓名或者名称及其出资额。

商事登记机关应当根据前款规定，按照商事主体类型，分别规定商事主体登记事项的具体内容。

第八条 商事主体备案事项包括：

（一）章程或者协议；

（二）经营范围；

（三）董事、监事、高级管理人员姓名；

（四）清算组成员及负责人；

（五）商事主体特区外子公司或者分支机构登记情况。

第九条 设立商事主体，应当向商事登记机关提交下列材料：

（一）设立登记申请书；

（二）章程或者协议；

（三）名称预先核准通知书；

（四）住所或者经营场所信息材料；

（五）投资主体资格证明；

（六）负责人、高级管理人员等相关成员的任职文件及身份证明；

（七）商事登记机关规定的其他材料。

设立银行、证券公司、保险公司、外商投资企业、会计师事务所等商事主体，法律、行政法规规定应当经有关部门批准的，还需提交相关许可审批文件。

申请人应当对其提交的申请材料内容的真实性负责。

第十条 商事登记机关应当依法制定商事主体设立、变更、注销登记需要提交的材料目录并向社会公布。

第十一条 商事登记机关对申请人提交的材料进行形式审查。

申请材料不齐全或者不符合法定形式的，商事登记机关应当自收到材料之日起一个工作日内一次性告知申请人需要补正的材料，并说明要求。

申请材料齐全，符合法定形式的，商事登记机关应当受理，并自受理之日起三个工作日内予以登记并颁发营业执照。

商事登记机关在三个工作日内不能完成登记的，经商事登记机关负责人批准，可以延长三个工作日。

商事登记机关办理商事登记不得收取费用。

第十二条　商事主体领取营业执照后，依法开展经营活动。商事主体的经营范围中属于法律、法规规定应当经批准的项目，取得许可审批文件后方可开展相关经营活动。

第十三条　设立商事主体的，申请人应当申报住所或者经营场所信息材料。

申请人对住所或者经营场所的合法性、真实性负责。

第十四条　商事主体的经营场所属于法律、法规规定应当经规划、环保、消防、文化、卫生等有关部门批准的，取得许可审批文件后方可开展相关经营活动。

第十五条　商事主体的经营范围由章程、协议、申请书等确定。

商事登记机关应当参照国民经济行业分类标准制定经营范围分类目录，为申请者提供指引。

第十六条　有限责任公司实行注册资本认缴登记制度。

申请人申请有限责任公司设立登记时，商事登记机关登记其全体股东认缴的注册资本总额，无需登记实收资本，申请人无需提交验资证明文件。

第十七条　有限责任公司的股东应当对出资额、出资时间、出资方式和非货币出资缴付比例进行约定，并记载于章程。

股东缴纳出资的，有限责任公司应当向股东出具出资证明书。出资证明书应当由全体股东签字，未签字的应当注明理由。

股东对注册资本缴付情况的真实性负责。

第十八条　有限责任公司可以向商事登记机关申请实收资本备案，并对实收资本缴付情况的真实性负责。

第十九条　营业执照签发日期为商事主体成立日期。

依法设立的公司和非公司企业法人，由商事登记机关发给法人企业营业执照；依法设立的合伙企业、个人独资企业，由商事登记机关发给非法人企业营业执照；依法设立的企业分支机构，由商事登记机关发给分支机构营业执照；依法设立的个体工商户，由商事登记机关发给个体工商户营业执照。

第二十条　营业执照记载的事项应当分别包括：

（一）法人企业营业执照：企业名称、法定代表人、住所、成立日期；

（二）非法人企业营业执照：企业名称、经营场所、投资人或者执行事务合伙人、成立日期；

（三）分支机构营业执照：分支机构名称、负责人、经营场所、成立日期；

（四）个体工商户营业执照：个体工商户名称、经营者、经营场所、成立日期。

营业执照应当设置提示栏，标明商事主体经营范围、出资情况、营业期限和许可审批项目等有关事项的查询方法。商事登记机关应当根据商事主体的申请，就上述事项出具书面证明。

营业执照的式样由商事登记机关发布。

第二十一条　商事主体设立分支机构的，分支机构经营场所与商事主体住所不一致且在特区内跨区的，商事主体应当办理分支机构登记；分支机构经营场所和商事主体住所不一致但在特区内不跨区的，商事主体应当选择办理分支机构登记或者将分支机构经营场所信息登记于其隶属的商事主体营业执照内。

第二十二条　商事主体登记事项发生变化的，商事主体应当自变更决议或者决定作出之日起三十日内向商事登记机关申请变更登记；未经变更登记的，商事主体不得擅自改变商事登记事项。

商事主体备案事项发生变化的，商事主体应当向商事登记机关申请备案。

第二十三条　推行营业执照、组织机构代码证和税务登记证三证合一的登记制度，具体办法由市政府另行制定。

第二十四条　商事登记推行网上申报、受理、审查、发照和存档。电子档案、电子营业执照与纸质形式具有同等法律效力。

商事主体可以向商事登记机关申请颁发纸质营业执照。

第二十五条 市政府应当深化审批制度改革，按照审批与监管相适应的原则，科学界定和调整相关部门对商事主体及审批事项的监管职责，创新和健全商事主体监管体制。

第二十六条 下列事项由商事登记机关负责监管并依法查处：

（一）应当取得而未取得营业执照，擅自以商事主体名义从事经营活动的；

（二）提交虚假登记文件或者采取其他欺诈手段隐瞒重要事实取得商事登记的；

（三）未按规定变更登记事项的。

第二十七条 有下列情形之一的，由有关行政许可审批部门依法负责查处：

（一）依法应当取得而未取得许可证或者其他批准文件，擅自从事经营活动的；

（二）依照法律、法规规定，无须办理营业执照，但应当取得许可证或者其他批准文件而未取得，擅自从事经营活动的；

（三）许可证或者其他批准文件有效期届满或者被依法吊销、撤销、注销，擅自继续从事经营活动的。

第二十八条 商事登记机关和有关部门应当根据市政府规定，建立商事主体监管联动机制；对监管中发现的不属于本部门职责范围的违法行为，应当及时告知有关部门，有关部门应当依法查处；涉嫌犯罪的，依法移送司法机关处理。

第二十九条 实行商事主体年度报告制度。

商事主体应当按照本规定向商事登记机关提交年度报告，无需进行年度检验。

年度报告包括商事主体的登记事项、备案事项、注册资本实缴情况、年度资产负债表和损益表。

商事主体对年度报告内容的真实性负责。

第三十条 商事主体应当按照商事登记机关规定的时间提交年度报告。

当年设立的商事主体，自下年度起提交年度报告。

商事登记机关可以对商事主体提交的年度报告进行监督检查。

第三十一条　实行经营异常名录制度。

商事主体有下列情形之一的，由商事登记机关将其从商事登记簿中移出，载入经营异常名录，并纳入信用监管体系：

（一）不按时提交年度报告的；

（二）通过登记的住所或者经营场所无法联系的。

商事登记机关在作出载入经营异常名录决定之前，应当通过本规定第三十六条规定的信息平台告知商事主体作出载入经营异常名录决定的事实、理由及依据，并告知其依法享有的权利。

对商事主体载入经营异常名录负有个人责任的投资人、负责人、董事、监事、高级管理人员的信息纳入信用监管体系。

第三十二条　商事主体载入经营异常名录未满五年且载入经营异常名录事由消失的，商事主体可以申请恢复记载于商事登记簿；商事登记机关审查核实后，将其从经营异常名录中移出，恢复记载于商事登记簿。

第三十三条　商事主体有下列情形之一的，永久载入经营异常名录，不得恢复记载于商事登记簿，以注册号代替名称：

（一）载入经营异常名录满五年的；

（二）违反企业名称登记管理规定，经商事登记机关责令改正逾期不改的。

第三十四条　永久载入经营异常名录的，商事主体及其投资人、负责人、董事、监事、高级管理人员仍应当依法承担相关法律责任。

第三十五条　商事主体对商事登记机关作出的载入经营异常名录、永久载入经营异常名录决定不服的，可以依法申请行政复议或者提起行政诉讼。

载入经营异常名录或者永久载入经营异常名录错误的，商事登记机关应当撤销载入或者永久载入经营异常名录决定，将商事主体恢复记载于商事登记簿。

第三十六条　市政府应当通过政务信息资源共享电子监察系统建立统一的商事主体登记及许可审批信用信息公示平台（简称信息

平台），用于发布商事登记、许可审批事项及其监管信息。

市政府相关部门应当按照需求导向、供方响应、协商确认、统一标准、保障安全、无偿共享的原则实现信息互通、共享。

第三十七条　商事登记机关应当通过信息平台公示下列信息：

（一）商事主体登记信息；

（二）商事主体备案信息；

（三）商事主体年度报告提交信息；

（四）商事主体载入或者永久载入经营异常名录信息；

（五）商事主体监管信息。

市政府相关部门应当通过信息平台公示下列信息：

（一）许可审批事项信息；

（二）许可审批监管信息。

第三十八条　商事主体应当对申报内容和提交材料的真实性作出承诺；弄虚作假的，纳入信用监管体系。

商事主体有违反本规定行为的，由商事登记机关、行政许可审批部门或者其他有关部门依照本规定和相关法律、法规的规定予以查处。

第三十九条　商事登记机关、行政许可审批部门或者其他有关部门及其工作人员违反本规定未履行职责的，对于直接负责的主管人员和其他直接责任人员依法给予处分；涉嫌犯罪的，依法移送司法机关处理。

第四十条　商事主体应当自本规定施行之日起一年内向商事登记机关申请换发营业执照，具体办法由商事登记机关另行制定，并与本规定同时施行。

第四十一条　本规定所称的区，包含光明、坪山、龙华和大鹏新区等管理区。

第四十二条　市政府可以依据本规定制定实施细则。

第四十三条　本规定自2013年3月1日起实施。

中共深圳市委深圳市人民政府关于实施自主创新战略建设国家创新型城市的决定

（深发〔2006〕1号）

为全面贯彻落实科学发展观，促进经济增长方式转变和产业结构优化，提高全社会自主创新能力，现就我市实施自主创新战略、建设国家创新型城市作出如下决定。

一 把创新作为深圳未来发展的主导战略，努力建设国家创新型城市

（一）建设国家创新型城市是深圳城市发展战略的历史抉择。提高自主创新能力，建设创新型国家，是党中央、国务院把握全局、放眼世界、面向未来作出的重大战略决策。以创新作为新的历史条件下深圳发展的生命线和灵魂，把深圳建设成为重要的高新技术产业基地和国家创新型城市，是深圳肩负的重大历史使命。历届市委、市政府高度重视创新之路的探索和实践，实现了以自主创新为特征的高新技术产业的大发展。现在，深圳正处于一个重要的战略转型期，面对新的历史机遇，以及土地、资源、环境、人口"四个难以为继"的制约，必须不失时机地把创新从科技发展战略、产业发展战略进一步提升为城市发展的主导战略，大大增强城市持续创新能力和核心竞争力，塑造自主创新的城市之魂，这是深圳从国家战略和城市兴衰高度出发作出的必然选择。

（二）全面把握建设国家创新型城市的深刻内涵。深圳建设国家创新型城市，必须立足现有高新技术产业发展优势，不断夯实创新基础，增强创新活力，发展成为具有强大创新动力和雄厚创新实力的城市，成为在建设创新型国家中发挥重要作用的城市，成为在某些关键技术、核心领域、战略产业上具有领先优势的城市。要以提升科技自主创新为主线，全面推动思想观念创新、发展模式创新、体制机制创新、对外开放创新、企业管理创新和城市管理创新，使创新的意识、创新的精神、创新的力量贯穿到现代化建设的各个方面，使创新成为经济社会发展的内在动力，成为驱动经济社会持续协调发展的主导力量。

（三）深圳建设国家创新型城市的条件和差距。深圳依托改革开放先行一步形成的体制优势，初步建立了以市场为导向、以产业化为目的、以企业为主体，官产学研资介紧密结合的比较完整的区域创新体系，涌现了一批具有较强自主创新能力和国际竞争力的企业，造就了一支富于创新精神的企业家和技术专家队伍，拥有大量技术专利和一批自主品牌，初步奠定了自主创新的优势。但是深圳距离国家创新型城市还有较大差距，特别是缺乏与创新型城市相适应的大学、科研院所的支撑，应用基础研究的源头创新不足；储备高层次创新人才、开展高水平学术交流的载体不足；承接国家重大科技项目、组织开展重大关键技术攻关的能力不足。

（四）建设国家创新型城市的主要任务。必须着眼未来，扬长补短，通过增强创新源，完善创新链，加强创新交流合作，优化创新体制机制，激发全社会创新激情，实现从"深圳制造"向"深圳创造"转变，从引进技术为主向原始创新、集成创新、引进消化吸收再创新相结合转变，从以优惠政策为主向以营造全社会创新的体制环境和创新文化为主转变，努力造就一大批高水平的创新型人才，培养一大批高层次的创新型企业家，打造一大批在海内外有影响的创新型企业，创造一大批拥有自主知识产权的名牌产品，构建具有较强自主创新能力的产业体系。

二 发挥人才第一资源作用，打造创新型人才高地

（五）积极吸纳用好各类高层次人才。设立产业发展与创新人

才奖，对在我市技术、研发、金融、文化、管理创新等方面做出突出贡献的创新型人才给予奖励。鼓励高等院校、科研机构和公共研发平台面向海内外招聘具有跨学科知识、跨行业经验和广阔视野的自主创新领军式人才。实行技术人才柔性引进政策，以多种形式的"人才驿站"为载体，广泛吸引海内外高级人才来深全职、兼职或短期工作。鼓励留学人员，特别是在海外获得硕士以上学位并在跨国公司重要管理岗位或技术岗位工作2年以上人员来我市工作。用人单位引进高级人才的住房货币补贴、安家费、科研启动经费等费用，可依法列入成本核算。为民间创新人员的发明专利以及创新性"非共识"项目提供资助，促进创新人才脱颖而出。

（六）培养创新型企业家人才队伍。鼓励企业家的创新活动，发挥企业家在企业自主创新中的核心作用。健全企业家创业发展的支持服务体系，充分发挥政府企业家服务机构的作用，创新服务方式，完善企业家成长环境，保护企业家合法权益。

（七）放宽创新型人才入户政策。具有海外名校或国家重点高校全日制本科以上学历并获学士以上学位的人才，我市优势传统产业领域具有中级以上技术职称或职业资格，在深圳缴纳2年以上社会保险的技术人才，符合我市产业发展要求及其他基本条件的，经人事、劳动部门核准后，可以个人身份直接办理入户手续。

（八）解决创新型人才的后顾之忧。为初到我市创业或在我市短期及兼职工作的各类创新人才提供高品质低租金的人才公寓。对重点引进和培养的高级人才，政府给予专项资助和生活补贴，提供优良的科研条件和居住、生活的最大便利。探索建立创新失败保障机制。

（九）加强人才培训工作。实施创新型人才培养计划。建立创新型人才带薪培训和学术休假制度。支持企业建立技能人才培训制度，鼓励民办培训机构参与政府主导的技能人才培训。对产业发展紧缺人才的培训费用，由政府、企业（单位）、个人共担。

三 提升企业持续创新能力，打造创新型企业高地

（十）巩固企业在自主创新中的主体地位。按照企业发展水平，

根据不同梯次企业的需求，分门别类地解决企业创新过程中的实际困难，分梯次培育一批自主创新的企业群体，形成自主创新的企业梯队和良好的企业生态。充分发挥大企业在技术创新活动中的引领作用，扩大以重大产品和新兴产业为中心的集成创新。完善科技型中小企业综合服务体系，激发其原始创新活力，使其成为原始创新的生力军。

（十一）加大对自主创新型企业的政策扶持力度。政府资源配置和公共服务向自主创新型企业倾斜。支持自主创新型中小企业获得创业资本资助，科技研发资金对创业投资实行匹配投入。自主创新型企业除依法享受税收优惠政策外，可优先获得土地资源和厂房资源。

（十二）积极运用政府采购推进企业自主创新。建立政府采购审核制度，不断提高政府采购中本市创新产品和服务的比例。对本市企业开发的符合政府采购技术标准和产品目录、具有自主知识产权的产品，实行政府首购。

四　发展战略创新产业，打造创新型产业高地

（十三）明确创新产业的主攻方向。根据我市产业发展的基础、优势和市场前景，集中资源重点发展通信、数字视听、软件、新型储能材料、生物医药及医疗器械、化合物半导体等六大战略创新产业，集中力量实施一批重大战略产品计划和工程专项，形成完善的产业链和创新能力较强的企业群，掌握核心技术和关键技术，争取进入世界产业前沿。推动深圳企业参与军工产品的研制生产。发展创意产业，形成新的产业发展亮点。把海洋资源开发利用、能源、水资源和环境保护技术等具有良好发展潜力和重大带动作用的产业列入中长期发展规划，超前部署，加大前期投入。

（十四）建设世界一流科技园区和高新技术产业基地。推进高新技术产业带建设，提高科技园区的建设服务水平，大力吸引海内外知名高校、科研院所和自主创新型企业入园设立研究开发机构。鼓励虚拟大学园成员院校在深建立产业化基地，完善政府、大学和企业创办的各类孵化器，使创新主体和相关要素在园内高度集聚、交互作用，成为城市重要的创新源。办好各类国家级高新技术产业化基地和优势传统产业集聚基地。

五　大力实施知识产权战略，打造自主知识产权高地

（十五）落实《深圳市知识产权战略纲要》。以加大知识产权保护为核心，大力实施"全社会、全过程、全方位"的知识产权战略，建立以专利、商标、版权、商业秘密等为主要内容的知识产权体系。支持企业创造、使用、保护知识产权，支持建立以行业协会为主导的国际知识产权维权援助机制，有效保护企业的创新权益。完善知识产权地方法规政策体系，强化知识产权保护执法，加大对侵犯知识产权行为的打击力度，充分发挥知识产权法律制度激励创新、保护创新的作用，努力使深圳成为知识产权强市。

（十六）积极实施专利战略。专利保护要从离散保护向组合专利保护转变；专利申请要从国内申请为主向国内外申请合理布局转变；专利类型要从外观设计、实用新型为主向发明专利为主转变。充分发挥知识产权专项资金的作用，重点资助发明专利申请、PCT国际专利申请等活动。

（十七）制定实施标准化战略。抓紧组织制定《深圳市标准化战略实施纲要》，确定短、中、长期发展目标和战略思路。引导、扶持企业积极参与国际标准、国家标准和行业标准制定，并通过消化吸收再创新，形成有自主知识产权的技术和标准。鼓励企业结成技术标准联盟，推动自主知识产权与技术标准的结合，形成优势产业事实标准。充分发挥科研机构、行业协会、中介组织在标准化战略中的作用，大力推进标准化研究和服务的市场化、产业化经营。

（十八）大力实施名牌战略。以自主品牌创新为着眼点，完善有利于企业品牌培育发展的政策环境和市场环境，形成"共担投入、共享利益、协调运作"的品牌培育市场化机制。采取各种措施，引导、鼓励、支持企业积极开展自主品牌经营，打造更多具有自主知识产权和国际竞争力的名牌。

六　提升源头创新能力，建设创新公共基础平台

（十九）提升高等院校在自主创新中的贡献。推进高校教育科研体制改革，尊重学术自由，促进学术交流。将高校科技研究纳入全市创新体系建设，提升我市高校高层次创新人才培养能力和高水平科研成果原创能力。加大对深圳大学科学研究的支持力度，努力建成在国内有较大影响力的教学研究型大学。加强高职教育改革，强化深圳职业技术学院、深圳信息技术学院的办学特色，建设与国际接轨、具有中国特色的一流职业技术学院。加快大学城建设步伐，创新体制机制，使之成为深圳高层次人才培养中心、创新人才聚集平台和高新技术研发基地。积极探索与周边地区高校的资源共享、联合培养、合作研发，逐步实现区域高等教育的融合互动。抓紧研究规划建设新的科研型高等院校和科研机构，使其成为培养储备高级人才、开展高层学术交流、孕育重大原始创新的重要基地和载体。

（二十）建设一批创新科研机构。整合现有技术资源，研究组建新的创新研究机构。与海内外知名高校、研究院所、企业建立联合开发机制，利用我市高新技术产业的发展优势，组织开展前瞻性、共性和关键性技术的联合攻关，推动深圳技术创新从应用技术研究向应用基础研究延伸。对国家级和省市级技术研究开发机构与国家工程中心、国家重点实验室到深圳设立分支机构，以及国家批准的博士后流动站，政府给予资助。

（二十一）加快建设创新技术平台体系。政府、企业、高校、科研机构、行业组织等多元投入，共同参与，建设面向社会、资源共享的创新技术平台体系。建设以国家重点实验室和工程中心为核心的公共研发平台，提高承接重大科研攻关项目的能力。以产业集聚基地为主要依托，建设以高新技术改造传统产业为重点的公共技术平台，提高行业技术水平和竞争力。依托现有质量检测机构，合理整合资源，建设公共检测平台，提供全方位的检测服务。依托现有科技情报机构、标准研究机构、高等院校和图书馆，建设专业化的科技图书馆和科技信息平台，提供科技文献、标准、情报、信息服务。推动环境监测保护、能源节约利用、城市公共安全应急系统、电子政务、城市信息化等公益平台建设，提高政府公共服务的技术保障水平。

七 完善创新资金链条，建设创新资本平台

（二十二）加大政府对自主创新的投入。"十一五"期间，全社会研究开发投入累计要达到 1000 亿元，市、区两级政府对科技的投入要达到 100 亿元。重点支持创新技术平台建设、关键高技术和关键共性技术攻关、应用基础研究、创新型中小企业发展、科研机构和大专院校建设、高级人才培养和引进等，优先解决市场资源配置机制不能有效解决的早期投入等问题。

（二十三）发展多元化的创业投资业。继续鼓励银行、证券、保险等金融机构加强对创新型企业的金融服务支持。积极探索利用新型金融工具，拓宽中小企业融资渠道，促进产业基金和资产证券化发展。进一步改善创业投资业的发展环境，大力吸引海内外创业投资机构。充分发挥创业投资引导基金的作用，通过参股和提供融资担保等方式鼓励机构、个人设立创业投资主体。依法落实各项税收优惠政策，扶持创业投资企业发展并引导其增加对中小企业特别是中小高新技术企业的投资。

（二十四）加快发展多层次资本市场。全力协助深交所办好中小企业板，不断扩大中小企业板规模，努力把深圳建成国内中小企业融资中心，为创新型中小企业提供资本市场服务平台。按照国家总体部署，积极推动创业板市场体系建设。完善创业投资退出机制。积极培育发展天使资本市场。

（二十五）健全发展担保市场。设立再担保资金，吸引社会资金和外资参与担保市场，逐步建立多种资金来源、多种组织形式、多层次结构的担保体系。建立政策性信用担保机构风险准备金制度，完善担保代偿评估体系，实行财政有限补偿担保代偿损失。

（二十六）建立完善技术产权交易市场。建设好中国（华南）国际技术产权交易中心，创新交易模式和运作机制，使之成为服务华南的技术交易平台。支持技术产权交易中心与深交所建立合作机制，共享市场信息和市场资源，畅通非上市中小股份制企业产权流通渠道。实施"深圳市创新型企业成长路线图计划"，推动创新型中小企业上市。

八 充分利用海内外创新资源，建设创新合作平台

（二十七）加快建设"深港创新圈"。进一步完善深港科技合作机制，促进两地创新要素的合理流动，探索建立联合创新信息平台、联合培训基地、联合实验室、联合教育体系，实现信息互通、实验室共用、研究经费共担、研究成果共享。支持深圳企业采用委托研究、共同开发等形式，加强同香港高校和科研机构的研发合作，参与粤港关键领域重点突破联合攻关项目。积极引进香港中介服务机构，把香港发达的国际金融业、现代服务业与深圳的高科技产业生态和活跃的创新活动结合起来，使两地成为创新资源最集中、创新活动最活跃的创新圈。

（二十八）加强海内外创新合作。积极参与泛珠三角区域科技资源共享、合作组建科技组群、联合科技创新、科技人才培养四大科技行动。鼓励企业"走出去"，在最接近技术源头的海外城市建立研发机构，对其开展的符合产业政策的应用基础研究给予资金支持。鼓励海内外企业、高校、科研院所、行业协会及其他投资主体来深创办各种形式的创新机构，承担我市重大科研计划项目。鼓励跨国公司和有实力的外资企业在深设立研发机构，利用其技术外溢提升深圳消化吸收再创新能力。进一步推动高交会的专业化、国际化、精品化、市场化，打造成为中国科技第一展。支持深圳国际科技商务平台的发展，促进深圳与海外的科技商务交流合作。

九 完善创新体制机制，建设最佳创新成本平台

（二十九）切实降低城市创业、创新成本。进一步降低创新型企业注册门槛，简化审批程序，减少企业创办的前期费用。完善创新公共服务体系，不断推出新的服务产品，提高公共服务效率，使深圳成为创新型企业综合营运成本最佳的城市。

（三十）健全国家创新型城市的政策法规体系。充分利用深圳经济特区立法权，围绕建设国家创新型城市，抓紧制定（修订）《深圳经济特区科技创新促进条例》等一批地方法规，将保护和促进创新的各项政策措施法定化、规范化、制度化，构建完整的创新

政策法规体系，为建设国家创新型城市提供法律保障。

（三十一）改革科技管理体制。建立适应市场经济条件和自主创新要求的科技管理体制，解决部门利益分割、多头管理、职能错位等问题，在投融资、技术标准、对外贸易、政府采购、财政资助和消费政策等方面形成协同一致的创新激励政策，提高公共服务水平。推进重大科技和创新决策的民主化、科学化，建立政府部门和行业协会相结合的科技管理机制，提高政府科技政策的透明度和执行力。

（三十二）改革政府创新资金配置方式。整合市财政各类科技资金，按照功能分类设置专项资金，统筹使用。在加强政府总体规划、经费预算管理和绩效评估的基础上，实行科技经费企业申请、专家评审、社会公示、政府决策的管理模式。逐步探索具体计划和项目采取委托管理的模式，根据资助计划的性质委托基金管理公司、公共专业服务机构或者非营利机构进行管理，使政府部门逐步从科技资源配置的主体转变为资源配置方式的制定者、资源配置过程的监督者和资源配置绩效的评估者。

（三十三）培育创新服务机构。深化科研事业单位改革，通过机构整合和功能整合，建立起职责明确、评价科学、管理规范、优胜劣汰的现代科研院所体系。加快培育技术咨询、技术转让、无形资产评估、知识产权代理等科技服务中介机构和行业协会，提高其承接从政府转移出来的职能和服务的能力。加快发展金融、会计、法律、资产评估、技术服务、信息咨询等现代服务业，为创新型企业提供良好服务和支撑。

十　培养强化创新意识，建设创新文化平台

（三十四）提高全民科技素质和创新能力。加强对建设国家创新型城市工作的组织领导，建立党委统一领导、政府统筹实施、部门各负其责、社会共同参与的工作机制。实施全民学习计划，建设学习型社会。实施科学普及和创新培训计划，为全市各级领导干部、公务员和市民提供各种形式的创新教育和培训，为各类人才的创新活动提供更好的条件和机会，形成崇尚科学的良好风尚，把创新内化为城市精神。

（三十五）大力培育创新文化。培育企业家精神、团队精神、合作精神，继续倡导敢于冒险、勇于创新，宽容失败、追求成功，开放包容、崇尚竞争，富有激情、力戒浮躁的创新文化，使全社会充分认识自主创新的重大意义，使一切有利于社会进步的创造愿望得到尊重，创造活动得到鼓励，创造才能得到发挥，创造成果得到肯定。发挥深圳作为移民城市所特有的巨大创新潜力，焕发特别能创新的精神风貌，营造特别优良的创新环境，把深圳建设成为海内外有影响力的国家创新型城市。

中共深圳市委 深圳市人民政府关于加快转变经济发展方式的决定

(深发〔2010〕12号)

为全面贯彻落实胡锦涛总书记在深圳经济特区建立30周年庆祝大会上的重要讲话精神，深入实践科学发展观，带头加快转变经济发展方式，努力当好推动科学发展、促进社会和谐的排头兵，特作如下决定。

一 加快转变经济发展方式是深圳经济特区新的历史使命

（一）加快转变经济发展方式是深入贯彻落实科学发展观的核心路径。加快转变经济发展方式是经济领域的一场深刻变革，关系改革开放和科学发展全局，深刻影响着国家和民族的未来。加快转变经济发展方式既是贯彻落实科学发展观、提升国家综合竞争力和可持续发展能力的核心路径，又是紧紧抓住重大发展机遇、胜利实现现代化"三步走"战略目标的必然要求。我们必须深刻认识加快转变经济发展方式的重要性和紧迫性，大胆探索、先行先试，在率先加快转变上下功夫、见实效，保持经济发展的速度、质量和效益相协调，把提高经济发展质量摆在更加优先的位置，以质取胜、赢得未来，以加快转变经济发展方式的成功探索丰富科学发展的实践成果，展示中国特色社会主义的勃勃生机和光明前景。

（二）加快转变经济发展方式是深圳经济特区新时期的战略任务。党中央、国务院高度重视深圳经济特区的改革发展，胡锦涛总书记在深圳经济特区建立30周年庆祝大会上的重要讲话，充分肯定了深圳等经济特区的发展成就、重要贡献和示范作用，强调经济特区不仅应该继续办下去，而且应该办得更好。中央对深圳经济特区新要求的根本是坚持科学发展，关键是加快转变经济发展方式，这是深圳经济特区新时期的历史使命和战略任务。加快转变经济发展方式既是一场攻坚战，也是一场持久战。深圳经济特区有责任、有义务，也有基础、有条件按照党中央、国务院和省委、省政府的要求，在过去30年担当改革开放排头兵的基础上，继续走在全国前列，坚决带头打好加快转变经济发展方式这场硬仗，实现从"深圳速度"到"深圳质量"的跨越，勇当推动科学发展、促进社会和谐的排头兵。

（三）加快转变经济发展方式是深圳经济特区未来发展的必然选择。深圳经济特区建立30年来，迅速从一个边陲小镇发展成为一座现代化大城市，创造了世界工业化、城市化和现代化发展史上的奇迹。但在快速发展的同时，也较早地遇到了发展的瓶颈和难题：土地空间和能源资源愈显紧张，人口承载已近极限，环境、生态的刚性约束日益增强，社会发展相对滞后，外部竞争日趋激烈，传统发展模式难以为继，加快转变经济发展方式刻不容缓。深圳经济特区站在新的历史起点上，必须深刻把握国际国内发展大势，准确判断经济社会发展的阶段、矛盾和问题，切实增强忧患意识和机遇意识，率先加快转变经济发展方式，破解发展难题、探索发展新路，推动经济进入科技引领、创新驱动、内生增长、低碳绿色的发展轨道，为经济社会发展释放新的活力、创造新的空间，续写经济特区新的辉煌，在科学发展实践中再立新功。

二 总体要求和主要目标

（四）总体要求。以邓小平理论和"三个代表"重要思想为指导，深入实践科学发展观，全面贯彻落实胡锦涛总书记在深圳经济特区建立30周年庆祝大会上的重要讲话精神，进一步解放思想、大胆探索、先行先试，以"五个率先"推动经济发展方式加快转变：率先实现科技引领、创新驱动；率先优化经济结构、促进内生增长；率先创新制度安排，形成科学发展的体制机制；率先营造人才宜聚环境，建设宏大的创新型人才队伍；率先推动低碳绿色发展，建设资源节约型和环境友好型社会，坚持特、追求好、突出新、敢争先、立足干，走出一条科学发展的新路，当好推动科学发展、促进社会和谐的排头兵，在改革开放和社会主义现代化建设中取得新进展、实现新突破、迈上新台阶。

（五）主要目标。到 2015 年，国家创新型城市率先建成，全国经济中心城市功能相对完备，现代产业体系框架基本确立，创新型人才队伍建设位居全国前列，城市化水平显著提升，低碳技术和绿色经济发展取得实质性突破，经济发展质量和效益全国领先。本市生产总值达到 1.5 万亿元，高技术产业增加值占本市生产总值的比重达到 35%，战略性新兴产业规模超过 1 万亿元，现代服务业增加值占第三产业增加值的比重达到 60%，科技进步贡献率高于 60%，发明专利年授权量超过 1.2 万件，居民人均可支配收入达到 4.9 万元，空气质量优良天数保持 360 天以上，万元 GDP 能耗 0.47 吨标准煤，万元 GDP 水耗 19.4 立方米。

到 2020 年，全国经济中心城市功能成熟完备，若干领域核心技术自主创新能力世界一流，战略性新兴产业竞争优势显著，低碳技术和绿色经济发展全国领先，现代产业体系更加完善，科学发展的体制机制基本形成，现代化国际化先进城市初步建成。

三 以自主创新推动经济发展方式转变

（六）提升核心技术自主创新能力。大力实施自主创新主导战略，把增强自主创新能力作为转变经济发展方式的中心环节，推动经济发展从要素驱动向创新驱动转变。优化以企业为主体、市场为导向、产学研相结合的技术创新体系，引导和支持创新要素向企业集聚，形成自主创新的企业梯队和良好的创新生态，推动从产品输出向技术输出、研发服务延伸。集中优势资源推进重大科技专项和重点技术攻关，力争在新一代信息技术、互联网、基因工程、干细胞、新能源、新材料、新能源汽车、节能环保等领域取得一批自主知识产权和技术标准，抢占全球科技制高点，以率先建成国家创新型城市推动创新型国家建设。

（七）广聚优质创新资源。加强创新区域合作与国际合作，强化自主创新载体建设，促进各类创新要素的有机结合，增强自主创新推动经济发展方式转变的核心动力作用。在国家重大自主创新计划中勇担重任，继续支持企事业单位承担和参与国家重大专项、重大科技攻关，建设更多的国家重大科技基础设施、重点实验室、工程实验室、工程中心和技术中心。加强与著名大学和一流科研机构的战略合作，支持重点高校、科研院所、创新型企业共建产学研创新联盟。深化"深港创新圈"合作，大力引进香港的科技研发资源，联手打造世界级的创新中心。加大招研引智力度，鼓励跨国公司来深设立技术中心和设计中心，支持企业建立跨国研发机构，大力推进双边和多边国际科技合作。

（八）大力引进和培养高素质创新型人才。创新型人才是第一资源，优化人才发展和服务环境，培育汇聚一支规模宏大的创新型人才队伍，为加快转变经济发展方式提供强大的智力支撑。大力推进高层次专业人才梯队建设，造就一批领军人才和中青年创新创业人才，着力引进海内外高端人才、拔尖人才和优秀创新团队。创新人才工作体制机制，强化对科技人才、科技型企业家的引导激励，建设好国家海外高层次人才创新创业基地，打造人才宜聚城市和人力资源强市。

四　以优化产业结构推动经济发展方式转变

（九）加快发展战略性新兴产业。按照市场主导、创新驱动、重点突破、引领发展的要求，把握全球科技发展前沿，加快培育和发展战略性新兴产业，打造加快转变经济发展方式的新引擎。制定和落实新能源、互联网、生物、新材料、文化创意等战略性新兴产业振兴规划及实施政策。大力发展核能、太阳能、新能源汽车等新能源产业和基因工程、干细胞、生物医疗等生物产业，建设国家新能源产业基地和全球重要生物产业基地。积极发展网络经济，加紧推进三网融合，促进物联网、云计算的研发和示范应用，提升信息服务能力，着力建设无线城市、智慧深圳。加快发展新一代电子信息产业，推动新一代移动通信、下一代互联网核心设备和智能终端的研发及产业化，力争在高性能集成电路、新型显示、高端软件、高端服务器等核心基础产业领域实现突破。

（十）大力发展现代服务业。大力发展现代服务业是推动经济发展方式转变的重要途径。重点发展生产性服务业，做强创新金融、现代物流、高技术服务和专业服务，提升服务业的区域辐射力和影响力。推动制造业向"微笑曲线"两端延伸，促进第二产业不断向第三产业演进提升，实现二、三产业在更高层次上协调发展。大力吸引国内外企业集团总部和区域总部、研发中心、采购中心、结算中心、营运中心进入深圳经济特区，全面打造具有国际影响力的总部基地。立足高端，积极承接国际服务业的转移，优化服务外包结构，加快建设国家服务业综合试点城市和国家服务外包示范城市。着力扩大消费特别是居民消费，引导消费载体、消费结构、消费内容升级，发展新型消费业态，建设国际消费中心城市。

（十一）增强高技术制造业竞争力。大力发展高技术制造业，推动制造业向高端发展转变，促进制造业的产业能级跃升。加快建设公共研发和服务平台，积极支持开发产业核心技术和共性关键技术，拓展先进制造业的前沿领域，积极吸引国内外先进产业资源，不断提高深圳制造业在国际产业分工中的地位，推动"深圳加工"向"深圳制造""深圳创造"转变。大力发展以自主品牌和自主技术为主的电子信息、航天航空、数字装备、新能源汽车等产业，打造世界高技术制造业基地。支持一批具有国际竞争力的高新技术企业和先进制造企业，开展跨国界、跨区域、跨行业并购重组，提高深圳制造业的国际竞争力。

（十二）促进传统产业转型升级。坚持品牌化、国际化、集约化的导向，以信息化带动工业化，以高新技术改造提升传统产业，实现传统产业的战略转型。鼓励企业走技术创新之路，增强自主研发和创意设计能力，提高产品的技术含量和附加价值。优化传统产业的区域布局和组织结构，提高产业集中度，促进传统产业集聚集约发展。实施标准战略和知识产权战略，引导企业积极参与国际标准、国家标准和行业标准制定，掌握市场竞争的主导权。加强品牌战略，重点打造名牌高端服装、钟表、黄金珠宝等传统优势产业，支持企业走国际化道路、创国际化品牌，把深圳打造成为世界知名的品牌之城。

五 以深化改革推动经济发展方式转变

（十三）推进综合配套改革。以加快转变经济发展方式为基本取向，全面深化综合配套改革。对国家深化改革、扩大开放的重大举措先行先试；对符合国际惯例和通行规则，符合我国未来发展方向，需要试点探索的制度设计先行先试；对深圳经济社会发展有重要影响，对全国具有重大示范带动作用的体制创新先行先试；对国家加强内地与香港经济合作的重要事项先行先试，力争在重要领域和关键环节取得新突破，率先形成科学发展的体制机制。

（十四）深化经济体制改革。坚持社会主义市场经济的改革方向，进一步完善市场经济体制机制，努力为加快转变经济发展方式提供制度保障。深化财政体制改革，健全财权与事权相适应的体制，进一步完善公共财政体系；创新投融资体制机制，发挥市场配置资源的基础性作用，以财政资金为杠杆带动社会投资，围绕经济发展方式转变更大范围、更广领域优化配置资源。高水平建设金融改革创新综合试验区和保险创新发展试验区，积极推进金融产品和经营模式创新，鼓励风险投资和私募基金创新发展，积极推动优势企业改制上市，提高金融对产业转型升级的服务能力。大力发展民营经济，继续推进国有资产监管体制和国有企业改革，积极鼓励社区股份合作经济转型升级。深化土地管理制度改革，促进土地资源集约节约利用和高效配置，探索高度城市化地区土地管理新模式。推进资源要素价格改革，建立健全反映市场供求关系、资源稀缺程度和环境损害成本的价格形成机制。

（十五）加快行政管理体制改革。进一步转变政府职能，创新行政管理，建设服务型政府，提高政府推动经济发展方式转变的能力。研究推进功能区管理体制改革，深化大部门制改革，探索扁平化管理新模式，实现管理重心下移。深化公务员分类管理和聘任制改革，建设一支专业、高效、为民、廉洁的公务员队伍。深化审批制度改革，进一步精简审批和核准事项，规范审批程序，大力推行网上审批。创新行政运行机制，优化政务流程，建立更加规范有序、公开透明、务实高效的行政管理体制。

（十六）推动社会管理体制改革。加强社会建设，创新社会管理，营造加快转变经济发展方式的良好社会环境。推动户籍管理制度改革，优化人口结构，促进人口素质提升与经济发展方式转变良性互动。推进事业单位管理体制和运行机制创新，规范发展社会组织，形成多元化的公共服务供给模式。加快基层社会管理体制改革，完善社区管理和服务机制。深化医药卫生体制改革，积极探索公立医院管理新模式，鼓励发展民办医院。积极发展公益性文化事业，完善普惠型公共文化服务体系，稳步开放文化市场，加快建设全国文化体制改革试点城市。

六　以开放式发展推动经济发展方式转变

（十七）增强国际竞争力。全面提升开放型经济水平，提高深圳经济特区代表国家参与国际竞争的能力。优化外贸结构，稳步提高一般贸易出口比重，扩大具有自主知识产权、自主品牌、高附加值的产品出口，积极开拓新兴出口市场，加快推动由出口大市向出口强市转变。提高利用外资质量，把握国际新技术、新产业、新商业模式的发展趋势，创新利用外资方式和渠道，着力引进代表国际先进水平的重大项目，加快推动由招商引资向招商选资转变。深入实施走出去战略，增强配置全球资源和抵御国际市场风险的能力，着力培育一批本土跨国公司和国际知名品牌，引进一批国内大型企业集团国际总部，培育参与全球竞争的国家队，努力打造中国企业国际总部基地，加快推动由引进来为主向引进来与走出去并重转变。

（十八）深化区域合作。进一步完善全国经济中心城市功能，增强服务区域、服务全国的能力，提高外溢型经济发展水平。加强深港更紧密合作，以前海深港现代服务业合作区为载体，加强创新金融、现代物流、信息服务、科技服务和其他专业服务等领域合作，积极推动深港边界地区开发建设。加快推进深莞惠一体化，建设城际产业合作示范区，促进珠三角区域融合发展。积极推动有利于区域合作的交通体系建设，加强与粤东西北及周边省份合作，形成更大范围的经济合作体。抓住海峡两岸经济合作框架协议实施的机遇，加强与台湾经贸合作。发挥深圳地缘优势，加强与东盟自由贸易区合作，为加快转变经济发展方式拓展新空间。

（十九）提升国际影响力。顺应经济全球化发展趋势，加快建设国际化城市，提高深圳经济特区的国际形象和国际地位，为加快转变经济发展方式提供国际化平台支撑。建立健全符合国际惯例的经济运行规则和机制，积极营造与国际接轨的商务环境，增强吸引国际机构、资本、信息、人才、技术的能力，把深圳经济特区打造成集聚国际要素资源的战略要地。发挥以开放、创新、多元、包容为特征的特区文化优势，依托高交会、文博会等国际品牌展会和大运会等国际高端赛事，加强国际交流合作，提升文化软实力。

七　以加快城市化推动经济发展方式转变

（二十）推进特区一体化。以深圳经济特区范围扩大到全市为契机，优化区域布局，提升功能定位，加快转变经济发展方式。着力推进特区法规政策、规划布局、基础设施、城市管理、环境保护、基本公共服务等方面的一体化，逐步消除城市发展的二元结构。加大城市更新力度，加快重点区域改造，统筹推进旧工业区、旧商业区、旧住宅区和城中村改造，提高土地资源集约节约利用水平。加快建设与完善交通、能源、水资源和信息等城市基础设施体系，形成具有国际辐射力的陆港、海港、空港和信息港，提升现代化城市功能。

（二十一）加快新型功能区开发。高起点、高标准规划开发新型功能区，培育经济发展的区域增长极，形成科学发展的示范新区。加快推进光明新区、坪山新区、前海深港现代服务业合作区、大鹏半岛滨海旅游度假区等新型功能区开发建设，立足优势、突出特色、差异发展、统筹推进，促进区域整体性开发、组团式发展。按照集群化、集聚化发展思路，积极发展园区经济，建设现代产业基地，以新的发展理念和制度设计，吸引新的产业项目和要素资源，打造推进经济发展方式转变的新载体。

八 以促进低碳绿色推动经济发展方式转变

（二十二）强化节能减排。把节能减排作为加快转变经济发展方式的重要抓手，着力推进结构节能、技术节能、管理节能，减少资源能源消耗，降低经济发展的生态环境代价。改善能源利用结构，大力发展清洁能源和可再生能源，积极推动智能电网项目建设。加强节能关键技术攻关，开发和推广节约资源的新技术、新工艺、新设备和新材料。强化节能管理手段，加快推广合同能源管理，建立科学的电价、水价机制和节电节水激励机制，进一步提高资源能源集约高效利用水平。建立健全生态环境补偿机制、污染防治机制，加强水环境、大气环境综合治理，提高城市垃圾无害化处理与利用水平，提升城市综合环境质量，率先建成资源节约型、环境友好型社会。

（二十三）促进低碳生态发展。树立低碳发展的理念，大力发展绿色经济和循环经济，推动生产生活方式根本转变。推进低碳技术研发和低碳制度创新，完善碳交易、排污权等环境权益交易机制。综合运用产业、土地、环保、价格等政策，加快淘汰高耗能、高污染、高排放产能，形成以高技术产业和现代服务业为主的低碳产业结构。实施公交优先战略，倡导绿色出行方式，建设国际水准公交都市，推进绿色建筑、绿色消费工程和绿色家园建设。完善生态环境政策法规体系，严格执行环境影响评价、生态环境指标考核和环保执法，维护城市生态安全。高水平建设城市绿道网，增加城市绿量，率先建成国家低碳生态示范城市。

九 以增进民生幸福为目的推动经济发展方式转变

（二十四）促进社会民生发展。坚持以人为本的理念，加快转变经济发展方式，促进经济社会协调发展。大力实施教育强市战略，率先实现教育现代化，加快建设学习型社会。加快卫生、文体及交通等重大基础设施建设，推进基本公共服务均等化。进一步健全社会保障和住房保障体系，完善养老保险、医疗保险和最低生活保障等制度，加快建设保障性住房，逐步扩大住房保障范围。完善促进就业政策体系和服务体系，积极探索收入分配制度改革。加强基层社会建设，以社区服务为重点，构建为民服务网络。

（二十五）加强公共安全管理。进一步加强平安深圳建设，为推动经济发展方式转变营造和谐稳定的环境。大力构建社会治安立体防控体系，强化治安管理。完善公共安全管理体制，强化对重点行业和领域的安全监管，不断消除安全隐患。构建科学有效的利益协调机制、诉求表达机制、矛盾调处机制和权益保障机制，积极预防和妥善处置群体性事件，维护社会和谐稳定。

十　以求真务实的作风确保加快转变经济发展方式取得实效

（二十六）强化组织领导。加强对加快转变经济发展方式工作的领导，建立健全相应的领导体制和工作机制，切实把加快转变经济发展方式的要求贯彻落实到经济和社会发展中长期规划中，做到统一认识、统一思路、统一部署、统一行动。研究制定加快转变经济发展方式的行动计划，明确责任分工，细化目标任务，制定推进措施，形成一级抓一级、层层抓落实的工作格局，确保各项工作落到实处、取得实效。

（二十七）严格执行考核。根据总体要求和目标任务，确定真实反映加快转变经济发展方式成果的关键指标及统计体系。建立符合加快转变经济发展方式要求的考核制度，实行年度述职、评议和考核，在加快转变经济发展方式的实践中考验干部、发现干部、选拔任用干部，追究、撤换不干事、干不成事的干部。强化对各责任单位和重点项目的督查督办，各区、各部门要健全内部督查机制，加强自查自评。

（二十八）营造舆论氛围。进一步强化舆论引导，大力宣传中央、省、市加快转变经济发展方式的重大部署，调动社会各界的积极性、主动性和创造性，形成广泛的社会共识和强大合力。及时宣传推进经济发展方式转变的新举措、新进展、新经验，充分展示转变经济发展方式的实践成果，大力营造想转、敢转、善转、快转的良好氛围。

深圳市人民政府印发关于加大营商环境改革力度若干措施的通知

(深府〔2018〕1号)

各区人民政府,市政府直属各单位,市有关单位:

经市委、市政府研究同意,现将《深圳市关于加大营商环境改革力度的若干措施》印发给你们,请认真贯彻实施。

深圳市人民政府
2018年1月17日

深圳市关于加大营商环境改革力度的若干措施

率先加大营商环境改革力度,营造稳定公平透明、可预期的营商环境,是习近平总书记赋予深圳等特大城市的战略使命,是深圳认真贯彻落实党的十九大精神的战略行动,是勇当"四个坚持、三个支撑、两个走在前列"尖兵的战略举措,是加快建设现代化国际化创新型城市和社会主义现代化先行区的必然选择。按照中央决策部署,结合深圳实际,制定如下措施。

一 营造更加开放的贸易投资环境

1. 打造国际一流投资环境。放宽外商准入限制。除法律已明确的限制性规定外,将自贸试验区外商投资负面清单管理模式推广至全市。凡外商投资负面清单以外的外商投资项目，切实做到法律上平等、政策上一致，实行国民待遇。落实国家外商投资企业设立及变更备案管理暂行办法，设立及变更备案事项一律自受理之日起3个工作日内办理完毕。加大利用外资财政奖励力度，符合省财政奖励条件的，市财政予以1∶1资金配套；外资跨国公司总部或地区总部对市级财政年度贡献首次超过1亿元的，市财政按其当年对市级财政贡献量的30%给予一次性奖励，最高奖励1亿元。放宽港澳专业人士执业许可。拥有港澳执业资格的金融、会计、规划、设计、建筑、医疗等港澳籍专业人士，经批准后可在全市执业。深化自贸区商事改革。在前海蛇口自贸片区试点简化跨境商事法律文书流转程序，利用电子文书进行商事登记，推动深港两地跨境商事登记全程电子化。在全市推广前海蛇口自贸片区跨境电子支票、跨境电子缴费等业务。

2. 突出深港金融合作。丰富前海金融开放创新政策体系，争取出台前海深化深港金融合作政策，推进前海金融新一轮开放创新。探索符合条件的港资主体在前海发起或参与设立法人银行机构、非银行金融机构，探索放宽在前海设立港资保险公司条件。推动跨境人民币业务创新发展。探索在前海开展跨境人民币信贷资产转让业务。探索证券期货经营机构在前海开展跨境经纪、跨境资产管理业务，争取开展前海证券期货经营机构参与境外证券期货和衍生品交易试点。

3. 推进国际贸易便利化改革。申报建设高水平自由贸易港。依托海关特殊监管区域等，推动深港共建高水平自由贸易港。实施"一线全面开放、二线安全监管"制度。降低外贸企业负担。制定实施深圳口岸收费目录清单。取消外贸企业舱单服务费。落实出口退税企业信用管理办法，探索"互联网+出口退税"方式，提高出口退税效率。服务企业开拓国际市场。为深圳中欧班列提供适当的财政支持。大力发展"走出去"公共服务平台，利用多双边工商合作机制项下重大经贸活动、国际智库论坛、研讨会等平台，加快构建"一带一路"城市合作伙伴网络，为企业提供出口和境外投资的信息、法律、风险防范、技术支撑等服务。

4. 推进通关监管改革。全面落实通关一体化改革。加快建成国际贸易"单一窗口"国家标准版。推进"互联网＋"口岸服务。全面推广报关报检"并联"模式，实现企业"一点报关/报检，全域验放"。压缩进出口货物通关时间1/3以上。推进跨部门一次性联合检查，实施无纸化审批、联网核放、联合登临检查、车辆及邮轮"一站式"便利通关等措施。推动粤港澳检验检测认证认可机构深度合作、结果互认。推进深港口岸合作和保税监管改革。开展中转集拼业务监管改革，拓展特殊监管区域保税仓储功能，支持设立全球集拼分拨中心，推动深圳港国际海运中心建设。加强深港两地海关合作，深化完善"一单两报、绿色关锁"模式。试点"供应链协同出口"改革，依托前海湾保税港区发展国际理货服务。推广"保税展示＋跨境电商"、"保税＋实体新零售"、保税延展等模式。打造国际一流智慧口岸。在全国率先建设出入境智慧卫生检疫系统、动植检智能查验系统、数字化智慧实验室平台。高标准建设、改造新老口岸，建设新版车辆"快捷通"系统、新一代智能化旅客自助通关系统，加强海港码头基础通讯网络等系统建设。

二 营造综合成本适宜的产业发展环境

5. 优化产业空间资源配置。实施工业用地保护制度。科学划定全市工业区块线，探索对线内工业用地实施立法保护，除因公共利益需要外，原则上不得调整土地用途。加大"工改工"政策支持力度。鼓励未完善征转地补偿手续、符合规划的产业用地加快入市。鼓励工业"上楼"，提高产业用地容积率。以先租后让方式供应的工业用地，租赁期满达到合同约定条件的，同等条件下原租赁企业优先受让。支持多家总部企业组成联合体联合竞投、联合建设总部大楼。鼓励建设高标准厂房，允许按幢、按层等固定界限为基本单元分割登记和转让。开展旧工业区转型升级和综合整治专项行动。行政引导与市场机制相结合，鼓励采取异地置换、产权入股等手段，促进老旧工业区连片升级、功能优化。支持辖区政府建设保障性产业用房，在重点工业园区周边增加产业配套设施的供给，规范园区管理制度。

6. 全方位降低企业运营成本。降低用地用房成本。在符合规划及不改变用途的情况下，经批准利用已建成工业园区内剩余用地增加自用生产性工业厂房及相应辅助设施的，不计收地价。开展房屋租赁管理立法，明确租赁当事人权利义务，实施分级分类价格管理，按片区对厂房、写字楼、出租屋的租金进行引导，促进租赁房屋租期和租金稳定，必要时进行租金管制。降低用工成本，坚持收入水平增长与劳动生产率提高相适应，合理调控最低工资标准。适当降低社会保险费率。完善欠薪保障制度，暂停征收欠薪保障费。降低用电成本，落实输配电价改革措施，合理调降广东电网趸售深圳电量和电价，推进本市企业参与南方电网区域内跨省自主购电并直接结算，实现工商业用电成本下降10%。降低企业物流运输成本，逐步取消连接市内各区间的高速公路收费。

7. 降低企业税费负担。全面落实国家减税政策，降低城镇土地使用税、车船税的适用税额标准，降低符合条件企业购销合同印花税核定征收标准。积极落实房产税、城镇土地使用税困难性减免优惠政策。对符合政策的纳税人实行即报即享、应享尽享。探索更多与国际接轨的税收管理与服务方式，简并纳税申报期限，对房产税、城镇土地使用税申报实行一年一报，对商事登记制度改革后的新办企业货物劳务税及附加推行有税申报。深化"互联网+税务"服务，推进国税、地税业务网上通办。严格实施涉企收费目录清单管理，开展涉企经营服务性收费专项清理行动，对越权收费、超标准收费、自设收费、重复收费的项目实行行政追责和经济处罚。全面完成市直部门行政职权中介服务事项清理，开展中介服务去行政化工作。

8. 缓解"融资难、融资贵"。扩大企业债券融资规模，支持符合条件的企业申报发行城市停车场、地下综合管廊、战略性新兴产业、"双创"孵化、配电网建设、社会领域产业等国家重点支持的专项债券。扩大中小微企业贷款风险补偿，简化办理手续，对银行向本市中小微企业、中小微企业主发放的首笔贷款和信用贷款（限于企业经营用途），按照坏账损失补偿50%，最高限额200万元。鼓励发展动产融资，对向中小微企业开展应收账款和存货抵押质押融资的银行实施风险补偿，在限额内按照坏账损失补偿20%。加大对符合条件的融资担保公司代偿损失的补偿力度。完善天使投资人鼓励政策，设立天使投资引导基金，引导鼓励社会资本对初创企业的投入。推广创业创新金融平台应用，提高中小微企业融资效率。鼓励银行开展特许经营权、政府采购订单、收费权、知识产权新型融资方式。

9. 提供更全面的创新支持。加大创新创业奖励力度。符合条件的重大招商引资项目投资单位、特殊人才，可直接取得小汽车指标。支持以市场化方式探索设立100亿元中试创新基金，加大中试环节支持力度，支持中试基地、中试生产线建设，加快推进创新科研成果转化应用和产业化。实施技术改造倍增计划，落实技术改造投资资助"零门槛"申报，支持开展"机器换人"、建设数字化智能化工厂、工业互联网改造，对经市政府确定的重大工业项目和技改项目给予同步奖补。引导企业加大以智能制造、绿色制造、服务制造、时尚制造、安全制造为导向的技术改造。实施创新验证计划，支持高等院校、科研机构等设立"创新验证中心"，联合专业机构打造市场化、专业化的科技成果转移转化平台，提供创业孵化、投融资管理全流程服务。率先构建新产品地方标准、认证体系，加速科技成果转化和市场化进程。加强深港创新合作，推动建立深港科技设施共享机制，支持深港高等院校、科研机构间的合作，规划建设更多深港青年创新创业基地。

三 营造更具吸引力的人才发展环境

10. 实施更优惠的人才住房政策。加大保障性安居工程筹集建设力度，扩大人才住房和保障性住房供给。硕士研究生及以上学历人才优先承租人才住房，符合条件的可申请购买建筑面积90平方米以下的人才住房。探索人才住房先租后买、以租抵购制度。建立人才住房封闭流转机制。建立全市统一的住房租赁服务和监管平台。

11. 为海外人才提供更优质的公共服务。在深圳合法工作或者创业的，具有世界知名大学学士学位及以上的留学归国人才、外籍人才、港澳台专业人才及其配偶、子女，可在人才住房、医疗教育、社会保险、创新创业支持等方面，按有关规定享受市民待遇。提供国际化的教育服务。留学归国人才的子女，在国外生活 5 年以上并在国内语言文字适应期（3 年）内参加本市初中升高中考试的，同等条件下优先录取。留学归国人才和本市企业长期（3 年以上）派驻海外的员工子女，可选读相关学校的国际课程。提供与国际接轨的医疗保障服务。在国际化社区和国际化企业集聚的重点片区配置国际化名医中心或门诊部。发展与国际接轨的医疗保险服务，鼓励保险企业开发适应海外人才需求的商业医疗保险产品，搭建国际商业医疗保险信息统一发布平台。支持具备条件的医院与国内外保险公司合作，加入国际医疗保险直付网络系统。支持市场主体建立第三方国际医疗保险结算平台。

12. 提高外籍人才签证和工作便利度。率先落实国家人才签证政策，扩大外籍人才签证发放范围，包括国际企业家、专门人才和高技能人才等；对符合条件的外籍人才，签发长期多次往返签证，凭该签证办理工作许可和工作类居留证件。符合条件的来深创业的外籍华人可直接申请 5 年有效的居留许可。经认定的外籍高层次人才及其配偶和未成年子女、创新创业团队外籍成员、企业选聘的外籍技术人才、符合学历要求或工作居住年限要求的外籍华人等，可直接申请在华永久居留。简化外籍人才申请永久居留相关材料证明。对于需提交的国外无犯罪记录证明、婚姻证明、出生证明、亲属关系证明、收养证明等材料，可以由外籍人才所属国主管部门出具并经中国驻该国使（领）馆认证，也可以由所属国驻华使（领）馆出具。获得世界知名大学学士学位及以上的应届外籍毕业生，可直接申请外籍人才来华工作许可。

四 营造更加高效透明的政务环境

13. 推进更深层次政务服务管理改革。全面推行清单管理制度。公布权力清单、责任清单、市场准入负面清单、行政事业性收费清单、财政专项资金清单、证明事项取消清单、人才公共服务清单、建设项目环保分类管理清单（名录）等 8 张清单，建立健全清单动态调整公开机制。实施"智慧政务"工程。以"信息技术 + 制度创新"推动政务流程再造、政府管理体制变革,重构行政审批和政务服务流程及标准。建立集办公、审批、对外服务、监察、信息公开等于一体的全市统一智慧政务平台,实现与身份信息识别、银行信息、社区网格化、空间地理等信息系统的衔接融合,除特殊规定外,推动企业开办、施工许可、税费缴纳、用电报装、不动产登记、水气供应等事项实现一网通办,达到国际一流水准。全面深化商事登记改革。整合外商投资企业设立备案、对外贸易经营者备案登记、国际货运代理企业备案、检验检疫报检企业备案等与企业主体资格相关的证照,大力推进"多证合一"改革。在全市推广商事登记后置审批分类改革。全面实施企业简易注销登记改革。推动商事登记与银行开户衔接,缩短银行开户时间至5个工作日。开展企业投资项目承诺制改革试点。企业在获得用地后,对建设工程作出符合消防、安全、环保等国家强制性要求及产业准入条件的承诺,依法依规自主开展勘察、设计,通过联合审查后开展施工,施工过程接受动态监督,竣工后接受全面验收。

14. 打造信用建设示范城市。制定统一信用数据目录、标准和格式规范,打破信用信息壁垒。率先建立覆盖全社会的征信系统,归集包括但不限于公检法、安全生产、社保、交通违法、税务、水电气、租房等各类涉及法人和自然人的信用信息。健全信用信息运用机制。利用大数据对企业进行信用画像,推进智慧信用监管。市直有关部门制定信用信息应用清单,在个人积分入户、保障房申请以及公共资源交易、产业扶持资金申请、工程招投标等领域,查询和使用相关主体的公共信用信息。完善信用信息安全保护机制。

五 营造更美丽更宜居的绿色发展环境

15. 打造"美丽中国"典范城市。争创国家绿色金融改革创新试验区,构建绿色金融体系,鼓励社会资本设立各类绿色产业基金,试点在环境高风险领域建立环境污染强制责任保险制度。制定促进绿色生产和消费的政策措施,建立市场化、多元化生态补偿机制,全面推进公共机构带头绿色消费,引导居民践行绿色生活方式和消费模式,构建绿色技术创新体系,大力推动绿色低碳产业发展。实施最严厉的环保监管制度。试点流域内工业污染第三方治理。推行控制污染物排放许可制,实施排污许可"一证式"管理。创新环境监管执法,充分发挥环保警察的作用,探索建立环保法庭。构建优质的宜居宜业环境。制定实施自然岸线控制和海洋生态红线管理规定,打造美丽海湾海岸带。创建"国家森林城市",打造"世界著名花城"。

16. 全面提升城市国际化品质。制定实施国际化社区发展规划,加快旧城、旧村改造,规划建设若干国际化示范社区,建立适应国际人才需求的公共服务体系。塑造城市国际化风貌,打造优美的城市景观,促进建筑物、街道立面、天际线更加协调。营造国际化语言环境,提高市民尤其是公共服务行业国际交流能力,促进公共服务体系的多语化建设。加强政府部门网站多语版建设,为在深外籍人士提供更便捷的网上政务服务。深入实施市民文明素养提升计划,践行社会主义核心价值观和深圳城市精神。建立企业家荣誉制度。企业家是推动经济发展的主体和动力,要强化服务企业家意识,建立党政领导和部门与企业家常态化联系沟通机制,构建"亲""清"新型政商关系。

六 营造公平公正的法治环境

17. 实施最严格知识产权保护。率先实施惩罚性赔偿制度。加快知识产权保护立法,在提高知识产权损害赔偿标准、加大惩罚性赔偿力度、合理分配举证责任等方面先行先试。实施侵犯知识产权行政处罚案件信息公开,将故意侵犯知识产权行为纳入企业和个人信用记录。强化知识产权司法保护主导作用。健全行政执法与刑事司法衔接机制,在全市范围规范侵犯知识产权等涉嫌犯罪案件的移送规则、证据标准等。

18. 打造知识产权强国建设高地。实施知识产权重大工程项目。加强与国家知识产权局合作,建设中国(深圳)知识产权保护中心,为重点产业提供知识产权快速受理、授权、确权和维权服务。加快深圳知识产权法庭的建设与发展。建设南方知识产权运营中心,设立重点产业知识产权运营基金,建立国家知识产权培训基地。建立知识产权质押融资扶持及风险补偿机制。强化知识产权托管、众筹工作力度。争取放宽对专利代理机构股东和合伙人的条件限制。实施知识产权质量提升工程。加大对国际标准必要专利、核心技术专利和特色文化创意知识产权的奖励，对高价值核心专利维护提供资助。加强知识产权维权援助服务。建立海外知识产权维权援助机制，对知识产权海外维权提供信息、法律和资金等支持。

19. 建立更加规范的涉企执法制度。加强营商环境改革专项立法。建立完善的财产权保护机制。落实国家产权保护法规和政策，率先建立定期专项检查制度，强化责任追究。制定涉案财产处置细则，明确区分个人财产和企业法人财产、涉案人员个人财产和家庭成员财产、合法财产和违法所得等标准和规范。全力推进"平安深圳"建设，开展涉企违法犯罪活动专项整治行动。严格规范涉企行政执法行为，分类制定实施行政裁量权基准制度，规范裁量范围、种类、幅度，并通过门户网站等向社会公开。在涉企执法部门实现"双随机一公开"监管全覆盖，建立执法行为事中事后监督问责机制。行政执法过程全面配置使用执法记录仪，实现执法环节全程可追溯。坚决依法查处滥用行政权力干涉企业正常经营的行为。全面落实行政复议登记立案制度，拓宽行政复议受理渠道，依法维护企业正当权益。健全企业破产程序，制定执行转破产工作细则，探索建立简易破产程序。完善破产管理人制度，引导具有工程技术、科学知识、企业管理经验等非中介人员参与管理，推动成立破产管理人协会。

七 保障措施

20. 建立强力推进机制。营商环境改革是贯彻落实党的十九大精神战略部署，是一项紧迫而长期的战略任务，各级政府要把营商环境改革摆在事关发展全局的重要位置抓紧抓细抓实。各牵头单位和相关责任单位要在本措施发布之日起一个月内制定所承担任务的具体实施方案，明确工作职责，确定时间表和路线图，确保各项任务落到实处，每季度向市委市政府督查室报告工作进展及任务落实情况。加强营商环境的跟踪研究，每半年对政策落实情况进行评估分析。对照国家营商环境指标体系，建立我市营造国际一流营商环境指标体系，明确评价机制和考核办法，纳入绩效考核。新闻媒体要广泛开展相关法规政策的宣传解读，创造良好舆论氛围，推动全社会共同努力营造国际一流营商环境。

参考文献

程东升、刘丽丽：《华为三十年》，贵州人民出版社2016年版。
陈宏：《1979—2000深圳重大决策和事件民间观察》，长江文艺出版社2006年版。
江小涓：《经济转轨时期的产业政策》，上海三联书店2014年版。
《厉有为文集》，海天出版社2010年版。
钱颖一：《现代经济学与中国经济改革》，中信出版集团2018年版。
深圳年鉴编辑部编：历年《深圳年鉴》。
深圳博物馆编：《深圳特区史》，人民出版社1999年版。
深圳市经贸信息委编：《市经贸信息委政策法规汇编》。
深圳市科技创新委编：《近年深圳科技创新政策法规汇编》。
深圳市史志办编：《李灏深圳特区讲话集》，深圳报业集团出版社2015年版。
深圳市政协文史和学习委员会编：《深圳四大支柱产业的崛起》，中国文史出版社2010年版。
世界银行报告：《东亚奇迹：经济增长与公共政策》，中国财政经济出版社1995年版。
王穗明主编：《深圳口述史》，海天出版社2015年版。
吴晓波：《腾讯传》，浙江大学出版社2017年版。
吴敬琏：《中国增长模式抉择》，中信出版集团2017年版。
张思平、高兴烈：《十大体系》，海天出版社1997年版。
张维迎、林毅夫：《政府的边界》，民主与建设出版社2017年版。
［美］阿伦·拉奥、皮埃罗·斯加鲁菲：《硅谷百年史》，闫景立、侯爱华译，人民邮电出版社2014年版。
［美］道格拉斯·诺斯：《经济史中的结构与变迁》，陈郁等译，上

海三联书店1994年版。

［美］道格拉斯·诺斯、罗伯斯·托马斯：《西方世界的兴起》，厉以平、蔡磊译，华夏出版社2009年版。

［美］杰弗里·法兰克尔、彼得·奥萨格编：《美国90年代的经济政策》，徐卫宇等译，中信出版社2004年版。

［德］克劳斯·施瓦布、［澳］尼古拉斯·戴维斯：《第四次工业革命——行动路线图：打造创新型社会》，世界经济论坛北京代表处译，中信出版集团2018年版。

［美］罗纳德·科斯、王宁：《变革中国》，徐尧等译，中信出版社2013年版。

［美］李钟文、威廉·米勒等主编：《创新之源　硅谷的企业家精神与新技术革命》，陈禹等译，人民邮电出版社2017年版。

［美］迈克尔·波特：《国家竞争优势》，李明轩、邱如美译，华夏出版社2002年版。

［美］内森·罗森堡、L. E. 小伯泽尔：《西方致富之路》，刘赛力等译，三联书店（香港）有限公司1989年版。

［日］小宫隆太郎：《日本的产业政策》，黄晓勇等译，国际文化出版公司1988年版。

［美］约瑟夫·E. 斯蒂格利茨等编：《东亚奇迹的反思》，王玉清等译，中国人民大学出版社2013年版。

后　　记

　　本书是我在退休后完成的。退休后的写作，少了一些功利主义，多了几分"真理有点甜"的体验。确实，学习、思考以及灵光乍现的愉悦，不亚于一场说走就走的旅行。

　　我虽是本书的作者，但书里书外凝聚着社会的智慧和付出。感谢深圳市社会科学院（社会科学联合会）的信任和支持，吴定海院长、黄发玉（原副院长）研究员、刘婉华博士为这套（本）书付出了关切和努力。感谢深圳现代创新发展研究院的领导和朋友，给我提供有利条件和写作上的指导以及各种帮助。郑阳、袁婷婷、王弋痕、姜力榕助理在文稿编辑、资料收集方面为我做了不少幕后工作。感谢深圳市体改研究会孙昌群副会长、刘征博士、熊义刚博士从不同方面为本书的写作贡献了智慧。感谢深圳市档案馆、史志办和其他部门为我查找资料提供了方便（尽管书中所引资料都是公开的）。感谢既往的研究文本和资料，我从中学习和吸收了很多的营养。虽然我在书中注意既往成果的引注，但仍可能挂一漏万。感谢所有支持鼓励我的师长和朋友，你们给了我信心和力量。感谢中国社会科学出版社赵剑英先生、副总编辑王茵女士的大力支持与帮助。特别感谢我的家人给予我的持久的爱和不变的支撑。感谢恩惠于我的一切，你们鼓舞了我，使我努力超越自己，扩展生命的价值。

南　岭
2019 年 11 月 15 日于深圳彩田村